大家講堂

學術・民國選書

原儒

熊十力／著

五南圖書出版公司 印行

學識之法門·智慧之淵藪

——序五南「大家講堂」

五南圖書陸續推出一套叢書叫「大家講堂」。這裡的「大家」，固然不是舊時指稱高門貴族的「大戶人家」，也不是用來尊稱漢代才女班昭「曹大家」的「大家」；但也包含兩層意義：一是指學藝專精，歷久彌著，影響廣遠的人物，如古之「唐宋八大家」，今之文學、史學、藝術、科學、哲學等等之「大家」或「大師」；二是泛指衆人，有如「大夥兒」。而這裡的「講堂」，雖然還是一般「講學廳堂」的意思，只是它已改變了實質的形式，既沒有講席，也沒有聽席；因爲這講席上的大師已經化身在書本之中，只要你打開書本，大師馬上就浮現在你眼前，對你循循善誘；而你自然的也好像坐在聽席上，悠悠然受其教誨一般。於是這樣的講堂，便可以隨著你無遠弗屆，無時不達。只要你有心向學，便可以隨時隨地學習，受益無量。而由於這樣的「講學廳堂」是由諸多各界大師所主持的講席，是大夥兒都可以入坐的聽席，所以是名副其實的「大家講堂」。

長年以來，我對於五南出版公司創辦人兼發行人楊榮川先生甚為佩服。他行年已及耄耋，猶以學術文化出版界老兵自居，認為傳播知識、提升文化是他矢志的天職。他憂慮網路資訊，擾亂人心，佔據人們學識、智慧、性靈的生活。使往日書香繚繞的社會，呈現一片紛亂擾攘的空虛。於是他親自策畫「經典名著文庫」，聘請三十位學界菁英擔任評議，自民國一〇七年，迄今已出版一一〇種。他卻發現所收錄之經典大多數係屬西方，作為五千年的文化中國，卻只有孔孟老莊哲學十數種而已，實屬缺憾，為此他油然又興起淑世之心，要廣設「大家講堂」，再度興起人們「閱讀大師」的脾胃，進而品會大師優異學識的法門，探索大師智慧的無盡藏。潛移默化的，砥礪切磋的，再度鮮活我們國民的品質，弘揚我們文化的光輝。

我也非常了解何以榮川先生要策畫推出「大家講堂」來遂他淑世之心的動機和緣故。我們都知道，被公認的大家或大師，必是文化耆宿、學術碩彥。他們著作中的見解，必是薈萃自己畢生的眞知卓見，或言人所未嘗言，或發人所未嘗發；任何人只要沾溉其餘瀝，便有如醍醐灌頂，頓時了悟；而何況含茹其英華！或謂大師博學深奧，非凡夫俗子所能領略，又如何能夠沾其餘瀝、茹其英華？是又不然，凡稱大家大師者，必先有其艱辛之學術歷程，而為創發之學說，而為建構之律則；但大師之學養必能將其象牙塔之成果，融會貫通，轉化為大衆能了解明白之語言例證，使人如坐春風，趣味橫生。

譬如王國維對於戲曲，先剖析其構成為九個單元，逐一深入探討，再綜合菁華要義，結撰為人人能閱讀的《宋元戲曲史》，使戲曲從此跨詩詞之地位而躐之，躋入大學與學術殿堂。魯迅和鄭振鐸也一樣，分別就小說和俗文學作全面的觀照和個別的鑽研，從而條貫其縱剖面、組織其橫剖面，成就其《中國小說史略》、《中國俗文學史》，使古來中國之所謂「文學」，頓開廣度和活色。又如胡適先生《中國古代哲學史大綱》，誠如蔡元培在爲他寫的〈序〉中所言，他能夠先解決先秦諸子材料眞僞的問題。又能依傍西洋人哲學史梳理統緒的形式；因而在他的書裡，才能呈現出「證明的方法」、「扼要的手段」、「平等的眼光」、「系統的研究」等四種特長，要言不繁的導引我們進入中國古代哲學的苑囿，聆賞先秦諸子的大智大慧。

也因此榮川先生的「大家講堂」一方面要彌補其「經典名著文庫」的不足，便以收錄一九四九年以前國學大師之著作爲主。凡其核心之學術代表著作，既爲畢生研究之精粹，固在收錄之列；而其具有普世之意義與價值，經由大師將其精粹轉化爲深入淺出之篇章者，其實更切合「大家講堂」之名實與要義，尤爲本叢書所要訪求。

記得我在上世紀八〇年代，也已經感受到「學術通俗化、反哺社會」的意義和重要，曾以此爲題，在《聯副》著文發表，並且身體力行，將自己在戲曲研究之心得，轉化其形式而爲文建會製作之「民間劇場」，使之再現宋元「瓦舍勾欄」之樣貌，並據此規畫「民俗技藝園」（今之宜蘭傳統藝術中心），作爲維護薪傳民俗技藝之場所，並藉由展演帶動社會及各級學校重視民俗技藝之熱潮，乃又進一步以「民俗技藝」作文化輸出，巡迴演出於歐美亞非中美澳洲列國，可以說是一個很成功的例證。近年我的摯友許進雄教授，他是世界甲骨學名家，其學術根柢之深厚、成就之豐碩無須多言，他同樣體悟到有如「大家講堂」的旨趣；乃以通俗的筆墨，寫出了《字字有來頭》七冊和《漢字與文物的故事》四冊，頓時成爲兩岸極暢銷之書。其《字字有來頭》還要出版韓文翻譯本。

已經逐步推出的「大家講堂」，主編蘇美嬌小姐說，爲了考量叢書在中華學識和文化上的意義和價值，因此其出版範圍先以「國學」，亦即以中國文史哲爲限。而以作者逝世超過三十年以上之著作爲優先。而在這裡我要強調的是：「大家」或「大師」的鑑定務須謹嚴；其著作最好是多方訪求，融會學術菁華再予以通俗化的篇章。如此才能眞正而容易的使「大家」或「大師」在他主持的「大家講堂」上，如「隨風潛入夜，潤物細無聲」的春雨那樣，普遍的使得那熱愛而追求學識的一大夥人，都能領略其要義而津津有味。而那一大夥人也像蜜蜂經歷繁花香蕊一般，細細的成就，釀成自家學識法門的蜜汁；而久而久之，許許多多大家或大師的智慧，也將由於那一大夥人不斷的探索汲取，而使之個個成就爲一己的智慧淵藪。我想這應當更合乎策畫出版「大家講堂」的遠猷鴻圖。

滎川先生同時還策畫出版「古釋今繹系列」和「中華文化素養書」做爲「大家講堂」的姐妹編，爲此使我更加感佩他堅守做爲「出版界老兵」的淑世之心。

曾永義序於台北森觀寓所

二〇二〇年元月二十九日晨

目錄

附錄

再印記

《原儒》書成，只印二百部儲存。欲俟五六年內，《易經新疏》、《周官經檢論》寫定，方可聚而公之於世，此余之本願也。故下卷初秋印就，猶未作發行計。不意秋後，忽患腦空，（腦內似極虧乏而不安，時以手撫摸，不得運思，不耐看書，吾時呼腦空。今夏，滬上酷熱，報載為百年來所未有。余方念及《易疏》，種種思想，自由活動於腦際不可抑止，未幾而疾作矣。）心臟病復厲。余自度來日無多，遂決定以《原儒》再印發行。冬來腦空患稍減，而心臟病似少轉機。漢儒盧植欲著禮書而竟不就，余今之厄，適與彼同。此亦無可奈何，安之而已。《大易》之道，通內聖外王而一貫，廣大如天地無不覆載，變通如四時遷運無窮。大哉《易》乎！斯爲義海。《周官經》乃春秋撥亂之制，所以爲太平世開闢洪基，其化源在禮樂。樂本和而忘人我，仁也；禮主序而人我有別，然治人必先治我，義也。禮樂修而仁義行，萬物齊暢其性，方是太平之鴻休，人道之極盛。若其制度，則依於均與聯之兩大原理。且先言均。均者平也。自然界可謂平乎？天險不可升，地險不可通，不平極矣。唯人克盡人能，（人能見《易大傳》。）鐵軌敷山，潛艇入海，而地失其險；飛機翔空，而天失其險。如是，則天地皆除其大不平，而底於平矣。人事之不平遠過於自然，貧富智愚強弱種種區別，富奪貧，智欺愚，強侵弱，不平慘狀無可形容。老子故有「天地不仁」之嘆也。若非改制、更化，消除其不均不平而歸於均平，人道之慘，其有止息之一日乎？次言聯。人群渙散，各自私而不相爲謀。既導之以建立新制，必勉之以互相聯比，（比者，互相親輔義。）弘其天地一體之量，（天地一體，晚周惠子語。）方可登人類於康衢。故均與聯相輔而行也。均平之制本乎人情之公，聯比之法本乎人性之正。故領導人群者，雖不能無機權，要當以仁義爲本。《周官》崇禮樂之化，其旨深遠極矣！余於《大易》、《周官》二經懷無量義，惜乎衰病，不堪作述，後有達者，倘成吾志，余亦可無憾耳。《原儒》初次印數極少；今雖再印而始以行世，當以此次爲初版。又初次印存之上卷，稍有錯誤及遺字處，此次悉改正。

夏曆丙申年仲冬，公元一九五六年十二月吉日，漆園老人記於上海淮海中路蒼莽之樓。

原儒序

本書分上下卷。上卷〈原學統〉、〈原外王〉，下卷〈原內聖〉。

〈原學統篇〉約分三段：一、上推孔子所承乎泰古以來聖明之緒而集大成，開內聖外王一貫之鴻宗。二、論定晚周諸子百家以逮宋、明諸師與佛氏之旨歸，而折中於至聖。（《史記．孔子世家》讚稱孔子為至聖。後世因之。）三、審定六經眞僞。悉舉西漢以來二千餘年間，家法之墨守，今古文之聚訟，漢、宋之嚣爭，一概屛除弗顧。獨從漢人所傳來之六經，窮治其竄亂，嚴核其流變，求復孔子眞面目，而儒學之統始定。

〈原外王篇〉以《大易》、《春秋》、《禮運》、《周官》四經，融會貫穿，猶見聖人數往知來，爲萬世開太平之大道。格物之學所以究治化之具，仁義禮樂所以端治化之原。（天地萬物同體之愛，仁也。博愛有所不能通，則必因物隨事而制其宜，宜之謂義。義者，仁之權也，權而得宜，方是義。義不違於仁也。老子曰「失仁而後義」，此不仁之言耳。失仁焉得有義乎？其流為申、韓非偶然也。樂本和，仁也；禮主序，義也。）《春秋》崇仁義以通三世之變，《周官經》以禮樂爲法制之原，《易大傳》以知物、備物、成物、化裁變通乎萬物，爲大道所由濟。（《大傳》曰「知周乎萬物」，曰「備物致用」，曰「曲成萬物」及化裁變通云云，〈原外王篇〉釋之已詳。）夫物理不明，則無由開物成務。《禮運》演《春秋》大道之旨，與《易大傳》知周乎萬物諸義，須合參始得。聖學，道器一貫，大本大用具備，誠哉萬世永賴，無可棄也！（本書言仁義禮樂，其辭皆散見。欲作《周官疏辨》更詳之。）

〈原內聖篇〉約分三段，從開端至談天人爲第一段，談心物爲第二段，總論孔子之人生思想與宇宙論而特詳於《大易》是爲第三段，《原儒》以此終焉。（〈原內聖篇〉皆是發《大易》之緼，不獨第三段文也，乃至〈原外王篇〉亦莫非根據《易》道，故第三段只云特詳。）

「大哉聖人之道！洋洋乎發育萬物，峻極於天。」此《中庸》讚聖之辭，非眞於聖學洞徹淵奧者，莫能言也。內聖外王大備之鴻規。本體現象不二，（遺現象而求本體，是宗教之迷也。）道器不二，（道者本體之目，器謂物質宇宙。准上可知。）天人不二，（天者道之異名，是人生之大原也。人生與其所由生之大原不二，正如眾漚與其所由生之大海水，不可析為二也。）心物不二，（心物，本實體流行之兩方面。）理欲不二，（後儒嚴於天理、人欲之分。朱子「人欲盡淨，天理流行」之説，乃理學諸儒所共宗也，然非孔子之旨。）動靜不二，（動而不亂，是動亦靜也；靜而不滯，是靜亦動也，大化流行之妙如是。人生不可屏動而求靜，亦未可囂動而失靜。）知行不二，（《中庸》言修學之方，曰「博學」、「審問」、「慎思」、「明辨」、「篤行」，此陽明子「知行合一」之論所祖也。《春秋》曰：「我欲載之空言，不如見之於行事之深切著明也。」理論不踐之於行事，則其理論空浮而無實，佛云戲論是也。）德慧知識不二，（正智無迷妄，與道德合一，故云德慧。通常所云知識，未足語此，而聖學則啓導人深造乎知識即德慧之地。）成己成物不二，（治心養心之道，是成己之實基也；裁成天地，輔相萬物，乃至位天地，育萬物，是成物之極致也。人心與天地萬物，本通為一體。故聖學非是遺天地萬物而徒返求諸心，遂謂之學也。故字，至此為句。）治心者，治其僻執小己之私，去迷妄之根也；養心者，充養其本心天然之明，而不遺物以淪於虛。不遺物以淪於虛，故窮物理，盡物性，極乎裁成輔相位育之盛。故成己成物是一事，非可遺天地萬物而徒爲明心之學也。成己成物，是人人所應自勉之本分事。三篇之文，其要旨可略言者，提控如上。余所不能詳者，學者自求之六經可也。上卷以甲午春，起草於北京十刹海寓廬，中秋脫稿。（約十五萬餘字。）余始來海上，依吾兒居止。（寓上海閘北青雲路。）乙未，以上卷稿印存百部。是年秋季，始起草下卷，今歲夏初脫稿。（約十五萬字。）印存如前。從來治國學者，唯考核之業，少招浮議，至於義理之言，不遭覆瓿，即是非紛至。余造《原儒》，宗經申義，言所欲言，上酬先聖，他非所計。老子不云乎：「道大，似不肖。夫唯大，故似不肖；若肖，久矣其細也夫！」

夏曆丙申，立秋日。公元一九五六年八月七日漆園老人序於滬西寓舍。

上卷初出，因評及孝治論，頗有議者。殊不知，綱常之教本君主所利用以自護之具，與孔子《論語》言孝，純就至性至情不容已處，以導人者，本迥乎不同。中國皇帝專制之悠長，實賴綱常教義，深入人心。此爲論漢以後文化學術者，所萬不可忽也。綱常爲帝者利用，正是蠹傷孝弟，今猶不悟可乎？余談歷史事實，與毀孝何關？人類一日存在，即孝德自然不容毀也。十力附記。

上卷

緒言第一

余年三十五，始專力於國學，（實為哲學思想方面。）上下數千年間頗涉諸宗，尤於儒佛用心深細。竊嘆佛玄而誕，儒大而正，（佛氏上馳於玄，然玄者實之玄也，遊玄而離實，則虛誕耳。此意，難與佛之徒言。從來名士好佛者必抑儒，非唯不知儒，實未知佛耳。）卒歸本儒家《大易》。批判佛法，援入於儒，遂造《新論》。（《新唯識論》省稱《新論》。他處仿此。）更擬撰兩書，為《新論》羽翼。曰《量論》，（量者知義，見《因明大疏》。量論猶云知識論。）曰《大易廣傳》。兩書若成，儒學規模始粗備。余懷此志，歷年良久。向學已晚，成學遲而且孤。（汪大紳自嘆「學既成而日孤也」，大紳有卓識，獨惜其未能超宋、明而上追洙、泗，未盡其才也。然《三錄》在宋、明學中，規模較闊。）

自四十五十以至七十之年，長厄於疾，又經國難，先後草創《新論》二本。（文言本及語體本。）最近乃就語體本刪為定本，了此一段心事。《量論》早有端緒，原擬為二篇：曰〈比量篇〉，（比量，見中譯因明書。量猶知也。比者比度，含有推求、簡擇等義。吾人理智依據實測而作推求，其所得之知曰比量。此與因明不全符，只從寬泛解釋。）曰〈證量篇〉。（證者知也。然此知字之義極深微，與平常所用知識一詞絕不同旨。略言之，吾人固有炯然炤明離諸雜染之本心，其自明自了，是為默然內證。孔子謂之默識，佛氏說為證量。而此證量，無有能所與內外同異等等虛妄分別相，是造乎無對之境也。）

〈比量篇〉復分上下。上篇論辨物正辭，實測以堅其據，（實測者，即由感覺親感攝實物，而得測知其物。《荀子·正名篇》所謂五官簿之云云亦此義。此與辯證唯物論之反映說亦相通。）推理以盡其用。若無實測可據而逞臆推演，鮮不墮於虛妄。此學者所宜謹也。

辨物正辭之學始於《易》、《春秋》，而二經傳記亡失殆盡，鮮可稽。（據漢初司馬談言，六藝經傳以千萬數，《易》、《春秋》為群經所宗。而《易》尤尊於《春秋》。孔門三千七十之徒，其為《易》、《春秋》傳記以記述與發揮師說者必不可勝數，惜乎呂秦、劉漢之際毀絕無餘。）晚周名學有單篇碎義可考者，《荀子·正名》、墨氏《墨辨》、《公孫龍》殘帙及《莊子》偶存惠施義。韓非有綜核名實之談，此其較著也。諸家名學思想皆宗主《春秋》，大要以爲正辭必先辨物。《春秋繁露》曰：「《春秋》辨物之理，以正其名。名物如其眞，不失秋毫之末。故名霣石則後其五，（〈僖公十六年〉傳。聞其磌然，實也。視之則石，察之則五。）言退鷁則先其六，（〈僖公十六年〉傳。孔叢子平原君曰：至精之說可得聞乎？答曰：其說皆取之經傳。《春秋》記六鷁退飛，睹之則六，察之則鷁。）聖人之謹於正名如此。君子於其言，無所苟而已，五石六鷁之辭是也。」（五石六鷁之辭，據五官所感。《荀子·正名篇》言五官能簿記物象，如畫師寫實，正申《春秋》義）。據此，《春秋》正辭之學，歸本辨物。後來荀卿乃至墨翟等家皆演《春秋》之緒，以切近於群理治道，實事求是爲歸。從諸家孤篇殘帙中考之，其宗趣猶可見也。（孤篇如《荀子·正名》，殘帙如《墨辨》等。宗趣猶云主旨。）荀卿爲七十子餘裔無待論。墨子曰：「夫辨者，將以明是非之分，審治亂之紀，明同異之處，察名實之理，處利害，決嫌疑焉。摹略萬物之然，（案即掌握自然規律之謂。）論求群言之比。以名舉實，以辭抒意。」詳此所云，不謂爲《春秋》之嫡嗣得乎？唯至惠施、公孫龍，似已趨近玄虛。而惠施能明於《易》，要非公孫之儔矣。明季傅青主獨稱道公孫，當名理衰絕二千數百年而有斯識，不得不驚其巨眼，然青主猶未能究宣其義。近自章太炎以來頗有引述莊子、惠施諸條加以訓釋，要皆章句之技耳。夫治古學者，貴乎好學深思，心知其意，而複驗之於物理人事，辨其然否。循其眞是處而精吾之思，博學於文，（古者以自然現象謂之文。人事亦曰人文，故博文為格物之功，非只以讀書為博學也。）曲暢旁通，推而廣之。創明大義，得其一貫。孔子以述爲作，道在斯也。名學倡於中國最早，諸家墜緒猶有可尋。余在抗日戰前頗思作述，無何中原淪陷，急遽奔蜀，嘉州寇彈焚吾積稿，予念灰矣。舊業中弛，今衰難理。

下篇論窮神知化。神者，不測之稱，所以形容變化之妙。（窮神知化，見《易・繫辭傳》。）吾人如本諸一般日常經驗的知識以測物，必有如是與不如是之分。（如是，猶云如此；不如是，猶云反乎此者。）申言之，即於一切物皆作固定相想。（相者相狀。後皆准知。）作各各離異相想。今試深進而體察一切物，則知凡物皆屬變動不居之過程，都無固定相，亦無各各離異相。一切物剎那剎那，變化密移，方其如是即已不如是，如是與不如是相反而相俱，（相俱者，相反而實相成。）蓋莫得而分焉。如言物生，而當其生之一剎那頃卻已即滅；如言滅已而次剎緊續前剎已有新生，是則生滅二相都不決定，亦互不相離異。例如麥禾並非以其初生時名生，亦非以其灰燼已盡名滅，實則麥禾從其由種生芽，由芽成禾，以迄灰燼垂盡，其中間所經歷之長歲月中確是剎那剎那，才生即滅，才滅即生，未嘗有一剎那頃守其故。麥禾經過無量轉變，每一剎頃新故推移皆無固定相可得，詭異至極。麥禾如是，凡物准知。然則變化之道，非通辯證法固不可得而明矣。大地上凡有高深文化之國，其發明辯證法最早者莫有如中國。羲皇畫卦在洪古期豈不奇哉！辯證一辭並非始於外方。《廣雅》「辯，變也」，《易・坤卦・文言》「猶辯之不早辯也」。《荀》本辯作變，古以辯字與變字互通，最有深意。辯本有對，而必歸和同。宇宙間變化之道亦猶是。辯證語源極可玩。

余嘗言，宇宙論中（此云宇宙是廣義，即通本體與現象而言。）無對與有對相反也；而無對統攝有對乃反而相成。（統攝者，統謂統一，攝謂含受而主領之也。後凡言統攝者，皆仿此。）

本體是無對。本體之流行至健無息，新新而起，其變萬殊，是名爲用。用既萬殊，便是有對。由體成用，即無對已含有對，相反在是。然賴有此反，乃以顯發本體之盛德與大化。用畢竟不違體，故曰無對統攝有對。

無限與有限相反也；而無限統攝有限，乃反而相成。

體唯渾全，故無限；用乃分化，即有限。然有限之諸行相，（行相者，行是遷流義。相者相狀。）從一方面說，無始時來恆是剎那剎那，才生即滅，都無故物暫住，或疑滅滅可怖。從另一方面說，無始時來，故故不留，新新而起，實乃生生不已。生生不已者，有源而不竭也。源不竭者，其源非外有，蓋其本體內在之源深遠而無窮盡也。是則無限有限正以反而相成，故曰無限統攝有限。

克就用言，心物相反也；而心統攝物，乃反而相成。

心有主宰義及升進等義，物有墜退性。心本虛靈，無在而無不在。（中譯《楞嚴經》，七處徵心等文，善發斯旨，可玩。）物成形象，有方所。心物相反甚明。然心能幹運乎物，（幹者，主領義及運轉義。）改造乎物，物亦隨心轉而渾融無礙，是則心物畢竟不二，故曰心統攝物。

能質亦是相反相成。茲不及詳，其餘問題尚多，學者觸類而通可也。

附識：體用本不二而亦有分，心物本不二而亦有分，此是哲學追本窮源到盡頭處，吾數十年體認至此，深得《大易》之啓發。識得有分，即見矛盾，此中有無窮義蘊難道得。

人生論中，天人相反也；而人道統攝天道乃反而相成。

說者曰：天人之際苟求其異，（異即相反。）則其義廣遠至極，難以析舉。必不得已而欲言之，略陳以二：一曰，天道高明悠久無窮，（高者絕對之稱；明者虛靈，無雜染故。悠久者，至誠無息；無窮者，盛德妙用無窮盡故。）而人生陷於有對之域，不得無窮，其異一。二曰，天道鼓萬物，一切任物之自然，非爲斯人之樂利而始生物也。萬物誠有可資益於人，其危害於人者則尤多而且厲。天人之不相爲謀也彰彰矣，其異二。

答曰：盡言天道乃宇宙本體之稱，非謂神帝。吾子之論，似亦見及此，惜乎其未徹也。未徹者，猶未免視本體爲超越於人類而獨在，驚嘆其無窮，是猶宗教以神道統治人道之餘習也。如其實悟吾人之眞性即是遍爲天地萬物本體，天地萬物之本體即是吾人眞性，則高明悠久無窮者皆吾性分上所固有，孰謂天人對立不得融而爲一耶？唯人之生也，已成爲個體，而迷執之爲小己，則以妄習障蔽眞性，而令其不得顯發。生命之有矛盾由斯，說者第一義據亦在此耳。然吾人眞性恆不泯絕，一旦怵然內省則本來面目赫然呈露。（本來面目係禪家語，即眞性之代詞。）孔子曰「人能弘道，非道弘人」。（言人能弘大其道，道不能弘大吾人。道者，即本體或眞性之稱，眞性雖是吾人所固有，而吾人恆迷執小己以障蔽之，則眞性雖自存，卻不能使吾人弘大。必吾人內省而自識本來面目，存養而擴充之，則日用云為之際皆是真性熾然流行，是則人能弘大其道。）斯義廣大淵微至極，其否認有超越吾人與天地萬物而獨尊之神道，使神道不復能統治吾人。哲學精神至此完全脫去宗教盡淨，遂令人道天道融合爲一，不可於人之外覓天也，其功誠巨哉！

已答第一義，次及第二。《易・繫辭傳》曰：天道「鼓萬物而不與聖人同憂」。富哉斯言！天道者，宇宙本體之稱，已如前說。本體流行，燦者萬物。自萬物而言，固皆承本體之流行而各有其生；自本體而言，則是眞實之動力鼓動萬物，如大洋水，鼓眾漚然。（眞實，謂本體。動力，謂本體之流行，乃克就用而言。本體是萬物之體不在萬物外，譬如大洋水是眾漚之體不在眾漚外。）眞實動力鼓動萬物，（眞實，謂本體，亦即天道。）本無有作意，無有選擇，故萬物之發展至不齊，如大自然千形萬態矣。地、水、火、風四大變幻，（印度古代説地、水、火、風四大，即分析物質界為此四種，堅勁名地大，流溼名水大，輕動名風大，溫燥名火大。大者，以其相狀大，故云。）無量奇險奇峻，及至詭怪，至可恐怖之阻礙與災害不可勝窮。甚至動物界之凶毒尤難殫舉。唯人類從萬物中發展至最高級，卻是眞實動力之表現達於最高度，雖爲萬物之靈長，（謂人至靈，而為萬物之首長也。）畢竟不可一息離實際生活。而大自然之威逼或萬物之迫害，其予人生以百千磨難，無窮困厄者，顯然爲眞實動力鼓萬物而令其不齊，遂以致此。易言之，即天人之際有矛盾存焉。（眞實動力是謂天。）聖人之憂，憂此矛盾也，而天道固不與聖人同其憂。（天道即眞實動力。）天道無作意，無選擇，其鼓萬物也，直行乎其所不容已。唯其鼓之不容已，而無意無擇也，則其對於人生之矛盾遂伏於此矣。聖人憂之，是故啓導廣博無量之人類期成人能，（人自成其人之能，曰人能。本《易・繫傳》。）即以人道統攝天道。《易》曰：「範圍天地之化而不過，（漢人訓範圍一詞為擬範，伊川訓為模量，皆取法乎天地也，並誤。此中天地一詞，即大自然之總稱。言吾人當制馭自然之變化，使其無有過差。範圍者，即以人力制限之耳。自然科學發明以來，征服與利用自然之功績已卓著，《易》之理想已實現。）曲成萬物而不遺。」（曲成者，因萬物固有之性能而成就之，如辨土宜以利農事，採金木以製器具，雷電亦可操縱與發揮其功能以備用，乃至動植物皆可變化其品種以日進於優良，皆曲成也。且不唯成物而已。若乃人類亦有資稟不齊，則為之政制、群紀，納於共同生活之中。妥籌教養，使賢智盡其材，而愚不肖者亦可勉企於賢智。如此，則人類莫不曲成而無遺也。）又曰：「裁成天地之道，輔相萬物之宜。」（准上可解。輔相之義最要，只是順物之性，而扶勉之已耳，絕不以私意私見宰制萬物也。）然後人生乃開拓其天地萬物一體之德量，而矛盾悉已化除，故曰人道統攝天道。如上二義，天人相反相成之妙已可見。

性善性惡，二說相反也；而善統治惡，乃反而相成。

孟子言性善，就吾人與天地萬物共同之眞源而言也。（真源，謂宇宙本體。）眞源無有不善。（本體無有作意，無有雜染，故無惡。）荀卿言性惡，就吾人有生以後，妄執小己而言也。眞源之流（猶云本體之流行。）不得不分化，分化故有小己，小己不得無欲。欲動而徇於小己之私，且狂迷不反者，其變也。小己之私欲，狂逞不反即障蔽眞性，（真源在吾人分上言，即是吾人真性。）此所以成乎矛盾也。然復須知，小己之私欲，雖足以障蔽眞性，而眞性畢竟不壞滅，譬如浮雲雖能蔽日而日光未嘗不在，浮雲消散則大明遍照無窮矣。（大明謂日。）儒家求己之學，（此中己字，是大己，非小己。大己者真性也。儒學節制私欲，在求認識大己而已。）節制私欲，以完復其固有之眞性，則矛盾化除而眞性常得爲四體之主。即小己之欲毋妄逞，而亦莫非眞性流行無所謂私也，故性惡論者雖足以糾正性善論之忽視矛盾，而性善論究不因有矛盾而失其據。且凡言性惡者無有肯許惡行爲人生之當然，仍歸本於爲善去惡，是則因去惡之勇而益見吾人固有善根之發展不容已。善惡適以反而相成，故曰：善統治惡。

上來就宇宙人生諸大問題略爲舉隅，可見辯證法是無往而不在，學者隨處體察可也。（舉隅者，如桌子有四隅，只舉其一隅則其餘之三隅不待舉而可知。）

談宇宙論，略括以十六句義，學者宜知。
一爲無量，無量爲一。
全中有分，分分是全。
始則有終，終而復始。
此轉爲彼，彼亦莫往。
發展無竭，譬彼洪流。
自由必然，無想有鵠。
偉哉造化，怒者其誰。
相反相成，萬有公則。

附注：一、謂本體，無對故名一；無量謂用，用乃萬殊，故名無量；全與分，亦謂體用；分分是全，可玩《新論．明宗章》大海水與眾漚喻。始則有終以下諸句，並就用言。無想者，謂無意想；有鵠者，謂有目的。《莊子．齊物》云：「怒者其誰耶？」怒，盛動貌。怒者，猶云主動者，蓋謂無主動之神也。

知識論當與宇宙論結合爲一，離體用而空談知識，其於宇宙人生諸大問題不相干沙，是乃支離瑣碎之論耳，何足尚哉？學者必通辯證法而後可與窮神。

感覺、量智、（亦云理智。）思維、概念等所由發展與其功用，在上篇（〈辨物正辭篇〉。）固應論及，本篇（〈窮神知化篇〉。）當進一步討論量智、思維等如何得洗滌實用的習染而觀變化，但二篇今皆未能作。（實用的習染，將一切物析為各別與固定的，以此而測大化必極不相應。）

〈證量篇〉論涵養性智。性智者，人初出母胎墮地一號，隱然呈露其乍接宇宙萬象之靈感。此一靈感絕非從無生有，足徵人性本來潛備無窮無盡德用，是大寶藏，是一切明解之源泉，即依此明解之源說名性智。

問：「云何證量？」答：吾人唯於性智內證時，（內自證知，曰內證。禪家云自己認識自己。）大明洞徹，外緣不起，（神明內斂時，不緣慮外物故。）敻然無對，（渾然與天地萬物同體，故無對。）默然自了，是謂證量。吾人須有證理之境，方可於小體而識大體。（小體猶言小己，大體謂宇宙本體。二詞並見《孟子》，今借用之。）於相對而悟絕對，於有限而入無限，是乃即人即天也。（天者，本體之稱，非神帝。）人生不獲證量境界，恆自視其在天地間渺小如大倉之一粒，莊生所以有「人生若是芒乎」之嘆。

證量，止息思維，掃除概念，只是精神內斂，默然返照。（默然者，寂定貌；照者，澄明之極；返照者，自明自了之謂。）孔子默識即此境界。人生唯於證量中渾然與天道合一。（《易》云與天合德。天道謂本體。合一是形容詞。其實人即是天，非以此合彼也。）有問：「如何方可得到證量境界？」答曰：思維與修養交致其力，而修養所以立本。思修交盡，（思而無修只是虛見；修而不思終無真解。）久而後有獲也。佛道二家方法皆宜參考，然道頗淪虛，佛亦滯寂。淪於虛，滯於寂，即有捨棄理實，脫離群眾之患。孔子之道確不如此，故須矯正二氏以歸儒術。今此不及詳。

孟子上下與天地同流，象山自謂精神稍一提綴便與天地相似，此皆學人上達初機。（上達，謂上達於證量之境。）然此詣非大賢以下之資所可企也。

從來穎悟之倫莫不求趣證量直徹根源，然易流於僧侶主義，傾向出世，乖於大道，不可爲訓。孔子以人道弘天道，從天地萬物渾然一體處立命，（此中天地萬物，即包含吾人在內。）故有裁成輔相之功，（《易》曰裁成天地，輔相萬物。）不以孤往獨善爲道也。

吾原擬作《量論》，當立證量一篇者，蓋有二意：一、中國先哲如孔子與道家及自印度來之佛家，其學皆歸本證量，但諸家雖同主證量，而義旨各有不同，余欲明其所以異，而辨其得失，不得不有此篇。二、余平生之學不主張反對理智或知識，而亦深感哲學當於向外求知之餘，更有凝神息慮，默然自識之一境。《禮記》曰：「不能反躬，天理滅矣。」鄭玄注：「反躬，反己也。」《論語》錄孔子之言，以默而識之，與學而不厭，分作兩項說。學者，即物窮理，知識之事；默識者，默然反己自識也。此所云己者，非小己之謂，乃通天地萬物爲一體之眞己也。默然之際，記憶、想像、思維、推度等等作用一切不起，而大明炯然自識。（自識者，禪家云自己認識自己是也。）陽明所謂「無聲無臭獨知時」正是此境。莊子云：「尸居而龍見，淵默而雷聲。」差可形容孔子默識境界。（尸者，形容妄想滅盡。尸居，謂一切念慮不起，是默然也。龍者，古代以其為神靈之物，以喻默然之中神明昭朗。淵默者，形容其深靜。雷聲者，形容萬化萬動之幾，已伏於靜默中，故靜非死灰之靜也。）陽明恐未到此。余談證量，自以孔子之道爲依歸，深感爲哲學者，不可無此向上一著，未知將來有同斯意者否？

《量論》二篇（一〈比量篇〉，二〈證量篇〉。）大意略說如上。今精力已衰，雖欲寫一綱要而不可能，後有作者能償余之願，功不必自我成，予何憾焉！

《大易廣傳》原擬分〈內聖〉、〈外王〉二篇，宗主《大易》，貫穿《春秋》以逮群經，旁通諸子百氏，斟酌飽滿，發揮《易》道，當爲一巨著。遭逢日寇，負疾流亡，《量論》未能起草，遑論此書。唯幸暮年適承新運，頗銳志述作，顧自昨歲刪《新論》畢事，忽感精力疲困，閒居無事，亦不感苦。偶一用思，腦悶微疼。長夜失眠，尤不可耐。人到衰境記憶力減退，向時胸際所含藏而未及發抒者今乃日益失亡，不復可追憶。時或考文徵義，莫憶來歷，每至苦搜不獲，故《易傳》一書（《大易廣傳》，省稱《易傳》。）今亦絕不能作。老來遺憾，此爲最甚。洪唯孔子，集古聖之大成，開萬世之學統。雖自呂秦、劉漢以來二三千年，儒生早失其眞，而微言僅存於《易》、《春秋》諸經及故籍者，猶可推索其要略。余既不獲修《易傳》，因欲寫一極簡略之小冊爲儒學粗具提要，名曰《原儒》，約爲三分：一原學統，二原外王學，三原內聖學。（內聖外王二詞，俟入正文當釋之。）每下一義，必有依據，不敢逞臆妄說，余誠弗忍負所學以獲罪於先聖也。

抑余尤有言者，晚周所遺一切故籍毀滅於呂秦，廢棄於劉漢，今欲考論晚周學術發展之程度與諸子百家之理論或格物之創見，今皆無文籍可稽。（《大學》格物，程、朱解為是，謂窮究物理。）夫秦火之毒，古今共憤，而漢人廢學之害後世猶不悟也。漢初司馬談《論六家要旨》，其說曰「夫儒者以六藝爲法。（藝者，知能。古言藝有二解：一者，如格物的知識與一切技術，通名為藝。二者，孔子六經亦名六藝。六經者，《易經》、《春秋經》、《詩經》、《書經》、《禮經》、《樂經》。司馬談所云六藝，蓋專指六經。凡經有孔子親作者，有孔子口說，而弟子記之者亦名為經。）六藝經傳以千萬數，（六藝，專指孔子六經。見前注。傳者，弟子依據經義而推廣之是名傳。司馬談云「經傳以千萬數」，自是親考目錄，而見經與傳各類之書目有千萬數之多也。）累世不能通其學。當年不能究其禮，（禮當作理。禮理古通用。）故曰博而寡要，勞而少功」云云。司馬談此論，見於其子司馬遷《史記》自序，古今稱誦之。其言「六藝經傳以千萬數」本諸目睹，可見晚周故籍非秦火可毀盡。蓋遷自稱司馬氏世典周史，其家藏典冊當不少。漢興，談復掌史職。惠帝、武帝之世除秦挾書律，民間獻書於朝者必多，故談得睹「六藝經傳以千萬數」而嘆其博也。但談一人所閱家藏及公府之目錄究有限，其散在民間之書甚眾，而其書目爲談所不及窺者豈少也哉！且不獨儒籍廣博而已，晚周諸子百家風起雲揚，異幟分途，各爲大國，譬如五星麗天，十日並出，光焰萬丈，其作述宏富，自不待論。由司馬談見六藝經傳千萬數之言而推之，則諸子百家之書，值漢初惠、武二帝除秦挾書律，其出自山岩屋壁，或獻闕廷，或行民間者必不可數計。（馬融傳稱武帝除挾書律，皮錫瑞謂惠帝始除此律，馬説誤。余謂皮説非也。惠帝雖除此律，而其時距秦禍太近，人情不無觀望，武帝復申除挾書律之令自是事所應有，馬融以漢人説漢事。當不誤。）然事之極可異者，司馬談所睹六藝經傳千萬數，在武帝時似已缺損脫亡大半，或徒存其目耳。《漢書．藝文志》云：「漢興政秦之敗，大收篇籍，廣開獻書之路。迄孝、武世，書缺簡脫，（書冊腐敗缺失。偶存者，其簡編亦散脱不完。）禮壞樂崩。」（此舉禮樂崩壞而言，亦可見先世之學術思想與所發明製作等，皆無可徵也。）聖上閔焉。據此，則六藝群書千萬數，司馬談所睹者當爲太史博士之藏，或內廷祕室諸目錄耳。其書之未壞者亦罕矣。考〈藝文志〉，凡六藝，一百三家，三千一百二十三篇，實則六經皆被漢人改竄，而諸傳記又多出漢世老師或博士手。司馬談所睹千萬數之六藝書目，皆是未經漢人竄亂之晚周故籍，乃〈藝文志〉所不載也。〈藝文志〉所載六藝群書之目，其出於談之後者不必論，若其出於文、景、武諸帝之世，則爲談之同時長者或其同輩所造。談既是批判古六家得失，必不涉及其近人或並時人之書也，故知談所睹之六藝諸經傳千萬數，必是未經漢人改竄之故籍，至可寶貴。然可惜者，孔門群籍雖自漢興多獻於朝，而漢朝固任其廢棄莫肯護惜。所以然者，漢武與董仲舒定孔子爲一尊，實則其所尊者非眞孔學，乃以祿利誘一世之儒生，盡力發揚封建思想與擁護君主統治之邪說，而托於孔子以便號召，故漢儒所弘宣之六藝經傳實非孔門眞本。易言之，孔門眞本漢廷必廢棄之，方可售其僞也。朝臣與博士之徒既如此，則草野之士揣摩風會，欲其鑽研眞孔學必不可得也。晚周一切故籍無不滅絕，職此之由。此非余之臆說，當於〈原學統〉、〈原外王〉中略舉其證。（向擬作《六經發微》一書辨其真偽，而《量論》及《易傳》未能執筆，卒無暇及此。）

由孔門六藝及諸子百家之書，並亡於秦、漢，而呂秦以前之中國文化學術其眞相不可得而明。清季迄民國，後生遊海外者，其議國學之根本缺點，略有三：一曰無科學思想。西洋科學源出希臘，而吾晚周儒學以及百家，不見有關於科學知識之載籍。是一缺點。二曰無民主思想。六經及法家言皆擁護君統，道家雖惡專制，獎自由，亦未嘗昌言民主。是二缺點。三曰持論無系統。西洋著述貴乎理論宏密，一本眾幹枝葉扶疏，說理詳明啓人思路。中國古籍或微言而不盡意，或眾義雜集紛然無有體系，難以導人造於精思之境。是三缺點。此等議論吾儕當清季已熟聞，且與之同調，及余年四十以後始自悔其淺妄。請先言科學。數學爲各科基本。伏羲畫八卦在鴻古時代，（世代太遠，稱曰鴻古。）而漢人言八卦與《九章》相表裡，今之通數學者莫能否認其說。夫《九章算術》造詣已深，而見於鴻古期豈不奇哉？指南針作者，有云黃帝，有云周公，或黃帝首創，周公繼述，二說皆不無根。若非明於電磁斷不能有此創制，安得謂黃帝、周公全無格物之術乎？木鳶，則墨翟、公輸並有製作，是亦飛機之始，謂其純出偶然之巧可乎？且《墨經》中有物理學，今人固有發見之者。公輸機械精妙見稱《孟子》，惜其所發明者皆不傳於後，爲可惜耳。化學始於煉丹，漢世已有爲之者，其源蓋在戰國。張衡東漢初人，著《靈憲算網論》，網絡天地而算之，制候地震儀，可見古代天文學甚精。張衡所憑藉者厚也。李冰戰國時秦人，其水利工程著神績於蜀，迄今二三千年永享其利。抗戰時外人睹之驚嘆莫及，則工程學盛於古代可知。醫學與藥物發明並在太古，逮春秋之世扁鵲、倉公精察腑髒經絡，則解剖術已盛行。《周官》有「壺涿氏」（秋官之屬。）掌除水蟲，可見古代對於微生物之研究必不淺。地圓之論見於《曾子．天員篇》，（詳《大戴禮》。）《周髀算經》亦言之。五洲之說鄒衍首唱於戰國時。此皆就鴻古以至戰國略徵數事，可證中國古代無科學思想之說純是妄自菲薄，毫無事實根據。（此皆二字，至此為長句。）尤奇者，《尚書．帝典》稱帝堯之言曰「天工，人其代之」。（初民皆驚嘆上天有創造萬物之神工不可思議，帝堯卻謂吾人當發揮自己力量來代上天而奏改造宇宙之神工，故曰「天工，人其代之」。）此等高明聖智，偉大氣魄，不謂爲科學思想之導源，何可乎？孔子祖述之，有以也。呂秦、劉漢將故籍毀棄盡淨，後之人遂臆斷古代無科學思想，此爲中國文化史上大不幸事。

其次，民主思想，談者謂不見於六經，予當於〈原外王〉中正其迷謬，此姑不詳。

第三，說者謂古籍無有成系統之理論，今且就晚周儒家六藝群書言。司馬談在漢初所睹千萬數之目錄，面其書西漢已無存，諸子百家故籍一切廢絕更不待論，晚世後生乃輕議古籍無成系統之理論，懸空臆斷，徵考無由，非大妄歟？六經雖遭漢人竄亂，而以《大易》較之他經，其保存眞相處較多。六十四卦含藏萬有，攝無量義，直如天地之無不覆載，此既不可以散漫無系統議之，更未可以系統一詞讚之也。（凡成系統之理論，其含義便盡於其所持之論，更無餘蘊，而六十四卦之妙直是無盡藏，此意難為不知者言，嗚乎深微乎！）

司馬談譏儒者「博而寡要，勞而少功」。談於儒學實未之有聞也。談嘗受《易》於楊何。《易》爲五經之原，含藏萬有，廣大悉備，（廣則無不包，大則無有外。悉備則小大精粗其運無乎不在，此〈繫辭傳〉讚《易》之詞。）而歸本窮理盡性以至於命，（窮理云云，詳在〈原學統〉中。）正是博而有要。談乃茫然莫省何耶？漢世易家同主象數，實皆古術數家枝流。〈藝文志〉言：「漢興言《易》者皆本之田何。」可知田何以術數開宗，其於孔子之《易》無預也。談之師楊何，本田何再傳弟子，故談於儒學全無所知。

談於道家確有得。道家反知而遺物，訾文明。儒者六藝以格物備物、化裁變通乎萬物爲用，（詳

《易・繫傳》。）故談以爲竭其知而勞其神，博而無當，道家之觀點則然。

中國文化學術畢竟當求之於呂秦以前。（自六國全亡，呂政統一天下之歲起，至二世亡時止，是為呂秦。呂政方為秦王時，猶屬戰國，馬遷《史記》為嬴秦作本紀，殊無義。）晚周諸子百家，其書雖亡絕，然殘篇碎義偶存者，亦足珍貴。孔子六經雖遭竄亂，然由《大易》、《春秋》、《周官》三經，參以《禮記》諸經，謹於抉擇，猶可窺見內聖外王之大體。唯漢以來經生多注重家法及今古文之爭，趙宋以下更有漢、宋之爭，此皆奴儒或迂儒以鑽鼠穴爲遼闊，而不睹天地之廣大也。此類爭端，當於以後隨文涉及時略爲辨正。

原學統第二

中國學術導源鴻古，至春秋時代，孔子集眾聖之大成，巍然爲儒學定宏基。春秋、戰國之際，諸子百家蜂起，如十日曜天，九州布地，繁賾極矣！而儒學實爲正統派，乃任異部爭鳴無息，旁行不離，如太陽居中，八緯外繞也，皇矣大哉！可以觀宇宙之廣博無窮也。（十日並出，上古史之神話。異部，借用佛家名詞，謂眾多不同的學派。）

孔子之學，殆爲鴻古時期兩派思想之會通。兩派者：一、堯、舜至文、武之政教等載籍足以垂範後世者，可稱爲實用派。二、伏羲初畫八卦，是爲窮神知化，與辯證法之導源，可稱爲哲理派。（窮神，解見〈緒言〉中。）孔子五十歲以前之學大概專精於實用派。《論語．述而篇》曰：「子所雅言，《詩》、《書》執《禮》，皆雅言也。」朱《注》：「雅，常也。」又云：「禮，獨言執者，以人所執守而言，非徒誦說而已。」余案《史記．孔子世家》曰「古者詩三千餘篇」，此孔子未刪之詩也。古詩皆採自民間歌謠。上世勞動之民生息於天子諸侯大夫累級統治之下，征斂之輕重，政令之寬猛，力役之緩急，表率之仁暴，（表率，謂在上者，以其所行，風示天下，期於共由之也。《禮記》曰：「堯、舜率天下以仁，桀、紂率天下以暴。」）而民有休戚苦樂種種不同之感。情思動於中，謳吟出諸口，此詩之由來也。故不學《詩》則不悉天下最大多數勞動民眾之疾苦，何以圖治？孔子刪《詩》定爲三百篇，其原本三千篇，當亦並行不廢。

古書三千二百四十篇，《漢書．藝文志》言孔子刪書爲百篇。《莊子．天下篇》曰「書以道事」，（此中道字，猶云敘述。）或曰：上世聖王，建國繕群之大經大法，（群者，猶言社會；繕，謂組織與完美之也。）乃至一切洪纖巨細之務，通名爲事。余謂古代聖王領導民眾互相團結而遂其生，因天之化，因地之利，順時之變，而開物成務，（開闢自然界之物資，創成過去所絕不能有之種種大業要務。）經緯萬端，造起世界。綜諸所爲，不論小大精粗，總名爲事。史官敘述其事，布在簡策以詔後世，名之爲書，故曰書之所道者事。古之建言，「前事不忘，後事之師也」，不學書則暗於前事，將無以改造現世事，又何以進趨未來乎？書者萬事之寶藏，後人爲實事求是之學必資乎是。（莊子稱「書以道事」。此事字含義無窮盡，從來讀者只渾沌滑過去，殊可惜。非有宏通之識者，難與語此。余解事字，卻是從《尚書．帝典》體會得來的。）

執字連下禮字讀，謂禮當執守也，此乃自昔相沿之大誤。晚明方密之《通雅》釋此章曰：「《詩》、《書》執《禮》，四者平列，不可以執字作執守解。執與藝古可通用，此中執字當作藝讀。」余謂方說是也。古言藝者，其旨甚寬泛，蓋含有知能或技術等義。六經亦名六藝，取知能義也。格物之學及一切器械創作，則取技術義。此章執字當屬後義。《論語．子罕篇》，記孔子之言曰：「吾少也賤，故多能鄙事。」（鄙猶俗也。格物的知識與器械的創制皆應實際生活之需要而發展，故謂之俗事。孔子自言少時微賤，故多能鄙俗之事。）又記：「牢曰：子云：『吾不試，故藝。』」（牢，孔子弟子。試，用也。牢曾聞孔子自言，由不為世用，故得習於藝而通之。）據此，可見孔子於藝多通，其以此教三千七十之徒絕無疑。由此可證，《大易》言「知周萬物」，（言吾人之知，可周通萬物。）《大學》言「致知在格物」，與此章雅言藝之旨皆一貫。孔子不反知，極注重科學，此等精神蓋遠承堯、舜，堯曰「天工人其代之」，（解見〈緒言〉中。）《孟子》曰：「舜明於庶物，察於人倫。」其言必本於古之傳記。堯、舜精於格物可知。

《禮經》據今存者，約有三：曰《儀禮》、曰《周官》、曰大小《戴記》。《儀禮》當是周公之制作。《周官》余認爲孔子所創，蓋與《春秋》相發明。大小《戴記》卻是七十子後學輾轉傳授，其中多記孔子口義，亦有雜採古禮籍者，其由記述者以己意增益處當復不少。孔子雅言禮，或時稱說古禮，或時開演己之新禮學，（己者，設為孔子之自謂。）此等情境可以想見。夫禮與樂恆相反相成，並行而不可相離，故一言乎禮，已有樂在。此章雖未列樂名，而樂自爲禮之一名所攝，學者宜知。《樂記》曰：「樂者爲同，禮者爲異。同則相親，異則相敬。樂勝則流，（樂勝者，和而無節，易至流蕩。）禮勝則離。（禮勝者，有彼我之異，持之以敬，而易疏離。）合情飾貌者，禮樂之事也。」（舊注，合情者，樂之和於內，所以救其離之失；飾貌者，禮之檢於外，所以救其流之失。）余案於樂言同者，《記》有云「欣喜歡愛，樂之官也」。（官者主義。）樂以欣喜歡愛爲主，此欣喜歡愛之情即是宇宙生生不已，動盪不息眞幾。（蕩字有作劣義用，如前注流蕩是；有作勝義用，此中動蕩是活活躍躍義，非劣義。幾者，生機潛動之謂；真者，非虛妄故。）原夫於人生命本與宇宙大生命渾然爲一，不可分割，但人自有生而後已成獨體，（謂成為獨立的個體。）如張人便與其自身以外之人人，或天地萬物互相對立。易言之，即勢成矛盾，卻迷失其本來渾一之大體，（大體一詞見《孟子》，此借用之，猶云大生命。）幾於不可復。（言幾於者，非究竟不可復也。）吾人唯於領會音樂時，發生一種無私無染之情感，（無染者，無迷妄執著。）一似大宇之內，唯是欣喜歡愛所充滿。此時遠離虛妄分別，無有人相，無有我相，無有一切物相，直以小己融入天地萬物互通爲一，化除矛盾，而復其本來渾一之大體，離差別相，故曰「樂者爲同」。

云何「禮者爲異」？如前已說，一切有生之類各成獨體互相對立，是謂異相。異故矛盾，宇宙爲鬥爭之場，衆生界爲罪惡叢林，將奈何？自昔有厭生死海（衆生生死流轉，沉沒苦海，名生死海。）而願趣無生，以超脫矛盾者，佛氏之出世法是也。（此法字，猶云教理。）其願誠宏，而生死海畢竟無盡。將復如何？「有主利出一孔」，（韓非語，）不憚湮塞異途，以絕矛盾者，衛鞅、韓非之法術是也。然老氏不云乎，「反者道之動」，此義宏深，天化、物理、人事無不包絡，茲不及詳。余敢斷言者，絕其反，（即絕滅矛盾。）而大道亦死。鞅、非固不悟也，然道家雖云「反者道之動」，而唯以因任自然爲宗，（道家以宇宙之變化不由神造，亦不容人力參加，更不可問其所由，自然而已。吾人對於自然只有因而任之已耳。）故曰「苟免於咎」，曰「不敢爲天下先」，曰守雌，守辱，此乃僧侶主義者逃避矛盾，以爲個人自全之計。而於民群爲大害，不可法也。然則如何處理矛盾？曰：禮而已矣。禮者，以敬爲主，以序爲用，以時爲衡。〈曲禮篇〉曰：「毋不敬。」《禮經》三部蔽以一言，「毋不敬」而已矣。不敬則肆，（肆者恣肆。）將有老氏所傷以百姓爲芻狗之患；不敬則偷，道家獨與天地精神往來，而遺世離群，其下流更趨委靡，卒致群生無所托命，偷之爲害已極。江左玄流，是其徵也。敬乃不肆，能與群生同體；（視天下大多數人民之疾苦，若在其身，是同體也。）敬乃不偷，能與群生共患。（如領導群衆革命。）世間本矛盾重重，唯以禮導天下人，共由於敬愼之中，則一般矛盾不難即事以精其義。正義伸而彼此各抑其私，則矛盾可化除矣，若乃非常巨大之矛盾，（如庶民對於君主及貴族統治階級，無產階級對於剝削階級，弱國對於帝國主義國家。）自不得不革命之事。荀卿善言禮，主張上下易位然後貞，此其證也。革命乃非常巨變，此時言禮亦是變禮。余舉荀卿、孟軻二子之言斟酌其間，庶乎敬慎無過。荀卿曰：「奪然後義，殺然後仁，上下易位然後貞。」（《荀子・臣道篇》）。《孟子》曰：「行一不義，殺一不辜而得天下，不爲也。」又曰：「民爲貴，君爲輕。」孟言民貴君輕，亦同荀卿「上下易位」之論。其不忍行一不義，殺一不辜以得天下，（其不忍三字，一氣貫下。）則嚴防私欲與偏差，蓋敬慎之道也。

云何「以序爲用」？《詩》曰「有物有則」，（則，猶云理則或規律。）《易》曰「至賾而不可亂」，言萬物雖繁賾至極，而莫不有規律可尋，非紊亂無理則也。況人爲萬物之靈長，而謂人群無序可乎？（序，亦有理則等義。）《樂記》曰：「禮者天地之序也。」序，故群物皆別。又曰：「大禮與天地同節。」（節亦序義。）《大戴記》曰：「禮者理也。」理者條理，亦序義。荀卿曰「民生在群」，言民不可孤立，必互相結合爲群而後得生。群而無序，即散無友紀。（散者渙散。無友者，不相愛合。無紀者，不相維繫。）人各孤行其意，而無合群公認與應守之序，則人與人之矛盾處必多，將無從解決，是故以禮導民群，使其共知夫序之當然不可無。同懍於序之森然，不忍叛，此禮治之盛也。

云何「以時爲衡」？禮者序也，已說如前。然序非一成不變，所以者何？禮所由制必因人群之情而酌其通。（通者，不可徇少數人之私欲，必須顧到人與人之間，或小己與團體之間，及團體與團體之間，皆可通行而無害者，是謂之能。）然群變日新，禮之序自不得不隨時變易。〈禮器篇〉曰「禮，時爲大」，此制禮之公則也。群品方在據亂世，（品者品質，群之品質有優劣也。《春秋》通萬世之變，而設三世，曰據亂、昇平、太平。詳在〈原外王學〉中。）故有上下尊卑貴賤之序。（此在宗法社會與封建社會，皆視為天秩。）其始制也，本出於不得不然，積習相沿日久，乃不勝其弊。及至昇平世，民智已開，深知統治階級與剝削階級之爲禍胎，卻破除之，不得不滅裂據亂世之所謂序。而荀卿「上下易位」與孟子「民貴」之論，自是懸記不爽。（懸記者，蓋遠矚萬世之下，而預言其事也。）若乃世進太平，群品大進，民智民德俱優，《春秋》經所謂天下之人人，皆有士君子之行。於斯時也，則是《大易》所謂「群龍无首」之象。（古代以龍為靈物，有陽剛之德。〈乾卦〉六爻皆取象於龍，故曰「群龍」。無首者，群龍平等，無有為首長者，此言太平世人人平等互助猶如一體。人皆互相尊重，互相扶導，故無有為首者。）全人類莫不平等，故曰太平。太者讚詞。太平之世，以平爲序，是禮治之極也。（《禮記．大學篇》言平天下，其義即求至乎《春秋》太平世也。世運至於以平為序，天地位，萬物育，盛無復加，故曰極也。）禮之序，隨時而變。〈禮器篇〉曰「時爲大」，誠哉其然也。

上來以三義之禮，曰敬、曰序、曰時，大體略備，三義並見《禮記》，蓋孔子創說而七十子後學記之。余謹據《大易》、《春秋》以逮《孟》、《荀》，略爲推演如上。然於本源處猶未暇及，既恐文繁，又慮時俗莫肯措意，姑置之云爾。

《詩》、《書》、執、（讀藝。）《禮》四部，蓋堯、舜、禹、湯、文、武領導先民，肇開華夏，其所有一切經驗與政教或道藝之記錄，匯爲此四，孔子自其少時志學，以至五十，所以修己與教人者，大概以此四部之學爲根據。《論語》記其雅言在此，（雅猶常也。）足爲確證，《中庸》曰：「仲尼祖述堯、舜，憲章文、武。」（祖述者，遠宗之也。憲章，猶云取法。伏羲、神農、黃帝諸聖之道術，至堯、舜而大備，故上舉堯、舜足為代表。禹湯上承堯、舜，下啓文、武、周公，故下舉文、武，而禹、湯諸聖不待言。）蓋七十子親炙聖人，故能言其淵源，的然無妄。

《詩》、《書》、藝、《禮》四學，皆上世迄三古聖王之遺緒，（三古，謂夏、商、周三代。）切於實用，孔子從十五志學，以至知命之年，（孔子自言「五十知天命」。）其所殫精博究者，大概在是。

已說實用派。次哲理派者，伏羲始畫八卦，因而重之，乃舉天道、物理、人事（天道，以宇宙本體之德用言，非謂有造物主。）無窮無盡之理蘊，悉包絡於其中，誠哉智慧寶藏也。羲皇當日神悟天啓，當不由積測而獲，後來歷聖相承，頗多推演，（有夏《易》、殷《易》等。）至孔子而簡擇益精，會通益廣，創作之隆，迴超前古。大哉孔子《周易》也！（周者，古訓，周普義，非周代之稱。）人天大典，鎮國之寶。（人天云云，玄奘讚《般若經》之辭，今以讚《易》。）

余謂孔子五十歲以前，其學蓋本於堯、舜、文、武諸聖政教之寶錄，所謂《詩》、《書》、藝、《禮》，（今稱實用派。）其證安在。蓋由《論語》及《史記》參考之，則孔子學《易》確在五十之年，故知其五十以前，只是《詩》、《書》、藝、《禮》四部之業而已，猶未治《易》也。自五十學《易》，而後其思想界別開一新天地，從此上探羲皇八卦，而大闡哲理，是其思想之一大突變也。《論語·述而篇》記孔子曰：「加我數年，五十以學《易》，可以無大過矣。」（朱注，引劉元城嘗讀他《論》，「五十」作卒。此必宋時浪人所改，朱子從之，大誤。）〈爲政篇〉記孔子曰：「五十而知天命。」據此二篇所記孔子自述之辭，則聖人學《易》之年正是知命之歲，證據明確，堅定不搖。司馬遷《史記·孔子世家》曰：「孔子晚而喜《易》。（中略。）讀《易》韋編三絕。曰：假我數年，若是我於《易》則彬彬矣。」（彬彬者，博徵眾義，不持偏見。）今據《史記》，以與《論語》對校，有二事不同。一、《論語》無「讀《易》韋編三絕」事。二、《史記》有孔子自言「我於《易》則彬彬矣」，而《論語》無此語。《論語》有「可以無大過」，而《史記》無此語。雖有二事不同，而有相同者，則《史記》稱「孔子晚而喜《易》」與《論語》五十學《易》畢竟可相印證。《禮記·王制篇》曰：「五十始衰。」又曰：「五十不從力政。」謂之晚也固宜。（力政，力役之政也。不從者，五十已是晚年，故官府免其力役。）

《史記》所記者，當採自別種記載，而非引據《論語・述而篇》之文。且《史記》所載「假我數年」云云與〈述而篇〉所記「加我數年」云云絕非一時語，蓋孔子欲延年以學《易》，其感喟屢發。而弟子各記所聞，一則曰可無大過，再則曰「我於《易》則彬彬矣」，是皆其感想之所應有，絕非一時語，而兩記有乖違也。（絕非二字，一氣貫下。）

或有難曰：「五十以學《易》，據《釋文》、《魯論》，《易》作亦。亦字連下句讀。惠棟云：外黃今高彪碑云，恬虛守約，五十以學。此從《魯論》亦字連下讀也。今本五十學《易》，蓋從古論。（漢時魯共王壞孔子舊宅，於其壁中得古文經傳，即《論語》等。言古文者，周時科斗書也，漢初人則謂之古文。）《魯論語》本有亦字連下句讀，而無易字。《古文論語》本有易字連上句讀，而無亦字。《魯》亦、古《易》，是非難定，猶不當據古論以為孔子學《易》之明證也。」答曰：若如《魯論》五十以學斷句，則與《論語》所記孔子自述之言，全無相合。子曰「吾十有五而志於學，三十而立，四十而不惑」云云。又曰：「十室之邑，必有忠信如丘者焉，不如丘之好學也。」孔子何為忽焉以五十始學誑人乎？聖人絕不自語相違至此。以理推之，《魯論》當是遺落一易字，《古論》出孔壁中而有易字，連上句讀，決定無誤，不應妄疑。然《魯論》有亦字，連下句讀，此可校定《古論》下句首遺落一亦字，故兩本對校，而此章始無遺字。至孔子作《易》，則《史記・孔子世家》稱孔子序〈彖〉、〈繫〉、〈象〉、〈說卦〉、〈文言〉，是其作《易》之誠證。遷父談受《易》楊何，去孔子之世未遠，其說自可信。余就《論語・子罕篇》，「子畏於匡」章，更發見孔子實繼文王而作《易》，詳在《新唯識論・壬辰刪定記》，此姑不贅。又《史記・蔡澤傳》，（澤，燕人。）對秦應侯云：「聖人曰『飛龍在天，利見大人』『不義而富且貴於我如浮雲』」，（詳蔡澤所稱飛龍云云見《易・乾卦》。不義云云見《論語・述而篇》。）澤以此二文聯屬之而總稱聖人曰，可見戰國時皆以聖人尊孔子。其聯綴《易》與《論語》之文總稱聖人曰，則可證戰國時盛行之《易》書，即是孔子所作之《易》。而非孔子以前之古《易》。余《新論·壬辰刪定記》引「子畏於匡」章，明孔子實作《易》，證以〈蔡澤傳〉之文，可謂鐵案不容傾動。孔子既發明《易》道，於是以其舊所習實用之學與《易》理相融會，而大倡內聖外王之道，此其學脈分明，可追索也。

問：「云何內聖外王？」答曰：成己說爲內，成物說爲外。其實，成物即是成己，本無內外可分，而復言內外者，乃隨俗假設耳。（世俗皆以己為內，以天地萬物為外在，故不得不隨俗假說內外。）聖者，智仁勇諸德皆備之稱。王者往義。物皆嚮往太平，其願望無已止也。

問：「成聖必須學，云何是聖學？」答曰：《易·說卦傳》言：「窮理盡性以至於命。」此言已爲聖學明義界矣。

理者，一本而萬殊，（一本者，就此理為萬化根源而言之也；萬殊者，就此理散著為萬化萬物萬事或一切事物之律則而言之也。）萬殊而一本也。（譬如大海水現作眾漚，眾漚即是一水也，萬殊一本之理由此譬可悟。）

性者，約理之爲一本而言。吾人得此理以生，故此理在人，即謂之性。

命者，流行義。此理流行不息，德用無窮，是爲吾人與天地萬物共有之本體。

先談窮理，其觀點略說有二：一、假定萬殊之物界爲實在，而分門別類以窮其理者，是爲格物學之觀點。（古之格物學，猶今云科學。）二、由萬殊以會入一本，雖重在窮極根源，而亦不遺萬殊，是爲聖學之觀點。

次盡性者。上言窮理，果能由萬殊以會入一本？學至此已究竟乎？（設問也。）曰：聖學當更進在。

哲學家談本體者，唯任理智與思辨之術，以推求宇宙眞理，（此中真理，為本體之代詞。）頗有自信爲已見到一本者。（如諸一元論者，雖其持論之內容互有不同，而一本之主張頗相近。）實則若輩純是意想妄構，（意中起想，曰意想。）猶如盲人摸象，終不識象之眞相也。聖人曰：「吾嘗終日不食，終夜不寢以思。」（見《論語·衛靈公篇》。）又曰：「愼思之，明辨之。」（《中庸》第二十章述孔子之言。）聖人本不反理智，不廢思辨，然窮理至萬化根源，即由萬殊以會入一本處，絕非僅恃理智思辨可獲證解。（絕非二字，一氣貫下。證解一詞，意義深微，與通俗所言知解者絕不同旨，此是盡性工夫成熟已後之實證實解，非浮泛知見。）夫格物之學，其觀點在萬殊，所謂物界。陽明學派反對程、朱《大學·格物補傳》而譏其向外求理，實則就格物學而言，非向外求理固不可。陸、王後學誤陷於反知與遺物之迷途，而不自悟其失也。然復須知，聖學本不反知，卻須上達於證解之境；本不遺物，卻須由萬殊以會入一本。夫窮理至萬化根源處，至眞至實，而萬德皆備。無封無畛，而萬有資始。（無封畛者，無在無不在故。）此理之在我者，亦即在天地萬物者也；其在天地萬物者，亦即在我者也，是故謂之一本。即此一本，在吾人分上言，便名爲性。窮理至此，已知吾人自性即是天地萬物之性，天地萬物之性即是吾人自性。（已知二字，一氣貫下。）從此應知，理智思辨於性分上無復功用，唯有盡性工夫不容稍懈。盡者，吾人以精進力（《易》曰「自強不息」。）顯發自性固有之無窮德用，毫無虧欠，故說爲盡。（吾人一切善行與智慧等等德用，皆是自性固有潛因在。若本無其因，云何憑空發展得來？）盡之工夫，正是無盡。《大般若經》有善譬，如箭射空，箭箭相承而上，永不退墜，如此方是盡。

已說盡性，今談至命。命者，吾人與天地萬物共有之本體。至者，還復義。（譬如遊子還至其家，此至字義，亦猶是。）吾人有生而後便爲形骸所拘，迷執小己，日益墮沒，（墮者下墜，沒者淪沒，不可救拔。）遂至亡失其本來與天地萬物共有之本體，即與天地萬物互相對峙。佛說，人間世爲苦海，三界爲火宅，其故皆在此。人生不能還復其本命，（本命，猶言本體。）釋迦氏亦見及此，而興大悲，有反人生之希願，是則流於宗教情感。孔子卻不如此，其學在由窮理而歸本盡性。盡性工夫做到無虧欠，即已還復其本命，譬如遊子還至其家，得大安穩，（家，以喻本命。遊子，以喻亡失本命者。）何用反人生爲，學至於盡性至命，方是究竟位。（究竟位，借用佛經名詞。）然已至此位，還須加功，永不退轉，《易·乾》之「象」曰：「君子自強不息。」

附識：《莊子·天下篇》以內聖外王稱孔子，卻是囊括大宇。孔子與儒學之廣大在此。然此四字昔人以來皆作陳言籠統胡混過去，不問如何是內聖，如何是外王。且外王骨髓在內聖，不解內聖休談外王。余於此四字，參究之日久，最後乃悟得〈說卦傳〉窮理盡性至命一語，含攝內聖學無量義，無有不盡。然此語，從來亦無人落實會得。姑以窮理言，此一理字如只就萬殊處說，便遺了一本，如或直目一本又遺了萬殊，而且萬殊與一本若割截爲二界更成大過。余釋窮理處卻是徹上徹下，無漏洞，無混淆。非知言者，難與語此。盡性至命，正是聖學之所以爲聖學處，若只說到窮理而止，則聖學與中外古今哲學家言亦無甚區別。西洋哲學家談本體者，只是馳逞知見，弄成一套理論，甚至妄以其理論即是眞理，而眞理直被他毀棄。（吾非反對理論，然若以為弄成一套理論便是哲學，則余所不能許可。）須知，哲學不當以眞理爲身外物而但求了解，（此中真理，謂一本。不當二字，一氣貫下。）正須透悟眞理非身外物而努力實現之。**聖學歸本盡性至命，此是聖學與世間哲學根本區別處，哲學家不可不勉而企也。**（有問：「《詩經》云『有物有則』，故事物之規律可名為理，今公以本體亦名為理，何耶？」答曰：此不自我始，佛家真如即本體之名，而真如亦名真理，經論皆有明文。宋、明儒所說理字，有時亦用為本體之名。夫本體可名之為理者，正以本體涵備萬理，故得為萬化之源耳。）

已說內聖，次及外王。王者往義，群生共嚮往太平之道，而其功力無止境，故曰往也。聖學歸根，在天地萬物一體處立命，外王學之骨髓在此。其創化、敷治，極於裁成天地，輔相萬物，又曰位天地，育萬物。其道廣大，其智廣大，其規模宏闊，其前識深遠，孰是有慧，忍不服膺。余嘗言，西洋唯心論派，黑格爾最傑出，惜乎其不聞吾孔子之道也。黑氏懷抱德國民族之優越感，無天下一家之胸量，無衣養萬物而不爲主之德度。（聖人之於萬物也，衣之養之，而不自有其功，不自居優越，不肯為萬物主，使萬物各暢其性，共進於太平也，黑氏不見及此。）德國人受其影響，卒自取覆敗，吾以是益信孔子之道終爲人類所托命也。外王鴻旨，據往事以推未來，經緯萬端，誠哉奇蹟！（漢初人猶及聞《春秋》義旨，有數千之多。）惜古籍久亡，無從詳考，當於〈原外王學〉中略爲提要。

孟子稱孔子集大成，（見《孟子·萬章篇》。）則孔子所承於古代者，當不止堯、舜、文、武一派之緒。伏羲遠出堯、舜以前而爲《大易》之開山，孔子五十學《易》既有明徵。其享年七十有四，七十猶大進，（見《論語》。）學之大成，當在學《易》後之二十餘年。此二十餘年中，蓋融通古代聖王實用與哲理之兩派，而神明變化，以創開內聖外王之學統，猗歟盛哉！（神明二字，本《易·繫傳》。《易》曰「神而明之」，蓋言哲人天機自發，妙與理會，不待推求而得也。）古代聖王相傳之學術思想本不外前述兩派，（實用與哲理。）孔子盡吸收而融化之，故孟子稱其集大成。宰我、子貢、有若皆智足以知聖人。「宰我曰：『以予觀於夫子，賢於堯、舜遠矣。』」子貢、有若皆曰：「自生民以來，未有盛於孔子也。」（《孟子‧公孫丑篇》所引。）孔子之所承藉者極其宏博，其所開創者極其廣遠，（廣者廣大，遠者深遠。）巍然儒學宗師。自春秋、戰國久爲華夏學術思想界之正統，諸子百家靡不爲其枝流餘裔，譬如太陽居中，衆星外繞矣。清末學人乃謂董生、漢武始定孔子爲一尊，良由不考古代學術源流，故有此謬說耳。然漢人尊孔，乃以竄亂之經書及其僞說，假藉孔子以達其擁護皇帝之私圖，自是僞儒學興，而孔門相傳之眞儒學不可睹矣。此一問題，當俟後文別論。

余嘗以晚周學派多不可考，引爲深恨。今據殘缺偶存之故籍，上索春秋戰國之際哲學派別，其最偉大者當推六家：曰儒，曰墨，曰道，曰名，曰農，曰法。儒家宗孔子，爲正統派，自餘五家其源皆出於儒。今先言墨。《淮南‧要略篇》云：「墨子學儒者之業，受孔子之術。」漢初，去孔、墨之時代未遠，其言必有據。（《別錄》云：「《墨子》書有文子。」文子本子夏之弟子，而問於墨子。如此，則墨子蓋生於孔子之晚年，其年輩或稍後於子夏耳，是否受業於七十子今不可考定，其習孔子之術則無疑。）孔子雅言執。（執讀藝，解見前。古以格物之學與器械創作，皆謂之藝。）《墨子‧經上》等篇，有數學、物理學等，曾創造翔空之木鳶與守城之雲梯，而木鳶即晚世飛機之始，科學天才固卓絕，亦未嘗不資於孔子藝教之啓發也。《墨子‧大取》等篇，名學甚精，其源出於《春秋》尚可考也。《莊子‧天下篇》稱墨子「好學而博不異，不與先王同」。郭象注甚誤。案「博不異」者，言墨子每立一義必博求其故。《墨子‧經說上》曰：「故者，所得而後成也。」今舉一例，如云某甲必死，何以知之？因凡人皆有死，某甲是人，故斷定某甲必死。此中凡人皆有死云云，即是某甲必死之一斷案所以得成之故，猶因明三支比量所謂因也。然復須知，故之得成爲故者，必其中無異類，如上舉凡人皆有死之故，倘人類中果有長生不死者，則此故不得成。是以舉故，必先博求其無有異類，而故始成。故成，而後斷案得成。莊子以「好學而博不異」許墨，蓋眞知墨之深於名學，其識亦不可及也。「不與先王同」者，墨子實事求是，故不必求同於先王之遺教與舊法。墨子爲富於天才之科學家，惜乎其書不傳。今存《墨子》殘帙，名學猶可見其概，而科學方面有無專著已無從考定。（墨子於科學應有專著。）墨子之政治哲學以現存《墨子》諸篇與《漢書．藝文志》敘述墨子之說相校並無不合，可見墨子論治道之文無甚闕亡。所散失者獨其科學著述耳。余以爲墨子是科學天才，而不必長於哲學。（〈天下篇〉讚之為才士，而不滿其政治理論。）兼愛兼利，未嘗不本於孔子之仁道。然言仁而不酌以義，則仁道不可通也。孔子論《詩》，曰「可以怨」。庶民對於剝削階級而有怨。因怨起爭，因爭得以蕩平階級，然後仁道通，兼愛兼利之公道大行矣。墨子非儒，殊不知其所非者，乃當時政俗之敝，正由儒者之道未行耳。

道家之學原本《大易》，孔子之枝流也。《莊子．天下篇》，以關尹、老聃並爲一派而評論之，可見二人並爲道家之祖。然〈天下篇〉敘述二人，先關而後老必非無故。或關尹年輩稍長，或莊子所心契者尤在關，今亦無從考辨。漢初以黃、老並稱而不及關，老學遂獨傳。或者申、韓之術從老氏轉手，大顯於六國季世，韓非書且爲呂政所取法，老學遂藉申、韓以盛行，而關學乃式微歟。老子之年代當後於孔子，而前於孟子。孔子早年其群俗尚存質樸，中年以後則文僞日滋，而樸風凋喪殆盡矣。《論語．先進篇》：「子曰：『先進於禮樂，野人也；（案先進猶言前輩。孔子言先進於禮樂，文質得宜，今嫌其樸，呵為野人。野人，鄉村庶民之稱。）後進於禮樂，君子也。（案後進猶言後輩。後進之於禮樂，文過其質，今乃謂之君子。君子，賢士大夫之稱。）如用之，則吾從先進。』」（案孔子自言從先進，惡時俗之文過其質。）據此，可見孔子晚年時，社會日趨於文侈。《老子》之書，忿嫉文明，而欲返之太古，痛詆智慧出，有大僞，則其文飾、詐巧，更爲孔子所不及睹。故就《論語》、《老子》二書比較，知老後於孔也。其前於孟子者何？《老子》書中隨處可玩味其時代之尙文。鬥靡、競巧、逐利，至《孟子》書則可見六國崩潰之勢已亟，民「救死而恐不贍」。（見《孟子·梁惠王篇》。）「上無禮，下無學，賊民興，喪無日」，（篇名，茲不及檢。）則已無文可尙，無巧可競也。故以《孟》、《老》二書比較，則知老前於孟也。〈天下篇〉稱關尹、老聃俱爲古之博大眞人，則兩人年代當相近。《史記·老子傳》載老子去周至關爲關令尹著書事，當不足信。春秋時士人已有僞造之風。孔子曰「吾猶及史之缺文也」，（言猶及見古史記事，有難徵者，則缺文以存疑，不妄傳也。）「今亡已夫」。（亡讀無。孔子嘆今之治史者好造僞，而不肯缺文存疑。）迄戰國而此風更盛，孟子言「盡信書則不如無書」，（見《孟子·盡心章》。）與孔子同感也。或六國時，老子後學僞造老子爲關尹著書事，以見關學猶稟於老，此與孔子入周問禮於老事，同爲老之後學僞造。馬遷不考而載入《史記》，甚矣其妄也！

〈天下篇〉論晚周學派，於各家皆深入，其天才卓絕，慧解極高。關尹、老聃、莊子特敘論之於其自述之前，明示師承所在，其重要可知已。今節錄其說而逐句爲之注，如下：

「以本爲精。」注曰：本，謂道，道者，萬物之本源，敻然無對，寂然無象，精之至也。精者微妙義。

「以物爲粗。」注曰：《大戴禮·哀公問篇》有曰：「大道者，所以變化而凝成萬物者也。」此孔門相傳之義，而道家所承也。但道家「以物爲粗」，則有道與物歧爲二，精與粗不相融之過，故老聃嘆「萬物爲芻狗」，而莊周亦「以人爲小也」。道家學《易》畢竟有未徹在，其持論時見矛盾，此不及論。

「以有積爲不足。」注曰：此就吾人體道之功而言。老云「爲學日益，爲道日損」。損者，用力於內。損去惑障，方可悟道，而自足於內，其充實不可以已。益者，爲學則用力於外，即物窮理。其功日積，而所獲乃多。然復須知，若云爲學之功，即可見道，則是本格物之術，以推求大道，推求益深，迷眩愈增。所以者何？大道者，所以變化而凝成萬物者也。道究不即是物，執物以求道，何可見道？夫學之用力於外者，固日有所積矣，而欲由此見道則知識愈積多者，將愈爲大道之障。其學無本，其中無主，故知有積者正是不足於內也。

「澹然獨與神明居。」注曰：澹然者，損去惑障。知識止乎其所不及，毋妄猜度，則神明昭徹矣。

「古之道術有在於是者，關尹、老聃聞其風而悅之。」注曰：〈天下篇〉敘述諸家，其開端皆曰「古之道術有在於是者」云云，此蓋假設之辭，不必古代果有此等學派也。然人類思想本不囿於一途，總有若干派別。道家雖始於關、老，而此派思想必不由關、老一二人偶然創發，其前乎關、老者，蓋已造此端，但未能深造與發揮耳。

「建之以常無有。」注曰：常無有者，無有二字，各連上常字成詞，即作常無，常有解。郭象注誤，不可從。建者建立。常無、常有，相反相成。誰其建之，自然而已。窮理到至極處，不可復問因由，故云自然。自然者，無建而自建。常無者，斥心而爲名；常有者，斥物而爲言。夫心斡運物而無有形，故說常無；物含縕心而顯其質，故云常有。然物以成質而名有，其質不固定，則有非堅住不易之有，心以無形而名無，則無非空無之無。道家有無之論，準《大易》乾坤而立，乾無形而坤有質，是心物所由分。

「主之以太一。」注曰：太者，讚詞。一者，絕對義，即本體之名，此《易》之所謂太極也。心物同爲太一之發用，太一是心物之實體，故道家之學在攝用歸體，以主一爲究竟。道家學《易》，而終別乎儒，其故在此。《易．繫辭傳》曰：「天下之動，貞夫一者也。」孔子之學要在於用而識體，即於萬變萬動而逢其原。（原者，謂一。於用識體者，譬如於眾漚而識大海水。孟子觸處逢原之說亦此旨。）夫萬變逢原即萬變而皆不失其正，是乃稱體起用。（稱字去聲。此義深微，強為取譬，如冰由水成，而冰卻不失去水之溼潤等德性，故應說冰之起，恰恰是與其本來的水，相稱而起，以其未失水性故。今以冰喻用，以水喻體。）此與攝用歸體，意義迥別。姑略言之。攝用歸體，將只求證會本體，皈依本體，將對本體起超越感，而於無意中忘卻本體是吾人自性，不悟本體無窮德用，即是吾人自性德用。（不悟二字，一氣貫下。）雖復不承認本體爲有人格之神，而確已將本體從吾人自身推向外去。關、老之學「主之以太一」，（太一，即本體之名。見前注。）確有謬誤在。後來莊子承其流，遂以爲本體即是外界獨存，變化無窮的大力，而吾人與萬物皆外在大力之變化所爲，（此言萬物，即天地皆在內。太空無量天體，乃物之大者耳。）方其爲是人是物也則偶然已爾。《莊子．至樂篇》曰：「種有幾，（案種者物種。幾字，即後文機字，其缺木旁，蓋傳寫誤耳。後結，「人又反入於機」云云，可證此節首句一幾字。即結處之三機字，前後相貫也。胡適解幾字，甚誤。蓋此節言物種變化，實由有外在之大力，陰司其機。）得水則爲繼，（此言萬物所以能隨環境而變化者，以有陰司其機者故也。以下准知。）得水土之際則爲灶玭之衣，生於陵屯則爲陵舄。（中略。）程生馬，馬生人，（馬是高等動物，由高等動物而進至最高之人類，故曰馬生人。）人又反入於機。（人死則精氣消散，又反入於造物之機。）萬物皆出於機，皆入於機。」（凡發動所由，皆名為機。）詳此所云，則以物種變化，實由有外界獨存之唯一力量，陰司其機。「萬物皆出於機」，又皆反「入於機」，則萬物直是造化之玩具。〈大宗師篇〉曰：「偉哉造物，又將奚以汝爲，將奚以汝適？以汝爲鼠肝乎？以汝爲蟲臂乎？」又曰：「浸假而化予之左臂以爲雞，予因以求司夜；（雞之司夜，待晨而先鳴也，造化之機，若化我之左臂為雞，我則因而司夜。此言吾人只有被動已耳，下文亦此意。）浸假而化予之右臂以爲彈，予因以求鴞炙；（言化我之右臂為彈子，我因擊鴞以供烹炙。）浸假而化予之尻以爲輪，以神爲馬，予因而乘之，豈更駕哉！」（言化我之尻為車輪，化我之神為馬，我則因而乘之也。）又曰：「以生爲附贅懸疣，（贅疣者，頭面皮膚上贅生之結肉，狀隆凸，俗名斑點者，即此類，乃不應有而有者。或曰結肉，名附贅。手生枝指亦名贅。疣則瘤之最大而成球狀者，面部或頸部偶有之，故曰懸疣。）以死爲決疣潰癰。」（言人死，則如疣之決毀，如癰毒之潰散，不足惜也。）詳莊周之論，蓋驚嘆有外界唯一之大力，獨司造化之機，吾人或萬物皆出於機，又皆反入於機，只是造化之玩具。人生無一毫自主自動力，無一毫意義，無一毫價値，故生如贅疣，無足貴，無所樂，死如癰之自潰，疣之自決，亦非所惜。〈秋水篇〉曰：號物之數曰萬。「人處一焉，此其比於萬物也，不似豪末之在於馬體乎？」其哀人之微小也如是。此等下劣思想，關、老固已開其端，而猶未至若此之甚也。

有難餘者曰：「《莊子．德充符篇》有云：『官天地，府萬物。』公嘗稱之，其與〈大宗師〉等篇不符，何耶？」答曰：〈德充符〉「官天地」云云者，就此心之知，冥然順化而言。知與化一，固已忘小己。夫忘小己而與化爲一，則不謂爲「官天地，府萬物」得乎？莊子自以爲其歸宿在此，然而誤矣。莊子本以大化爲外界獨存的力量，而以人爲小。由其說，吾人與大化根本不一，今乃謂以其知，恆與化相俱，即知與化爲一，（莊子以為，知與化為一，即心未嘗死。以知與化俱，非無知故。然此知，實乃亡物我，外生死，直與化冥合為一，故非普通所謂知識之知。莊子自以為，其最高無上之境在此。從來罕有識其意者，唯郭象注得之。）何自相矛盾已甚哉？莊子蓋以吾人本不得與化爲一，因欲以其心知，專繫於化，不悟化非死物，繫之則化亦死矣。知繫於化，謂心未死得乎？莊子天才甚高，而於道未徹在。吾有時稱莊子語蓋節取之，以達吾旨耳。其實，吾與莊子究判天淵。須知，莊子之宇宙論實只承認外在大力，司造化之機耳，吾人或萬物皆出於機，皆入於機，直同大造之玩具，無足算也。

孔門之學於用而識體，即於萬化萬變萬物，而皆見爲實體呈現。易言之，實體即是吾人或一切物之自性，元非超脫吾人或一切物而獨在。大化無窮德用，即是吾人自性固有。（大化，猶云實體之流行。實體即是吾人自性，故大化非外在。）吾人或一切物之變化創新，即是人與物各各自變自化，自創自新，未有離吾人或一切物而獨在之化源也。然則我之臂與尻，何至不能操之自我，誰謂有外力化之以爲雞爲彈爲輪耶？而況我之神，詎有外力化之以爲馬耶？又復應知，吾人或一切物各各皆得一源以爲其自性，（一源，猶云實體。）譬如眾漚，各各皆得大海水爲其自體。（如甲漚以圓滿的大海水為其自體，乙漚亦以圓滿的大海水為其自體，乃至無量漚莫不皆然。吾人或一切物各各皆得一源以為其自性，可由此譬而悟。）是故人各足於其性分，（性分，就其自性而言，即是就一源而言。）至大無匹。（無匹者，絕對義。）莊周不見自性，妄以人爲小，豈不惜哉！人者萬物之靈長，裁成天地，曲成萬物，位天地，育萬物，參贊造化者，人道之盛也，顧可自小哉？夫攝用歸體，爲不悟一源者說，此是一種方便，然終必歸諸體用不二。（於用而識體，即是體用不二。如或二之，則不可於用上識體也。《新唯識論》學者須究。）關尹、老聃攝用歸體，遂「主之以太一」，尊一源於吾人與天地萬物之上，雖反神教，而人與太一隔截，遺世之意義頗重。其流至於莊子，人道頹廢已極。自漢以來，詩文名士有聰慧者鮮不中其毒，而群俗衰敝無可振拔，余嘗以漆園名吾居，蓋引以爲戒，非敢效之也。

綜前所說，道家以主一開宗，其在宇宙論、人生論諸方面皆有偏蔽在。（偏者，謂其所見偏於一方。蔽者，謂其有所不通。）道家已悟本體，惜乎其於體用不二處未能澈了。此處一差，則流弊不堪言矣。司馬遷《史記》以申不害、韓非與老聃同傳。其讚詞曰：「申子卑卑，施之於名實。韓子引繩墨，切事情」，「其極慘礙少恩，皆原於《道德》之意，（《老子》書，一名《道德經》。）而老子深遠矣。」馬遷父子，漢初人。（《漢書．郊祀志》云：「武帝初即位，漢興，六十餘歲耳。」遷父子並仕於武帝朝，其去韓非之年代甚近，申、韓之術本於老子必非妄傳。）余按老氏之學分爲二派：曰莊周，曰申、韓。莊周當受關尹影響，而其私淑於老子之遺教者必深。莊生猶是道家派下巨子。申、韓雖源出於老，而別闢途徑，則老氏之庶孽耳。老氏之道何以流爲申、韓？此一問題極不簡單，余茲不及談，唯於此中有須提及者，則關、老以主一開宗，申、韓襲取而變之，用明治術，則以國之主權，一操於君上。韓非曰：「道不同於萬物，君不同於群臣。」（案道者，本體之名。臣者，為百官與庶民之通稱。《詩》曰：「普天之下，莫非王土，率土之濱，莫非王臣。」）又曰：「道無雙，故曰一。」又曰：「明君貴獨道之容。」（道無雙，故曰獨道。君貴獨裁，以取法乎獨道。）據此，則道家之本體論，乃爲韓非之君主極權思想鑿通道路，豈不奇哉？道家非堯、舜，薄湯、武，其言治本近乎無政府主義，而韓非一變至此，則關、老所不能預料也。韓非以利出一孔，爲其一切施爲之最大原則，臣民之思想與意志，皆一宗於君上。非之書有曰：「順上之爲，從主之法，虛心以待令而無是非也。故有口不以私言，有目不以私視，而上盡制之。」此亦可謂政治上之極端主義論已。非之說行於呂政，而其效亦可睹。惜乎非之不悟民主也。民主政治之領袖同情天下庶民疾苦，博採天下庶民輿論，悉其好惡，辨其是非，而後斟酌飽滿，以歸一是。既得一是，則奉以號召，持以力行。天下有口有目者，又何容私視私言乎？此亦未嘗不一也，然以視韓非之所謂一相去何止天淵。（或問：「韓非學老而誤何耶？」答曰：老氏亦有病在，此意非短文可達。韓非思想與老子之關係欲說明之，卻須另為一書。然非深於老者，雖著書授之，恐其瀏覽一過終不會耳。）

「以濡弱謙下爲表。」注曰：以濡弱謙下爲盛德。表者，德容也。誠於中者形於外，故以盛德之容爲表。關、老之學歸敬太一。天大而人小，（此中天者，即太一或實體之代詞，非謂神帝。由關、老尊天之旨而推之，則人不得同天。莊子以人為小，確是祖述關、老。）故人唯以濡弱謙下，爲德之基。人之所以自修與應物者，無在不率循此德，若乃儒者之學，體用不二，（於用識體，是乃即體即用，即用即體，故不二。）故吾人唯應發展自性所固有之剛大中和與創造諸德。（自性，謂實體。可覆玩前文。乾之德，曰剛、曰大、曰中正、曰太和，皆表自性之德用也。創造者，《易．繫傳》曰：「富有之謂大業。」富有者，言自性之德用盛大，故能發起大業。儒者推萬德之源，皆是自性固有，世未有無根之木也。）此與道家根本異趣，道家之德唯僧侶主義者，可以之獨善自利，不足以輔相萬物。

「以空虛不毀萬物爲實。」注曰：關、老「主之以太一」，即於無意中將萬物之實體推向外去，則萬物畢竟降爲下層，與太一融合不得。萬物既合不上實體，則萬物便空虛。然雖空虛，而萬物究出自太一之化機，（化機之義，雖盛張於莊子，而關、老確已伏有此種推演之根據在。）故不可毀壞萬物而不承認其存在。是故應說萬物亦空亦有。從其合不上實體說爲空虛；從其出於太一之化機說不可毀，即認爲有。因此，統一空有，總說爲實，此關、老之勝義也。余自治佛學而後，對於宇宙人生有所觀解，（宇宙者，萬物之總稱。人則萬物之靈長，故特別提出言之。）常太息，凡情執有固是痴迷，智者觀空亦成過患。如我所知，凡物都無定相，不容執故，應說爲空；（一切物都無固定的自相，不容迷執為實物也。）雖無實物，唯眞實流，刹那刹那，故滅新生，無有斷絕，應說爲有。（眞實，謂本體。本體之流行，曰眞實流。流行的勢用，每一刹那，都是故者方滅，新者續生，新故密密變易，恆不斷絕。）然則吾方觀有，未嘗不空。所以者何？刹刹相續之流，雖無斷絕，而實刹刹不曾暫住，故無實物可得，應說即有即空。然吾方觀空，亦未嘗不有。所以者何？物相雖空，而眞實之流，不斷絕故，應說即空即有，是故空不礙有，而有亦不礙空。

觀有不觀空是墮迷妄，非眞知有；觀空不觀有亦是邪執，非眞了空。空有相反，而實相因。（無空則有之名不立，無有則空之名亦不立，故空有相因也。）畢竟有統攝空，化矛盾而成中道，此龍樹中觀之論，所以爲人天勝義也。（自如我所知四字至此，皆據拙著《新唯識論》之旨趣而談，其說空說有之出發點或依據處，與龍樹學派之本義不必相符。《新論》宗《大易》，其立義根據，與理論體系本與佛家迥異。然對於宇宙人生之觀解，不能不歸於空有統一之中道，則《新論》與佛法殊途而同歸也。空有理趣深遠無極，不悟者或詆為玄談，下士聞道而笑，可悲而不足怪也。）關尹、老聃以空虛，不毀萬物爲實，亦是空有統一之旨，吾於此有感焉。至其說空說有之出發點或依據處，則爲吾所不必契者，此不足計。余由其空有統一之結論，而默會其言外意，庶幾脫然懸解也歟。

〈天下篇〉總敘關尹、老聃學說，雖寥寥數語，而提控綱要，抉發幽微，罄無不盡，若非具大本領，何能爲此？惜乎自昔以來，無能讀者，余故錄而注之。其首段以下，分別敘述關、老均極精要。然其稱關尹養心之學，至於動若水，靜若鏡，應若響，（水動、鏡靜，及響之應聲而發，俱無思無為也。）關尹其至矣乎！然其去人不亦遠乎！此其學之所以絕歟！其述老處與今存《老子》書相校，無一語不相應者。余曾聞後生疑《老子》書多竄雜，只是不學之過耳。述老諸條茲不及錄，因錄必附注，恐文字益繁耳。然有二三條須提及者，其曰「無藏也，故有餘」。郭象注曰：「付萬物使各自守，故不患其守。」郭氏斯解猶不解也。近世富豪階級與侵略主義者，皆縱其私欲以奪取天下人之利，而務厚藏之於己。天下人皆苦不足，而厚藏者終亦必亡。故《春秋》經主張天下一家，（此語見《禮記・禮運篇》。）建立人類共同生活之規制，即天下之財公之於天下之人人，則社會上厚藏之階級必先夷滅務盡，而後全人類皆無不足之患。老云「無藏也，故有餘」，正符斯旨。惜乎老氏自相矛盾，又欲守雌，（雌性柔，守柔則不爭。）守辱，

（亦無爭。）猥以人皆取先，己獨取後爲要道。則藏者常自厚其藏，而無可革，天下人何由得有餘乎？郭注云：付萬物各自守。萬物若不爭，其誰付之乎？又或無共同生活規制，則人各孤立而生財之道窮，將何所守？且群渙而無紀，則私藏之患亦復不免，郭象不悟老之失，徒爲華辭，以自文其短耳。

又有曰：「無爲也，而笑巧。」郭注：「無爲者，因其自生，任其自成，萬物各得自爲。蜘蛛猶能結網，則人人自有所能矣，無貴於工倕也。」詳此所云，實爲極端之放任主義。群渙而互不相輔，天下不平之禍根終無可去耳。老之道本以放任爲貴。其小國寡民之理想本欲萬物各得自爲，郭氏實演其旨。孔子「裁成天地，輔相萬物」，（輔相者，平等互助義，非干涉也，更與劫持之術迥異。）此爲萬古常新之大道。惜乎老氏學《易》而不深究此理。

又有曰：「常寬容於物，不削於人，（不侵削人以自逞也。）可謂至極。」余案莊子述及此條，而讚爲至極，其意深遠矣哉！《春秋》之大同社會，必天下之人人互相寬容，無有逞大欲以侵削人者，而後太平可保。

道家之學本出於孔子《易經》。（道家言道，言陰陽變化，明明自《易》出。墨子初為孔子之學，《淮南．要略》已言之。道家亦出於孔。）余謂關尹、老聃爲道家之祖者，〈天下篇〉稱關、老爲古之博大眞人，其年代去孔子當不遠，故道家之興必自關、老始。嚮者有後生謂《老子》書純由後人竄亂及雜襲而成，其愚妄固不足道。近聞友人以《老子》書作於李耳，且謂其成書宜在莊子後荀子前，故每取莊文以入其書云云。道家高文典冊甚多，今其書目在班《志》者尚不少，耳造僞老何必獨取莊書乎？以此持論，余未知其可也。獨謂李耳非老聃，不當混作一人，余亦素懷此意。（見《十力語要》。）耳當爲老聃之後學，而《史記》以聃爲李耳之諡，則馬遷之疏謬而不考也。遷既合李耳老聃爲一人，於是以李耳之世系說爲老聃之世系。〈傳〉稱老子之子名宗，宗爲魏將，封於段干。汪中以爲即魏世家，安釐王四年之魏將段干崇，其說當不誤。證以《莊子．天下篇》稱關尹、老聃並爲古之博大眞人，則李耳在莊子後，何可以李耳爲老聃乎？友人謂劉《略》班《志》皆以《老子》書爲李耳作，要爲得之。殊不知，劉、班之說並緣馬遷《史記》以李耳、老聃混作一人，乃迷謬相承而不辨耳。友人乃襲劉、班之迷謬，輕信《老子》書作於李耳，何弗思之甚耶？戰國時學人好尊其師傳，而假古人以爲重，如孔子問禮老聃，必緣於老之後學，欲絀孔以尊老，始造此謠。老聃爲關尹著書，亦必老之後學欲尊老於關之上。老子之名既尊，妄人之假托者，其情益詭，於是李耳、老萊、史儋輩之後學，各各詭稱其本師即老子。而老聃之化身遂多，馬遷不考，俱載之〈老子傳〉，遂成千古疑案。《史記．樂毅傳》稱樂臣公學黃帝、老子，其本師號曰河上丈人，不知其所出云云。詭托者眾，眞傳益難知，河上果何所承，馬遷之父亦不必能悉也。遷謹而缺疑，友人乃謂其詭詞，遷何故作此詭耶？

友人臆說，頗可怪者，尚有三事：一事，謂凡稱黃、老皆出漢人書，晚周無言黃、老者云云。殊不知，六國未滅盡，呂政未統一，其時代猶屬晚周也。友人已舉〈樂毅傳〉載老子傳授之序。今據〈樂毅傳〉稱樂臣公善修黃帝、老子之言，顯聞於齊，稱賢師。據此，可見晚周末葉，治道家言者，已是黃、老並稱，馬遷乃據事直書耳。且道家學派演變，至以黃帝、老子標宗明示師承有專主，此在學派上爲重大變遷，絕非短期成熟之事。晚周故籍淪喪，（覆看本書〈緒言〉。）今難考辨，然略可推徵者，《莊子．在宥》、〈天運〉、〈天地〉、〈知北遊〉、〈徐無鬼〉諸篇皆稱述黃帝，其引老聃之言尤多。余竊疑晚周道家始以黃帝、老子並立爲宗者，當是《莊子》書風行以後之事。《莊子》文學之神妙，空前絕後，其宣揚力量極大，道家之徒由是以黃帝爲遠祖，以老聃爲大宗師，而道家學統始確定。莊子以前之道家縱有欲推本黃帝以與老子並稱，其說當未普遍也，要至莊子而影響始大。《漢志》載黃帝書頗不少，當是莊子同時或後出之道家所造。黃、老之稱，絕不始於漢初，吾敢斷言。今存《老子》書恐非完本，其有簡策脫損，或後人增竄處，皆屬可能。若謂由李耳僞造，則無稽之談，不可持也。

二事，友人以孟子稱楊墨之言盈天下，而楊氏無傳，遂欲爲楊朱覓後學，甚至以田駢、愼到出於楊朱。其所據以作決定者，皆殘文碎義，未可信爲足徵也。（孔子能言夏、殷之禮，而猶以杞、宋不足徵為憾。聖人之嚴於論古也如此。）夫遍千馬而各取一毛，謂千馬皆同，人莫敢說異。立五馬於通衢，聚眾人而觀之，眾人於五馬各得睹其全貌，皆曰五馬互異，無一人肯說同。所以者何？五馬各有其全貌，以互相較，則只見大異，不辨有小同也。於千馬各取一毛而論，則只見小同，不悉有大異也。此事雖小，可以喻大。論學派異同者，若未窺各家之全，遽取一二義之近似輕下斷案，是以千馬皆有一毛之同而遂概之曰，一切無不同也。且楊朱本無可徵，友人唯據《淮南．氾論篇》全性保眞四字，乃持此以遍考《呂覽》、《管》、《莊》、《荀》諸書中稱及晚周諸子之言，遂一一求其強合於全性保眞之旨，務爲輾轉牽引，歸諸楊朱學派，而實不可通。倘辨正之，則文字不勝其繁，不如姑置。余於此不能無言者，因友人尊楊朱爲道家大哲，恐眩惑後學耳。

三事，友人尊田駢、愼到、宋鈃、尹文，以爲諸家之學，皆較莊子爲深廣。田、愼、宋、尹之學今已不足徵，余不知其所謂深廣於莊子者果何所據？且友人引書未免橫通，如以〈白心〉、〈心術〉爲愼到之書，足以發楊朱之蘊，即是一例。夫於〈白心〉、〈心術〉諸文中，摘句以求其有合於愼到僅存之碎義，自有可合者在，然遂斷爲愼到所著書，足發楊朱之蘊，則不謂之橫通不得也。古人書雖亡，若有殘篇碎義存者，後人就其僅存之一語一義，推演發揮，是爲切要。若不此之圖，而好此牽彼引，任意附會，則治古學者所宜戒也。又友人尊田駢、愼到因循之義，以爲莊周所無，然《莊子．齊物篇》明言「無適焉，因是已」。據此，則以無所適而非因，故曰「無適焉因是已」。聖人不以己宰物，任萬物之各暢其性，此之謂因。〈秋水篇〉曰：「何謂天？何謂人？北海若曰：『牛馬四足，是謂天；絡馬首，穿牛鼻，是謂人。（人絡馬首而乘之，穿牛鼻而令其操作，疑於不因牛馬之天性矣。然牛馬皆四足，是勞作之性也，人乃絡之穿之，又何嘗不因牛馬之天性歟？）故曰無以人滅天，（穿之絡之，是因牛馬之天性固已。若令其勞作過分，以暴力驅役之而不惜，則天理滅矣，是傷牛馬之性，不可謂因也。無以者，禁止之辭。）無以故滅命。』」（故者，謂人以己意宰制萬物，而不任萬物之自為，是乃故意毀滅物之性命，則大惡莫如不因也。無以，同上。）談因義最深遠者，莫如莊子。田駢、愼到之言因，大要歸於用人必因其情，成務必因其勢，義非無當，而霸者之術亦未嘗不如此也。莊子洞徹本源，則尊重萬物之眞性、本命，而不忍且不敢傷之，是以貴因。（本命，猶言真性。）莊子知本，似有契於儒，惜其無儒者裁成、輔相諸大作用，所貴求其長而捨其短也。余嘗言，由晚周至今近三千年，眞能知莊子者，唯荀卿一人。《荀子．解蔽篇》曰：「莊子蔽於天而不知人。」（天者，宇宙實體之名。道家所謂道或太一，荀子則謂之天。莊子承關尹、老聃之學，已徹悟太一，不可謂其不知天也。然雖知天，而乃尊天於吾人之上，即天大而人小，天有威力而人無能。是其知解，適為天之一方面所蔽，不復能知人也。此意深微，宜覆玩前文。）昔大慧禪師言，手持寸鐵可以殺人，朱子喜其語。荀卿以一言斷定莊子得失，絕不多費力量。寸鐵殺人，差可方其猛利。莊子於天化（天化，猶言本體之流行。）證會深遠，於世變觀察入微，其神解卓，其境界高，其大謬在不悟天人爲一。（世或尊內篇，其實外篇、雜篇，並極精微，唯〈讓王〉以下五篇殊不類。嚮者文昌云頌天以《莊子》難讀，請擇要疏釋，余終鮮暇。）然而莊子宏深矣，未可以田、愼、宋、尹輩，與之論長幼也。

道家在晚周，與儒家抗衡。（《史記·老子傳》曰：「世之學老子者則絀儒學，儒學亦絀老子。」）戰國衰季，道家影響遍於諸子百家，大儒如荀卿亦吸收其精粹。時六國亡象已著，秦人以暴力橫行，天下聰慧之倫多歸道家，飄然遺世，獨與天地精神往來，蓋與儒學爭統矣。然遺世高風，其流毒至不堪問，漢以後名士涉玄言者，習爲浮虛、放蕩，流風播於社會，釀成委靡不振之惡果。余於道家嗜之重之，而亦不能不懲戒其末流之敝也。

名家之學，其源出於《易》、《春秋》。《易·繫辭傳》曰：「夫《易》彰往而察來，（往，謂所已知者；彰者，明著義；來者，事理無窮盡，現所未知，猶待將來之謂。今據所明著已知之理，以考察所未知，是云彰往察來。）微顯而闡幽，（微有二義：曰微細，曰隱微。理之至微而難窮者，欲顯發之，固必由分析之術，更須深切體察事物之內縕。使微者顯，則幽深而不可知者，亦將闡發無遺。）開而當名辨物，（開而二字處，疑有脱文。當字去聲。名者，所以命物。名，必如其物之真而不亂，曰當。辨者辨析。辨析術精，則物理無所遁。）正言斷辭，則備矣。」《春秋繁露》曰：「《春秋》辨物之理，以正其名。」《莊子·天下篇》曰：「《春秋》以道名分。」（從來經生皆以名分，為辨上下之等，此以帝制思想説經，實非《春秋》旨也。案分者分理。辨物之理，以正其名，是曰名分。）二經爲名家大祖，其學脈分明可辨也。《漢志》，名家有鄧析二篇。鄭人，與子產並時。據《左傳·定公九年》，「駟顓殺鄧析，而用其竹刑」。（竹刑，刑書也，猶今法律之書。古者書用竹簡，故曰竹刑。）則鄧析當是刑名家，（刑法之名，曰刑名。《荀子·正名篇》曰：「刑名從商。」大概商代刑法精當。刑名一詞本此。）固非《大易》所謂辨物、正言、斷辭，與《春秋》辨物之理以正其名之學。《漢志》列鄧析於名家殊不合。漢人於學術尚不知分類，無足怪也。荀卿〈非十二子〉以鄧析與惠施合論，則克就爲治綱紀之觀點，而並論之耳，（其曰好治怪説，玩琦辭，辯而無用，則訾惠施之辭也。曰甚察而不惠，多事而寡功，則訾鄧析之辭也。而總斷之曰「不可以為治綱紀」，則其合論惠、鄧二子之觀點在此。）本非就學派上著眼以惠、鄧同爲名家也。儒家經傳亡失殆盡，名學之籍已不可考。今存《荀子》有〈正名篇〉，其言「心有徵知」，（徵者，徵驗，言心能考驗萬物而知之也。）「必待天官之當簿其類，然後可也」。（天官，謂耳目等官能也。當，主也。簿，簿書也，謂天官各主掌其類而簿記之，不雜亂也。如眼官唯主簿記其所感攝之色，耳官唯主簿記其所感攝之聲，心之於萬物也，必待天官各掌其類而簿記之，然後可據諸官簿，以徵驗萬物而知之也。）此在名學上自有不朽之價値在。其〈解蔽篇〉嫉名家之流於玩弄虛辭，而斥之曰：「由辭謂之，道盡論矣。」（謂，猶言也。論者，辨説。名家以玩弄虛辭為能事。由此言之，則是以大道只盡於其辨説中，何異以蟻子之智而測道乎？）晚世治邏輯者，徒玩弄名詞爲務，當以荀子之言爲戒。

諸子之以名家著聞者，《漢志》僅七家，鄧析不當入名家已説如前。尹文粗涉名理。（《漢志》，尹文説齊宣王，先公孫龍。劉向云：文與宋鈃俱遊稷下。）毛公、黃疵、成公生之徒，當非專攻名學者。（《漢志》，毛公趙人，與公孫龍等並遊平原君趙勝家。劉向稱其論堅白同異，以為可以治天下。據此，則以堅白同異之辨，而妄談治道。黃疵為秦博士，作歌詩。成公生與黃疵同時，游談不仕。）七家之中唯惠施巍然巨子，其以天才之科學家，而精哲學，善言名理，誠曠代之孤雄。六國時學人蓋罕能識之者，獨莊子與之爲友。《漢．藝文志》載其書一篇。余絕不信其書只一篇也，或六國時人已莫能讀其書，或漢初人不知重其書，故湮絕無餘耳。《漢志》列惠子於名家。余以爲惠子必深於格物之學，不止名家而已。莊子言：「南方有畸人焉，曰黃繚，（畸，異也。）問天地所以不墜不陷，風雨雷霆之故。惠施不辭而應，（黃繚能研究自然科學，其所問風雨雷霆之故，與天地所以不墜不陷，當時必無能應答者，惠施乃不辭避而直應之。）不慮而對，（不唯應其問而已，且不待思慮而對也。）遍爲萬物說，（注意遍字。黃繚能發天地所以不墜不陷之問，其平日對於物理世界之探索已甚深，否則不能提出大問題。惠子不復待彼之問，遂為黃繚普遍廣說萬物之理。）說而不休，多而無已，猶以爲寡，益之以怪。（惠子平日無可傾吐，一旦遇黃繚故欲泄其蘊耳。莊子云益之以怪，當是據其時庸眾之論。科學家之大發明，恆為庸眾所不喻，不喻即驚以為怪。）以反人爲實，而欲以勝人爲名，是以與眾不適也。（惠子只是好奇心盛，而富於求知欲耳，非故意反人與勝人也。自庸眾視之，則疑其以反人為實，以勝人為名。）弱於德，強於物，其涂隩矣。」（隩，曲也。西洋科學之發展正賴諸科學家有強於物之精神。中國有一惠子而無繼者，惜哉！莊子道家也。道家不肯強於物，實亦未能強於德者也，而譏惠子可乎？）又言：「惠施日以其知，與人之辯，（言惠施日以其知，與人往復辯難。）特與天下之辯者爲怪。」（謂其與人辯也，只好為詭怪之論，欲以勝人。）惠施不能以此自寧，散於萬物而不厭，（謂其竭盡心力，以向外追求萬物之理，是耗散其神智於萬物也。）卒以善辯爲名。惜乎！惠施之才，駘蕩而不得，（駘，放也。）逐萬物而不反。綜上所引莊子之言，惠子強於物，散於萬物而不厭，逐萬物而不反，其對黃繚遍爲萬物說，可見惠子之學是向大自然裡努力追求，並非不根於實測而徒爲詭辯者。當時庸眾以辯者目之，莊子亦以其善辯而惜之。惠子豈好辯哉？夫惠子猛於求知，篤於愛智，傷眾人息息與天地萬物接觸，而一切習焉不察，故日以其知，開導眾人。眾人卒不喻，乃以辯者訾之耳。惠子確有大科學家之熱誠與風度，在晚周諸子百家中似罕有其匹。莊子與之友，彼此所學絕不同途，雖有相非，而實有相契之美。此其宏識偉量，古今罕覯也。惠子強於物，而又樂眾人之共進於知，其遍爲萬物說當有甚多博大之創見，絕無不著書之理，而皆無傳，豈不惜哉？莊子稱惠子之妙語曰：「天地其壯乎！施存雄而無術。」（天地猶云宇宙。壯者大也。宇宙之大，理道無窮無盡，積全球上古今人之智力，或各種學術之所研究與發明，雖有許多理道可説，然以視夫無窮無盡之大寶藏，則所掘發者終有限。惠子自嘆，欲以一己之智力，泄盡宇宙之祕藏。雖存此雄心，而終無術以盡知之也。）美哉斯言！以一人之智敵宇宙之壯，欲盡知之，卒無術，而存雄毋沮焉可也。積世積人積智而爲之，亦何患其壯。

《公孫龍子》十四篇，今亦僅存殘帙。《莊子．秋水篇》曰：「公孫龍問於魏牟曰：龍少學先王之道，長而明仁義之行；合同異，離堅白；然不然，可不可；困百家之知，窮衆口之辯；吾自以爲至達已。今吾聞莊子之言，匯焉異之。不知論之不及歟，知之弗若歟？今吾無所開吾喙。」（後略。）據此，則公孫龍少習儒學，而後爲名家之雄，終亦爲莊周所移而近乎道矣。《史記．仲尼弟子傳》有公孫龍，年代遠隔，或以其爲七十子後學而誤入之歟。

墨子亦名家大師。雖墨學爲獨立之一大學派，而於名家不妨並見。〈天下篇〉稱「相里勤之弟子，五侯之徒，南方之墨者，苦獲、己齒、鄧陵子之屬，（苦獲、己齒，李云二人姓字也。）俱誦《墨經》，而倍譎不同，（胡遠濬曰：謂分離乖異。）相謂別墨。（墨學之中又各別分派也。）以堅白同異之辯相訾，以觭偶不仵之辭相應」。（觭同奇。仵音五。不仵，猶云不同。）可見墨家後學治名理者，亦受公孫龍之影響。

名家在晚周甚盛，今可略考者，儒有荀卿，墨子及其後學別墨皆名家大師也。而名家精於格物者，則有惠施。公孫龍本儒者，而其專長究在名學，故言名家者必舉公孫氏，〈天下篇〉亦以桓團與公孫子並舉。晚周名家碩師必不少，惜古籍淪喪，今無從考。漢人最不通名學，班《志》疏謬，不足責耳。

農家之學，當出於《詩經》。三百篇自變雅以至列國之風，小民呻吟窮困，無以爲生，其怨恨王侯卿大夫貪汙侵剝之詩占大多數。孔子刪定爲經，以教三千七十之徒，傳播民間，此農家所由興也。晚周諸子創說皆假托古聖王以爲重，故農家亦托神農。《孟子・滕文公篇》曰「有爲神農之言者許行，自楚之滕」，云云。晚周農家可考者，只許行與其弟子陳相之姓字倖存於《孟子》書，此外無可考矣。《漢志》，農家有九，書百一十四篇，皆秦、漢間人擁護統治階級者所爲，與晚周農家思想無關。《漢志》敘農家有曰：「及鄙者爲之，以爲無所事聖王，（師古曰：「言不須聖王，天下自治。」）欲使君臣並耕，（案農家本主張天下之人人皆並耕而食，不許有統治階級存在，無所謂君臣。而班固以己意敘述農家，則曰欲使君臣並耕耳。）誖上下之序。」（誖，亂也。農家廢君，正欲破除上下之序，使人類皆平等互助，而建立共同生活之制。班固乃以為叛亂也。）班固此數語正是斥破晚周農家，而《漢志》所列農九家及其書，皆與眞農家無關。當於後文更論之。許行思想，亦俟〈原外王〉中附說。

法家成爲獨立之大學派，大概在春秋戰國之際。蓋自周室東遷，王道衰而霸業起。霸者之治，必以法整齊其臣民，使莫不肅守紀律而勤其職事。管仲相齊桓，匡正天下，爲五霸首。由此道也，《管子》之書雖後人所造，然必齊、魯間儒生感禮讓爲治，不可起衰救敝，於是變而崇法，創成學說，托爲管子之所著書。自其書行，而後法家學派始張矣。所以知其始於齊、魯儒生者，深玩《管子》一書，則見其根本大義，不離孔子六經。《易・繫辭傳》曰「吉凶與民同患」，即此一言已括盡六經外王根柢。《管子・牧民篇》曰：「政之所興，在順民心；政之所廢，在逆民心；民惡憂勞，我佚樂之；民惡貧賤，我富貴之；民惡危墜，我存安之；民惡滅絕，我生育之。」此非吉凶與民同患而何？綜觀《管子》書括囊大宇，經緯萬端，要皆從與民同患出發。至於「倉廩實則知禮節，衣食足則知榮辱」，此即本於孔子先富後教之意。（見《論語・子路篇》。）通玩全書，隨處可見其未脫儒學骨髓，故知創作者必是七十子之徒，始變儒術而別立法家赤幟也。然《管子》書蓋屢經增竄，非一手所作，並非一時所就。《漢志》、《管子》

八十六篇，（今多散亡。）列在道家。蓋戰國時，有道、法混合之派，慎到輩是也。亦有法、道、名三家混合之派，則申、韓之徒是也。至於《管子》書之創作當在春秋末葉或戰國初期。其後，法家吸收道家思想者，根據原本修訂則內容更擴充矣。《漢志》以之入道家卻未妥。此書究是法家巨典也，然亦雜兵家或權謀家、陰陽家言。其取材廣博，而自有匠心獨運，不礙一貫，未可目以雜家而輕之也。印度大乘著述多此類，如《瑜伽師地論》爲有宗根本大典，何嘗不是會聚眾說而成？中國人一向輕忽《管子》，適自安其陋耳。（《管子》書之精要須抉擇，惜吾衰矣。）魯爲秉禮之國，流於文勝，而委靡不振。齊與魯爲鄰，故法家思想源出齊、魯之儒。其後尸佼亦產於魯，爲商鞅師，復改變從前之法家思想而造成帝制極權，掃蕩唐虞三代之政、教與文化，自尸、鞅啓之也。晚周魯人思想守中和者，難造時勢；（儒家孝治論者有此患。）趨偏激者，招大禍敗。（尸、鞅之作風，使中國自呂秦以後，皇帝專制歷世近三千年，民生與政教學術，一切腐壞，不求進。）兩不相同之思想並興於魯，豈不怪哉？

《漢・藝文志》，尸子名佼，魯人，秦相商君師之。鞅死，佼逃蜀。《史記》，楚有尸子。劉向《別錄》，疑謂其在蜀。王應麟以為晉人。王先謙以〈藝文志〉注，魯乃晉字之訛。案《後漢書》注，佼作書二十篇，內十九篇陳道德仁義之紀，內一篇言九州險阻水泉所起。據其十九篇之說，當是生於魯，而習聞先王之遺教。其人本策士之流，曾遊晉、楚，而居晉或久耳。

《管子》書誠知尊重民意，然猶無民主思想，此其短也。慎到輩亦然。余以爲晚周思想發展甚盛，法家分派必眾，當有倡明民主者，惜古籍亡失無可考。然《淮南・主術訓》有云：「法籍禮義者，所以禁君，使無擅斷也。人莫得自恣則道勝，道勝而理達矣，故反於無爲。無爲者，非謂其凝滯而不動也，以其言莫從己出也。（中略。）法生於義，義行於眾，適眾適合於人心，此治之要也。故通於本者不亂於末；睹於要者不惑於詳。法者，非天墮，非地生，發於人間，而反以自正。」據《淮南》此段文字當是從晚周法家民主論派之遺說援引得來，非淮南幕友所能創也。《淮南》書由眾手纂輯。漢初人能搜羅故籍，無獨創之見。淮南懷篡志亦欲自帝耳，其幕友不必有反帝制之思也。余由上所引文，而推定爲法家民主論派之說。略申三義：一曰，君主專政之制，則法生於君。《管子・任法篇》曰：「有生法，有守法，有法於法，夫生法者君也，（房注：『君始制法，故曰生法。』）守法者臣也，（房注：『臣則守法而行。』）法於法者民也。」（上法字猶言取法，下法字謂君所制之法，言人民之思想行動唯取法於君之法。）是爲法家君主專政論派之理論。今如前引，法生於義，義生於眾，則爲廢君而行民主之制。明白彰著，無可疑也。夫君主以私意制法而宰割萬物，未嘗不自以爲義也，然則義與不義如何辨？民主論派則直斷之曰義生於眾，此眞一語破的也。以獨夫之意制法，迫天下億兆之眾以必從，雖欲勿陷於不義，不可得也。由天下億兆之眾各本其公欲、公惡、互相扶助、互相制約以立法，則不義之萌絕矣。義生於眾，不生於獨夫。大哉斯言！呂秦以來二三千年，學人莫之省，何耶？

二曰，民主政治或難驟致，則本群眾公意制法以限制君權，是亦民主之始基也。故曰法籍、禮義所以禁君使無擅斷，則君憲之治，晚周法家民主論派固發明最早矣。

三曰，晚周法家民主論派必由儒者首創，所以者何？儒學本有民主思想，其變儒而爲法亦甚易。又如前所引，以法籍、禮義並重，不純主乎法也，可窺其淵源所在。又其言曰：「法者發於人間，（如吾若只知有己、不知有人，則舉手投足乃至一切行動，將無往而不侵犯人。如此，則人必來詰問，法之發生即以此故。）而反以自正。」（如吾不知有人而人來責問，則吾當反己自正，所謂恕道是也。吾人守法而不敢叛者，唯推己及人故爾，非由畏刑罰及物議而姑飾於外也。）此眞儒學骨髓，親切至極，超脫至極。（吾人不視法為外力強制，則奉法而行，一皆循禮蹈義。浩然之氣塞乎天地，即有誤犯反己自正，何傷日月之明？是超脫至極也。若畏罰、畏譏，雖不犯法亦常不自在也。）民主政治之任法必遵乎此，而後《春秋》太平之盛可期矣！

附識：《管子》書之〈心術〉、〈白心〉、〈內業〉諸篇，胡適等以爲錯簡，殆未深究耳。此書原本儒家融會道家，蓋隨在可窺見。但〈心術〉諸篇道家旨趣較多，文字亦稍別。此書本不成於一時一手，無足異也。

商鞅、申不害、韓非，《漢志》列法家，甚誤。或如汪大紳說，以兵刑家位之較合。

綜前所說，晚周六大學派，儒爲正統，墨、道、名、農、法，同出於儒而各自成家，各闢天地，猗歟盛矣！（宇宙真理無窮無盡，非一家之學所能測，譬如大洋水非一人之腹所能飲。然復須知，凡成家之學，其於無窮無盡之真理本不能見其大全，而絕非絕無所見，若絕無所見，即不得成為學術。故每一家之學，即就其所見到處逐漸推廣求精求詳，然其推廣之領域終屬有限。易言之，凡成一家之學者，即是自闢一天地，而亦自囿於其天地之內。）

（六大派者，又各有旁支。旁支者，如木幹有旁支而向外發展，若與其幹不相屬故云。）如宋鈃、尹文之徒於墨氏爲旁支，而不即是墨家也；田駢、愼到於道家爲旁支，而不即是道家也。舉一二例可概其餘。或有問言：「墨、道、名、農、法五家，皆源出於儒，亦是儒之旁支否？」答曰：五家雖出於儒，而其開宗之哲並是創作之天才，其成就偉大，故是獨創而不得謂爲儒學之旁支。旁支者，雖能不守一先生之言，而未足以窮大極深，非眞能自樹也。又戰國時學人博涉乎儒、墨、道、名、法諸大學派，而以雜家著稱者，當必不少。如其貫綜百家，擇善而不無主，自不愧爲博才通人。《呂覽》未足語此。晚周雜家或有巨集，漢人未搜求耳。

凡大學派其派內亦復有分。《韓非．顯學篇》曰：「自孔子之死也，有子張之儒，有子思之儒，有顏氏之儒，有孟氏之儒，有漆雕氏之儒，有仲良氏之儒，有孫氏之儒，有樂正氏之儒。自墨子之死也，有相里氏之墨，有相夫氏之墨，有鄧陵氏之墨。故孔、墨之後，儒分爲八，墨分爲三，取捨相反不同，而皆自謂眞孔、墨。」據此而推，韓非所云八儒、三墨，當是據其聞見所及者言之耳。而儒必不止於八，墨必不止於三也。姑就儒言，子貢、曾子、閔子、子游、子夏、有子諸賢，皆聖門高弟，都不在八儒之內。且此八儒，唯子張、顏氏、（當是顏淵。）漆雕氏，可確認爲尼父眞傳弟子，自餘多屬三傳或至五傳。〈仲尼弟子列傳〉記七十七人姓名年歲甚詳。縱有一二不必可靠，而孔門有三千之眾及高材七十餘人則不容疑，何至絕無傳授。而韓非無所述，可見韓非所舉八儒當是就三晉流行最盛者言之，非儒家內部分歧止此八派也。儒家如是，墨家發展絕不止三派。道、名、農、法，各各內部有分，皆可准知。荀卿〈非十二子〉只評論其所最留意者耳。當時諸子百家豈止十二子乎？

晚周學派自以六大派爲主幹，而儒家爲墨、道、名、農、法五家之源，是爲正統，此其彰著可考者也。唯諸家各有旁支，如宋、尹、田、愼諸子見稱莊周、荀卿。庶幾巨子矣！何可輕乎？其他湮滅於秦、漢之際者，當不少可貴之述作，是可惜耳。若乃諸家內部分派之發展，漢人俱不搜考。馬遷雖爲〈仲尼弟子列傳〉，而無一字道及學術，直同帳簿耳。（遷無史識，其書詳於武人、卿相及遊說之徒，而忽視學術。雖以通史為名，而其內容實難言通史。尤謬者，於晚周列國，竟忘其為建國久遠之國家，而只為其君主立世家，視同漢世侯王，後人遂無從考論古代列國民習與政教、文化等等情形。）

孔子上承伏羲、堯、舜以至文、武之道，下啓晚周諸子百家之學。《中庸》贊曰「洋洋乎發育萬物，峻極於天」，誠哉然也！莊子以百家分散，暗於大道，宜更有高深學術，包通眾家殊能，（包通者，探萬化之根源，故無所不包，此內聖學之要也；握萬變之理則，故無所不通，此外王學之要也。）以端其向而一其趨，於是欲以孔子儒學爲百家之統宗。〈天下篇〉曰：「不離於宗，謂之天人。（宗者，宇宙本體之稱，非超脫天地萬物而獨在。曰天，曰道，曰萬化根源，皆宗之異名耳。人之生也，形氣限之，漸離其宗矣。能不離者，則即人即天，故曰天人。）不離於精，謂之神人。（精者，謂天之德用，純善不雜。）不離於眞，謂之至人。（真者，謂天之德用，至誠無息。）以天爲宗，（宗猶主也。天之在人，謂之性，人能率性而行，即是天性常主宰乎形骸，而不至離其宗也。）以德爲本，（人能體現天德於己，是能固其本也。）以道爲門，（道亦天之異名，人生日用中一切率由乎天理，即自然有則而不亂，故道者是人之所必由，如人出外必由乎門也。）兆於變化，（兆者，變化之幾，猶未形也。體道之人，心無掛礙，故能造起萬化而無滯也。）謂之聖人。（天人、神人、至人、聖人，不可作四等人看。郭象曰：凡此四名，一人耳，直所從言之異。案從言異者，如從其不離於宗言，則名天人。及從其以天為宗，至兆於變化言，則名聖人。故四名，實只就聖人身上而從四方面言之，以顯其盛德耳。）以仁爲恩，（仁，故有恩愛及人也。）以義爲理，（仁者廣恩，若不裁之以義，則恩濫而不當於理。理者，事物當然之則，如作惡者，有應得之罰，此理也。仁者將恩遇之而無罰是不合理，唯有義以裁之，則因其罪惡重輕而施罰，是為理。）以禮爲行，（自暗室居處言動，以至施乎天下國家一切作為或事業皆是行。行必由禮，無非禮之行。）以樂爲和，（和者，私欲不萌，中心安和。《論語》云『君子坦蕩蕩』是也。樂以達其內心之和。）薰然慈仁，（薰然者，其德容足以感人也。）謂之君子。（《春秋》太平社會必天下之人人，有士君子之行，非有仁義禮樂之化不可幾也。）以法爲分，（民生在群，群必有分。分者，萬物各得其所。易言之，物各盡所能，各足所需，各遂其志，各暢其性，無彼有餘而此不足之患，是謂有分。法之立本乎民群之互相維繫，互相制約，所以使群道有分，而無不平之患也。儒術未嘗不貴法，但以禮為本耳。）以名爲表，以參爲驗，以稽爲決，其數一二三四是也，（名者，即《易》所謂辨物、正言、斷辭之學。今云邏輯，亦屬名學。然古之名學其包含甚廣，邏輯殊不足與之相當。古者布化立政，經緯萬端，而其別白善惡，辨正得失，無不咨於名學，以正名核實為先。表者，猶言準則。以名為準則，而核其實，使名皆如其實，而不可亂，則是非彰。民志定，而化道可成矣。以參為驗者，《說文》：三人相雜曰參。古以三為多數。民治常規，凡辨得失必從多方面求徵驗也。以稽為決者，《老子》下篇六十五章云『知此兩者亦稽式。』王弼注：『稽，同也。』既徵驗之多數，必所見共同而後其得失可決也。其數一二三四者，事物莫不有數量，舉一二三四以明數之相生，不待悉舉也。《易》曰：『備物致用。』物之數量，增至大備，其用乃益大也。）百官以此相齒，（承上文而言，綜核名實，開物成事，必賴百官各供其職。齒者，序列義。百官因職務之巨細，而組成序列。）以事爲常，（事者，凡天下事，天下人共為之，必持之以常。常者恒也。恒則可久可大，無偷而荒，無躁而敗。）以衣食爲主，蕃息畜藏，（衣食者，萬化所由起，萬事所由立，故曰為主。非深於儒學者，不能窺及此。務蕃息則生財不竭，謹畜藏則用之不匱。）老弱孤寡爲意，皆有以養民之理也。（自以仁為恩至此非精究《春秋》、《周官》諸經不能道隻字。）古之人其備乎！（古之人謂孔子也。）配神明，（神明者即莊子所云天地精神。然天地精神即是遍在乎一切人或一切物之精神，非超脫天地萬物而獨在。須善會。）醇天地，育萬物，和天下，澤及百姓，明於本數，（有問：『莊子多有難解語。如此中本數二字亦困於講明。本者對末而言，如木之根是本，幹及枝棄其末也。本字之下卻用一數字何耶？』答曰：善哉此問。末者，本之發展。如幹及千枝萬葉是從根發展得來。易言之，即根中已含蘊多數的眾幹與千枝萬葉在。本數二字意義深遠。）繫於末度，（郭象曰：『本數明，故末不離。』案繫者，不離義。末自本生，故不離本。前文有云，不離於宗。宗即本也。政教設施，經緯萬端，皆末也。）六通四辟，小大精粗，其運無乎不在。（孔子之道所以無不備也。）其明而在數度者，舊法世傳之史，尚多有之。（孔子承古聖王之道而開儒學之宗。聖王心術之微，其著在數度可考明者，史多有之。數者制數。度者法度。制數者，一切製作，不離於數，故云。）其在於《詩》、《書》、《禮》、《樂》者，鄒、魯之士，縉紳先生，多能明之。（此中《詩》、《書》、《禮》、《樂》，則指孔子所修之六經也。下文更分言之。）《詩》以道志，《書》以道事，《禮》以道行，《樂》以道和，《易》以道陰陽，《春秋》以道名分。（名分有二義：一、名理，見前文談名家處。二、據亂世，嚴上下尊卑之分，《春秋》破除之也。）其數散於天下而設於中國者，百家之學時或稱而道之。（其數者，謂六經文義各有數，如云《春秋》文成數萬，春旨數千是也。旨者，義旨。設者，懸擬之辭。聖人作六經，為中國設擬之，欲由中國實現之也。然百家雖道之，但視為古人之陳言而姑說之已耳，非能通聖意也。）天下大亂，（不求真知，不務實踐，故亂。）賢聖不明，（賢聖之道不明也。）道德不一，（各逞偏曲之見，各張淺薄之論，故言道德者不可得一真是。）天下多得一察焉以自好。（郭注：以天下各得一斷句，謂各得一偏也，未妥。一字當連察字讀。一察者，即是察於一偏而不可得其大全，如科學中某一專門之學，哲學中某一宗派之論，皆一察也。春秋、戰國之際，思想發達，諸子百家已分門別類，各察一偏而昧於大道，莊子所以嘆也。）譬如耳目鼻口皆有所明，不能相通。（耳明於聲，乃至口明於味，而互不相通。）猶百家眾技也，皆有所長，時有所用。雖然，不該不遍，（不能該備，不能周遍。）一曲之士也。（曲者偏曲。）判天地之美，（判，剖析也。剖析之，則失天地之全美。）析萬物之理，（分析萬物，將只見片片斷斷的死物，而不悟宇宙萬象元是活潑潑地。莊子之意，殆與晚世尚直覺者同。）察古人之全，（察者，猶言穿鑿。讀古人書欲窺其全，須了解其文言之後，而虛懷以默會其大旨。若尋章摘句，空鑿求通，如何可得古人意？）寡能備於天地之美，稱神明之容。是故內聖外王之道，暗而不明，鬱而不發，天下之人各為其所欲焉以自為方。悲夫！百家往而不反，必不合矣！後世之學者，不幸不見天地之純，古人之大體，道術將為天下裂。」莊子此段文字亦不無病，如「判天地之美，析萬物之理」云云，未免反理智，反科學，不足為通論。然其窮高極遠而測深厚，炤然見聖人之大體，則非小知所及喻也。此段文字，首舉四名，（四名者：天人、神人、至人、聖人。）明內聖之極詣，自以仁為恩，至皆有以養民之理也，本仁義禮樂之意，而輔以崇法、正名與參稽之方，推原於衣食為主，雖寥寥數語，而字字句句都含無量義，外王之宏規遠模具於此矣。余嘗言，晚世科學分工極細，學者各專一門之業，合而觀之則世愈進於智，分而核之則愈進於智者，實愈趨於暗耳。合則見智者，各科之學所發明者，日益精密，故合觀之則見宇宙各方面之祕藏，將發泄寖多，而人智猛進，可驚也。分則見暗者，科學家之眼光與心力，各各偏注於宇宙之某一方面，即不可窺測其他眾多方面，是故天下眾家之學，凡為其智之所在者，即其暗之所由成。猶復應知，合則見智固已，而其智終亦有限。科學之所探究者，畢竟止於現象界，若乃萬化根源，要非科學之術所可達也。倘謂各科之學，對於現象界各有部分之知，集而愈多便識萬化根源，此說殊不應理。各部分之知雖多集，其所知者仍是現象界而已，未可識根源也。莊子悼百家眾技各察一偏，暗於大道，故欲弘宣孔子內聖外王之道，以總攬眾學，而示以會歸，卓哉前識！吾儕今日猶未可忽而不察也。夫內聖之學，不離用以求體，（體者，宇宙本體之省稱。用者，謂現象界。參考余之《新論》壬辰刪定本。）亦不至執用而迷其體。（《新論》以大海水喻體，以眾漚喻用。小孩臨洋岸只見眾漚為實物，而不悟眾漚以大海水為體。哲學家談宇宙論，若執用迷體，則其失與小孩同。）執用迷體，則宇宙人生無根柢，理不應然。離用以求體，將超脫萬物，遺棄現實世界而別尋眞宰，其失與宗教同。儒者內聖學，體用不二，而亦有分，雖分而仍不二，（參考《新論》壬辰刪定本。）由是義故，不執用迷體，迥異俗諦之見。（世俗所認為實理者，曰俗諦。）不離用求體，自無出世之迷，此所以爲人間智炬也。至於外王學以平天下，位天地，育萬物爲極則。（《大學》言平天下，治化之道，要在為人群去一切不平，以歸於平而已。如有不平者存，則天下無由大同，而亂不可止。《易・繫傳》言「範圍天地之化而不過」，又言裁成天地，《中庸》位天地之義本乎此。）自私之個人主義，（《論語》言「克己」，即克治小己之私。）自驕之英雄思想，（管仲有匡正天下之豐功，而未免驕盈。自驕者必輕人，輕人者必將大不利於人，此禍根也，故孔子譏仲之器小。）離群遺世之高隱，或僧侶主義，（荷蓧丈人諸隱士，孔子皆欲開喻之。《中庸》曰：「道不遠人，人之為道而遠人，不可以為道。」後儒反老、佛者，皆根據此義。）狹隘褊私之國家思想或種族思想，（可深究《春秋》三世義。）一切滌除盡淨，蘄進於全人類大同太平之盛，懿歟休哉。其言化也。仁與義相反相成，（仁主博愛，義則對於害群者將怨之，而不可愛也。）禮與樂相反相成。（禮敬而樂和，故相反。和以敬而不流，敬以和而不束，故相成。）禮爲治本，而輔以法，亦相反相成。寬爲要道，而濟以猛，亦相反相成。衣食爲主，正所以發揚靈性。靈性之發，必由於學。世未有肢體困斃，猶可爲學也。《中庸》曰：「博學之，審問之，愼思之，明辨之，篤行之。」（見《中庸》第二十章。）眞積力久，自性昭然，（須知吾人自性，即是天地萬物之自性，無二本也。）乃至與天地合德，（天之德高於萬物無不覆也，地之德厚於萬物無不載也。）與日月合明，斯其至矣！（日月之明，無私照也，此與上語，見《易・乾卦》。）是故良食之資，似與靈性無預，而靈性實待之以發展，亦相反相成也。廣大深遠哉，儒者外王學也。孰是有智，不飲甘露，忍棄之哉？一切學術，一切知識，必歸本內聖外王，始遵王路，余不信此學遂爲過去已陳芻狗也。（王路猶云大路，見《書經》。）

春秋、戰國之際，列國互謀吞併，戰禍日亟，民生困憊。孔子蓋深知唐虞三代之法制，不得不隨時更變，始以改造思想爲要圖，而創發貶天子、退諸侯、討大夫之新學說。（損去之曰貶，黜廢之曰退，誅滅之曰討，詳在〈原外王〉中。）在野講學，不爲世用。（《論語・子罕篇》：「牢曰：『子云，吾不試。』」牢，孔子弟子，姓琴。牢，其名也。牢嘗聞孔子自云不試。不試者，不為世用也。雖嘗周遊列國，終不苟合於時君。）三千七十之徒來自異邦遠域，其聲教亦已廣矣。後來，諸子百家蜂起並作，雖其源皆出於儒，而各持異論，各自開宗，莫不反戈以攻儒，殆若蟲生於木而反蝕其木也。莊子智足以知聖人，已嘆內聖外王之道，暗而不明，鬱而不發，其爲當時與後世慮也深矣。戰國時期，正是生民以來非常巨變，而六思想界之紛裂最甚，儒家內部復不一致，（後文另詳。）孔子之新學說在六國社會不能發生影響。前文已云，晚周六大學派除正統派及農家而外，（正統派即儒家，）墨、道、名、法四大學派，俱挾宏大勢力，以對抗儒家。維時儒家以一敵四，其無能爲也何疑。法家君主專政之根本大義，恰與貶天子，退諸侯，討大夫之新學說，正相反對。（雖有民主論派，其勢力當甚微。）名家則惠施、公孫龍之徒最爲傑出，其辨說足以風動一世。然惠施言泛愛萬物，天地一體也，是乃知有仁而不知有義。由其道則對於在上者之橫暴唯有忍受而無忿恨，則天子諸侯大夫以少數人統治天下之敝制，雖萬世不易可也。荀卿〈非十二子〉毀惠施曰：「好治怪說，玩琦辭，辯而無用」，「不可以爲治綱紀」。是則就政治思想言，荀卿固以名家爲吾儒之敵也。（莊子視惠施為畏友，於公孫龍則直教誨之耳。荀卿亦譏惠而不及公孫，可見惠施為名家巨子也。）道家遺世思想值六國昏亂，發展最盛。蓋聰慧之倫，不能合群力以戡亂則退而「獨與天地精神往來」，固必然之勢也。（「獨與天地精神往來」，莊子之自述也。然莊子固是大哲，其下者則志行薄弱，莫能獨善，直以逃虛飾其頹廢耳。）戰國時諸子阻礙孔門新學說之發展者，當以道家爲最甚。賢者脫然孤往，不肖者自甘腐化，社會相習成風，儒者雖欲實現其貶天子、退諸侯、討大夫之理想，終亦不可幾也。墨子好格物之學，猶秉儒術，而其非鬥則與《大易》昌言革命之旨相違反。莊子稱墨氏「以自苦爲極」以此化民，是使居上橫暴者，晏然無患也。故自政治理想言，墨子爲儒家之敵，其惡劣之影響並不遜道家也。孔子改造思想之希願既不易達，而自西周之衰，迄於春秋，王道既墜，霸術代興，降至戰國，則霸者之業亦崩潰而不可支。孔子之新學說，既受眾家阻礙，而不能警覺群眾，於是昏擾之社會臨非常時代，遂有大彗星出現。（彗星後曳長尾，如掃塵之帚，古言大變革，每舉彗星為喻。）衛鞅、尸佼之徒，用事於秦，始大開獨夫專政，鞭箠宇內黎民之局，舉唐虞三代以來之政教、度制與學術思想，乃至一切掃蕩盡淨。中國自此凝滯，無變化、無進步者二千數百年，豈不異哉？晚周諸子百家思想紛歧，既未探內聖之眞髓，更難悟外王之新義。孔子之道不行，非無故也。（貶天子、退諸侯、討大夫，是為孔子創發之新義，而晚周諸子除農家外，餘皆不悟。）

儒學既不行於晚周，而六藝經傳以千萬數又亡失於漢初，余於〈緒言〉中已詳之，茲可不贅。今存之五經，（《樂經》無單行本，故云五。）雖自西漢傳來，其實皆遭漢人改竄，絕非七十子傳授之原本也。所以知由漢人改竄者，六經之外王學，實不容許有少數人宰割天下最大多數人之統治階級存在。呂政已吞六國，統一天下，即焚書坑儒，（顏師古曰：今新豐縣溫湯之處，號愍儒鄉。溫湯西南三里有馬谷，谷之西岸有坑，古老相傳以為秦坑儒處也。）當是儒生有反抗帝制之思想，呂政聞而患之，故嚴爲鎮壓，否則何故獨坑儒乎？余觀《禮記．儒行篇》有曰：「適弗逢世，（儒者之所蘄向，與昏世不合，云弗逢世。）上弗援，（不為居上位者所援救。）下弗推，（下民不能了解其志事，亦弗推戴。）讒諂之民有比黨而危之者，（凡革命志士之所遇，皆如以上所説。）身可危也，而志不可奪也。雖危，起居竟信其志。」（鄭玄注：起居猶言舉事動作。信，讀伸。此言儒者雖遇危難，而行事舉動，猶能伸己之志謀不變易也。）據此所云，當是有革命行動之儒，故雖身危而能伸其志也。〈儒行〉一篇蓋出於六國時，七十子後學所作。〈儒行篇〉所說，有十五儒。唯上文所引者是革命之儒，上弗援，下弗推，讒諂之民，比黨而謀危害，在革命運動尚未爲群眾所共了解時，正如此耳。六國昏亂，唯儒家有革命一派，能繼述孔子之志。而諸子百家之後學不聞有此，是可以觀學術得失矣。儒者當六國時，已有密圖革命者，至呂政統一後，諸儒自當不懈所志。雖黨與不盛，而其影響已在社會，呂政不能不重摧殘之，以絕其萌，此坑儒之禍所由作也。（坑儒一事，自昔史家莫有究其故者。余十歲時，侍先父其相公。先父為説古史，至呂政坑儒，不肖問曰：「莫是儒生造反否？」先父笑而不應，似默認造反為是也。先父平生精史學，不肖少孤，而入軍營，先父説史之啓發為多。）

秦併六國，僅十五年而亡。劉季之初起兵也，見諸客冠儒冠而來者，輒取其冠溲溺其中，與人言常大罵，（溲溺，俗云小便也。大罵者，罵儒也。見《史記．酈生傳》。）其所以重挫儒生之氣者，用意亦同呂政耳。漢初，帝制既穩固，諸儒以秦時焚坑之禍爲戒，大都變易前儒之操，一致擁護帝制，於是改竄孔子之六經以迎合時主。今就漢初人文籍中猶可考見者，如司馬談《論六家要指》，其說儒有曰：「然其序君臣父子之禮，列夫婦長幼之別，不可易也。」此即三綱說之所由始。三綱者：君爲臣綱，父爲子綱，夫爲妻綱。其本意在尊君，而以父尊於子、夫尊於妻配合之，於是人皆視爲天理當然，無敢妄疑。夫父道尊，而子當孝，天地可毀，斯理不易。子之思想行動不背於正義者，父母不當干涉，而子可自行其志，要不可失孝道。虎狼有父子，況於人乎？但以父道配君道，無端加上政治意義定爲名教，由此有王者以孝治天下，與移孝作忠等教條，使孝道成爲大盜盜國之工具，則爲害不淺矣！詳玩《論語》，孔子答門人問孝，皆就至性至情不容已處啓發之，如曰「父母唯其疾之憂」，曰：「至於犬馬皆能有養，不敬，何以別乎？」此例不勝舉。自三綱之說出，只以父子說成名教關係，而性情之眞乃戕賊無餘矣！古義，妻者齊也，婦者匹也，夫婦平等昭然矣。今以尊夫者配合於尊君，又何理歟？夫五倫之教始於上古，（《尚書·帝典》可考。）至孔子則於孝親敬長外，已言泛愛眾，（泛猶博也，見《論語·學而篇》。）言不獨親親，不獨子子，（見《禮記·禮運篇》。）與《論語》老安幼懷意思一貫。（《論語》言「老者安之」，是舉天下之老者皆安之也；曰「幼者懷之」，是舉天下之幼者皆懷愛之也，正是不獨親親，不獨子子之意。此乃大同世之道德，與封建社會之道德相去天淵。）乃至位天地，育萬物，人類之愛德當發展無量，本不限於上古五教之範圍。且君臣一倫不可爲典要。《易》著革命之義，《春秋》昇平世，君在所黜。漢人始唱三綱，以維護皇帝，司馬談之論已開其端，顯然背叛孔子六經新義，顯然不是儒家要旨。

司馬談道家也。道家源出於《大易》，本主張廢除君臣之名分。晚明傅青主亦道家，其說老子道常無名章，有云：「始制有名。制即制度之制，謂治天下者初立法制，則一切名從之而起，正是與無名之樸相反。（人類原始，本無治人與治於人者等名，人與人以真樸相與，無上下貴賤之分也。及有治人者起，制作一切名，而上下貴賤以分，故與無名之樸相反。）無者有之，樸者散之，（無名而忽有名，則上凌下，貴侮賤，散失其樸矣。）而有天下者之名，（如皇帝王侯等名，皆以天下或國為己有者也。）於是始尊。（治人者擁尊名，天下眾民莫得與之匹也。）後世之據崇高者，只知其名之既立，尊而可以常有。殊不知，天下者非一人之天下，天下人之天下也。」青主此說，深得老氏意，不愧爲道家後嗣。司馬談論儒家，既背叛孔子，其論法家亦曰：「正君臣上下之分，不可改矣。」其維護帝制堅決如此。談之論六家也其所歸仰與宗主者實唯道家。道家本廢除君臣名分。而談於此又不惜背叛道家。何忍自負所學不以爲恥乎？蓋自呂政焚坑慘毒，天下知識之倫皆畏禍而變其所學。漢興，承秦帝制，改秦之暴而參以懷柔，學子益樂於擁戴，遂以君臣上下之分爲天序天秩不可改易，一唱百和，相習成風，久而不知其非。漢初道家已將其本師非堯、舜，薄湯、武之偉抱，消失殆盡。（本師謂晚周道家。堯、舜且非之，湯、武且薄之，其不許立君可知，秦、漢間道家便無此意。）黃、老之徒，在漢世確已脫胎換骨。司馬談背其所宗而不以爲恥，無足怪也。

道家一變而擁護帝制，以此遠害而已。儒生求用於世，其改操易慮，自更甚於道家。（改操者，改其所持守。易慮者，變易其思想。）朝野名儒傳經者，必求合於時之所需，而不敢孤持正義，以招不測之憂。博士諸生（《漢書．儒林傳》孝文好刑名之言，孝景不任儒，「諸博士具官待問，未有進者」。可見文、景之世，已立博士，後來增立更廣耳。）挾經術以干祿利，經義之不利於帝制者，必刪削而改易之，此必然之勢也。

猶復應知，六經竄亂當不始於漢初，戰國時儒生或已有竄易處。韓非云：「孔、墨之後，儒分爲八，墨離爲三，取捨相反不同，而皆自謂眞孔、墨。」據此則七十子及其後學分派，各自謂眞孔，而各派對於孔子之六經必各以己意增竄，明其所承爲眞孔之證。且竄亂之必不能免者，莫如安現狀而憚急進之儒。孔子作《春秋》，張三世義，要在離據亂，以進昇平、太平，（詳在〈原外王〉。）非以據亂世之度制爲可久也。七十子後學多無遠略，每遷就當時社會現狀，彌縫缺失。（陶詩云：彌縫使其淳。）此派猶篤守宗法社會之德律，雖曾聞孔子《春秋》，明知民貴君輕，而不欲遽廢君主制度，常思依附王侯以行仁政，如孟子遊齊、梁，荀卿仕於楚，皆爲畏懼大變革之迂想所誤也。此派雖宗六經，其於先師原本，絕不無竄亂。又晚周末葉，秦國已有儒生爲博士者，亦必有改竄經文之事，如《尚書》終以〈秦誓〉，必秦博士所爲也。（《漢書．儒林傳》言，伏生「故為秦博士」。又言秦時禁書，「伏生壁藏之，其後大兵起，流亡。漢定，伏生求其書」云云。據此，秦自呂政未王以前，其先君必已置博士之官。呂政統一，更定官制，當盡廢之矣。伏生為秦博士，當在呂政未吞六國，方居王位時。何以徵之？《傳》言，秦禁書，伏生壁藏。此時伏生當早退歸濟南，若尚為秦博士，秦之禁網嚴密，伏生能於京城作壁藏計乎？）總之，孔子六經，七十子後學必稍有改竄，當未敢大亂其眞，及至漢初，群儒擁護帝制，自不得不竄亂孔子六經以爲忠君思想樹立強大根據。諸儒大概採用孟軻、荀卿一派所傳承之經本，而復有竄亂，此種推索絕不遠離事實。

余嘗言，漢人擁護帝制之教義，約分三論：一曰三綱五常論。二曰天人感應論。三曰陰陽五行論。第一種論之所本，則由孟軻而上索曾子，其脈絡分明可考。《漢書．藝文志》言：「《孝經》者，孔子爲曾子陳孝道也。」〈志〉稱治《孝經》者有十一家。今考《論語》記孔子言孝，皆就人情惻然不容已處指點，令其培養德本，勿流涼薄。（德本者，孝為一切道德之本源。人未有薄其親而能愛眾者也。）至《孝經》一書，便務爲膚闊語，（膚泛、闊大而不切於人情，非所以教孝也。）以與政治相結合，而後之帝者孝治天下與移孝作忠等教條，皆緣《孝經》而立。《戴記》中言孝道，亦多出於曾子，吾不知孝治之論果自曾子發之歟？抑其門人後學假托之歟？今無從考辨，姑承認曾子爲孝治論之宗師。孟子言：「堯、舜之道，孝弟而已矣。」（《孟子．告子篇》。）又曰：「人人親其親，長其長，而天下平。」（《孟子．離婁篇》）。其爲曾子學派絕無疑。漢人說經無往不是綱常大義貫注彌滿，其政策則以孝弟力田，風示群眾。（獎孝弟，使文化歸本忠孝，不尚學術。獎力田，使生產專歸農業，排斥工商。其愚民政策，曲順人情，二千餘年帝者行之無改，雖收統治之效而中國自是無進步。）曾、孟之孝治論，本非出於孔子六經，而實曾門之說，不幸採用於漢，流弊久長，極可嘆也。荀卿主禮治，其說要歸養欲給求。（養人之欲，給人之求。）揆之《春秋》義是乃求離據亂，其賢於孟軻遠矣。孟軻猶滯於宗法社會思想，故不及荀卿也。然荀卿似亦疑昇平未可驟致，乃欲改造宗法思想而不徹底，故不肯作廢除君主制度之主張，此所以與孟軻同一謬誤。吾以孟、荀合爲一派，即此故耳。然荀卿不守宗法社會教條，究賢於孟。（孟子言盡心則知性知天，確甚親切，不於人之外求天也。至其言治化卻迂陋，不達《易》、《春秋》之宏旨。）馬遷《史記》以孟子、荀卿合傳，而於孟子特尊之，可見漢人師承獨在孟。孟子富於宗法社會思想，故爲擁護帝制者所取也。至於天人感應論，與陰陽五行論，皆本於陰陽家之術。（陰陽家蓋上古術數之大宗，古代天文學雖發源於此。而陰陽家本身畢竟是術數，〈藝文志〉謂其「牽於禁忌，泥於小數」云云。）天人之論，以神道設教，大悖孔子六經，其言陰陽亦與孔子《大易》無關。（《易》言陰陽是哲學上甚深宏大之義，可參考余之《新論》。陰陽家言陰陽則為占休咎而設，其事起於迷信。）五行見《尚書·洪範》。五行者，水、火、木、金、土。唐、虞、夏、商諸聖，於自然界利用此五種資源以厚民生，是經國濟民之本圖也。箕子故以告武王。漢人始以五行應用於宇宙論、人生論、運會論諸方面，增長一切邪迷，流毒社會。（運會者，如五德轉移等。）〈藝文志〉有「〈黃帝泰素〉二十篇」，劉向《別錄》云：「或言韓諸公孫所作，其言陰陽五行，以爲黃帝之道也，故曰泰素。」此外諸家共有三百六十八篇。大概漢人言陰陽五行，皆以戰國之陰陽家爲宗。漢人治《易》者，同主象數，其源悉出陰陽家。夫《易》爲五經之原，既爲陰陽家所亂，而五經皆喪其原矣。余探漢學之源，發見其三論：第一綱常論，亦可云孝治論，此從曾子門下傳至孟軻，而漢人始專主之。次及第三，天人感應與陰陽五行論，則導源戰國時陰陽家，而漢人大推演之。綜觀漢世儒生為擁護帝制計，而倡三論，實以曾、孟孝治思想與陰陽家之術數互相結合，而飾其名曰孔子六經之道也。自兩漢迄清世，二千數百年儒生，疏釋群經，皆以三論為骨子，可謂不約而同。所謂朝廷之教令，社會之風習，無不本於三論之旨意者。宋儒名為反對漢學，實則宋學之異於漢者，只是存養心性工夫。而天人感應與陰陽五行之論，宋、明理家始終夾雜其間，未能解其蔽也，唯象山、陽明於此存而不論。曾、孟之孝治思想則宋學派奉持之嚴，宣揚之力，視漢學派且有過之，無不及也。（宋學一詞並非專目宋代理學，而宋代以後凡為程、朱與陸、王之學者，皆稱宋學。漢學一詞則自兩漢以及清人凡為考據之業者，皆稱漢學。）

或復有問：「三論之名，漢人未有，但就群經注疏中求之，可如公言，總括以此三種義耳？」答曰：漢人無三論之名，誠然。今吾子已承認漢人注疏群經實有此三種義，是已無疑於余之說也。昔人有言，名以義起，余總括三種義而名以三論，奚為不可耶？

朱子《論語集注》，釋子張問十世章有曰「愚按三綱五常，禮之大體，三代相繼皆因之而不能變」云云。此非朱子一人之見，實二千餘年漢、宋群儒之共同信守也。其實孔子說「殷因於夏禮，所損益可知也；周因於殷禮，所損益可知也；其或繼周者，雖百世可知也」。此段話極宏通。此中因字，是因由義。殷人制禮本由夏禮改變得來，因殷之時勢大異於夏，故不得不有所損革，不得不有所新益，可知者此耳。周之於殷，乃至後之繼周者，均可類推。詳此章之義，本注重損益，而朱子竟將三綱五常塡入因字中去，便說成不損不益，其尊重漢人綱常之論可謂至極。有問：「五常，謂仁義禮智信，乃人性固有之德，云何可毀？」答曰：余非毀五常也。漢、宋群儒以五常連屬於三綱，即五常亦變成名教，而人乃徇仁義之名，不出於本性之自然矣。（此言仁義，即攝禮智信等德。徇者，以身沒入於仁義美名之中，如貪夫以身沒入於財利中也。）如孝德在五常中是仁之端也，為子者以束於名教而為孝，則非出於至性之不容已，其賊仁不已甚乎！又如夫婦有別是義之端也，今束於名教而始為有別，是使天下之為夫為婦者皆喪其情義之眞也。五代梁人有初除喪入朝，以椒末塗眼出淚者，蓋憚喪禮之名教偽作戚容，而禮亡矣。自漢世張名教，皇帝專政之局，垂二千數百年，無有辨其非者。人性雖有智德，竟以束於名教而亡之矣。曾滌生刊《船山遺書》非無族類之愛也，然終不肯傾覆清之帝制者，以君臣名分未可叛故。滌生忠信於其主，是乃名教之奴，未可謂忠信也。夫五常之教所以育德，要不可與政治相結合。漢人以三綱張為名教，實是一種政治作用。易言之，即以尊君、忠君為天經地義故。余少時謀革命，與諸少年訾毀三綱五常，以為出於六經，而共詆六經為帝制之護符，其後深究六經，始悟此非六經之旨也。曾、孟蓋引其端而漢人盛張之以亂經耳。（前有談三綱一節，須與此參看。）

漢人三論，奉為教條，學者只有受持而無研究，故其心力唯可用於考核之業。考核所施只限於經籍或古籍中之名物度數。考名者，訓詁是也。考物者，如古籍中有涉及天文、地理與動植諸物及人造物如衣服、宮室、兵器或諸用具，皆一一核求其實，但不向大自然留心，亦不於人造物上研究利鈍。度謂制度，考制度之範圍最廣。漢人於《禮經》中之制度頗有解說，而不必能詳。（不獨三代之制難詳，即春秋諸國之制亦莫詳也。）後世史家考制度者，如《通志》、《通典》、《通考》諸書較備，然於一切法度所從出之根本制，即皇帝專政之制卻絕不懷疑，於小民疾苦無有同情，於強敵侵陵不起民族正義感，只考故事而已。（唯晚明顧亭林、王船山、黃宗羲，由治史而發生民主與民族思想，清人復斬其緒。）考數者，古代數學發明甚早，漢以來雖有涉及此業，但不求進步，如張平子、祖沖之則鳳毛麟角耳。

漢學之名目本自清人始。清人業考核者高自標榜，則鄙棄宋學而上宗漢師。尊考核之業曰漢學。二千餘年學人所業者，大概不外漢學。宋學之徒亦多精考核也。

六經皆孔子創作，其體裁雖不一致，而亦有其大同。大同者，如《易經》之卦辭、爻辭，大概爲上古卜辭。孔子乃別爲〈彖〉、〈象〉、〈文言〉、〈繫辭傳〉、〈說卦〉、〈序卦〉等，以發揮己之哲學思想。（己者，設為孔子之自謂。）如是，則卦辭、爻辭完全改變古代卜辭之意味，而另賦以新義，則卦爻辭已成爲孔子之自作，不得視爲占卜家遺文也。又如《春秋》，其經文則魯史之文，其事則魯國與列國之大事皆載焉。孔子則借魯史所記之事，而發揮自己對於政治社會之高遠理想。如是，則《春秋》已不是史，而實爲孔子創作。二經體裁大同，其思想皆一貫。《易》備內聖外王之道，《春秋》特詳外王，而根源在《易》。《繁露．重政篇》云：「春秋變一謂之元。元猶原也。其義以隨天地終始也。」（案謂天地萬物所以成始成終，皆元為之也。）此即《大易》乾元始物義。（《易．乾卦》曰：「大哉乾元，萬物資始。」）故治《春秋》不可不學《易》。《春秋》義處處與《易》通，不明《易》則不能觀陰陽消息，易言之，即不能深察物理人事遷變之始終，以御大變而造起大業。（即不能，至此為句。此中始終者，始猶言因，終猶言果，始則有終，終復為始，變化密移，常新而不用其故。御者，謂能了然於物理人事遷變之因果，則在大變中能自主，而控御此變也。）不明《易》則履萬變而任機權，或離中道，非所以正始也。《易》道廣大無所不包，《春秋》與《易》相表裡。治《春秋》而不明《易》則空疏無底蘊。（底者底裡，蘊者含藏無盡。）康有爲於《大易》全無所究，空揭《春秋》三世名目，故識不眞者，其守不定，終以復辟敗也。

《禮經》舊稱三禮，曰《儀禮》、曰《周官》、曰《禮記》及《大戴禮》。余謂《儀禮》非孔子所定，蓋始制自周公，而兩周後王或稍有增改處，當無大更變。故求周公制禮之意者，當以《儀禮》爲信據。若論孔子六經中之《禮經》，則《儀禮》自當別出爲一書，不容淆亂六經。

《周官》一經蓋孔子於《春秋》外，更發明昇平世之治道，以爲太平開基。其書以職官爲經，以事爲緯，而廣大深密之義旨，則隱寓於條文裡面。書之結構與《大易》、《春秋》頗相類。（《易》之卦爻辭，《春秋》之經文，《周官》之設官分職，都如一件一件之條文，而無窮義旨隱寓其間。）先聖立言簡要，不以鋪張理論爲務，將使讀者深思自得，其不能用思，則亦未如之何也。

《周官》本孔子所作，以爲《春秋》羽翼。而自劉歆稱爲周公作，其後疑之者則謂出於六國時人，（何休首持此說。）更有詆爲劉歆僞作，皆淺妄之見耳。此經囊括大宇，經緯萬端，非聖智出類而有爲萬世開太平之宏願者，何能爲？劉歆才則考核，行則黨奸，何能創作此經？何休輩謂出於六國時人亦大謬。六國時言治者，儒家孝治派如孟子等，唯重孝弟農桑，（漢人孝弟力田政策本此。）新霸術則併民力於耕戰。（春秋五霸，猶未甚離於王道。商鞅、韓非之論則不獨反王道，亦與五霸極端相反，是為新霸術。）《周官》思想是六國時人所夢想不及者，如何能造此經？何休以爲六國陰謀之書，蓋純出私意，此經在漢爲古文之學，故〈說文敘〉稱《周官》爲古文。何休與臨碩之徒皆今文經師。漢世今古文之爭甚厲，其所以然者，今文學先立學官而抵拒古文學不得立，此乃今文家獨據祿利之途，唯恐有通古文學者起將形己之短，其抵拒之主因在此，可謂卑劣至極。東漢，章帝建初八年，《周官》與《古文尚書》、《毛詩》始同置弟子，厥後傳授漸盛，此必爲何休、臨碩之徒所嫉妒，是以擯斥不遺餘力。休之排《周官》也，則以爲六國陰謀之書，（何休獨言六國者，蓋秦國僻陋，向無學術思想，其主橫暴亦不容有反專制之學說存在，故謂《周官》出於六國也。）蓋深知此書反對少數人統治天下最大多數人。易言之，即不許有統治階級存在，故謂此書是六國時儒生有反暴秦之陰謀。此書初出，漢武帝已詆爲瀆亂不經之書，故投之祕府，無得見者。休之說亦大同漢武。實則此書本爲孔子發揮其革命改制之理想。六國時儒生當有倡明其說以抗秦者，而休詆以陰謀，則其居心卑汙極矣。總之《周官經》非六國時人所僞造，更非劉歆所能僞造，稍有識者當不爲愚妄之談所移。近人康有爲說《春秋》，虛揭三世名目而不求其義，其所爲諸書皆抄胥之業，非眞有得於《春秋》也。眞了《春秋》必能知《周官》與《春秋》爲一貫，何忍擯斥《周官》？有爲於《春秋》、《周官》兩無實得，而以抄胥之技妄毀《周官》，多見其不知量也。（此用《論語·子張篇》語。朱注：「不知量，謂不自知其分量。」）

荀悅《漢紀·成帝篇》云：劉歆以《周官經》六篇爲《周禮》。〈馬融傳〉云：此經既出於山岩屋壁，復入於祕府，五家之儒莫得見焉。（五家者，高堂生、蕭奮、孟卿、後倉、戴德、戴聖。）至孝武皇帝，劉向子歆校理祕書，始得列序，著於錄略。然亡其〈冬官〉一篇，以《考工記》足之。時衆儒並出共排，以爲非是，唯歆獨識其年尙幼，務在廣覽博觀，又多銳精於《春秋》。末年，乃知其周公致太平之道，跡具在斯。據此，則向、歆父子並以《周官經》說爲《周禮》，而信爲周公所作。鄭玄亦云：周公居攝，而作六典之職，謂之《周禮》。（《周官經》立六官，故云六典。）其說實宗劉歆，獨謂周公攝政時所作則臆想又過於歆耳。此經自漢以來，除疑謗者外，（漢武帝與臨碩、何休輩皆毀《周官》，唐趙匡、陸淳以及宋、元儒生謗議尤衆，清季康有為猶攻之不已。）其尊信之者，皆定爲周公所作《周禮》，而無有知此經爲孔子創作者，豈不異哉？從來經生爲考核之業，或從晚周故籍發見若干條，與此經有合者，如清人汪中所舉六徵即其一例。實則考核家所尋求者，皆枝節細故。未從大處著眼，未玩索《周官經》之高遠理想與其持說之體系，是以臆想此經即是周公所制之《周禮》曾實行於成、周者。殊不知，文、武、周公之政，至成、康沒世便已衰。蓋君主專政得賢主則政舉，其亡也則政息。（息，猶廢滅。）若行《周官》之法度則民治力量養成，政之舉廢不繫於一人，變雅何由作乎？（《詩經》有變雅，起於周王失道，民不聊生。）成周時不能有《周官經》之治制，此不待論也。或謂周公創制而未實行，此說亦大謬。周公生長商、周之際，遠不如孔子當春秋時代，群俗大變，學術思想大盛，可引發靈思也。（遠不如三字，至此為句。）且周公爲周室創業垂統之人，果有《周官經》之理想，何不躬親行之，而以空文遺後世乎？故此經斷定非周公作確然不容異議。又日本漢學家林泰輔以此經多用古字及古官名等，因判爲西周人之作。王國維氏頗讚其說。余謂林說非是。後人理想之政制，其官名參用古名，此乃極尋常事。使用古字更不足奇。孔子自謂信而好古與溫故知新，其因卦爻之象而演《易》，因魯史而作《春秋》皆托古也，安得以《周官經》有古字、古官名，遂疑非孔子作而斷爲西周人作乎？林氏不究《周官經》之理想，故有此誤斷。余決定《周官經》爲孔子作者。《春秋》三世義，在離據亂以進昇平而底於太平。昇平世之治法最極重要，望過去則求離據亂，望未來則力趨太平。昇平世之規模，如未盡美善則據亂不可離，太平將不可趨。《周官經》恰是繼《春秋》而闡明昇平之治法，所以爲太平立其基也。且此經規模廣大，裁成輔相之道，無所不備，非上哲莫能爲。（《易》曰裁成天地，輔相萬物，其道莫備於《周官》。）又此經雖建王號以領六官，而王實爲虛位。《春秋》於昇平世，則以天子爲爵稱。（此據公羊義，左、穀雖有異說，而皆不傳《春秋》，不可據。）爵之者，所以去其無上威權與世及之制，但爲公選之行政首長而已。此經王爲虛號，正與《春秋》合，亦可證其作於孔子。汪中云：漢以前《周官》傳授原流皆不能詳，故爲眾儒所排。汪卻未深究其故。案〈馬融傳〉云：秦自孝公以下用商君之法，其政酷烈，與《周官》相反，故始皇禁挾書、特疾惡，（特惡《周官》也。）欲絕滅之，搜求焚燒之獨悉。（悉，盡也。獨此經被搜求焚燒殆盡。）是以隱藏百年，孝武帝始除挾書之律，（皮錫瑞謂惠帝已除秦時挾書律，疑馬融稱武帝有誤。余謂皮氏過疑。惠帝時，去呂政之禍尚近，雖除挾書律，民間或不無觀望，武帝時或重申此令。）既出於山岩屋壁，復入於祕府云云。又林孝存（即臨碩。）謂武帝知《周官》爲戰國瀆亂不經之書，擯斥不行，因作十論、七難以排棄之。據此，可見此經既厄於秦，又厄於漢，儒生蓋莫敢誦習，此其傳授所由絕也。余更有一種推測，此經以《周官》名，蓋亦孔子托古以避世主嫉惡。六國時，儒家當有革命一派奉持此經。〈馬融傳〉稱始皇特嫉惡，欲絕滅之，必非無故。此經，漢以前傳授原流，漢初人非必不可詳，蓋秦、漢間儒生早已畏禍而變其所學，其於革命諸儒，或不敢稱道耳。

此經缺〈冬官〉一篇，是否初出時已缺亦一疑問。《漢書．河間獻王傳》稱獻王得古文先秦舊書有《周官》等，而未詳其有無缺篇。鄭君《六藝論》則謂河間獻王得《周禮》六篇。《漢．藝文志》載《周官經》六篇，並注云：王莽時，劉歆置博士。案注不言缺篇。至唐顏師古注，始云亡其〈冬官〉，以《考工記》補之，可見此經缺篇當是獻入漢朝以後之事。鄭君稱《周禮》六篇蓋據當時事實，非不精檢也。漢人重農，或諸博士有意毀絕此篇亦未可知。（〈冬官〉亡缺，是否為獻入漢朝以後之事，自後漢迄於近世頗多逞臆為說，茲不及辨。）又〈藝文志〉載《周官傳》四篇，不著撰人，或疑即劉歆所爲。案鄭注時引故書之文，其所謂故書，或是漢以前之《周官傳》亦難確定。

《禮記》者，七十子及其後學記禮之說也。孔子所作《周官》爲經，七十子治經有得，（經謂《周官》，下經字仿此。）或聞孔子燕閒，宣發經義，必皆有記。（如〈禮運篇〉便是《春秋》、《周官》二經之義。）孔子有時說古禮，門人後學亦必有記之者。（古禮，謂周公所制禮，今稱《儀禮》者是。有謂《儀禮》為孔子所定者，甚誤。《儀禮》始制自周公，後王雖不無更易，而大體固秉周公之制。《儀禮》所載，為天子諸侯卿大夫士與社會所習行之禮，孔子自當誦習及之。若謂由孔子一手撰述，則此等典則文儀當隨時變易，孔子何至以一己之意想為當時王侯士庶制一切之禮，期萬世奉為常規耶？邵懿辰、皮錫瑞欲以《儀禮》歸之孔子，未免於陋矣。）今存大小《戴記》，乃新故雜糅，（新者，謂孔子發明之義；故者，謂古禮。）且每篇文字亦多脫遺或淆雜。今後業考核者，誠當謹慎辨別。然治禮之要，在乎通禮之大原，反己以盡性而盡物性，反己以陶情而類萬物之情。（類者類別。物情慾惡萬端，終必復於正則，須類別也。）通其萬變，識其大常，而後可得聖人禮化之意。若夫古代之典則文儀，聖人本不以爲萬世常憲。漢以來治禮者，殫精於枝節之考索，而不務深究禮之大原。宋儒自謂涵養本原，而實專注於一己動靜語默間，求寡過，無忤於物而已，畢竟未能體物，未能成物。此意深廣，安得解入而與之論乎？（君子隆禮，不唯獨善，而兼善為要。兼善者，謂能輔相群眾，除獨夫專制之害，使萬物皆遂其生養，而皆得發揚其靈性，即全人類無有不由乎禮義之中者，如此方是體物、成物。《春秋》太平世，天下之人人有士君子之行是也。）晚周說禮之書必甚多，《漢·藝文志》所載者已少，而亦罕傳，是可惜也。荀卿書雖別爲諸子類，而在記禮說之諸家中確與曾、孟等孝治論迥異其旨，此當列在《禮經》無疑。

漢初人以《儀禮》爲經，《禮記》爲記。〈河間獻王傳〉稱獻王所得書，《周官》、《尚書》、《禮》、（案禮者，《漢·藝文志》所稱禮古經，即《儀禮》也。）《禮記》，（《禮記》者，七十子之徒記禮之說也。）是其徵也。及至鄭玄則以《周官》爲周公作，而尊之爲經。《禮記》仍爲記。近人皮錫瑞以爲《周官》言官制，不專言禮，當別出《周官》自爲一書。《儀禮》爲經如故。兩《戴記》附之。案錫瑞說甚謬。《儀禮》當別出，已說如前。《周官》爲經鄭說不可易。兩《戴記》與《荀子》俱宜刪定爲傳，附《周官》以行，但原本皆不可廢。錫瑞謂《周官》言官制，所見太陋。《周官》囊括大宇，經緯萬端，所以裁成天地，輔相萬物，參贊化育者，無所不備。錫瑞乃視爲官制之書，絕不通其義蘊，何固鈍至是哉？

《尚書》一經，蓋借古帝王之行事，以發揮其所懷抱之理想，故孔子刪定之書是經而非史。《書》始唐、虞二帝，（二帝，堯及舜。）其終於周代何王則不可知。《漢・藝文志》云：「書之所起遠矣，至孔子纂焉，（纂音撰。）上斷於堯，下訖於秦，凡百篇，而爲之序，言其作意。」案〈志〉云，下訖於秦，蓋據伏生所傳二十九篇之書，此未足徵信。齊桓、晉文並有高功，《論語》更以正而不譎許、桓，楚莊德量尤弘，此三公者，皆非秦穆所敢望，而二十九篇不載其善言，獨以〈秦誓〉儕於二帝三王典誥之列，絕非聖意也。此必秦時諸博士所增竄，伏生亦秦博士。僞書慣用已久，遂妄傳之於漢耳。

六經唯《尚書》亡失頗怪，造僞最顯。漢初，伏生傳二十九篇，其眞僞且不深論。河間獻王得古文先秦舊書，（顏師古曰：先秦猶言秦先，謂未焚書之前。）內有《尚書》。《漢・藝文志》稱武帝末，魯共王壞孔子宅，得《古文尚書》。據上述二事，可見孔子《古文尚書》在漢武時，其眞本確已出現於世。《論衡・正說篇》謂孔壁之書武帝遣使者取視，莫能讀者，遂祕於中，外不得見。至孝成時，東海張霸案百篇之序，空造百兩之篇，獻之成帝。帝出所祕百篇以校之，皆不相應，於是下霸於吏。帝惜其文而不滅，故百兩篇傳在世間云云。又馬、鄭注《古文尚書》十六篇，或以爲孔壁眞古文，或謂其絕無師說，眞僞難明。又後漢杜林於西州得漆書《古文尚書》一卷，傳之衛宏、徐巡。世儒亦多疑漆書爲杜林僞作。至東晉有《僞孔古文》，唐、宋皆盛行。《尚書》之多僞造甚顯明可考。而事之最可怪者，孔壁《古文尚書》藏於中祕，劉向曾以之校三家經文。（漢初，以《尚書》名家者，有歐陽及大小夏侯三家。劉向以孔壁《古文尚書》校三家所傳之書。）成帝以之校張霸書，可見《古文尚書》眞本自西漢武帝時藏於中祕，未曾散失。東漢未亡之前，孔壁眞本當猶存，何以兩漢治《尚書》者，不聞有誦習孔壁《古文尚書》眞本，更不聞有寫以今文，流通於世者乎？自漢迄今，二千數百年，無人發此疑問，不謂之大怪事不得也。王充言武帝遣使取視，莫能讀者，遂祕於中，外不得見云云。余由此推知，孔壁《古文尚書》之內容必於皇帝大有妨害，故武帝不許流通耳，此與其以《周官》入祕府之事同一陰毒。王充言莫能讀者遂祕於中，此乃心存忌諱，不敢直言武帝禁孔子之書耳。武帝初即位，漢興才六十餘年，老儒能讀古文者絕不少，何至因莫有讀者，遂祕於中乎？其後，劉向猶以此祕本校三家，（向奉命校正群書，凡中藏祕本，皆得取用。）成帝猶以此祕本校張霸書，皆可反證武帝時絕無莫能讀者之事。吾由此而推定，伏生之二十九篇是秦時僞書，絕非孔子《古文尚書》眞本。皮錫瑞堅信伏生所傳爲眞乃大謬也。伏生所傳而外，無一不僞，又不待言。古者書三千二百四十篇，孔子刪爲百篇，孔子未刪之書，先秦必流通未泯。凡造僞書者，大抵取材古書，而托之孔子耳。（古書，為孔子未刪之書。）當知孔子刪定之書，是孔子自發表其哲學思想之創作，是經典，非歷史。古書則是古史而已。二者不容混也。孔子六經唯《書經》全亡，眞可惜也！

伏生所傳二十九篇，〈帝典〉當近眞，六經皆有傳。孔子之意俱見於傳，如《易經》倘只有卦辭、爻辭而無彖、象等傳，則卦爻辭不知作何解也。又如《春秋經》倘只有經文而無傳，則經文亦斷爛朝報耳。孔子所定百篇之書，每篇必皆有傳，經入祕府而毀，傳亦隨之俱毀，後人讀《帝典》亦無從窺孔子之義也。余由〈帝典篇〉首〈序〉言略測其全書旨要。案〈序〉言「粵若稽古」以下，有云：「克明俊德，以親九族；九族既睦，平章百姓；百姓昭明，協和萬邦，黎民於變時雍。」此必爲孔子《書》之序言，非古書所有也。孔子修《書》首以〈帝典〉，創明社會發展之序。上古部落之世，人民聚族而居，宗族之情最篤，其後部落相併，形成若干國家。有國則有統治者起，是爲君主與貴族階級所由成。百姓者，貴族也。中國古代社會唯貴族有姓氏，庶民則稱名而已，其以百姓目庶民乃三代以後之事。平章，猶云分辨，謂辨上下尊卑之等。諸貴族上事其君，下臨其民，等級不紊，故曰昭明。黎，黑也。庶民勞動於野，頭面皆黑，故曰黎民。鄭玄云「民者冥昧無知也」，以其勞苦而常受上層之侵暴，其知識難發達，故謂之民。萬邦猶云世界。協和云云者，謂世界萬國之勞苦眾民互相協助，互相和愛，建立共同生活制度，是時大地黎民皆變動光明，成雍和之治，將由昇平而底於太平也。自親九族以至百姓昭明，皆有君長與貴族，是《春秋》所謂據亂世。至萬邦協和云云，則雜據亂而入昇平。黎民崛起為主，君主貴族俱傾覆，階級消滅，而太平可期矣！孔子志在黎民於變之盛，必須有盛德者領導之，故因堯有德而假托之，以寄其願。《論語》曰：大哉堯之為君也！巍巍乎！唯天為大，唯堯則之。民無能名焉。夫天之於萬物無不覆也，無私意故也。堯之為君也，扶導萬物，而任物之各暢其性，未嘗有私意參於其間，是以庶民不知所以名其德也。詳此〈序言〉首云「粵若稽古」，明非唐、虞史臣之文，故知孔子假托於堯隱寓領導黎民之意，以詔後世。堯有盛德，不肯以帝位傳子，不忍貪天下以遂其私，大公如天，故可領導黎民也。孔子之書起於堯，用意在此。倘作史評看則堯雖聖王，而當遠古時代，鴻荒猶未大啓，何可語於「萬邦協和，黎民於變」之盛乎？孔子修辭立誠，（見《易．乾卦》。）必不浮誕至此，且孔子所修之《書》是發表其為萬世開太平之高遠理想，非史評也。《書》與《春秋》、《周官》必一貫也。

《詩經》，孔子依古詩三千餘篇而刪定之，凡三百五篇。（參考《史記．孔子世家》。）古者詩採自民間。上失其道，民不聊生，則有哀怨之聲作。聖人與民同患，故自王朝變雅，以迄〈國風〉，所存怨詩頗多。聖人視天下群黎疾痛，若在己身，此《詩》教所由重也。（群黎猶言眾民。）孔子必有《詩》傳，惜其亡失殆盡。漢世傳《詩》諸家不過治訓詁，習故事，非能達聖人之意者也。《論語》涉及《詩》者有數處，茲不及詳，姑舉一處。〈八佾篇〉：「子曰：『〈關雎〉樂而不淫，哀而不傷。』」此二語深遠無極，非於人生境界有甚深解悟者，無從識聖意。夫以樂不淫、哀不傷說〈關雎〉，是作此詩者於一心一時中哀樂俱有也。從來說此詩者，皆欲就詩之本事上索哀樂之由，於是有以爲詠太姒之德，有以爲康王政衰之詩，此皆臆想，無從考定。案岐周國盡於渭地，《詩》不言在渭而云「在河之洲」，當是採自大河流域諸國。朱《傳》，河者，北方流水之通名。蓋朱子必欲說爲宮人頌太姒，而亦知作者起興於河上雎鳩之不可通，乃不惜曲解河字，以就己意耳。余謂此詩當與〈漢廣〉之詩一例看。〈漢廣〉之作者稱美游女之不可求，〈關雎〉之作者睹淑女而思得以爲配，其情一也。此皆民間之作，必欲附會於太姒或康王，則秦、漢以來儒生只知有人主故耳。若知此詩本事，元是民間男子遇淑女而感懷之作，則可想見當時女子有貞靜之德，男子求賢偶，而未嘗稍涉於邪思。發乎情，止乎義，鬱鬱乎禮化之社會，吾不知所以讚之矣！至孔子以樂不淫，哀不傷言此詩，蓋闡明此詩之表現人生已臻極地。第一章，見窈窕而興好逑之思，（好，善也。逑，匹也。）是有樂在，然樂得以爲匹而已，不流於情欲之感，是不淫也。第二章，言「求之不得」，至於「寤寐思服，悠哉悠哉，輾轉反側」，不謂之哀不得也。然雖輾轉反側，亦未失其悠悠之度。第三章，則已明明求之不得，不復言求，而猶曰「琴瑟友之，鐘鼓樂之」，是乃其精神界最高尚純潔之愛耳，何至因求之不得而或傷乎？（朱子釋第三章曰：此窈窕之淑女既得之，則當親愛而娛樂之。殊不知，詩人明明求之不得，亦不復言求，而猶愛樂。朱子無端言既得乃愛樂，直以凡俗迷情誣此詩耳。夫既得，則已成夫婦，猶云淑女乎？）孔子刪定《詩經》，以此詩冠三百篇之首，明性情之眞淨，（真誠，純淨。）見道德之崇宏，顯發人生無上甚深境界。至矣，妙哉！後人疑一心一時中不得哀樂俱有，如鄭《箋》擅改《論語》之文，以哀字爲衷字之誤。朱子注《論語．關雎章》亦云：求之不得，則宜其有寤寐反側之憂。蓋嫌哀字過重，而改言憂，其失與鄭玄同。夫聖人之心，元與天地萬物通爲一體，不以後起小己之私蔽其本來。（吾人有生而後，已成為獨立的個體，所謂小己。因此，一切為小己計算，便有自私，故私心是後起。吾人本來靈明的心，亦云本心，是與天地萬物通為一體。凡屬無私的感情皆本心之發，此可反己自識。若能不以私心障蔽本心，便是聖人，）無小己之私故，其心恆樂（注意恆字。）而樂自不過。（不過，謂不淫。）天地萬物一體故，其心不忍遺物，即恆哀，（不忍云云者，謂於物不忍遺棄。不忍即是哀。孔子曰：「吾非斯人之徒與而誰與？」深玩其辭，便知其於人類有惻然不容已之哀閔。）而哀亦不至於過。（不至於過，即不傷之謂。）夫心之樂而至於淫者，必其發於小己之私，而有所繫也。心之哀而至於傷者，亦發認小己之私，而有所繫也。唯本心哀樂賅備之幾，隨觸而發，不雜己私者，自然樂不淫，哀不傷。庶民未凋其樸者，得有此境，但與聖人學養所至者，不可同日語。此意難言，學人每以知識鑿其情性，若非敦篤於禮化之中者，未有能葆其樸也。儒學重格物致知，而必歸本禮樂。未來世有識斯意者乎？雖遠在萬歲後，猶旦暮遇之也。

孔子《詩》傳全亡，余嘗欲取《論語》言《詩》處疏通而發明之，以存其概。或嫌取材太少，余曰：孔子謂伯魚曰：「汝爲〈周南〉、〈召南〉矣乎？（《詩經》始二〈南〉也。）人而不爲〈周南〉、〈召南〉，其猶正牆面而立也歟？」（見《論語．陽貨篇》。朱注云：正牆面而立者，一物無所見，一步不能行。此中確有無量義，須深玩二〈南〉也。方知儒家之人生觀是從二〈南〉體會得來。又如《詩》可以興、觀、群、怨一章。亦見《論語．陽貨篇》。）須深玩三百篇，洞悉生民窮困悲吟之所由，便信得聖人對於社會政治之高遠理想不是憑空突發。漢、宋群儒治《詩》者，莫有求聖人之意，其諸傳疏，除訓詁有可參考者外，更無旨義可究。

《樂經》漢以來不見單行本。漢文帝時，有竇公者，年百八十歲。六國時，魏文侯之樂人也。文帝召見之，竇公獻其書，乃《周官經．大宗伯》之〈大司樂章〉也。（此事見《漢．藝文志》。頗有謂《周官》

已出於文帝時者。或曰：否，否，不然，竇公獻書在先，《周官》後出。劉向及子歆乃校定竇公書即是《周官》之〈大司樂章〉而追記之耳。余案〈藝文志〉云「漢興，改秦之敗」，「廣開獻書之路，迄孝武世書缺簡脫」云云。據此，則《周官經》出於文帝時非不可能。）後儒以〈大司樂章〉爲《樂經》，此章自六國魏文侯時已由樂人從《周官經》抽出別行，自是《樂經》之一種。《論語．陽貨篇》云：「子曰：『禮云禮云，玉帛云乎哉？樂云樂云，鐘鼓云乎哉？』」據此，可見孔子深慮世人唯以習於玉帛等儀文、鐘鼓等樂器，便謂禮樂在是，當進而探求禮樂之根本大義始得耳。孔子既作《禮經》，（即《周官》。）亦應有說樂之專經，〈大司樂章〉僅是《禮經》之涉及樂教而已。又《禮記》中有〈樂記〉一篇，甚多宏大深微之義，後人或莫能省悟，當與〈大司樂章〉並行。（〈樂記〉亦有漢人竄亂處，須抉擇。）

《莊子．天下篇》曰「《樂》以道和」，此中道字當作導引義。樂之作，所以引發吾人本性固有之和而已。老子演《大易》之義曰：「萬物負陰而抱陽，沖氣以爲和。」案陰者，以言乎形也。陽者，以言乎心靈也。萬物負荷形體，而含抱心靈，以斡運乎百體之中。（運者，運行。斡者，兼運行及主領二義。）陰陽和同而成化，是名沖氣。氣者，作用之稱，詳在余之《新論》。沖氣爲和，是萬物生生之本然也。誠知萬物之生，莫不本和，則人生不可一息失其和。失和則生理絕矣，是故聖人作樂使人有以達其本性之和。〈樂記〉曰「樂由中出」，深遠哉斯言也。老子非禮而未嘗非樂。《莊子．天下篇》則不以墨翟之非樂爲然，其於人性之和蓋不無所見矣。（禮之本亦性也，非強制於外也。老氏所非者，只是統治者所立之儀文度制耳。禮之本，詎可非哉？）

聖人之言化道也，因人之性而制禮，亦因人之性而作樂。禮樂之大本同，而作用有異，禮主敬而檢於外，樂主和而誠於中。內外交養，相反相成，此乃人道之極則。人道不息，吾未見禮樂可廢也。

上來考定六經皆孔子作，義據無妄。或有問言：「今之六經自漢人傳來，然司馬談云，六藝經傳以千萬數，今此六經安知非七十子之徒依據師說而推演之歟？不必信爲孔子自作也。」答曰：七十子之徒據師說而推演者，當亦名經或傳。徵之印度佛家大乘、小乘經論，大都爲後學推演，而名爲佛說，孔門當亦不無類此者。但漢人傳來之六經，唯《易》、《春秋》並稱出於孔子。漢初，去孔子年代未遠，其說自有據，何用狐疑？《儀禮》則〈藝文志〉稱《禮古經》，並未說孔子作，後人始有此臆說而已。《周官經》則自劉歆以至鄭玄皆歸之周公，如其說。則孔子雅言之禮竟未有著作。其然，豈其然乎？余定爲孔子作，義據詳前，可無復贅。《詩》、《書》二經，一依古史刪定，一依古詩刪定，皆孔子平生雅言。惜乎《書》之經與傳都亡，《詩》則三百篇尙存，而孔子之傳，漢初人已無授者。《樂經》有《周官．大司樂章》可信，或別有專經無可考矣。至於七十子據師說而推演之經與傳有千萬數之多，而皆毀絕無餘，其中豈無寶物？奈漢人委棄何？六經竄亂不自漢始，而漢人蓋集竄亂之大成，余已於前文言之矣，《漢．藝文志》言，「秦燔書，而《易》爲筮卜之事，傳者不絕」云云。昔人多信《易經》最可靠，余以爲《易經》被竄亂處當較少，而亦非絕無秦、漢間人竄亂者。〈繫辭傳〉宏闊深遠，而宋人頗於其中有疑，但所疑皆碎義，無關弘旨。余竊怪〈繫辭傳〉開宗明義云：「天尊地卑，乾坤定矣。卑高以陳，貴賤位矣。動靜有常，剛柔斷矣。」此數語者，顯然背叛《易》義。古之術數家以天或君皆爲〈乾〉之象，地或臣民皆爲〈坤〉之象。其言天尊地卑者，即謂君居上位爲至尊，而臣民卑下也。此必非聖人之言，《論語．里仁篇》：「定公問君使臣，臣事君，如之何？孔子對曰：『君使臣以禮，臣事君以忠。』」（定公，魯國之君也。）詳玩孔子之意，則君與臣在人格與道義上純屬平等。君不以禮使臣，則臣當反抗無道之君，不以奴顏婢膝爲忠也，何至以君尊臣卑爲一定之分乎？且〈革卦〉明明主張革命，若尊卑有定分，臣民可行革命之事而弒其君乎？故知其背叛《易》義也。卑高云云，與上語同義，無須復駁。動靜有常，剛柔斷者。虞翻曰：斷，分也，（《釋名》：斷，段也。分為異段也，故曰斷，分也。）乾剛常動，坤柔常靜云云。（參考《虞氏易》。）案乾坤者，實依本體之流行而立名。流行有二勢，以相反而相成。二勢者，乾坤也。謂乾之德剛，坤之德柔者，以乾統坤故也。（柔者，順而不失其貞，非卑柔之謂。〈坤卦〉言「利永貞」，可玩。）謂乾常動，坤常靜，則大悖。如彼所說，一方常動，一方常靜，兩相違反，而無可成變化。此爲知《易》者乎？總之，漢人治《易》皆主象數。象數者，術數家遺法。《漢·藝文志》云：「秦焚書，《易》爲筮卜之事，傳者不絕。」漢興，田何傳之。大概六國及秦時言《易》者皆宗術數，何以徵之？一、據〈藝文志〉，《易》以筮卜之事，得不焚，可知六國時易家專尚術數，故呂政不焚《易》也。倘當時易家弘揚孔子之哲學思想，則《易經》必招呂政之忌也無疑。二、六國衰亂，故術數易於風行，呂政用愚民之策不禁術數，漢廷承呂政遺策。儒生治《易》者同祖田何，（田何為齊國遺民，歷秦以至漢初，得傳《易》。）諱言孔氏本義，而專演象數以爲藏身之固。孔子之《易》雖倖存，然謂經文中必無術數家之竄亂則大謬不然。漢人象數之業，用卦氣、納甲、爻辰、飛伏及卦變、互卦、之卦、旁通、消息、升降諸說，而拘拘於卦與卦、爻與爻之間，穿鑿以求通，其結果則任何說皆有所通不去，終見其敝精疲神，鉤心鬥角於爻象中，而於易道全無所究明，豈不冤哉？〈繫辭傳〉曰：「以言者尚其辭，（孔子《易經》之全文，通謂之辭。學者言《易》當以孔子之辭為主，漢人墮入術數圈套正不悟此。）以動者尚其變。」（究明物理人事之萬變者，其如《易》。真知《易》者，自當應用《易》之道於行動實踐中。）聖人明示學《易》者以指南，而人顧不省何耶？（航行者，賴指南針定方向，學《易》之指南即上所引文也。）夫《易》自伏羲畫卦而後，經歷群聖，哲學思想雖漸發展，大概常與術數家之方術相雜，要至孔子作《周易》（周者，周普義，謂其道無所不在也，此為古說。亦有以周為周代之稱者，不足據。）始完全屏棄術數。後之學《易》者，自當依《周易》而玩其辭。田何以來言象數者，種種構畫，紛如亂絲，直以快刀斬斷爲是耳。（倘有好古者董理之，為後學稽古者解其困，亦一佳事。）夫乾坤者易之緼，反對與統一自是萬化之玄極，（乾坤相反也，然乾德以剛健中正而統坤，坤以貞固而順乾，卒歸統一。）唯升降、消息、旁通三義，亦未嘗不傳自孔門。若即物遊玄便悟斯理無所不在，倘泥於卦與卦、爻與爻之間以索解，將執筌蹄而昧魚兔，無可與觀化也。嗚乎！老者迂陋，後生唾棄聖文，予誰與言？唯此孤心，常懸天壤而已。（升降義，余於《新論》附錄中略提及，可參看。消息義，當別論。旁通者，隨舉一物而言，即此一物遍通於一切物而非孤立，又一切物都與此一物相涵相容，互不相離，通為一體。《易・乾卦・文言》曰：「六爻發揮，旁通情也。」宜深玩。筌者，所以得魚，而筌非魚也；蹄者兔之跡，可因之以得兔，而蹄非兔也。若執筌蹄以為即魚兔，非大妄歟？卦、爻所以顯理，猶筌蹄也，滯於卦爻之間，其猶迷執筌蹄莫識魚兔，則無可悟理矣！）

《春秋經》，《漢・藝文志》所敘述，其辭頗蒙混，蓋班固不敢明言孔子爲萬世開太平之本志，乃欲以《春秋》爲史書，而臆說孔子與左丘明觀魯史記。又謂丘明恐弟子各安其意以失眞，故論本事而作傳，明夫子不以空言說經。案固之所以宗劉歆而尊《左氏》爲《春秋》正傳者，實因孔子作此經，主張廢除天子諸侯大夫等統治階層，故恐觸漢廷之忌而以此經爲史書。復因《左傳》本記事之史，遂尊《左氏》以承《春秋》，此蓋固之隱衷也。劉歆私結於莽，早知莽欲篡帝位，其抑《公羊》而謂左氏傳《春秋》，亦不欲張無君之義耳。向、歆父子傳（《漢書・楚元王傳》內附見。）有云「歆以爲左丘明好惡與聖人同，親見夫子，而公羊穀梁在七十子後」云云。案陳澧謂穀梁生公羊之後，而研究《公羊》之說，或取之，或不取，或駁之，或與己說兼存之，其所發見確然不誣，足證穀梁出生年代在公羊後。但澧之說亦本於晁說之，劉原父而考核加詳耳。公羊氏者，《漢．藝文志》班固自注曰：「公羊子，齊人。」徐彥《春秋傳注疏》引戴宏〈序〉云：「子夏傳與公羊高，高傳其子平，平傳其子地，地傳其子敢，敢傳其子壽。至漢景帝時，壽乃共弟子齊人胡毋子都著於竹帛。」案徐《疏》引戴〈序〉，詳公羊氏五世之傳，明白彰著，自無可疑。何休《公羊解詁》：隱二年，「紀子伯、莒子盟於密下」。有云：「孔子畏時遠害，又知秦將燔詩書，其說口授相傳。至漢，公羊氏及弟子胡毋生等乃始記於竹帛。」據此，則何注雖較戴〈序〉爲略，而其言至漢，公羊氏及弟子始記於竹帛，則公羊氏五世，皆口授相傳可知，足證戴〈序〉與何注實相符合，夫子夏親受《春秋》於孔子，而公羊高親受之於子夏，世守勿失。劉歆乃以《公羊》與《穀梁》並論，以爲皆在七十子後，其說毫無根據。或者以公羊壽與胡毋子都之記於竹帛，在漢景之世遂謂在七十子後歟，而公羊氏五世口授之事實，要不可否認。歆以黨莽之私意，抑《公羊》而尊《左氏》，欲以變亂《春秋》。班固朋歆，（朋，猶黨也。）迷惑後人，不可不辨正也。然固似亦不忍完全埋沒《春秋》眞相，故又云「《春秋》所貶損大人，當世君臣有威權勢力，其事實皆形於傳，是以隱其書而不宣，所以免時難也。及末世，口說流行，故有《公羊》、《穀梁》、《鄒》、《夾》之傳」云云。案固所云《春秋》貶損當世君臣有威權勢力者，必非如董狐直筆不諱其惡而已，其於社會政治必有從根本上大變革之理論。固稱其事實皆形於傳，此爲公羊氏五世口授之傳無疑，但非公羊壽與胡毋共著竹帛之傳耳。兩漢相傳，唯《公羊》有非常異義可怪之論，而不聞《穀梁》、《鄒》、《夾》有是也。夫公羊氏獨傳《春秋》，五世口授，固非不知，而乃云「末世口說流行」，始有《公羊》與三家之傳何耶？（三家者：穀梁氏、鄒氏、夾氏也。）東漢特重綱常名教，以維君統，其說皆托於儒，固乃不得不掩《公羊》之眞相以迎合朝廷，不承認《公羊氏》先世有獨傳之祕也。固曲爲此說，仍是本劉歆以《公羊》、《穀梁》同出七十子後之意。

然其說太蒙混，試問末世口說，有根據否？謂無根據則不可，謂有根據則不得不承認公羊氏五世之傳也。固敘述《春秋》本依從劉歆，而又欲稍存眞相，其結論復歸本於歆，措辭蒙混，作僞心勞而拙耳。左氏不傳《春秋》，漢博士以此駁劉歆實不刊之論。《穀梁》，昔人以爲小書，頗與後世史評相類，其於《春秋》本義絕無關係。公羊壽與胡毋合作之傳，亦非其先世口授之傳，當論之如後。

古之說《春秋》者云，伏羲作八卦，丘合而演其文，瀆而出其神，（孔子名丘。伏羲作八卦，歷聖相傳，孔丘皆融合之，以發新義，而作《周易》。瀆，謂河。出神，謂龍馬負圖而出，此神物也。上古傳說，伏義畫八卦，取則於河圖。孔子演《易》追其源，實自伏羲之取則河圖也。）作《春秋》以改亂制。（孔子既作《易》，復作《春秋》以改亂制。天子、諸侯、大夫，以少數人而統治天下最大多數人，此謂亂制。聖人欲改革之，所以作《春秋》。是公羊《疏》引古說。）據此，《春秋》通萬世而權其變，以制治法，宏遠至極，不可雜《左》、《穀》陋史之文，以測聖意，亦至明矣。然復有辨者，公羊氏五世口說相傳，是孔子本義，固不容疑，至公羊壽與弟子胡毋子都所記於竹帛者，必將隱沒本義，而以己意立說，求容當世，殆意中事也。如《春秋緯》云：得麟之後，（孔子作《春秋》，至西狩獲麟而絕筆。此引用其事。）天下血，書魯端門曰，趨作法，（趨，疾也。疾作王者之法也。）孔聖沒，周姬亡，（周姬姓。）彗東出，（古時以為彗星出，則天下有大禍亂。）秦政起，（秦始皇名政。）胡破術，（二世名胡亥，繼其父政，而破毀先聖之道術。）書記散，孔不絕。（書籍記傳皆散亡，唯有孔子《春秋》口相傳者，獨存而不絕。）子夏明日往視之，血書飛爲赤鳥，化爲白書，署曰《演孔圖》，中有作圖制法之狀。孔子仰推天命，俯察時變，卻觀未來，豫解無窮，（豫解，猶云前知。）知漢當繼大亂之後，故作撥亂之法以授之云云。據此所云爲漢制法，可知緯書此文必爲公羊家所造作，托於神話以媚漢皇。蓋呂政焚坑之禍，儒者猶懷恐怖。《春秋》爲改革亂制之書，本於帝者不利，安知劉氏不復加害。公羊氏托言孔子作《春秋》是爲漢制法，而造神話以動朝野之聽，其用心誠苦，而行將喪失孔子本義，未免獲罪於先聖也。公羊壽與胡毋生號爲以口說著竹帛，即世所稱《公羊傳》，其行世比緯書《演孔圖》或稍後。《傳》成於漢景帝之世，胡毋生時爲博士，則《演孔圖》當出於文、景二帝之際。《演孔圖》言孔子作《春秋》是爲漢制法，此即公羊壽、胡毋生作《傳》之密意。（密者秘密，既畏禍而不敢發表孔子本義，亦欲將孔子本義隱存若干使不甚顯著，故云密意。）漢以來學人皆信《公羊傳》爲孔子之眞，此乃不深考而輕信，將無可推見孔子本義。譬如秕糠蔽目，而天地莫睹，豈不惜哉！

《公羊傳》不是直述孔子之《春秋傳》，以字數考之可見。《史記·太史公自序》稱《春秋》「文成數萬，其旨數千」。實聞之董生。張晏曰：「《春秋》萬八千字，當言減，而云成，數字誤也。」裴駰謂張晏但據經文而說，只一萬八千字，若合經文、傳文而言，共有四萬四千餘字，故史遷云文成數萬也。司馬貞引小顏云：《春秋經》一萬八千字，亦足稱數萬。案三家皆誤。張云「當言減」，則文句甚不通，如易減字爲不及二字，更變亂《史記》之文。裴駰合經、傳，共計四萬四千餘字，其所云傳者，即公羊壽、胡毋生師弟合作之傳，所謂《公羊傳》是，此非公羊壽先世所口授之孔子《春秋傳》也。小顏謂經文一萬八千字，足稱數萬。司馬貞引之，甚無理。夫三家所由誤者，皆以爲公羊壽師弟合作之傳，即是公羊高所受於子夏之孔子《春秋傳》。眞僞不分，故謬解重重耳。董生語史遷，《春秋》文成數萬云云，是指孔子自作之《春秋傳》而言，非就公羊壽、胡毋生所寫定之經傳，共四萬四千餘字者而言也。孔子作《易》，其卦辭、爻辭，本借用古之占卜辭，而作《十翼》，以發己意，則完全改變占卜家之底蘊，而《大易》乃爲哲學界之根本大典矣。孔子作《春秋》，其經文亦借用魯史，而自作傳以發己意，則完全改變魯史之底蘊，而《春秋》亦爲哲學界根本大典矣。古籍明言孔子作《春秋》者今可考見，最先莫如孟軻。孟軻去孔子僅百餘年，鄒、魯近若比鄰，其言決可靠。孟軻書中言孔子作《春秋》者，有二處：一、〈滕文公篇〉。二、〈離婁篇〉。〈離婁篇〉之言尤詳。其文曰：「王者之跡熄而《詩》亡，（東周承幽、厲之後，文、武、周公之遺教久廢絕，故云王跡熄。民間諷刺之謠，不得上達，故云《詩》亡。）《詩》亡然後《春秋》作。」（《詩》亡則人民之公好公惡不得宣達，不平之制度，不良之習俗，皆莫得改革，故《春秋》不得不作。）「其事則齊桓、晉文，（《春秋》原是魯國史記之名，其書所記魯國與列國之事皆以霸者為主，而五霸以齊桓、晉文為最盛，故云其事則桓、文。）其文則史。」（孔子之《春秋》經文，原是依魯史記之文而加修正也。）「其義則丘竊取之矣。」（孔子依魯史記而作《春秋》，其貶削天子，黜退諸侯，誅討大夫及改革亂制諸義，則是孔子自發明之。而依於魯史以作傳，仍以《春秋》名其書，其內容實非史書也，故孔子自謂其義，則丘竊取之。）據此，可見孟軻於孔子作《春秋》之本末，其所知最詳最確。至漢則公羊壽、胡毋生所作傳，有云：「《春秋》之信史也，其序則齊桓、晉文，其會則主會者爲之也，其詞則丘有罪焉耳。」（此見《公羊傳．昭十二年》傳。）詳此所云，與上引孟子語雖有詳略之殊，而大體實相符合。公羊高受《春秋》於子夏，傳至玄孫壽。孟子學《春秋》，其師承不可知。孔門傳《春秋》者絕不止子夏一人，孟子不必爲子夏後學也。然孔子作《春秋》之事，公羊與孟氏兩家所說竟無不合，則此事斷不容疑。唯《公羊》述孔子之言曰：「其詞則丘有罪焉耳。」孟軻述孔子之言曰：「知我者其唯《春秋》乎！罪我者其唯《春秋》乎！」（見《孟子．滕文公篇》。）兩家所述孔子語意大不相同。由《公羊》所述，則孔子爲反躬罪己之辭；由孟軻所述，則孔子之意蓋曰有威權勢力者將罪我也。孔子作《春秋》本欲改亂制，廢黜天子諸侯大夫，達乎天下爲公而已。故知之者，當爲天下勞苦庶民，罪之者，必爲上層有權力者。是故以兩家所述者相對照，顯然大不相同，而皆稱爲孔子之言，孰是孰非，唯有斷以《春秋》之義則是非自見。斷以《春秋》之義，則孟軻所述，的然是孔子語；《公羊》則以私意曲改孔子語，以苟媚人主而已。孟子時，六國衰敝，猶未若秦之酷，故可直述聖言。公羊壽師弟生於漢初，聞秦世焚坑之禍而有戒心也。余謂《公羊傳》必改變孔子之眞，即於此處已得鐵證。

漢以後學人竟不知有孔子自作之《春秋傳》，而妄信《公羊傳》爲直達孔子之本義，鑄九州鐵以成大錯。其迷霧則自劉歆、班固之僞說相承，害天下後世不淺也。（孔子《春秋》本義不明，而皇帝專政之局將三千年而不悟其非。）《漢·藝文志》稱孔子「以魯、周公之國，禮文備物，史官有法，故與左丘明觀其史記，據行事，仍人道。（仍，亦因也。）因興以立功，敗以成罪」，「有所褒諱貶損，不可書見，口授弟子。弟子退而異言」，（謂各人傳說漸異也。）丘明故論本事而作傳云云。據此，則孔子只是與丘明共習魯史記，觀其所載當國者行事成敗，有所褒貶，不便寫出爲史評之書，只口授弟子而已。〈藝文志〉本據劉歆《七略》。歆黨於王莽。《春秋》主張改亂制，廢黜天子諸侯大夫，自爲莽之所不利，故歆不肯承認孔子有作《春秋》一事，亦不肯承認公羊高受經於子夏，傳及五世，只謂孔子讀魯史記有所褒貶之詞，口授弟子。於是孔子改亂制，除階級，爲萬世致太平之經典，被歆、固二豎相繼否認，以爲無有其事。至魏、晉時，杜預黨於司馬氏，復申歆、固之僞說，直尊《左傳》爲眞《春秋》，以奸謀小慧，妄爲《左傳》尋求凡例，以爲周公之垂法。而左氏《春秋》忽由杜豎擁之以上接周公，孔子且被抑而不得比於丘明矣。（近世談今古文者，遂據此而謂古文家宗周公，無端弄出一無聊公案。漢以來學人無頭腦，而好張皇無甚意義之事，以為大問題，真不足一哂。）皇帝專政之制度愈穩定，則奴儒注經籍者，穢雜迂陋之說日滋，至可恨也！（吾儕當清季，輒與黨人忿詈中國一向無思想，未免自卑之習，及問學而後，始悟國學當求之於呂秦以前，不宜妄自菲薄。漢、宋群儒所為傳注，多蕪陋不堪，或須全毀，或須刪節，是所望於後之有識者。）

或有問曰：「《公羊注疏》謂孔子《春秋》之說，口授子夏。此或因劉歆、班固之僞說流行日廣，而後之治《公羊》學者亦爲其所惑，遂臆度子夏受於孔子者，亦只是口義而無傳歟？」余曰：以理度之，孔子作傳以授子夏，亦應有口義授子夏。《易》曰「書不盡言，言不盡意」，倘謂孔子只授子夏以《春秋傳》，別無口義，亦不必然也。子夏以傳授公羊高，必並授口義固事理之當然也。余不反對《春秋》有口義，但如歆、固之徒擅造僞說，以爲孔子未嘗作《春秋傳》，則與《孟子》、《公羊》之說極相反，必不可受其欺。孟子之時與地，皆近聖人。公羊氏傳授源流，分明不紊。今不信孟子、公羊而信歆、固有是理乎？董生爲《公羊學》。史遷「《春秋》文成數萬」之言，聞諸董生，其爲指孔子自作之《春秋傳》而言，斷然無疑也。公羊壽師弟同作之傳，其字數合經文萬八千字計之，不過四萬四千餘字，可知《公羊傳》絕不是子夏受之孔子以傳於公羊高者也。

史遷稱董生言《春秋》「其旨數千」，是指孔子所作之《春秋傳》而言。後之爲《公羊》學者以爲董生蓋就《公羊傳》而說，則謬誤極矣！今略爲辨正。董言《春秋》「其旨數千」，如就《公羊傳》求之，則無論如何探索，終不可得數千之旨。《公羊傳》之旨要，盡於三科九旨，此自昔爲《公羊》學者所共傳也。徐彥《公羊注疏》曾設爲問答。其文云：問曰，《春秋》說云，《春秋》設三科九旨其義如何？答曰，何氏之意，（何氏，謂何休。休有《公羊解詁》。）以爲三科九旨正是一物。若總言之，謂之三科。科者，段也。若析而言之，謂之九旨。旨者，意也。言三個科段之內，有此九種之意，故何氏作文諡例云。三科九旨者，新周，故宋（宋為殷後。周已代殷而王滅下，故周為新而宋為故。）以《春秋》當新王，（孔子作《春秋》，改亂制，貶滅子，退諸侯，討大夫，故曰《春秋》當新王。《公羊傳》則反之，乃曰《春秋》為漢制法，宜以《春秋》當作新王也。）此一科三旨也。又云所見異詞，所聞異詞，所傳聞異詞，（以上須詳三世義，茲不及詳，）二科六旨也。又內其國而外諸夏，內諸夏而外夷狄，是三科九旨也。問曰，宋氏之注《春秋》，說三科者，一曰張三世，二曰存三統，三曰異外內，是三科也。九旨者，一曰時，二曰月，三曰日，四曰王，五曰天王，六曰天子，七曰譏，八曰貶，九曰絕，時與日月，詳略之旨也。王與天王、王子，是錄遠近親疏之旨也。（案王者，因遠近親疏而異其稱，乃左氏義，左《疏》引賈逵云，諸夏稱天王，畿內曰王，夷狄曰天子，宋氏蓋以左氏家說附於《公羊》。實則《公羊》家義，以天子為爵稱，此非左民所及知。詳余著《讀經示要》。）譏與貶、絕，則輕重之旨也。如是三科九旨，聊不相干，何故然乎？（此問宋氏說，與前一說不同，有何故也？）答曰，《春秋》之內具斯二種理，故宋氏又有此說。賢者擇之。上來所述三科九旨，徐《疏》設為問答頗明概要，雖有餘義，要是枝節，毋悉舉也。故知董生所稱「其旨數千」，必是孔子所作之《春秋傳》。公羊壽師弟所著竹帛者，（即世所稱《公羊傳》。）既改變孔子知我、罪我之語，而純為罪已之辭，（見前文。）則其不敢直達孔子《春秋》本義已可明見。《公羊傳》雖有三科九旨，若詳核之，當以三世義，猶存《孔傳》名目。（孔子所作之《春秋傳》，省稱《孔傳》。下仿此。）三世義自是《孔傳》之要領，其在《周易》，先天而天弗違，後天而奉天時之大用，實寓諸三世義。裁成天地，輔相萬物之無量功能與制度，亦寓諸三世義。〈革卦〉曰「革去故也」，〈鼎卦〉曰「鼎取新也」，無不寓諸三世義。〈同人〉、〈大有〉，亦寓諸三世義。（〈同人〉之卦明人類歸於大同也，〈大有〉之卦明所有者大。人類改造自然之力量，與靈性生活之發揚，無不極其大也。）《春秋》之旨與《大易》通，其大無所不包。董生稱之曰「其旨數千」，亦形容其含蓄深廣耳。《公羊傳》僅存三世名目，而絕不究宣其義旨。三世之名目雖存，而其實義已亡，此無可為諱也。三科九旨多屬史家記事與褒貶之法例，通玩其書之大體，可謂史評一類之傑構，殊失聖人經典之內容，幸有何休《解詁》略明孔子三世本義。學者由此，可以窺見天縱之聖，遠在古代，而已立定改造世界之宏規大計，其前識高遠，豈不奇哉？何休補救《公羊》，以略揭《孔傳》之要領，其功甚大。《公羊傳》本爲漢制法，確已改變孔子之骨髓與面目。其於《孔傳》義旨未嘗不欲保存幾分，而若干碎義之散見，後人亦難辨識，倘無何休注則後之學者雖欲於公羊壽之書而尋《孔傳》之鱗爪，將何從得乎？

何休精學十五年，專以《公羊》爲己業。其自序《公羊解詁》有云：「傳《春秋》者非一。」（此中傳字，為傳授之傳。）可見其聞見甚博。《孔傳》底本，公羊氏五世祕藏，絕不輕示人。胡毋生、董仲舒當是公羊壽入室弟子，皆見於圖讖，自得親窺《孔傳》。及僞《公羊傳》行世後，《孔傳》必更爲公羊氏所祕，其不忍失聖人之眞，只有以口說私授門人耳。景、武之際，《公羊》學唯胡、董並號大家。胡以景帝時博士，歸教於齊。齊之言《春秋》者宗事之，公孫弘亦頗受焉。董之傳授尤盛。余以爲胡、董之門人、後學，必皆世以口說相授受，而不必能睹《孔傳》，久之而《孔傳》湮滅也。然孔子本義實賴口說以存。胡、董後學日盛，口說流傳，或不無變異，而本源要自可尋。何休張三世，其義當從胡、董後學得來。然漢世帝制已堅固，《公羊傳》自是曲順時機。何休爲傳作注，而依胡毋生條例，其據口說眞相以釋傳處自不能多。要之，有何注而後可由《公羊傳》以推求《孔傳》，雖不得其數千之旨，猶可獲一二焉，亦有幸矣！則何氏之功不可沒也。

孔子之《春秋傳》不獨公羊壽、胡毋生師弟改易其本義，秦、漢間傳習《春秋》者，大概都有壽等之意，今觀《公羊傳》中，有子沈子曰，子司馬子曰子女子曰，子北宮子曰，又有高子曰，魯子曰，蓋皆從諸家書中引出。然壽之《傳》獨行，而諸家之書無聞焉，此其故有二：沈子諸家之書必成於前，故壽得引其說；壽《傳》成於諸家之後，則其有所資藉，以引發思慮與鑑觀得失，自當後勝於前。壽《傳》獨行之故一也。壽弟子胡、董皆顯聞於朝野，徒眾甚盛，壽《傳》獨行之故二也。壽《傳》非闡明《孔傳》本義，蓋以魯史記爲主，（《傳》中所謂不修《春秋》，即魯史記。）而略存《孔傳》微言使不顯著。求符於其所僞造孔子爲漢制法之圖讖而已。

何休〈解詁序〉稱《春秋》多非常異義可怪之論。此乃指《孔傳》說耳，《公羊傳》何曾有此。徐彥《注疏》竟據《公羊傳》作解，以爲非常異義者，即莊四年，齊襄復九世之仇而滅紀，僖元年，實與齊桓專封是也。其可怪之論者，即昭三十一年，邾婁叔術妻嫂，而《公羊》善之是也。案齊、襄復仇，齊桓專封二事，《公羊》皆詳明其有當於義，不得謂之非常異義。（參考徐彥《疏》。）《公羊》賢叔術能讓國，不以妻嫂掩其善，亦非可怪之論，徐彥不知何休此語是說《孔傳》，乃欲強通之於《公羊》，所以陷於謬誤。孔子作《春秋傳》，欲改亂制而建天下爲公之制，（改亂制，見徐《疏》引古《春秋》說。「天下爲公」，見〈禮運篇〉。《禮運》即記孔子之《春秋》說。）此不唯自漢代奴儒視之，以爲非常異義可怪之論。吾儕回憶清季學人思想，正是左氏家所謂義深君父，如與之說明孔子《春秋》本義，其不詈爲怪異者幾何？

孔子《春秋》之旨在消滅階級，不許有君主、貴族統治天下庶民，此非無據之臆說，當於〈原外王〉中舉其證。董仲舒受學公羊氏，深知此爲根本大義，而其所撰《春秋繁露》一書，正與此義極端相反。嚮者康有爲弘揚董學。皮錫瑞考經較廖、康爲審。（廖平、康有爲。）友人林宰平所稱也。然皮氏謂何休作《解詁》，義據亦大同《繁露》，如三世義亦《繁露》所說也，余竊謂康有爲未免抄胥之習，其於《繁露》不甚了然，無足怪。皮氏頗稱宋儒讀書能深玩其義，顧於《繁露》獨不解義，何耶？《繁露》說三世，見〈楚莊王篇〉。今節錄如下：

「《春秋》分十二世，以爲三等，有見，有聞，有傳聞。（此謂三世。）有見三世，（此言三世者，謂三公之世。下四世、五世，可准知。）有聞四世，有傳聞五世。故哀、定、昭，君子之所見也。（君子，《公羊》蓋謂孔子，實則魯史臣之筆耳。下仿此。）襄、成、宣、文，君子之所聞也。僖、閔、莊、桓、隱，君子之所傳聞也。

所見六十一年，所聞八十五年，所傳聞九十六年。於所見微其辭，於所聞痛其禍，於傳聞殺其恩，與情俱也。是故逐季氏面言又雩，微其辭也。（參考《公羊．昭公二十五年》經傳。魯昭欲殺其大夫季氏，假雩祭以聚眾。昭素失民心，不勝而出亡。《春秋》書又雩者，隱微其辭，明過在君。微辭者，臣子不忍直斥君之惡，而實罪君不能先自正。）子赤殺，弗忍言日，痛其禍也。（參考《公羊．文公十八年》經傳。子赤被殺，《春秋》不書其日。子赤為史臣所及聞之世，相去未遠，其情親，故不忍言其日。）子般殺，而書乙未。殺其恩也。（參考《公羊．莊公三十二年》經傳，子般卒，書乙未日，因是史臣所傳聞之世，較疏遠，不同子赤之近。殺者，降也。恩情降低，故忍書日。）屈伸之志，詳略之文，皆應之。（如不直書君之惡，而微辭以見意是屈也。子赤、子般或略其被殺之日，或詳其卒日，凡此皆應乎人情之自然。）吾以知其近近而遠遠，親親而疏疏也。（史臣記事，於其所親事之君最切近則情亦親近，先君較遠則情自平淡，故曰近近、遠遠、親親、疏疏也。）亦知其貴貴而賤賤，重重而輕輕也。」（史官記事，於人之地位尊貴者，其書法亦從而貴之，曰貴貴。賤賤可准知。事之重大者，如宗廟朝廷典禮及用人行政有關治亂興亡之事，其書法必從而慎重其辭，曰重重。輕輕可准知。書法者，謂其記載不苟，每下一字必有法度也。）

據此，則《繁露》之說三世純是統治階級之史法，（君主專制時代之史官完全服膺統治者之教令。如貴貴、賤賤、重重、輕輕及近近、遠遠、親親、疏疏。皆史官所奉為不易之大法也。）其與何休三世義，相去豈止天淵？（董、何二說相隔，雖天與淵相隔之遠，猶不足以形容之也。）而皮氏乃謂何休亦兼融《繁露》，豈不謬哉？

董生受學公羊壽，與胡毋生同業，其所說三世義最符於《公羊傳》。（《史記．儒林傳》稱「漢興至於五世之間，唯董仲舒名為明於《春秋》，其傳公羊氏也」。《漢書．儒林傳》稱胡毋生與董仲舒同業。以二文合證，可知董生必受《春秋》於公羊壽也。徐《疏》謂董生受之胡毋生甚謬。《漢書》明言同業，其非師弟之關係可知。）何休雖注《公羊傳》，而實欲稍存孔子本義，以救《公羊》之失。休〈自序〉云：略依胡毋生條例，多得其正。徐彥以爲何氏之意猶謙，未敢言已盡得胡毋之旨，故言略依而已。又曰：何氏謙，不敢言盡得其正，故言多耳。此皆徐彥謬解。凡著書者實事求是，以待後之學者，斷無僞作謙辭之理。何休略依胡毋自是無妄之語。大概壽與胡毋以《公羊傳》行世而後，公羊氏之傳授必分兩派。一、遵依《公羊傳》者，漸捨《孔傳》本義。二、《孔傳》雖不敢公之於世，而其義旨必有口說流行，不至遽絕。（董生《繁露》說三世，顯然非孔子本義，然馬遷言，聞諸董生，《春秋》貶天子，退諸侯，討大夫云云，此必董生夙昔所受於公羊家之口說，今以私語馬遷也，）篤守口說者，當不免非《傳》，（《傳》，謂《公羊傳》。下仿此。）信《傳》者，頗順時之宜，亦不惜違口說。何休〈自序〉稱其中多非常異義，可怪之論，說者疑惑，（其中者，謂口說家所傳授之《孔傳》，多有怪論異義，足令說者疑惑。）至有倍經任意，反《傳》違戾者云云。（此言經傳者，其《傳》即公羊壽胡毋所共作之《公羊傳》。經者，即《傳》所據之經文也，而此經文實即壽等依魯史記修之者，不可信為孔子所修之經文也。倍，猶背也。倍經云云，謂守口說者至於背反壽與胡毋所公於世之經傳。何休修辭太渾簡，從來注家皆誤解。徐《疏》摘顏莊之短，皆屬碎義，無關宏旨，實則何氏所言者，是口說家對於《公羊傳》之爭辯，其問題甚大，不關顏莊也。據此序之意，何休亦非反《公羊傳》而力持口說者。東漢忠孝思想甚盛，曾、孟學派早以忠與孝融成一片，不自漢人始。可覆看前文。）何〈序〉首引《孝經》，絕不敢推翻君統，其爲《公羊傳》作解詁，又何至反《傳》乎？然何氏有以平口說家之忿，而息其讕嘲者，（讕嘲，見何〈序〉。徐《疏》誤解，茲不及論。）即在其能明三世義，以稍存《孔傳》幾分眞意，（三世義，明群化、群制隨時改造，廣博無量。何休並未詳述，然學者由何注可引申而長，觸類而通也。）救《公羊傳》爲漢制法之失，故其自序云「略依胡毌」。略之一字，最宜深玩，而其絕不道董生，此必有故，不可不察也。《公羊傳》大體近史評，何休猶可依託。董生《繁露》名爲說《春秋》，而實建立事天之教。其說有曰「《春秋》之於世事也，善復古，譏易常，欲其法先王也。（中略。）今所謂新王必改制者，非改其道，非變其理，（須認清董生此意。）受命於天，易姓更王，非繼前王而王也。若一因前制，修故業，而無有所改，是與繼前王而王者無以別。（董生所以說，新王須改制。）受命之君，天之所大顯也。（顯者，彰顯之也。天將大彰顯新受命之王，故新王須改制，此董生之宗教觀念。）事父者承意，事君者儀志，（謂以君之志，為儀則也。）事天亦然。（中略。）故必徙居處，更稱號，改正朔，易服色者，（徙居自至易服色，即是董生所謂改制。）無他焉，不敢不順天志而明自顯也。（新受命之君，所以改制者，無他故，所以順天志而表明其有以自顯也。）若其大綱、人倫、道理、政治、教化、習俗、文義盡如故，亦何改哉？故王者有改制之名，無易道之實」云云。（見《繁露．卷一．楚莊王篇》。）《繁露》此段文字是其全書主旨所在。案其言人倫、道理、政治、教化、習俗、文義盡如故，亦何改哉？董生頑固至此，眞不可解也。人倫無改，亦看如何說法，君臣一倫，則孔子作《春秋》明言貶天子、退諸侯、討大夫，董生親受口說於公羊氏，以語馬遷，今言無改不亦喪其所學乎？父子之倫不可改，然子於父母有乾蠱之道，有以順親之過爲盡倫，孔子《易經》所明示也。（見《易經・蠱卦》。蠱，惑也，壞也。萬事由惑而壞，治其惑而萬事就理，此〈蠱卦〉之意。）道理乃至文義一切無改，（言乃至者，中間文句隱而不舉，為行文便故。中譯佛籍，修詞每如此。）此其說之迷謬，可置勿論。馬遷稱漢興以來，唯董仲舒名爲明於《春秋》，而其持說若此，豈不怪哉？漢朝君臣所需要者，正是董生之學說，此其所以享盛名也。宋儒猶稱董生醇正，可見其影響於後世者深也。何休欲調和口說家之爭，稍存三世義，寧略依胡毋，而不涉及董生者。董生托於《春秋》以樹己義，其背叛孔子遠在公羊壽及胡毋之上，何休故不取之也。康有爲、皮錫瑞皆以董仲舒與公羊壽、胡毋生同承孔子《春秋》之傳，（此傳字，為傳授之傳。）即不辨壽與胡毋之傳（此傳字，去聲，為傳記之傳。下准知。）已非公羊高所受於子夏之傳，（漢以來二千數百年學人皆不辨，不獨皮與康也。）更不識董生《繁露》又與壽等之學迥異。（古今人獨何休能識之耳。）皮氏博覽，不專《春秋》，猶不足怪。康氏以《春秋》、《禮運》自張，顧於《公羊傳》及董生《繁露》兩無辨識，其思想混亂，有復辟之事亦無怪其然也。（董仲舒語馬還語，亦非於孔子《春秋》無所知者，《繁露》亦時有深語，不審何以入魔道？）

孔子《春秋傳》當不止授子夏一人，而漢世唯聞公羊高受《春秋》於子夏，傳其後嗣。高之傳授至壽與其弟子胡、董忽變其質，而猶賴口說流傳，延及東京。何休以是能言三世，公羊氏之澤不亦遠哉！劉歆訾《公羊》晚出，就壽與胡毋之《公羊傳》而言，其說非無故，然歆挾黨莽，尊左之私，遂至不肯承認孔子作《春秋》及子夏授公羊高之事，所以爲學術界之罪人也。〈藝文志〉僞造孔子「以魯、周公之國，禮文備物，史官有法」云云。杜預乃本此文，以《左氏》上接周公。歆與班固之奸言，開毀經之源，可惡也。

《春秋》竄亂不始於漢，七十子後學，如曾、孟派之孝治思想早已改竄《春秋》。余已於前文言之，今更就《孟子》舉證。《孟子．滕文公篇》有云：「世衰道微，邪說暴行有作，臣弒其君者有之，子弒其父者有之。孔子懼，作《春秋》。《春秋》，天子之事也。是故孔子曰：『知我者其唯《春秋》乎！罪我者其唯《春秋》乎！』」又曰：《春秋》成而亂臣賊子懼。據此，則孔子作《春秋》只是以刀簡誅伐亂臣賊子，而亂賊果然由此恐懼。（簡，竹簡也。古無紙，以刀刻字於竹簡，刀筆之名始此。）孟子願學孔，而此言卻厚誣孔子，可奈何。夫臣弒君，子弒父者，爭權奪利故也。而君位者，大權厚利之所在，難保臣子不爭奪也。孔子深見及此，故作《春秋》，發明貶天子、退諸侯、討大夫之義，以詔當時後世。（古者大夫，亦其屬邑民眾之君也。）君位廢，而主權在庶民，厚利均於庶民，何有弒父與君之事乎？孟氏不深研《春秋》，乃妄誣孔子欲誅亂賊，以擁護君主制度，是未能學孔也。《春秋》本爲貶天子之事，而孟子乃誤解爲孔子是竊天子職權，以誅亂賊之事。其誤解孔子之言，以爲孔子慮人之將罪我者，爲其竊天子職權也。孟子竟以迂想妄測聖心，亦足驚異。然雖妄測而幸未改變孔子語氣，此是其直率處。若《公羊傳》將「罪我者」一詞徑改爲「丘有罪焉」爾，便非慮及他人罪我之辭，而直是引咎自責之辭。既自知有罪，胡爲犯罪而作《春秋》乎？聖人何至如斯胡亂？（孔子言知我、罪我，余已解之在前。可覆看。）或有問云：「孟子言民爲貴，言武王誅一夫紂，不爲弒君，此皆《春秋》之旨。」答曰：孟子誠於《春秋》有所知，獨惜其夾雜宗法社會思想，而於《春秋》無深解也。《春秋》改亂制，即是改革君主制度，若誅暴君而另戴賢君，是董生《繁露》所謂「易姓更王」，（上文已引。更，猶換也。）未可云革命。君雖賢，以一人統治天下庶民，終不可爲治。且賢君不世出，而君主制度究是大亂之所從出也，故必改亂制。政權操之庶民，方是革命成功耳。孟子、荀卿皆不能深悟《春秋》改亂制之義。孔子外王之道，遂無人繼述。韓非言，孔子沒後，儒分爲八，皆自以爲眞孔。孔子不復生，孰定其是非。孟、荀之徒各以己意立說，而《春秋》亡矣。（荀卿言「上下易位然後貞」，吾深取其有符於革命之旨，但詳核《荀子》全書，實無廢除君主制度之意，則其未通《春秋》亦與孟子等耳。）

孔子《春秋》經傳全亡，公羊氏所傳口說，何休以後遂無聞。今從緯書與何氏《解詁》及徐《疏》等，抉擇單辭碎義，猶可推見聖人之意。改亂制三字，最宜深玩。緯書僞托爲漢制法，可以反證《春秋》實有改亂制之事。公羊氏恐得罪漢廷，乃隱沒孔子改亂制之底本，而詭稱爲漢制法，此其實情可推知也。若《春秋》原無改亂制之事，只是對東周列國二百餘年間之君臣有所譏刺，此與漢廷有何觸犯？而無端造爲漢制法之謠，果何所爲？《春秋》家縱不憚煩，絕不至無知無恥至此。董生受《春秋》於公羊壽，而以貶天子、退諸侯、討大夫、語馬遷，此正是《春秋》改亂制。馬遷稱董生明於《春秋》，非盡阿好也。然董生作《繁露》乃以「徙居處，（即遷都。）更稱號，（如更朝號及稱帝稱王或稱皇帝之類。）改正朔，易服色」爲改制，此豈《春秋》所謂改制乎哉？康有爲《孔子改制考》。本由雜抄而成冊，取昔人之偶發一議，有異乎恆規舊習者，皆視爲與《春秋》改制不異。其所抄集浮亂至極，而《春秋》廢除君主制度，即推翻最少數人統治天下最大多數人之亂制，其義蘊廣大宏深，卻被康氏胡亂說去。

《詩》亡然後《春秋》作。農家思想亦出於《詩》，（前文已說及。）固《春秋》之旁支也。《漢·藝文志》載農九家，其書有《神農》二十篇。注云：「六國時諸子，疾時怠於農業，道耕農事，托之神農。顏師古曰，劉向《別錄》云，疑李悝及商君所說。」案此二十篇，托之古聖，（神農。）自是農家根本大典。上考《孟子·滕文公篇》「有爲神農之言者許行」，（俟〈原外王〉中當引述。）今玩其說，不許有勞心、勞力及治人、治於人之分，誠哉，社會主義之開山也。由此推想，農家所托爲神農之書當非道耕農事者，而必是發揮其對於社會問題之最高理想。〈藝文志〉所著錄之《神農》二十篇，注云道耕農事，較以許行之說乃全不相涉。劉向疑爲李悝及商君所說。漢世去六國未遠，農家是晚周一大學派，劉向必曾見過農家之《神農》書，故知此二十篇與彼書不類也。農家必不始於許行，其發展當在春秋、戰國之際。商君政策絕不容許農家思想流行。造此二十篇托之神農，以反抗農家之《神農》書者，當以商君之可能性較大，不必是李悝也。〈藝文志〉雖列農家之名，而其所著錄之書皆道耕種事者，與農家思想全不相涉，晚周諸子中之農家學派，實際上完全空脫。〈志〉中敘農家其結語有曰「及鄙者爲之，以爲無所事聖王」云云。（農家主廢君。）可見向、歆父子及班固之徒，實讀過晚周農家書，而〈志〉不存其目。（由農家推之，凡有價值之古籍，被漢人湮絕者當不少。）農家思想與《詩》、《春秋》二經皆相關，其書亡，亦言《春秋》者之深憾也。

《周官經》余定爲孔子作，已說如前，然其中亦有六國時儒生及漢人竄亂者，今此不及檢出，（暮年精力短。本書起草時原期簡約。）他日有餘力，或別爲札記。

漢學陽尊孔子而陰變其質，以護帝制，已說如前。至宋而有理學之儒，以反己爲宗，（程子曰：學要鞭辟近裡切著己，此宋學血脈也。）排二氏之虛寂，（道家淪虛，佛氏滯寂，理學家在人倫日用間，作存心養性工夫，故排二氏。）救考核之支離，（漢、唐諸儒皆為考核之業，理學家斥其支離細碎而亡本。）自是而儒有漢、宋之分。然宋學之異於漢者，只是存養心性一著耳，其於漢儒之天人交感，陰陽五行諸論，及綱常名教大義，不唯全盤承受，且奉持益嚴也。宋學嚴於治心，自不得不疏於治物。其實，心物爲本體流行之二方面，未可截作兩片。吾心元與天地萬物流通無礙，若唯攝心於內而遏其流通之幾，是乃自賊其心，而喪其官天地、府萬物之大用，即人生與塊土無異也。理學之爲學，不妨從俗言之，曰生活哲學。然學者唯保任虛靈不昧者以爲主公，而不務知周萬物，（理學家以為心體是虛靈不昧的，學者宜保任之而勿失，其意未嘗不是。然其用功每偏滯乎此，而不肯運用此心之知，以周通萬物。主公，係禪家語，與《管子》云心之在體，君之位也義同。）則其道拘促，其生命有枯窘之虞。（心不能周運乎萬物，故謂其生命枯窘。）其生活內容不能擴大，不能充養深厚，理學家往往束身寡過，而難語於富有日新盛德大業，（《易．繫辭傳》曰：「富有之謂大業，日新之謂盛德。」）唯象山直率，陽明縱任自如，張江陵益猛利敢任，是爲間世之孤雄耳。理學在哲學界別是一途，不當以理論求之，後有達者識反己之意，能大其基，宏其緒，是所望耳。宋、明諸老先生倡理學，探源孔門，而宗四子，不可謂無見。然《論語》皆聖人應機之談，孰爲酬大機語？孰爲酬劣機語？若不能分辨，非善學聖人也。《學》、《庸》爲七十子後學所記，其文字頗有脫落與攙雜。孟子有特長處，短處亦不少。倘抉擇未精，學之何能無病？諸老先生皆雜染禪法、《道論》，（《老子》之書，古稱《道論》。）究非尼山嫡嗣也。

余昔有評宋儒一段文字，自信得甚重要。其文云：宋儒識量殊隘，只高談心性，而不知心性非離身、家、國、天下與萬物而獨存。博文之功，何可不注重？孔子言「博學於文」，此文字非謂書籍，蓋自然與人事皆謂之文，如天文、人文等詞是也。博學者，即於物理、人事，須博以究之之謂。學字有二義：曰效，曰覺。此處學字是效義。效者仿效，如自然科學的知識只是發見自然現象之公則，不以意見誣解，即有仿效義。宋儒固非全無博文之功，但其精神只專注在人倫日用間存養此心此性而已，博文工夫終非其所注重。夫存養心性固是要著，然不可將心性當作一物事來持守。工夫切不可拘緊，此中卻有千言萬語難爲人說。試以《論》、《孟》與宋儒語錄對照，則《論語》句句是存養心性工夫，而確不曾把心性當作一物事來執著。孟軻便不似聖人神化，漸爲宋儒開端，然其文字間時覺明快，但多迂論耳。宋儒未免死煞，別有一種意味難說，大概學《孟子》未得，卻受佛教影響夾雜許多宗教氣味，頗少生氣。朱儒此等態度於博文工夫最妨礙，如程子見謝上蔡讀史而斥爲玩物喪志。王船山《俟解》有一則引此，而申之曰：「所惡於喪志者，玩也。」玩者，喜而弄之之謂。如《史記·項羽本紀》及竇嬰灌夫傳之類，淋漓痛快，讀者流連不捨，則有代爲悲喜，神飛魂蕩而不自持，於斯時也，其素所志尚者不知何往，此之謂喪志。以其志氣橫發，無益於身心也。船山此等處，卻未脫宋儒桎梏。讀史而遇可歌可泣可哀可怒之境，而絕不發生同情，尚得謂爲不失其心性之人乎？吾年十歲，聞先君說魏收詈南朝爲島夷，吾怒罵魏收爲犬豕。聞南北朝胡禍之慘，吾哀憤不可抑，少時革命思想由此而動。程子、船山必以吾當時之動心爲喪志，吾終不受此責也。喜玩只是情趣悠永，足以引發思維，俾理智爲不斷的努力，哲學家科學家於其所研究之諸問題，若無喜樂玩索之情思，其尚得有所創發乎？孔子入太廟，每事問。書生初入太廟，於未曾見之禮器，未曾習之禮儀，自有喜樂玩索之情思，不得不問耳。而朱子必釋曰「敬謹之至」，則將孔子當時一段活潑潑地精神說成死板矣。「子在齊聞《韶》，三月不知肉味。」此事若不出自聖人，程子定呵爲玩物喪志，然夫子若不如是又何能自衛反魯正樂、雅頌各得其所耶？情趣悠永是理智努力之良伴，故情趣豐富爲上，平淡爲下，若抑制之適自賊也。船山言：志氣橫發，無益於身心，此是極大錯誤。後之爲理學者，不可承宋、明諸師之失。

漢世思想界固蔽日深，及東京季世，佛法漸自印度輸入，此爲中國吸收外化之始。（佛書法學，為最普遍之公名，見余著《十力語要》及《佛家名相通釋》。但此言佛法者，則指佛家教理而言。）佛法東來，是否有利於吾國，自是另一問題。唯自魏、晉以來，二千年間佛法已普遍流行於中土，不獨凡民癖信之，而歷世聰明利根人亦無不樂餐大乘法味者。余年三十後始研大乘學，初篤嗜之，而終不敢以其道爲人生之正向。余少時曾有一種思想，以爲宇宙唯是一大生生不息眞幾，變現萬物。（云何一大？一者絕對義，大者無外義。生生不息真幾，謂本體之流行。）萬物榮枯生死，譬若浮漚都無暫住，況復含識互相吞噬，造作罪惡，果何所爲？（含識，謂眾生，以其含有情識故名。此佛書名詞。）余不知古來哲人對此有何解悟，云何自靖？長而稍涉群書皆無足啓予者。時有人之生也若是芒乎之感，（芒，惑也，借用莊子語。）及夫歷困求通，雖有省發猶難自決，遊乎佛，證乎儒，而後卓爾如有所立也。佛之道，蓋欲逆生生之流，寧可淪空耽寂，而不惜平沉大地，粉碎虛空，以建清淨之極，此大雄氏之宏願也。儒之道，唯順其固有生生不息之幾，新新而弗用其故，進進而不捨其健，（張橫渠云：「《易》道，進進也。」）會萬物爲一己，（知天地萬物皆與我為一體；即小己之見已破。）於形色識本性，（形色，謂宇宙萬象。性者，萬有之原也。形色皆性之顯著，譬如眾漚皆大海水之顯著，於形色而識性，譬之於眾漚而知其是大海水。）流行即主宰，相對即無對，此儒家《大易》之了義也。佛氏抗生生之流而欲逆之，此其離繫之慧。（離繫者，離諸繫縛。眾生沉溺現實世界種種構畫，如蛛造網自縛，故說為繫。大覺得法空慧，始離繫。法空者，於一切物不迷妄執著故，是名得法空慧。）精進勇悍恆無退轉之強力，盡未來際不捨眾生，我不入地獄，誰入地獄之宏願，誠欲從之，莫由也已。然宇宙生生洪流畢竟不可逆，盍若歸宗《大易》，直證乾元性海，則無有乎出世法矣！（《易》曰「大哉乾元，萬物資始」，乾元者，即用顯體，而立斯名。萬物皆資於乾元而始生，故乾元者萬物之本性也。性而曰海者，言其德盛不可測，因以海喻之。）

余言佛氏逆生生之流，佛教徒聞之必以余言爲妄。其實，佛書無量言說總是爲眾生淪沒生死海而發心，其歸趣（歸者歸宿；趣者旨趣。）在度脫一切眾生離此岸到彼岸，（此岸謂生死海，彼岸謂涅槃。）其斷惑工夫嚴密，（斷者斷滅。）直將生物與人類之生欲，治滅無餘。（生欲者，凡物之生由有欲故，曰生欲。周茂叔綠滿窗前草不除，看大造生意。彼云生意，吾則謂之生欲。佛書心所法中，所說諸惑相，學者如有大慧，能深玩味，則貪嗔痴諸惑皆生物本有之欲也，而況於人乎？欲相微細，非有慧人莫能深究。治滅者，治謂克治，滅謂斷滅。）從來宗教家、哲學家言禁欲者，亦不乏矣，未有除欲務盡，如佛氏之出世法也。佛之道明明反人生，而謂其非逆生生之流可乎？猶復須知，佛之言眞如性體，（眞如性體四字，係複詞。）只言空寂，不言生化，只言無爲，不許言無爲而無不爲。余著《新論．功能章》已辨而正之，姑俟諸茫茫不可知之來者耳。

古今言哲學，窮本源者，如吾儒《大易》直證乾元性海，是乃於小體而識大體，即天人不二，保有生死此岸涅槃彼岸可分乎？（小體大體二詞，借用孟子。小體猶言個體，亦即小己。大體謂宇宙本體。天亦本體之名，非謂神帝。）本來生生不息，何可逆生？順性則欲皆當理，（當字去聲。）何須斷欲？《易》道其至矣乎！

佛法逆生生之流，悍然銷毀宇宙，此是人生最高智慧，最大勇氣。老子嘆「天地不仁，以萬物爲芻狗」，從佛氏以世間爲生死苦海之觀點而論，老氏非不近於佛。（佛法來華，實由道家首迎入之，以其有相近處故耳。）然老氏卻無抗拒宇宙生生洪流之深慧大勇，其見道之眞，體道之健，既不能望孔，又不能如佛氏之偏得有力。（佛氏理解極高，而失在墮偏見，其銷毀宇宙之願望亦從其偏見來，但偏得有力，非老氏可及。）佛氏一轉手便是孔，老氏卻不能爲孔。

人生萬不可忽視現實，亦萬不可淪溺現實。佛氏觀空，其境界高深至極，不可不參究。余曾云儒佛堪稱兩大，儒者盡生之理，（盡者，顯發無虧之謂。）佛氏逆生之流，其道雖殊，譬猶水火相滅亦相生也。

佛氏觀察人生惑相，無幽不燭，可謂至極。斷惑之教，雖不無過，然人生畢竟爲惑習所錮蔽，如蠶作繭自縛，若非大智揭破，人之能自覺者鮮矣。佛法若謂其爲宗教而富於哲學思想，不如謂其爲哲學中最宏闊深遠之人生論，而富於宗教情感。

讀佛書須深玩其高處、深處，至其持論好爲懸空的辨析，又翻弄名辭太多，讀者若非超悟之才，將習於考核而失其沖旨。鈍根者且增長混亂，無可與言窮理之事。佛書非人人可讀也。

佛之徒有不肯承認佛法爲出世法者，殊不知，出世法三字明明見於佛家經典不一處，何可否認？大乘有不捨世間、不捨眾生之說，只以發願度盡一切眾生，不忍自了生死，乃長劫與眾生爲緣，（長劫，猶言長時。）可以說世間不異涅槃，涅槃不異世間，但其願望仍以度脫一切眾生爲鵠的。佛氏所以不純乎哲學而富於宗教情感者在此。吾人如不贊同佛氏之宗教信念則可自抒己意，而不可混亂佛法之眞，此言學者當守之戒也。又大乘菩薩有留惑潤生之義，（有生之物，恆與惑俱。惑若斷盡，則無以滋潤其生。菩薩誓願不捨眾生，故彼亦須自留惑以潤生也。）此意甚好，倘生中夏，得睹變經，（吾人稱《易經》為變經。）將盛弘尼山之緒亦未可知耳？（菩薩，猶言大智人。）

本篇廣說孔子上承遠古群聖之道，下啓晚周諸子百家之學，其爲中國學術界之正統，正如一本眾幹，枝葉扶疏，學術所由發展也。及至漢武董生，定孔子爲一尊，罷黜眾家之說，勿使並進，實則竄亂六經。假托孔子，以護帝制，不獨諸子百家並廢，而儒學亦變其質，絕其傳矣。漢人不獨改竄經文，即經之原文未改者，而亦必變其解釋，不惜牽經文以就己意，曲附邪說。如《尙書．洪範》爲殷先王之政典，孔子刪書當存此篇，但其傳義則不可考耳。（孔子存〈洪範篇〉必作傳，以發明己意，惜乎書傳無存。）今睹〈洪範〉言五行，本以爲民生日用必需之物資，與術數家邪說絕無關係。而劉向領校五經祕書時，（祕者，祕藏而尚未行於外也。）乃云向見《尙書．洪範》，箕子爲武王陳五行陰陽休咎之應，向乃集合上古以來，歷春秋六國至秦、漢，符瑞災異之記。推跡行事，連傳禍福，著其占驗，比類相從，各有條目，凡十一篇號曰《洪範五行傳》。據此，則以五行陰陽推卜休咎，而托於《尙書．洪範》，以爲箕子所陳之於武王者，蓋自劉向始。然陰陽五行諸說，自六國時術數家已盛傳之，其引之以說經，則爲漢世儒生之共同意向。蓋在帝制之下，鑑於呂秦焚坑故事，不得不改變經義以免危害，此術數之說所以被採而入經也。劉向作《五行傳》，當有資於中祕書。（中者，謂博士諸官藏書之府。）諸博士謀所以變易經義，其說尙未成熟，不便遽行於外，故曰五經祕書。向必有資乎是也。余少時讀〈洪範〉，見其言五行只是古代利用自然，以厚民生之大計，何故漢、宋群儒不向生產意義上說，而盛演術數，常百思不得其解。又如《大易》一經，漢人象數之業其源出於術數家，用卦氣、消息、爻辰、升降、納甲等等爲依據，（等等者，以其術尙多，不及詳舉故。李道平《周易集解纂疏》，可參看。）以疏釋孔子之辭，是強孔子以還復於古之術數家言也。卦氣不足辨。消息之義，自聖人言之，自是至理，如〈剝卦．彖傳〉曰：「君子尙消息，盈虛。」〈豐卦．彖傳〉曰：「天地盈虛，與時消息。」此就萬物與人事言，隨在可識此理。萬物從其始生而漸長盛，此生生不已也。生生之謂息。萬物皆不守故常，方生方滅，方滅方生。滅故之謂消。（滅，則無有故物保留，是云滅故。）物從其始生而漸長盛，盛極則盈，物不可以久盈，盈則虛矣。（虛者虧虛，猶俗言崩潰也。）盈虛與消息，其義相因，而亦有別。消息從大化言，大化流行，才息即消，（息時即是消時，無有凝滯。）才消即息。（消時即是息時，無有斷絕。）從消之一方言，是故故不留；從息之一方言，是新新而起。萬物皆在大化消息之過程中，凡情見有個別的實物存在，此執物而昧於化也。（參考余著《新唯識論．轉變章》。）盈虛則克就物言，（克就二字吃緊。）物之成爲個別，便有一成不易之式，自其始生以至長盛，皆賴其已成之式，而便發展。式之利在此，而其害亦在此。式已成而不可易，其爲利也達於極度，則利盡而害至矣。利極之謂盈，害至則虛。夫物有自成之式，是物之違於大化也。（大化無一成不易之式。）然萬物皆在大化消息中，終無可固守其式，故〈豐卦〉曰：「天地盈虛，與時消息也。」（此段意思，余於壬辰年，刪定舊著《新唯識論》欲於〈成物章〉發揮之，而慮印費增多，卒未提及。）消息義，甚深廣，學者宜玩。然漢人依據術數家言，卻不成話。司馬遷云：「黃帝考定星曆，建立五行，起消息。」皇侃注云：乾者，陽生爲息；坤者，陰死爲消。馬遷之父談受《易》於楊何，其所言必古術數家之傳也。術數家言五行生剋，故依之起消息，此其迷妄不必辨。皇侃之說亦必有所本。如其說則陰陽分作二物，一死一生，有是理乎？此爲術數家之言無疑。至如虞氏《易》言消息，大抵以乾、坤十二辟卦爲消息卦之正，其用意構畫亦相當繁雜，無非欲拘在若於卦以說明消息。孔子於剝、豐二卦明消息，大有意義。從萬物剝落時，最好悟大化消息之理，剝不至滅絕也。從萬物豐盈時，亦最好悟消息之理，居豐不宜固執成式也。孔子玩剝、豐二卦而即物窮理，自有觸悟，與術數家之言消息絕不同旨。漢人依據術數家言以解《易》，卻要用其說，在六十四卦，三百八十四爻之中，尋出若干卦是消息卦，如此便成死板。余以爲羲皇當日畫卦，只是天機自發，一氣揮成八八六十四卦。禪家所云「恰恰無心用，恰恰用心時」。凡大哲人之偉大發明，包通萬有，殆無不出自天機者。漢《易》原本術數，不悟斯趣，皆欲橫執一二說，以極意經營於卦與卦、爻與爻之間，而求其說通，其結果則無論執何說，總有通不去，縱強通之亦只是在卦爻中作活計，不堪於廣大宇宙中實悟無窮無盡理道。夫古聖之爲卦爻，所以顯示理道，譬猶以指而示月也。愚夫觀指不觀月，人皆惜其愚。學《易》者只在卦爻中作活計，而不知由卦爻以悟理道，非觀指而不觀月之類乎？爻辰者，以乾、坤十二爻，左右相錯當十二辰，此當出於古之陰陽家。（古代陰陽家，雖為天文學之起源，而實為一切術數之所從出。）言十二律者喜用之，此小道也，而以附會乾、坤十二爻，殊無意義。說升降者，亦不一致。有以陰陽爻爲升降，有以上下卦爲升降，人各臆說，以何爲是？唯《易緯·乾鑿度》言「乾升坤降」，其義宏遠。乾無形，心也；坤有質，物也。升者健以動，降者凝斂而似墜。心物乃太極流行之一升一降，相反相成也。（一升一降，是太極流行之二勢，而此二勢不可剖分，亦無先後。）心之性常升，而物性似降，（物與心同體，本非異性，然物凝而近塞，乃似降耳。）此大化之妙也。（太極之流行，即名大化。）《易緯》言坤降，卻是以決定言，未免差毫釐而謬千里，今以似言救其失也。旁通之義，曾見前文。茲不復贅。（消息見剝、豐二卦。升降即乾健坤順之義。順則可與乾俱升也。旁通見〈乾卦・文言〉。此三義皆孔子所言，而漢《易》用此三義則承術數家之舊，向卦與卦、爻與爻之間去穿鑿，都無義。）其餘納甲等等說法，皆無足辨，須知漢《易》無論何家其爲說，都與孔子之辭不相應，任取漢《易》某一種說法，作爲孔子《周易》廣大道理之根據，稍有識者當不能許可。（廣大道理一詞，借用佛家大論。）

焦循承漢人之卦之說，而異其運用，本荀、虞旁通與升降之意，而兼用比例之法，以觀其會通。其於《大易》全經之辭無有一字不勾通縫合，焦氏之自得者在此，而其技亦盡於此矣。夫卦爻所以顯理，（顯者顯示。）而卦爻猶不即是理，譬如以指示月，（指，以喻卦爻；月，以喻理。）而指不即是月。焦氏有言，讀此卦此爻，知其與彼卦彼爻相比例，遂檢彼以審之，由此及彼，又由彼及彼，千脈萬絡一氣貫通云云，焦氏之觀會通蓋如此。然而每卦每爻之辭所以顯理也，焦氏貫通六十四卦，三百八十四爻之辭，究發見若何理道來。（理道係複詞。實即一理字。）焦氏實宗漢《易》，雖不必以術數家之說法作根據，而其方法確是漢《易》。漢《易》之方法只向卦與卦、爻與爻之間去作活計，自然不會探及理道。〈繫辭傳〉言：伏羲氏仰觀於天，俯察於地，近取諸身，遠取諸物。（仰觀、俯察及遠取者，即是觀察大自然。近取之意極重要，茲不及談。）孔子爲學自與伏羲同，故能發明《易》道。吾儕讀《易》當由孔子之辭，以玩伏義之畫，復由伏羲之畫，以玩孔子之辭，而根本在平日能自留心於大自然及近取諸身，方得以孔子之辭、伏羲之畫，反驗於己之所經驗者，而後可豁然有悟於理道也。

《易》爲五經之原，漢人亂之最不堪，不破漢人之誣亂，則孔子之旨終不可得而明。昔欲作《六經發微》一書，當駁漢《易》，而流亡未果，今不復能爲也。

有問：「自輔嗣掃象數，伊川繼之，宋、明言《易》者皆受伊川影響。公贊同伊川否？」答曰：程《傳》多徵引歷代君臣行事得失，其取義只是以帝制爲依據耳。《易·乾卦·文言》曰：「亢龍有悔，窮之災也。」（亢者，居上而不能下之意。龍為人君之象。有悔者，不安之謂。獨夫統治天下，其勢已窮，災害將至也。）窮則變，變則通，通則久，可見帝制非革除不可，伊川不得《易》旨也。（有問：「章太炎《文錄》有一篇言伊川《易傳》，徵引人事彌博，無不滿之辭。太炎為清季革命巨子，何為不辨伊川之失？」答曰：此有二故：一者，孔子確有民主思想，卻被漢、宋群儒埋沒太久。清季革命思潮從外方輸入，自己沒有根芽，當時革命黨人其潛意識還是從君主制度下所養成之一套思想，與其外面所吸收之新理論猶不相應。不獨太炎如此，諸名流皆然。二者，伊川之學自宋至清權威頗大。段玉裁《戴東原年譜》云，先生言《周易》當讀程子《易傳》。東原在清世所謂經師中最為傑出，而於《易》猶尊程《傳》，太炎何敢輕非難乎？）

中國學術思想當上追晚周，儒家爲正統派，孔子則儒家之大祖也。六經雖竄亂或全亡，而《易經》大體無改。（漢人以術數家之說竄入者確不少，茲不及論。）《春秋》經傳雖亡失，而以緯書、何休《公羊注》及他經相參證，其大意尚可尋也。《周官經》不能無改易，而大體猶可識，此與《春秋》之思想爲一貫。今文家無知之排斥，只是歷史上無聊故事，後人不當爲其所惑。墨翟、惠施、農家，或爲科學之先導，或爲社會主義之開山，皆儒家之羽翼，不可不延續其精神也。法家書罕存。《管子》可略考。道家有極深遠處，亦有極不好處，取長捨短，不容絕也。今當結束本篇，進而考述孔子之外王學。

原外王第三

韓非言，孔子沒後，儒分爲八，皆自以爲眞孔。余謂三千七十之徒，其分派絕不止於八，已說見前篇。（〈原學統〉。）獨惜故籍淪亡，無可考耳。孔門派別既多，其傳授外王自不一致，如何而索孔子之眞，此一大問題，不容忽視。康有爲說《禮運》，以爲孔子本有小康大同兩說。（禮運一詞，後文當解。）蓋因篇首云：「孔子曰：『大道之行也，與三代之英，丘未之逮也，而有志焉。』」從來讀者不疑此中字句有攙僞，皆以「大道之行」屬大同，「三代之英」屬小康，丘未之逮而有志，則統承上大同、小康兩說。如此，則孔子之思想是以小康、大同兩相夾雜，猶如騎牆，可左可右，而其示曾子及子貢，屢云「吾道一以貫之」者，直是欺門人，欺後世，尙何學術可言乎？其實，此段文字明明有攙僞，「與三代之英」五字，增入「大道之行也」下，以文理言實不可通。若去此五字，則其文云：「大道之行也丘未之逮也，而有志焉。」下接「大道之得也，天下爲公」，至「是謂大同」，則文理極順，義旨顯明。「是謂大同」下，接云「今大道既隱」，至「兵由此起」，正是孔子傷當時之亂制，雖未能驟革，而終不可不革，所謂「丘未之逮而有志焉」者是也。

「兵由此起」下，轉到六君子之謹於禮，以致小康，從此以後，大概由後倉、小戴輩採擇古典，間附己意，雜集成篇，無非張小康之禮教而已。中間有云：「聖人耐以天下爲一家，（天下人類雖衆，而立共同生活之制，如一家也。）以中國爲一人者，（中國雖衆，而彼此相親如一體，故云一人。）非意之也，（非徒意想可能也。）必知其情，（謂知人情之所公欲、公惡。）辟於其義，（辟，開也。開之以公義，毋自私而不知有人。）明於其利，（公義者，兩利之道也，未有損人以利己而可保其利者，非義故也。亦未有利人而不利己者，義必人己兩得也。）達於其患，（不達於人情之所公患，則不能領導天下勞苦人民合群以除大患也。）然後能爲之。」（能為天下一家，中國一人之治也。）詳此所云，本爲大同說。而其下文，治七情，修十義，歸結於「君仁臣忠」。其言治情、修義，皆就個人反身修德言，不就群情公欲公惡，與天下衆民共同利樂或患害處說，即無有破除階級，達乎天下一家之可能。是則「天下一家」等語雖未刪除，而其旨歸要不外小康之禮教。「君仁臣忠」，即其以禮爲國之綱要也。（為，猶治也。）余少時讀《禮運》篇首「大道之行也」至「是謂大同」一段，頗於人類前途懷無窮無盡之希願，然讀至「此六君子者未有不謹於禮」以至篇末，乃覺其冗長之篇幅，所反覆不已者，實以小康之禮教爲歸宿，與篇首「大道之行，天下爲公」一段完全不相連屬，深以爲怪。此篇是七十子之徒，記述孔子之說，宋儒胡致堂以爲子游作，其說近是。此篇言大同，本據《春秋經》，由昇平將進太平之規制，與《周官經》大旨亦相通，其原文當不少。小康之說蓋是論及古代私有制，極不均平之社會，得賢聖之君，如禹、湯、文、武、成王、周公，以禮教相維繫，猶可暫致一時之小康耳。然此小康之禮教畢竟不是大道之行，天下爲公之禮教，即小康之局未可苟安，當志乎大道以達於天下一家，中國一人，方爲太平世禮教之極則也。余推究原文之意必如此。今觀此篇，從六君子謹於禮，用致小康，以逮篇終，殆將孔門記述原文完全改易，以擁護君主專政之亂制。其十義中「君仁臣忠」之云，明明保持大人世及以爲禮，（大人，謂天子。世及，謂天子之位，為其一家世有之物。父傳之子曰世，無子則傳弟曰及。）此與天下爲公之道，孰得孰失不待辨而明。孔子既有志乎大道之行，胡爲又弘揚小康禮教以護君統乎？小康禮教是，則天下爲公之大道非；天下爲公之大道是，則小康禮教非。孔子何至不辨是非而兩俱慕之乎？余昔疑篇首「與三代之英」五字當是後倉、小戴輩妄增者，（三代之英，即後文談小康處所稱禹、湯、文、武、成王、周公也。）蓋以三代之英用維持私有制之禮教，僅致一時小康。孔子已不滿之，乃發明天下爲公之大道，其所志既在此，絕不又志於小康禮教也。且此篇以禮運名者，誠以小康之禮教當變易而進乎大道。（運字之含義，即有變易或轉移等意思。）今觀此篇，僅首節略存大同義數條，其後文乃極意敷陳小康禮教，顯然與大同義旨極端反對，可見此篇原文經後倉、小戴輩削改殆盡。自趙宋至於清世，奴儒之說此篇者，迷謬百端不足一辨，究其所以，則漢人媚事皇帝之私，流毒孔長也。康有爲盛弘此篇，而剽竊其篇首大同義數條，實未通曉全篇文義，不悟後倉、小戴已變亂聖言，乃臆想孔子元有大同小康二種之說，見道不眞，立義不定，將令後學思想渾亂，行動無力，聖學何至如此？聖人明言「天下之動，貞夫一者也」，（見《易・繫辭傳》。）又曰「吾道一以貫之」。（見《論語》。）康氏浮亂，不辨漢人之僞，後人治經不可蹈其失。（康氏一方言大同，一方又謀復辟，向時人皆以為怪，實則康氏中漢人偽經學之毒太深，無足怪也。）

此篇元來決是單行本，其篇幅不必過多，亦絕不至太少。其在晚周思想界影響極巨，何以徵之？尸佼之書言墨子之兼，與孔子之公，名異而實同。學者頗疑其於孔子特以一公字撮要，未知所出。有興難云：「墨氏以兼愛兼利爲主旨，故舉一兼字甚顯然，唯孔子之道廣大悉備，欲以一二字撮其宗要，殊不易。昔人每以仁言之，盡本於《大易》、《論語》。（《易》以乾元為仁。仁者生生不息義。蓋以宇宙論而言，仁為萬化之原；以人生論而言，仁之德備萬善也。《論語》以仁為宗，門人問仁者甚多，可見。）尸子於孔子獨舉一公字，毋乃泛而無據歟？」余答之曰：《禮運》不云乎，「大道之行也，天下爲公」，此尸子之所據也，而汝謂無據何耶？自三代之英以禮教彌縫統治階級與私有制之缺，圖致小康，孔子深知其不可久，於是創發天下爲公之大道，以斥破小康之禮教。子游之徒記述夫子之說，而名以《禮運》，此在《禮經》中實爲革故創新之一大典也，其義實與《春秋》、《周官》諸經互相發明。尸子特拈出《禮運》一公字不得不服其特識。《漢·藝文志》稱尸子爲商鞅之師。鞅死，乃逃入蜀，其書當是避禍居蜀時作，或悔其前事也。尸子佐鞅以用事於秦，其人格雖不足稱，然是戰國時一異才也。尸子能言《禮運》，則當時學人無不習《禮運》者亦可知也。《禮運》以天下爲公之大道，見稱於尸子，可見其原本絕不同於今《禮記》中之〈禮運篇〉。所以者何？今之〈禮運篇〉雖尚存「天下爲公」數語，而省略太甚，其冗長之篇幅，所言之而不已者，仍是保持統治階級與私有制，稍有頭腦者讀之，當知通篇眞意，還是天下爲私，非天下爲公也。以尸子之智，假令所讀者爲今《禮記》中之〈禮運篇〉，何至莫通其旨，妄以一公字稱孔子乎？

今之〈禮運篇〉，當是後倉、小戴師弟取〈禮運〉原本而削改之，因輯入《禮記》中，不復爲單行本。據《漢·藝文志》「禮十三家」，有《中庸說》二篇，顏師古注曰：「今《禮記》中有〈中庸〉一篇，亦非本《禮經》，蓋此之流。」余謂今《禮記》之〈中庸〉當是後倉等削改《漢志》中之《中庸》二篇而成者也，惜原書早亡，不可校勘，大概《禮記》中收入他書，而改竄以成篇者，當不少也。

後倉、小戴改竄《禮運》當有所本。七十子之徒宗法三代之英，而不肯爲無君之論者，如孟、荀二家之書尚在，可考見也。（韓非所說八儒，孟、荀實各開宗派。）孟、荀雖並言革命，而只謂暴君可革，卻不言君主制度可廢，非眞正革命論也。唯《禮運》言「天下爲公，選賢與能」，（與讀舉，與舉古通用。）

而深嫉夫當時之大人世及以爲禮，此乃革命眞義，孟、荀識短，猶不敢承受也。七十子後學之同乎孟、荀者當不少，孔子之道所以難行也。孟、荀諸家皆自以爲眞孔，其傳授《禮運》，自必多所改竄。（如孟軻言孔子之《春秋》是為誅亂臣賊子而作，分明變亂孔子本旨。可覆看〈原學統〉。）後倉、小戴輩當是依據孟、荀諸家所傳之《禮運》本，而更有削改。俗學無正見，雜採以成篇，其僞跡不可掩也。

孔子外王學之眞相究是如何，自呂秦、劉漢以來，將近三千年，從來無有提出此問題者。呂秦以焚坑毀學，漢人竄亂六經，假藉孔子以護帝制，孔子之外王學根本毀絕，誰復問其眞相。清末歐化東漸，守舊者仍護持漢代所揭綱常名教，革命黨人則痛詈六經爲皇帝之護符。（皮錫瑞《經學歷史》言當時有燒經之說。吾儕回憶少時群居非聖詆經，猶如目前事。）維時博覽通人，如章炳麟則承章學誠「六經皆史」之論，以孔子爲史家，而發揚民族思想，以排滿清皇室。（六經本非史，二章不能通也。）孫詒讓則宗劉歆之說，以《周官》爲周公作，而襲其皮毛，以淬勉維新變法。（孫之《周禮政要》本淺小之書，而在維新時期頗有影響。）康有爲虛揭《春秋》三世名目，又依《禮運》以言大同，而皆不究其義。（康氏宗《公羊》與董生《繁露》，而皆不辨其偽。余於〈原學統〉已言之。至其《大同書》亦是淺薄小說，全無根柢。人類如何可至大同，康氏尚不知探尋問題，便欲立說。）清季，世界之變已亟，中國如在大夢中猝爾受驚。值中外接觸，種種衝突，中國學人對於百家學術所從出之六經，自當深切研究，嚴正批判，捨其短，揚其長，以爲吸收外化之基本，惜乎當時名士皆志不在此也。

孔子外王學之眞相究爲何種類型，其爲擁護君主統治階級與私有制，而取法三代之英，彌縫之以禮義，使下安其分以事上，而上亦務抑其狂逞之欲有以綏下，將以保小康之治歟？抑爲同情天下勞苦小民，獨持天下爲公之大道，蕩平階級實行民主以臻天下一家，中國一人之盛歟？自漢以來，朝廷之宣揚與社會上師儒之疏釋或推演，皆以六經外王之學屬於前一類型。（清末，革命黨青年詆孔子為皇帝之護符者，即由此。）余由《禮記》中之〈禮運篇〉而詳核之，已發見其削改原書，如前說訖，即由《禮運》之書被改竄而可判定六經外王之學，確屬於後一類型。由其反對當時大人世及以爲禮，即是不容許統治階級與私有制存在，其於社會大不平之唯一禍根，見得如此分明，說得如此的當，非天縱之聖，眞有與民同患之心者，其能若是哉？

《漢．藝文志》言：「昔仲尼沒而微言絕，（李奇曰：微言者，隱微不顯之言也。）七十子喪而大義乖。」康有爲據此以言《春秋》，其無知混亂，至可惜也。有爲祖述班固，以爲大義者，即小康之禮教，而孟軻言誅亂臣賊子之類皆是也。微言者，即《禮運》大同之說，與《春秋》太平義通，皆隱微之言也。如有爲所云則《春秋》爲大義、微言兩相淆亂之書。孔子本無一定之見，而著書以惑後世，聖人何至喪心若是哉？倘謂大義爲據亂世所不能無，則《春秋》之作本欲撥亂世而反諸正，歸於太平。（撥者撥去。）昇平只是由撥亂至太平之過渡時期，未可停滯而不進，況據亂世不可苟偷安忍，直須汲汲撥去亂制。（亂制，見〈原學統〉中說《春秋》處。）彼時之所謂大義，（彼時，謂據亂世。）聖人自當破斥之，而忍張之以教七十子乎？徵之《論語》：「子路曰：『桓公殺公子糾，召忽死之，管仲不死。』曰：『未仁乎？』」（仲與忽並事公子糾，二人與糾同有君臣之義。忽能為糾而死，仲獨不死，故子路疑仲為未仁。）「子曰：『桓公九合諸侯，不以兵車，（桓公行義，不以兵力威脅諸侯，故諸侯樂與齊國聯合，以共攘夷狄，安天下。）管仲之力也。如其仁！如其仁！』」（孔注，言誰如管仲之仁耶。）「子貢曰：『管仲非仁者歟？桓公殺公子糾，不能死，又相之。』」（仲相桓公，而專齊國之政。）「子曰：『管仲相桓公，霸諸侯，一匡天下，民到於今受其賜。微管仲，吾其被髮左衽矣。（管仲能安天下。使北方之戎，南方之強楚，不能侵略中夏諸國也。）豈若匹夫匹婦之爲諒也，自經於溝瀆而莫之知也。』」（二條，皆見《論語・憲問篇》。）據此，可見《春秋》時以人臣死君之難爲仁，否則爲不仁，正是據亂世之大義。子貢、子路皆孔門高弟，猶執此大義以責管仲，而孔子直斥二子之非，揚管仲匡天下之功，不以爲君而死之奴德爲貴，可證孔子不予據亂世之所謂大義爲正義也。班固言「七十子喪而大義乖」，蓋以爲七十子受大義於孔子而無或背，及戰國時農家主廢君，道家亦多爲反對君權之論，故班固有大義乖之嘆也。其實，孔子未嘗以據亂世之大義教七十子，如上引《論語》之文可證。七十子自有崇尚三代之英，服膺其大義者，而絕不盡如此。假令七十之徒皆崇小康之大義，則《禮運》流行至戰國而尸子能通其旨，是誰傳之乎？《春秋》本義至漢初猶存，賴子夏傳之公羊氏，延及何休口義未泯。《詩傳》雖全亡，而《論語・陽貨篇》：「子曰：『小子何莫學夫詩？詩可以興，（朱注：興者，「感發志意」。余謂志意盛，則不為強暴所摧折也。）可以觀，（朱注：觀者，「考見得失」。余案詩採自民間，可以見群情之所患苦，而考察人民生計與社會政治制度之得失及教化風習之善惡。）可以群，（詩發於人情之自然，其休戚哀樂之感，常引起人之同情，故誦詩而合群之愛生。民主之治，基於群情之互相樂助，互相制約，故詩教重在群。）可以怨。』」（怨詩皆代表勞苦大眾憂思之情。感於上層之壓迫侵削而有憂，憂而思，思然後積，積然後流，流然後發，情深而氣充，故其感人也深，而人莫不與之同情，革命所由興也。）此數語猶存於《論語》，可窺孔子詩教概要，其異於據亂世之大義不待言。三千七十之倫當必有傳《詩》者，（傳者，傳習與傳授。）惜遭焚坑禍，而秦、漢間學《詩》者，不聞有護持孔子《詩》傳之儒，是可惜耳！

《尚書》經傳之出於漢者，有河間獻王所得，（見《漢書・景十三王傳》。）有魯共王壞孔子宅所得，（見《漢書・藝文志》等。）此皆古文也。獻王《書》是否獻之漢廷不可考。孔壁《書》漢朝祕藏，

（所謂中祕。）始終不立學。余論之於〈原學統〉中。（《漢．藝文志》稱「《尚書》古文經四十六卷」，蓋即孔壁中書。《志》稱孔安國獻之於朝，遭巫蠱事，未列於學官。此與《論衡．正說篇》所言者不同。《論衡》云得百篇於孔壁，「武帝使使者取視之，莫能讀者，遂祕於中」云云。余以為《論衡》較可據。班《志》據劉向、歆父子，每以己意立說。信向、歆不如信《論衡》也。班《志》言劉向以中古文校歐陽、大小夏侯三家經文。〈酒誥〉、〈召誥〉二篇文字異者七百有餘，脱字數十，向所說止此。至於中古文經本，與三家經本，彼此篇名有異同否？篇數多少有不齊否？〈酒誥〉、〈召誥〉而外其餘各篇異文多少？劉向均不言及，此甚可疑。豈只校此二篇耶？抑此二篇外都無異文脱字耶？事實絕不如此。余揣劉向以中古文校正三家經本之結果，其懸殊必太甚。唯〈酒誥〉、〈召誥〉二篇彼此都有之，且異文猶少，故向獨舉之耳。龔自珍不信中古文。殊不知，中古文即漢武使使者所取孔壁書。《論衡》必有據。自珍疑難太疏謬。皮錫瑞贊同其說更謬甚。三家經本即伏生所傳之古書。孔壁所出必是孔子所刪修之書，其取義決與古書大不同。漢初尊信之《尚書》至今存者，唯是秦博士伏生所傳之二十九篇。此誠小康禮教之書，即據亂世之大義也。伏生所傳之書流行至今，而中古文即孔壁之書，漢廷祕藏不立學，遂至廢絕。可見中古文為孔子所修之書必與據亂世之大義極不相合，必不容許大人世及以為禮，即不容許統治階級存在也。孔壁之古文書自當較秦博士伏生所傳之二十九篇為至可信，而漢之君臣或博士之屬始終不欲以此書立學，不以此書行世，豈不怪哉？其必以此書有大不便於皇帝者可知矣。班固以為七十子所受於孔子者為據亂世之大義，誣孔子亂六經，以護帝制，此本漢人奴習，無足為怪。余從今《禮記．禮運篇》發見後倉等改竄原書，以離大道而歸小康，要非原書本來面目。從孔壁書以中祕廢絕，而秦博士所傳之書盛行，可以想見孔子刪修之書必與古書絕不同旨。秦博士所傳之書，大概據古書以改孔子之書。古書是據亂世之大義。秦博士所據。）孔子所修書與據亂世之大義正相反。其一興一廢絕不偶然，從《論語》以興、觀、群、怨，教弟子學《詩》，可想見孔子《詩傳》內容，必反對據亂世之大義。《詩》傳亡，而其義旨猶存於《論語》也。總之孔子六經皆本於天下爲公之大道以立說。尸子據《禮運》而以一公字蔽六經，（蔽，猶涵蓋也。）猶之《論語》據《詩經．魯頌．駉篇》「思無邪」三字，蔽三百篇也。（參考《論語．為政篇》。）據亂世之大義，正與天下一家之公道極端背反。（天下一家，見《禮運》。前文已引。）康有爲不辨班固之邪謬而祖述其說，以大義、微言兩相淆亂，而妄說《春秋》。是故公羊陰變《春秋》改亂制之意，而爲漢制法，有爲不能辨其僞。（《春秋》以天子、諸侯、大夫等統治階級為亂制，說見〈原學統〉中。後文當更詳之。《公羊》之為漢制法正是班固所謂大義，即擁護統治階級者也。）董仲舒聞《春秋》於公羊壽，而乃倡事天之教，謂「道之大原出於天，天不變，道亦不變」，以種種頑陋不堪之論迎合皇帝，明明背叛《大易》、《春秋》，有爲復不辨其妄。（《繁露》一書，如有中才肯細心者，將其說條舉出，毋誤後學。其書亦時有深語，或是採自古義，須注意。）夫有爲以《春秋》自鳴，其所奉爲法寶者，《公羊傳》與《春秋繁露》二書也。而二書之僞與妄，有爲讀之已熟，乃毫無識別，不謂之怪事不得也。有爲之所以陷於迷謬，蓋爲班固所愚，以爲孔子之教有大義，亦時有微言。六經皆以大義爲主，而微言偶寓焉，班固之意如是，有爲亦信爲如是。《公羊》、《繁露》二書之僞與妄，有爲習熟而不以爲異，以其爲大義所在故也。微言者，隱微不顯之言。有爲以爲《春秋》張三世而有太平世此微言也，〈禮運篇〉有大同義數條亦微言也，於是雜亂抄書而言孔子改制，不問孔子所欲改者，是何等制？言《春秋》有大義、微言，不悟大義、微言根本兩不相容，孔子何至渾亂一團？至其依據《禮運》大同義數條而擬大同草案，但大同如何可能，有爲茫然昧然，絕不探尋問題。《禮運》雖經改易，而其原書根本旨要尚可於僞篇中考索，余當於後文提出。（僞篇，謂今《禮記》中之〈禮運篇〉。）惜乎有爲浮亂，雖熟讀

〈禮運篇〉竟如不讀也。有爲受漢人籠罩，於六經不求眞解，只剽竊《春秋》三世名目及〈禮運篇〉首數語，以此自炫新奇。而《大易》爲《春秋》之原，有爲不能通，則置之而不肯深究。《周官》、《禮運》皆與《春秋》爲一貫，有爲不信《周官》，則《春秋》撥亂而致太平之經緯萬端，與其裁成天地之功用，皆不可得而見。余謂有爲虛揭三世名目者以此。或有難言：「《周官》之制度可行於後世歟？」曰：《易》不云乎？「變動不居，周流六虛，不可爲典要。」（六虛者，上下四方，猶云大宇。「不可為典要」者，言當率循自然之則，不可以吾人主觀為之安立典常也。）聖人之觀測於自然者如此。又曰：「窮則變，變則通，通則久。」聖人之觀測於人群者如此。夫群變屢遷，聖人固不能爲後世詳定一切之制，然窮、變、通、久自是存乎人群之公則，《周官》之爲經實本此公則而樹義。爲人群蘄進太平，而創明未來世治制之大體，雖未可預知一切以爲之計，而其施設之大體固本乎窮變通久之公則，後人不容忽而不究也。其本乎窮變通久之公則者何耶？自有人類以來，貧富不均而富者侵貧，智愚不均而智者欺愚，強弱不均而強者噬弱。聖人作《周官》深知貧富、智慧、強弱種種之不均，爲人道之窮也，故其全經之蟠際天地，經緯萬端者，一切皆懲不均之窮，而變之以一切皆均。爲亨通可久之道，是故土田歸公，計口分配合作，人莫得私有。百工眾業相聯，（讀《周官》者，須知其全經根本旨趣，一是均義，一是聯義，此兩義深遠至極，真切至極。處處要行之以均平，處處要互相聯繫。工業尤然。）天產地產之材，無不化裁之以增其量、變其質，（化裁二字，見《易・繫辭傳》。化者變化之，裁者裁成之。凡物經化裁則其量增，而質亦變。《周官經》以事官掌工業，而明其職曰，以生百物，蓋言工以化裁而生物也。）期於利用厚生。而一切工業皆屬國營，統之以事官，（冬官亦名事官。）人人在團體生活中各盡其智力體力，則貧富均矣。學校教以道藝，（道者，本原之學，今云哲學是。智慧與道德之涵養須有道學。藝字，含義最寬，有知能或技術等義。古言藝者，大概為知能義，如格物的知識即屬於藝。若今以繪畫名藝術則狹義也。）社會厲行讀法。工人猶令習世事，（後詳。）人人自童年以至壯老，無一日曠學，則智愚均矣。《周官經》以冬官（即掌工業者。）與夏官之外交，聯繫最密切。夏官有訓方、職方、合方諸氏，（至後當詳。）專主通達大地萬國人民之志願，而互相聯合爲一體，從解決經濟問題入手，利害與共，休戚相關，生產統籌，有無互通，一切悉本均平之原理。如此，則強弱均矣。此乃略言大概，其詳非此所及。《周官》制度及昇平之治，是爲由據亂進入太平之過渡時期。而難者必謂《周官》不足侈談於後世，何其識之卑，見之小乎？康有爲學《春秋》而疑《周官》，正是於《春秋》無所知耳。

孔子五十歲前深究實用之學，（詳在〈原學統〉。）或者猶信小康禮教，即依大人世及以爲禮，而不敢背其所謂大義。至五十學《易》後，二十餘年間其思想蓋已大變。（孔子卒年七十四，從學《易》至卒之年，約二十五年。）孔子修六經當在晚年，《大易》、《春秋》、《周宮》三經之作或更後。晚而已知道之不行，思著書以開後世。六經爲孔子晚年定論，其思想自是一貫，斷無大義、微言，渾亂一團之理。余敢斷言，聖人心事如白日，絕不至以大人世及爲禮，與天下爲公，兩種不同之說，是非莫定而苟且成書，誑惑後人。（絕不至三字，至此為句。）六經爲內聖外王之學。內聖則以天地萬物一體爲宗，以成己成物爲用；外王則以天下爲公爲宗，以人代天工爲用。（天下為公，必蕩平階級，故大人世及之禮制不容存，同時必作動人民自主之力量，如《尚書》言「協和萬邦，黎民於變」，《周官》言「作民」，《大學》言「作新民」皆是。人民不經一番作動，其情渙散，其力脆弱，難言民主也。《尚書》言「天工，人其代之」，解見本書〈緒言〉中。《易．繫辭傳》大闡此旨。《周官經》以掌工之官，職在生百物，亦此旨。）六經之宗要既明，則外王學之眞相，可不爲邪說所蔽矣！

附識：《論語》一書，門人所記，當有孔子五十以前之語，亦有其晚年語。且因機酬對，不能無隨順時宜語。此書萬不可不深究，但須簡擇。

孔子天下爲公之理想與制度，今當就《大易》、《春秋》、《禮運》、《周官》四經，而分別提控其要最，敘述如次：

《易》道廣大悉備，（廣大則無所不包，悉備則小大精粗，其運無乎不在。）欲以簡少之文，條分件系而揭明之，勢所難能。必不得已，略舉二義：一曰宣導格物學，（古代格物學，猶今云科學。）二曰明社會發展，以需養爲主，資具爲先，（資具，猶云生產工具。）始乎蒙，終於乾元用九，天下文明。

倡導科學之理論，莫盛於《大易》。今徵引〈繫辭傳〉諸文，而加注如下：

「知周乎萬物，而道濟天下。」（見〈上傳〉第四章。）注曰：聖人之尊知而異乎反知也，於此可見矣。晚周哲人反知最力者，莫如老、莊。莊子曰：「吾生也有涯，而知也無涯。以有涯隨無涯，殆已；（郭象注：「以有限之生，尋無極之知，安得而不困哉？」）已而爲知者，殆而已矣。」（已困於知，而不知止，又為知以救之，斯養而傷之者，真大殆也。見《莊子．養生主篇》。）老子曰：「絕聖棄智，民利百倍。」（見《老子》上篇十九章。）莊子傷夫人之以有限之生，尋無極之知，是自傷其生，此等頽廢之論將使人道同於土石之無知。夫人者有知之物也，人與萬物無二本，乃互相連屬而爲渾然之全體也。（萬物一詞，即天地與人或一切物，皆為其所遍包廣涵，而無有遺。）人心之知其周通於萬物也，是乃全體中自然之運，（運者，運行或運用義。）必然之幾，（幾者，動之微。）譬猶吾一身之血脈流通，不容遏抑者也。遏抑之，是自絕其大生廣生之機，豈止困殆而已乎？莊子嘆爲知之殆，而不爲知者其殆尤甚，則莊子所不喻也。道家本任自然，而知之發展正是自然之理，莊子乃欲不爲知，是逆自然，豈任自然乎？

或復有難：「孔子言知周萬物，是乃極端主知論，而迥異不可知論者，毋乃持論過高歟？夫萬物之理，無窮無盡，合大地古今人類知能之所及，與各種學術之所發見，而在無窮無盡之大寶藏中其所知終屬有限。試以此說，質諸當世博才通人，或待之後賢，當不容否認也。知周萬物，談何容易哉？」答曰：子之言，余亦認爲有當也，然忽視知能之績，究未免太過。自鴻荒肇啓，以至一切學術昌明之今日，人類對於大自然無窮無盡之法海，其所泛遊博覽而確有獲者，亦既廣且精矣。（法海之法，此中則指理道言，或以自然規律言亦可。海者，形容其深廣也。）自今以往，人類知能與學術發達之前途正未可量，則如孔子所言，吾人有周知萬物之可能，本非誇大。（孔子言知周乎萬物，周者遍義。萬物之理，雖深廣無窮盡，而人類之知力亦無限，自能周遍知之也。）即降一步言之，雖於無窮無盡之法海，不必能周遍知之，而人類繼續求知，亦隨之無窮盡，雖復知之不必能周而積世積人，所知愈多，其庶幾近於周知。（近字吃緊。）終亦不息其努力，夫唯近於周知，而無可息其努力也，是乃人生之所以日新其德，而爲至樂也。何至有莊生之所謂殆哉？信任知之權能，尊重知之價値，發展求知之愛好，此乃孔子與儒學偉大處，科學精神在是也。

「絕聖棄智，民利百倍」，異哉老子斯言！其有激而然耶？老子嘗曰「智慧出，有大僞」。（《老子》上篇十八章。）又曰：「不貴難得之貨，使民不爲盜，不見可欲，使民心不亂。」（《老子》上篇三章。）又曰：「人多伎巧，奇物滋起。」（《老子》下篇五十七章。）又曰：「民之難治，以其智多。故以智治國，國之賊；不以智治國，國之福。」（《老子》下篇六十五章。）凡老子之言皆此類，其以爲「絕聖棄智，民利百倍」者，蓋惡夫智慧出則大僞生，伎巧多，奇物起，嗜欲盛，人以是虧其性，喪其樸，違其常道。而推其原，則由於人之多知，故老子傷之，而以絕聖棄智，爲斯民之大利也。老氏之見其果是歟？余未敢以爲是也。夫智慧非以爲大僞，而大僞生；難得之貨非以招盜，而盜生；可欲之物非以致亂，而亂生；技巧多，奇貨起，非以長嗜欲，而嗜欲生。民之多智非必難治，而多智之民難治者，其必有故。夫老氏之所患，孔子非不知也。孔子曰：「知周乎萬物，而道濟天下。」老氏乃言「絕聖棄智，民利百倍」。一以濟天下之道，本於知；一欲無知而民始利，其相反若此之甚也，何哉？夫大僞隨智慧以生，而作僞畢竟不是智慧；盜隨難得之貨以生，而盜與難得之貨究無相依不離之關係；亂隨可欲之物以生，而亂與可欲之物復無相依不離之關係；嗜欲隨奇貨以生，而嗜欲與奇物都無相依不離之關係；民之多智不可說爲難治之因，民之難治絕不是其智多之果。孔子見之甚明，是故智慧不可錮蔽，而去僞非無其道也。難得之貨，可欲之物，不可禁阻，而止盜息亂，非無其道也。奇物不可不獎勵，而嗜欲導之於正，非無其道也。民之多智，是乃易治，非難治也。夫去僞止盜乃至導嗜欲於正，俱非無其道者何？民之多智而易治者何？當知儒者有二道焉，曰興禮樂，曰本天下爲公之道，以立制度。是二者，皆所以發揚人類周通萬物之知，以弘濟天下，而無往不利者也。云何禮樂？禮者，敬以持己而不敢偷，（敬者，禮之本。）敬以待人而不敢侮，（自大而侵人，非人道也。）修於外以養其內也。樂者，沖和而不倚，（沖者深也。和之德根於內，乃至深而不可測其縕。和者生命之本然。鬥爭為戰勝不和之一種手段。不倚者，和自內發，非有待於外故。）同物而無已，（和則渾然與物同體，故無小己之私。）誠於中，以形諸外也。禮樂交修，而和與敬之德本醇固，（和與敬，皆萬德之本。）則周通萬物之知，皆順循乎和敬以起用。見理明，（智慧出，則見理明，老氏訾之，非也。）而執德宏，（德，謂和與敬；執者，謂常不失其和敬也。）則邪僞自無由作。（凡作偽者，必由於無智也。智者明知偽不足恃，何以偽為？又凡有智而貧於德者，私欲起而障其智，亦可作偽，故禮樂之化典。人心不失其和敬，則私欲不萌，而偽端自絕。）邪僞不作，其有難得之貨，可欲之物交接乎前，而猶或亂心，或蓄盜志者，斷不至是也。人心常存和敬，則嗜欲從理，而毋妄逞，奇物足供利用，何患之有？老氏不知以禮樂育德，而深惡智慧技能，（智慧一詞，有勝義，有劣義。知識雜，機變甚者，說為智慧，此屬劣義。若乃至高之明睿勝用，其於理道之玄遠幽微，能不待推論而徹悟者，此名智慧，而不當說為知識的，是乃勝義。《老子》書中智慧與聖智等辭，多屬劣義。）厭文明而思返淳樸，此實褊狹之見耳。老氏以為上古之人群，無知而淳樸。其實無知之樸，不必為淳德也。僿野之群，以無知故，罕能為惡，亦以無知故，莫能為善。猶復當知，無知之族其於一切事物之理未有了別，其人猶未甚變革獸性，貪戾猜忍之習，不必亞於足智之倫。老氏顧欲常使民無知無欲，（見《老子》上篇三章。）豈不誤哉？（未開化之群雖無知，而常有求知之欲，至於生存欲與飲食男女等欲，皆自然之理，人生必不可無者。老氏獨反自然何耶？申、韓演老氏使民無知之旨，呂政用之卒致滅亡。逆自然者不祥，斯明驗也。）夫人生有救知之欲，未可安於無知也。要在以禮樂養其和敬諸德，而後斯人開物之知，富有日新，有德以為之帥，其功用無有不善。官天地、府萬物、弘濟之道無窮，聖學所以俟百世而不惑也。

云何本天下為公之道以立制度？大人世及之禮與私有制悉廢除，即蕩平階級而建天下一家之新制，是謂公。夫群制之良否，（群制，猶言社會組織與經濟制度。）其於人類道德與智慧之表現，蓋相關最巨。在統治階級與私有制之下，大多數人受少數人之侵欺，其道德與智慧不易表現。在階級與私有制廢除，天下一家之制度下，人人可以表現其道德與智慧。所以者何？天下之人人皆化私而為公，戒渙散而務合群，則智慧超脫於小己利害之外，而與日月合其明。（「與日月合明」，見《易．乾卦．文言》。日月大明，無私照也，智慧亦猶是。）大明不容邪偽，譬如大海不宿死屍，老氏見不及此也。人類共同生活之制既已建立，則難得之貨，可欲之物，及諸伎巧奇物，皆為全群利用厚生之所必需。小己在全群之中，樂利與共，何至有盜與亂之事？嗜欲得正當之發舒，而吾人神智自有解黏去縛，精進向上之樂。老氏必欲常使民無知無欲，是冀返人類爲塊土也，何可得哉？若夫人民多智，而上層統治者猶不悟，常箝制而侵削之不已，人民困窮，而謀不執。老氏說爲難治，殆未究難治之故耳。荀卿言民生在群，其義本於《大易》之比。（比者，比輔。《易》有〈比卦〉，明萬物互相比輔而生。）民智既開，自當舉革命，除階級，合群策群力，互相扶勉，互相制約，而爲天下一家之制。太平盛治，非民之多智，無由致也。而老氏必以民之無知爲福，不亦謬哉？或曰：「老氏當晚周之際，惡夫霸者假仁義之名，而以術誘其民，故云『以智治國，國之賊』，其意無可厚非也。」曰：若是，則如孟軻直斥霸道可矣，何得以民之多智爲病？且民有正智，方不惑於霸者之術。（正智一詞，借用佛典。智無倒妄，故曰正。《易．繫傳》言「貞明」，亦正智義。）老氏顧謂民之難治，以其智多，是人民不當有智也。老氏之流爲申、韓，豈偶然哉？總之老氏反知之論，褊淺而不可爲訓。（嚴復評點老子，以老為民主之治，以儒術為君主之利器，其於儒老，兩皆無知。）儒道廣大悉備，其言「知周萬物，而道濟天下」，要歸於化民以禮樂，導民以天下爲公，以立制度，此其所以司造化之權，樹人道之準也。

「復，小而辨於物。」（見〈下傳〉第七章。）注曰：〈復卦〉孤陽在群陰之下，故說爲小。（〈復卦〉六爻，初爻為陽，自二以上，五爻皆陰。初之孤陽，故有小象。）《易》道包通萬有，（包者包含，通者通貫。）其取義不拘一端，故聖人於〈復卦〉特示格物學之方法，曰小辨於物。小辨者，分析術也。物理繁賾至極，非分析則難察其同中之異，異中之同。物理隱微難測，非分析則莫能由表以入裡，由粗而致精。凡物轉變無窮，非分析則無可究其因果屢遷之妙。（凡因，望後果而名因；若望其前因，則應名果。凡果，望前因而名果；若望其後果，則應名因。故知凡物轉變，都是因果屢遷而不斷。）如上略說分析術之重要，是爲格物學者所萬不可忽。《論語》曰：「工欲善其事，必先利其器。」分析術乃格物學之利器。自漢以下，二千數百年間，格物學廢，而儒生不知有小辨術，亦可曰小辨術絕，故格物學亡。

孔子於《易》之〈復卦〉首明小辨術，門人從之受《易》者，必有專研此學，惜乎《易經》傳記亡失，不可考矣。（漢初司馬談曾言六藝經傳，以千萬數。《易》為五經之原，其傳記必多，惜皆亡於秦、漢。）猶幸《大戴禮》有〈小辨篇〉尚存鱗爪，其稱孔子對魯哀公問忠信云：「內思畢心曰知中，中以應實曰知恕。」案「內思畢心」者，內心之功用，依據感覺而起思維。思維既據感攝之材料，能構造無數概念，而復分析與綜合之，殆成爲重重無盡之理法界。（理法界一詞，借用佛典，不必符其本義。）此則思維，畢盡其內心之功用，是謂「內思畢心」。知此，則知中矣。「中以應實」者，思維似離感覺而上升，已構成重重無盡之理法界，則所謂「內思畢心」之中將入玄虛而不根於實物，惡乎可？孔子慮人之疑及此也，故又曰「中以應實」。概念皆有感攝之材料爲依據，即思維皆有實物爲其所從出之源泉。思維雖上升，終不離其所據之實際理地，是謂「中以應實」。知此，則知恕矣。孔子格物之學以實測爲基。《大戴·小辨篇》存此片言至可貴。

「範圍天地之化而不過，曲成萬物而不遺。」（見〈上傳〉第四章。）注曰：本書〈緒言〉引此文，曾爲疏釋，今復略注。範圍者，朱子曰：范如鑄金之有模範；圍匡郭也。天地之化無窮，而聖人爲之範圍，不使過於中道，所謂裁成者也。案朱子釋範圍二字，甚是。吾人對於天地，（天地猶云大自然。）須能自爲主宰，使天地之化皆在吾人之範圍中，而得免於過失。姑舉一二例：「昔大禹治水，山陵當路者毀之，故鑿龍門，辟伊闕，析底柱，破碣石，墮斷天地之性。」（見《漢書·溝洫志》。）大禹所以「墮斷天地之性」，（墮，毀也。）即是以人功改造天地，使天地不得越吾人之範圍。洪水不獨不爲人害，乃爲人之大利。又如天高而不可升，江河險而不可渡，先民始造船以行水。墨子更造木鳶，爲晚世空航之始。此皆吾人以自力範圍天地之事實。至科學昌明，則人力制天之偉績更不待言。（天地之化，不能逾越人之範圍，西人言征服自然亦符此旨。）「曲成萬物」者，吾人明於萬物之性能，因以人功利用之，或操縱之，或扶植之，使其性能發揮盛大，直成爲新創之物事，故曰曲成。（《中庸》二十二章：「其次致曲，曲能有誠。」朱注云：「致，推致也。曲，一偏也。」案因物性或物能之偏長處，而施人工以推致之，則其發育無窮，故曰「曲能有誠」，與《易》言曲成義通。如改良動植物品種，及利用電力等等，皆曲成也。）

「子曰：（子者，孔子。）『夫《易》何爲者也？夫《易》開物成務，冒天下之道，如斯而已者也。』」（〈上傳〉十一章。）注曰：開物者，物字有二義：一，人與天地萬物，通名爲物。二，物字亦得專用爲人之代詞。由後義言，庶人知能未啓，當開導之，使愚者日進於明，柔者日進於強，是謂開物。由前義言，開發自然界無限物資，滿足人群之需要，是謂開物。成務者，人群當時時創成其已往所未曾發起之事務。〈上傳〉第五章云「富有之謂大業，（人能體現天行之健，而富有創造力，故屢成大業。）日新之謂盛德」，（人之智慮、德行，乃至一切制作，如群紀、政制及器械等等，皆日新而不守其故，是德之盛也。）亦與此通。

「備物致用，立成器以爲天下利，莫大乎聖人。」（〈上傳〉十一章。）注曰：聖人注重格物學，故能備物致用，立成器以利天下也。

「是故形而上者謂之道，形而下者謂之器。化而裁之謂之變。推而行之謂之通。舉而措之天下之民謂之事業。」（〈上傳〉十二章。）注曰：道者器之體，器者道之用，（器者，宇宙萬象之總稱。道不在器外，譬如大海水不在眾漚外。器者，道之發見，譬如眾漚是大海水之發見。）故形上形下，但隨義異名，實無二界。（形上之形，是昭著義。上者，至極之稱。道為器之源，故說為上。此道發見萬有，故云昭著。形下之形，是成象義。道之發見，名為器。器成而有象，故說為形。成象故沉墜，復說為下。沉墜者，言器成即為重濁的物，便與道之本相不似也。）「化而裁之」以下，皆就器言。器者，物質界之異名。化者變化，裁者裁成。物質可施以人工，而使之起特殊變化。物之材性與其內緼之能，可以人工裁成，而使之發生不可思議之作用，故曰化裁之謂變。推行者，聖人以其化裁萬物之道術，推廣而行之於天下，俾天下人互相究明之，故謂之通。舉措者，以其化裁萬物之成績，舉而施布之於天下之民，共享其利，謂之事業。《大學》言平天下，歸本「致知在格物」，其義蓋出於此。

上述諸文，並見《易．繫辭傳》。孔子倡導科學之識解可謂深遠至極。《春秋》一經本與《大易》互相發明，其書災異特詳者，非如豎儒所謂神道設教之謂。董生《春秋繁露．盟會要篇》云：「至意雖難喻，蓋聖人者貴除天下之患。貴除天下之患，故《春秋》重而書。（聖人貴除天下之患，故遇天變，如日月食，星隕及水旱等等災異，皆極重視而特書之。）天下之患遍矣，（天災流行，為人類普遍之患。）以爲本於見天下之所以致患，（所以致患者，由吾人未曾格物以推致其知，故不能控制天行以除患也。吾人必須見及此。）其意欲以除天下之患。」據此，則書天變或災異者，實以其爲天下之患，故重而書之。其記日食、星霣等變，欲令審察物理也。記水旱等災，欲人之修備也。天行雖酷，吾人能制天而用之，則民生利矣。《繁露．盟會要篇》以「至意雖難喻」一語起首，其下言「聖人貴除天下之患」，故重而書，本專就記天變與災異而言。董生乃就弒君之事爲說，則改變公羊高所傳本義，而以忠君思想維護帝制。篇首至「意雖難喻」句，不似發端之辭，其於原文有刪改甚明。

《大易》、《春秋》皆倡導格物之學，七十子之徒當有承其洪緒者，惜乎故籍散亡。今唯荀卿書中略可徵。《荀子．天論篇》曰：「大天而思之，（案此言尊大乎天，而思慕之也。天，謂大自然。）孰與物畜而制之。（案此言吾人以大自然為神靈，而思慕之，孰若以大自然為物資備蓄之無盡藏，而吾人裁制之，將用無不利乎！）從天而頌之，孰與制天命而用之！（案古代民群敬畏自然勢力之偉大，因從而頌之。今則雷電可制裁，而供種種之用，崇山可敷鐵軌，重洋可航輪舟，天空可乘飛機而消其險阻，此等事例不可勝舉，制天命而用之之思想，已完全實現。）望時而待之，孰與應時而使之！（案聖人與民同患，將有大變革，與其望時而待，不如應時而勇於創，使時勢隨人力而轉也。）因物而多之、孰與騁能而化之！（案此謂因物之自多，不如騁吾人之智能，而化裁乎萬物，使其效用益多而益大。）思物而物之，孰與理物而勿失之也！（案楊注：思得萬物以為己物，孰與理物皆得其宜，不使有所失喪。）願於物之所以生，孰與有物之所以成！（案楊注：物之生雖在天，成之則在人也。此言百物豐富，在人所為，不在天也。）故錯人而思天，則失萬物之情。」（案此言棄人力，而妄思天命，則不達物理。）詳荀子所云，蓋發揮《大易》知周萬物，範圍天地，開物備物，成器利用，富有日新諸義。（覆看前文。）是故從帝堯人代天工之訓，至孔子以逮荀卿，倡導科學之精神後先一貫。晚周科學名家，雖因故籍淪亡鮮可考，然墨翟、惠施、黃繚、公輸子之徒，其姓字猶未盡湮沒，惜其書亡耳。（墨子為著名科學家，後世多稱之。惠施，《漢．藝文志》列在名家。然《莊子．天下篇》稱南方之畸人黃繚與惠子問難者，皆自然科學上之問題。惠子乃遍為萬物說，說而不休云云。足徵黃、惠皆科學家也。公輸子以機械之巧，見稱《孟子》。）若非呂秦滅學，中國科學發展何至後於西洋哉？孟子曰：「舜明於庶物，察於人倫。」世未有物理不明，而人倫得不失其序者也。聖人倡格物之學，所以爲萬世開太平，秦、漢相繼斬其緒，惜哉！

次言社會發展，需養爲主，資具爲先，始乎蒙，終於乾元用九，天下文明者。

《易．序卦傳》云：「有天地，然後萬物生焉。（此言萬物，為人類與一切物之總稱。下仿此。）盈天地之間者唯萬物，故受之以屯。（受猶承也。〈屯卦〉承乾坤也。下言受者准知。）屯者盈也。屯者，物之始生也。物生必蒙，蒙者蒙也，物之稚也。物稚不可不養也，故受之以需。需者飲食之道也。」據此，則人群之始蒙蒙昧昧，（蒙昧，皆重言之，謂其愚蒙塞野已甚也。）群生未遂，人文未啓，（人文二字，見《易．繫辭傳》。人群由愚而進於明，由閉塞而進於開通，由簡單而進於複雜，由蠻野狹陋而進於智慧，與合群公德，及聲明文物之盛，是人道之至文也，故曰人文。初民時代，卻無人文可言。）如童稚然，故謂之蒙。「物稚不可不養，故受之以需者。」〈需卦〉明飲食之道。（〈需卦〉承屯、蒙二卦之後，明人群以飲食為主。）民群繁殖，則需養之事急。《尚書》言民生，厥唯食貨，義與此通。〈需卦〉之辭曰：需「有孚，光亨。貞吉。利涉大川。」案孚者信也。有孚者、人群生養之道，唯在平等互助，必互以誠信相與，而後可共濟。誠信不存，則有強者用詐，弱者受欺，人類共同生活之制度無可建立，故貴於有孚也。光亨云云者，光者明義，亨者通義。明通而後不以私害公，是爲貞正而吉。「利涉大川」者，大川險也，凡不便於民生之度制欲改造之，恆有險阻在前，必持之以剛健，始能沙險而有成，此需之要道也。

資具爲先者，（資具猶云工具。）民群以需養爲主，故生產資具之發明與改進，而群道之變動，實係乎茲。《易．繫辭傳》云：「古者包犧氏之王天下也，（包犧即伏羲之別名，謂其首創服牛乘馬，因號伏羲，又因其取犧牲以充庖廚，亦號包犧。）仰則觀象於天，俯則觀法於地，觀鳥獸之文與地之宜，近取諸身，遠取諸物，於是始作八卦，以通神明之德，（案神明者，宇宙之大心，亦即是每一物各具之心。誠以每一物各具之心，與宇宙之大心，乃渾一而不可剖。德有二義：曰德性，曰德用。德性貞恆，而德用無窮竭。）以類萬物之情。（類者，類通。）作結繩而爲網罟，以佃以漁，蓋取諸離。（〈離卦〉中虛。古説有目象。

網罟以眾孔相連貫，故是取諸離而為之。）包犧氏沒，神農氏作，斫木爲耜，揉木爲耒，耒耨之利，以教天下。蓋取諸益。（自此以下，凡取卦象，參考李道平《纂疏》。）日中爲市，致天下之民，聚天下之貨，交易而退，各得其所。蓋取諸噬嗑。神農氏沒，黃帝、堯、舜氏作，通其變，使民不倦，神而明之，使民宜之。（案守其故而不變，則民習於倦怠，而化道熄矣。唯通變，故民不倦。神而明之者，黃帝、堯、舜精於物理，深於察變，故其創造之功用至神，而民莫不宜之也。諸聖皆深於《易》，非孔子不能測之。）黃帝、堯、舜垂衣裳而天下治，蓋取諸乾坤。刳木爲舟，剡木爲楫，舟楫之利，以濟不通，致遠以利天下。蓋取諸渙。服牛乘馬，引重致遠，以利天下。蓋取諸隨。重門擊柝，以待暴客，蓋取諸豫。（柝者，兩木相擊，以行夜也。）斷木爲杵，掘地爲臼，臼杵之利，萬民以濟。蓋取諸小過。弦木爲弧，剡木爲矢，弧矢之利，以威天下。蓋取諸睽。上古穴居而野處，後世聖人易之以宮室，上棟下宇，以待風雨。蓋取諸大壯。古之葬者，厚衣之以薪，葬之中野，後世聖人易之以棺槨。蓋取諸大過。上古結繩而治，後世聖人易之以書契，百官以治，（以書契而布治立事。）萬民以察。（察者明察。民以此興於學，而察於理道。）蓋取諸夬。」（見《易・繫辭傳》下第二章。）據此，則孔子演《易》，以生產資具之發明與改進，爲群道變動之所由。其天才卓絕，前識遠燭，萬世無以易也，豈不奇哉！（民國八年，魯儒孫穎川學悟，自海外歸，相遇於京津，曾問余曰：「遊學時與西人相接，皆言中國向來無科學思想，無民主思想，其故安在？」余曰：漢以來二千數百年，學術思想錮蔽，誠如西人所言，此專制之毒耳。抗日軍興，余與穎川俱入蜀，穎川訪余北碚，喟然曰：「吾國近四十年間，提倡科學不為不力矣，然學術自有本原，今人不尋自己根芽，恐非自樹之道歟！」余曰：君欲反求諸己，莫急於學《易》。穎川垂老好學，惜乎其逝之速也。慨茲亡友，姑識其言。）

群始乎蒙，前已說訖。其終於乾元用九，天下文明者。民群自私有制度與統治階級之形成，天下最大多數人常困於衣食而不得溫飽，無有發展其知能與智慧之機遇。凡高等學術唯少數人得研究之，且常以擁護統治階層之雜染意識，（雜染意識，參考佛家唯識論。）發爲邪說，如貴賤尊卑等名分，以愚誑天下最大多數之窮人，是故階級未除，學術雖興，而不得下逮，大群蒙昧猶不異初民時代也。《易．繫辭傳》曰：「吉凶與民同患。」（古代所謂民者，即指天下勞苦眾庶而言。《春秋繁露》，「民者瞑也」。《論語》：「民可使由之。」鄭注：「民者冥也。」《尚書．呂刑》「苗民弗用靈」。鄭注「民者瞑也」。《春秋繁露．深察名號篇》，「民之號，取之瞑也」，又曰「民泯然無所知也」。《荀子．禮論》：「人有是，君子也；外是，民也。」注：民，無知之稱。《賈子．大政篇》下：「民，冥也。」如上所述，古者蓋以天下勞苦大眾，其生活甚窘，不得從事學問發展知識。故因其冥昧無知，而命之曰民也。）聖人所以領導下民而不忘憂患者，蓋由其通神明之德，類萬物之情，而出於不容已耳。（古籍言及民者，每曰下民或小民，以其最卑微，常為居上者之所驅役與侵削故也。神明，解見上文。今此言神明之德，猶言聖人之心德。夫聖人之心德，與萬物通為一體，未嘗捨萬物，故常類通萬物之情，吉凶與共也。）

《易．乾》之〈文言〉曰：「亢龍有悔，窮之災也。」亢龍者，統治階層之勢，將達於極度，處上而不能下，是亢龍之象也。（龍，為居上者之象；亢者，極上而不能下之象。）勢極而不反，雖悔無及，故謂之窮。窮則災害至，雖欲勿覆滅，不可幾也。

《易．繫辭傳》曰：「《易》（《易》之學發明變易之道，其變則如下所云也。）窮則變，變則通，通則久。」（下傳第二章。）此明群變之軌範也。

夫私有制與統治階級之形成，是固群變之所必經，而非人群之公道，其勢絕不可久。聖人前知其必至於窮也，是故倡天下爲公之道，定天下一家之規。（詳在《禮運》，篇首已引述。）所以除階級，廢私有，而爲變通可久之道也。《易．乾》之彖曰：「首出庶物，萬國咸寧。」（庶物，猶言庶民，即天下最大多數之窮民。）此言庶民一向受侵削於統治階層，今乃互相結合，始出而共舉革命之事，（此中首者始義。首出，猶言始出。）遂令階級蕩平，統治者廢黜，而萬國之庶民互相親比，（比者互助義。）互相制約，實行天下爲公之大道。故庶物首出，而萬國莫不安寧也。《易．雜卦傳》曰：「革，去故也。鼎，取新也。」（《易》以革、鼎二卦相次，明去故取新，物理人事無不皆然。）庶物崛興，共圖革鼎之大業，當毅然開創，不容待時而動。《易．乾》之〈文言〉曰：「先天而天弗違，後天而奉天時。天且弗違，而況於人乎？」（天者，自然之運，本吾人衆力當過去世所造成之運會也。其既成，則謂自然之運耳。吾人當以自力，突變自然之運而開創新運，使自然之運隨人而轉，故曰天弗違。後天者，謂因自然之運，而順應之以圖功，不失其時。）案先天者，突變義。老氏反儒，其言群化，期之以漸，故曰：「不敢爲天下先。」自漢以來，老之說行，而《易》道晦。中國群俗政制乃至一切，均凝滯不變，《易》學被奪於老，乃中國之大不幸也。（清季，嚴復宗老而薄儒，章炳麟亦不通儒術。嚴諱言革命，章嘗彈嚴，卒有能明經義以正之也。老學本出於《易》，而適毀《易》。漢世儒生治《易》者又皆以術數障之，儒學之亡也久矣！）

乾元用九云云者。《易．乾》之彖曰：「大哉乾元，萬物資始。」（言萬物，即天地與人皆包含在內。）乾元者，萬物之本原也。物雖萬殊，從本而言，皆互相聯屬，平等一如。（一如者，言彼物此物都無高下等差別。）用九者，乾爲陽。九者陽數。（《易》每卦六爻，而以九為奇數，以之表乾陽。六為偶數，以之表坤陰。）〈乾卦〉六爻皆陽，所以表萬物之潔齊，（潔者，言其真善美；齊者，平等義。六爻皆陽者，明萬物皆是乾元之顯現，故萬物莫不至潔，莫非平等也。）亦即以此見乾元之妙用，（用而曰妙，讚美辭也。）故曰「用九，（乾元之妙用，於〈乾卦〉六爻之皆表以九而可見，斯云用九。）見群龍无首，吉」。（古代以龍有陽剛之德，故聖人居天子之位者，即取象於龍。今乾之六爻皆陽，是群龍也。世進太平，則大地人類都是聖人，而天子之位與權不屬於一人，乃遍屬於普天之下一切人，故曰「群龍无首」。无首，謂無有為首長者。无亦作無。世運至是，乃大吉。）蓋社會發展，由蒙昧而進進，（張橫渠云：「《易》道，進進也。」）終乃突躍而至於全人類大同太平。人類以格物之功，而能開物、備物，變化裁成乎萬物，利用安身，馴至與天地合德，與日月合明之盛，（天地之德，無私也；日月之明，無蔽也。）而人道尊嚴極矣。

上來略述《易》義，今次當說《春秋》。孔子之外王學主張廢除統治階級與私有制，而實行天下爲公之大道，余以董生所私授於馬遷之《春秋》說與《禮運》參稽，得其確證。

《史記·儒林傳》曰：「漢興至於五世之間，（高、惠、文、景、武為五世。）唯董仲舒名爲明於《春秋》，其傳《公羊氏》也。」馬遷此言絕不妄，然董生作《春秋繁露》，確爲擁護帝制之書，實背其所學。說見〈原學統〉中。唯《史記·太史公自序》，述其所聞諸董生之言曰：

> 《春秋》貶天子，（案貶者貶損，猶言損去之也。）退諸侯，（案退者黜廢之也。）討大夫，（案討者，誅滅之也。）以達王事而已矣。（案古訓，王者往義。王事，謂天下人所共同嚮往之事，如《易》之〈比卦〉明萬物互相比輔而生，〈同人〉之卦明人類當去私而歸大同。《禮運》言天下一家。人群事變無窮，畢竟向天下為公之大道而趨，是謂王事。）子曰：（案子者，孔子。）「我欲載之空言，不如見之於行事之深切著明也。」（空言云云，謂空持理論，不如實行革命之事，其道乃深切著明也。漢以來奴儒說《春秋》者，其解釋不如見之行事句，則謂孔子以為不如托之古史所載君臣行事，而筆削褒貶以垂戒。如是，則與空言何異？明明背叛聖文。）

如上所引，是馬遷〈自序〉所稱，聞諸董生之言，此乃董生私授於馬遷，而不敢寫出爲書者。《春秋經》雖亡，而董生此數語猶存《春秋》眞相，至可寶貴。（案馬遷〈自序〉中雖稱述董生此數語，而其後文乃多以己意淆亂之，如云《春秋》上明三王之道，以下數段文字，純是小康禮教之意，蓋以迎合皇帝而避禍也。）夫《春秋》曷爲貶天子退諸侯討大夫哉？余考之〈禮運篇〉而知其故矣。《禮運》談小康一段，言「大人世及以爲禮」，（大人謂天子。世及者，天子之位，為其一家世襲之物，父死子繼，亦有傳弟者。後世，天子無子，則立猶子為後，是謂世及。天子如是。諸侯世有其國，大夫世有其采地，皆是世及之禮制。）至「以設制度，以立田里」，其後文復申之云：

故天子有田，以處其子孫。（案天子所直轄之邦域內，其田皆為天子一家私產也。）諸侯有國，以處其子孫。（案諸侯以其國內之土田，為其一家私產。）大夫有采，以處其子孫。（案古者卿大夫所封之邑，曰采地，亦為其一家私產，子孫世有之。）是謂制度。（案以上數語，即詳說前文「以設制度，以立田里」二句。）

如上所述，《禮運》之文，以與馬遷所稱董生說《春秋》義相對照，可見中國古代社會有三層統治階級，曰天子、曰諸侯、曰大夫。此皆孟子所謂「治人者食於人」，（案食於人者，謂不自食其力，而以人民之勞作，供己之食，是謂食於人。）即立於剝削之地位者也。而天下最大多數之小民，亦云下民，則在三層統治之下，（古籍稱人民曰小民或下民，秦以後皆因之。）勞苦力田，以奉其上。孟子所謂「治於人者食人」，（案治於人者見治於居上層者也。食人者，出賦稅以供養上層也。）是乃無產階級也。孔子哀閔下民，故其作《易》明吉凶與民同患之志，（引見前文。）而作《春秋》則盛張貶天子、退諸侯、討大夫之正義。其忿嫉三層統治階級，（統治階級，即對下而行剝削者。）欲掃蕩之，可謂大智大仁大勇，爲曠劫未有之大聖矣！（曠劫，猶云曠代，有空前絕後之意。孔子在古代有此深遠見地，偉大情懷，真令人窮於讚揚。）孔子言成己，必賅成物在內，不遺物而私小己也。言己立、己達，必賅立人達人在內。若唯求己之能立，而於人未自立者則忽視之，唯求己之洞達不惑，而於人未自達者則忽視之，是不悟人己互相聯屬爲一體，而自私自利以喪其眞也。故孔子廣教育，曰「有教無類」。（謂無貴賤貧富或智愚等類別，而普遍施教也。）門下三千之眾，高材七十子之徒，多來自遠方諸國，其領導民眾之熱誠至深厚，感召力至偉大，不獨在中國爲出類拔萃，即在世界史上亦罕有其倫也。孔子破除階級，倡導民主，與創明天下一家之治綱，遠在三千年前，豈不奇哉！（三千年猶稍欠，今舉成數言之。）然孔子之思想非無所據，蓋見夫古代社會有三層統治階級存在，以少數人控制與剝削天下最大多數人。此爲理之所不許可，勢將必至於窮，一般人皆習焉不察。孔子天縱之聖，其前識孤燭，斯足奇耳！實則孔子思想猶是反映當時社會政治，並非不根事實從空想得來也。

今從《詩經》三百篇考見周代小民之怨詩，足徵當時統治階級橫行剝削，不傾覆之，是無人道也。姑說〈小雅〉舉數章，以見其概。〈正月〉有曰：「佌佌有屋，蔌蔌方有穀；（佌音此。蔌音速。佌佌，小人之狀；蔌蔌，窶陋貌。蓋收租之吏，亦有役夫隨從。佌佌蔌蔌，謂役夫也。今已有屋有穀，可見服事官家者，亦勝於為民。）民今之無祿，天夭是椓。（無祿，無穀也。天夭，上天字，注家皆作天。下夭字，夭折也。椓，害也，言天禍夭折之為害耳。案注家此解甚謬。上天字，亦是夭字微訛，當作夭夭。夭夭者，少好貌，謂收租吏也。民之無穀，由王家吏盡搜括去，害在是也。）哿矣富人，哀此惸獨！」（哿音可。惸音窮，富人，謂在官者。）又〈蓼莪〉有云：「瓶之罄矣，維罍之恥，鮮民之生，不如死之久矣！」（案瓶、罍皆酒器。瓶小而罍大。民以瓶自比，而以大罍比君上，言小民資糧罄盡，悉入王家大罍，此亦王家之恥也。鮮民猶言窮乏之民，生不如死，怨之至也。此詩為孝子不得養親而作。）又〈魚藻〉有云：「魚在在藻，有頒其首；（藻，水草也，言魚何在乎，在水草處也。頒音焚，大首貌。）王在在鎬，豈樂飲酒。」（言王何在乎，在鎬京也，則愷樂飲酒矣。豈音愷。此詩蓋人民以魚自比，魚棲水草之下，常為人所取食，王者愷樂飲酒以肆志，亦視民若肥魚而無患耳。）又〈大東〉有云：「小東大東，杼柚其空；（杼音佇。柚音逐。小東大東，謂東方小大諸國也。周都西京，諸侯之國向稱富庶者，皆在周之東。杼柚，織具，可容受諸物者，此言東方小大之國杼柚皆已空，可見民間百物凋敝。）糾糾葛履，可以履霜，佻佻公子，行彼周行。既往既來，使我心疚。」（佻佻，輕薄貌。公子，諸侯或大夫之子弟與貴戚也。周行，大道也。人民以葛履履霜，困於行路可知，而上層貴族子第閒遊道上，往來自得，窮民見之，心憂而病。）又〈苕華〉有云「苕之華，其葉青青；知我如此，不如無生！（青青，盛貌。窮民自嘆其生之苦，不如苕葉青青也，故云不如無生。）牂羊墳首，三星在罶；（牂羊，牡羊也。墳，大也。羊瘠則首大，窮人自以瘠苦，比瘠羊也。罶，笱也。罶中無魚而水靜，但見三星之光而已。民家無餘糧，蕭索之況猶是。）人可以食，鮮可以飽」。（朱注：苟且得食足矣，豈可望其飽哉？）綜上諸詩觀之，可見周之王室剝削小民甚慘，〈國風〉茲不及舉，而由〈大東〉一詩玩之，亦可見東方小大諸國，其人民困窮至極，皆有「不如無生」之嘆。孔子刪《詩》而尊之爲經，其識卓，其仁至矣！其作《春秋》而以消滅階級，（貶天子，退諸侯，討大夫。）開導當後世無盡之人類，豈偶然哉！豈偶然哉！

孟子言「《詩》亡然後《春秋》作」。《詩》亡者，非民間無詩也。周室東遷以後，皆昏庸相繼，王朝採詩之典必不舉，列國不復陳詩，故謂《詩》亡。《詩》亡則統治者無所警，其腐壞益甚，崩潰益急，此《春秋》所由作也。孟子蓋嘗聞《春秋》，然終守小康禮教，不欲消滅階級，孟子迂陋，非聖人之徒也。荀卿亦然，茲不及論。

孔子自明其作《春秋》之志曰「我欲載之空言，不如見之行事之深切著明也」，可於《論語》中得其證。《論語·陽貨篇》稱孔子欲應公山弗擾與佛肸之召。（《史記·孔子世家》稱魯定公九年，孔子年五十。公山不狃以費叛季氏。使人召孔子。孔子欲往，曰：費邑雖小，僅庶幾乎。子路不說，止孔子。孔子卒不行。此其後，晉大夫趙簡子之邑宰佛肸，以中牟叛。使人召孔子。孔子欲往，子路止之。案孔子欲應公山之召，在五十學《易》時。佛肸召，列在五十後。）夫佛肸、公山，一爲魯大夫季氏之邑宰，一爲晉大夫趙氏之邑宰。二子叛其大夫，即是以臣叛主，世之所謂亂賊也。然二子召孔子，孔子並欲往何哉？大夫之邑宰與農民最親近，孔子蓋欲往說二子領導民眾以討大夫，即消滅第一層統治階級，實現民主政治之理想，春秋時代，天子只是守府虛號，（守府者，謂僅守王者之府第而已。）其實權已下移於諸侯。至孔子之時，諸侯之權又下移於大夫，而大夫又多爲其屬邑之宰臣所逼。孔子因公山、佛肸二子之召而皆欲應之，其志在領導民眾以行革命，改亂制而開民主之局。（《春秋》改亂制，此古《春秋》家之說也。自大夫而上，有諸侯，有天子，凡三層統治階級，社會至不平，人民受重重侵削至苦矣。故《春秋》謂之亂制，而必欲改之也。康有為《孔子改制考》根本不識亂制一詞何所指目，卻任淺見，胡亂說去，深可惜！）孔子語子路曰：「夫召我者，而豈徒哉？（言不徒召，必將用我之言也。）如有用我者，吾其爲東周乎？」朱注：「爲東周，言興周道於東方。」此誤解也。孔子必非興文、武、周公之道於東方，必將廢統治，除階級，而爲首出庶物之新制。（見前談《易》處。）朱子爲漢人所惑而不了孔子之眞，無足怪也。孔子卒不應二子之召，非必因數路之言而止。蓋知二子不足與謀，而民智未開亦未可驟圖。孔子嘗曰：「民可使由之，不可使知之。」（《記》曰：堯、舜率天下以仁，而民從之；桀、紂率天下以暴，而民從之。是可使由之之證也。然欲使其知合群為治，共興於善，則未可驟幾也。）誤解斯言者，以爲孔子不欲民之有知。孔子明明「有教無類」，又曰「開物成務」，（見前談《易》處。）豈不欲民之有知哉？今曰不可使知之者，嘆辭也。子路事孔子已久，猶擁護統治，以爲孔子不當黨叛，況其餘乎？孔子圖舉革命之事而不果，群情未喻也，而其不尙空言，欲見之行事，其前識與定力已昭垂萬世矣。

《春秋》於天子言貶，於諸侯言退，於大夫獨曰討。討者討伐，必以兵力誅滅之也。其辭獨重，何耶？周室東遷而後，天子虛擁王號，諸侯國之政，操之大夫，如人民起而革命則以干戈誅其大夫，而天下事易定矣。天子但損去之，諸侯但黜廢之已耳，此聖人所以有意乎公山、佛肸之事也。從來言《春秋》者，只謂聖意在筆削，殊無革命之圖，此奴儒妄侮聖人耳。

《春秋》之外王學於前所考定者外，而何休注《公羊傳》略存三世義，聖人爲萬世制太平之意猶可窺也。漢以來言三世者，皆以爲何休所言，亦承董生《繁露》。清季，皮錫瑞、康有爲諸人，皆篤信公羊壽、胡毋生、董仲舒之徒是眞能傳授孔子《春秋》學。其實，皮、康於《公羊傳》及《繁露》雖曾讀之，而未嘗通其義也。公羊壽首以「爲漢制法」之私意，變亂聖言，而與其弟子胡毋生合謀作傳。仲舒《繁露》根據壽與胡之《公羊傳》而雜以怪迂之論，其改竄聖文，以護帝制，則與其師若友，無異道也。（仲舒之學，傳自公羊氏，當是壽之第子。胡毋生與仲舒同業。）《春秋》宏綱巨領，本在三世義。云何三世？孔子依魯史記而作《春秋經》，起魯隱公，下訖哀公十四年。凡十二公分爲三世。（十二公者。一隱公、二桓公、三莊公、四閔公、五僖公、六文公、七宣公、八成公、九襄公、十昭公、十一定公、十二哀公。）

三世義旨自兩漢迄近人治《春秋》者，皆以何休說與公羊壽、胡、董均無異趣。（趣者旨趣。近人，謂康有為、皮錫瑞等。胡、董，謂胡母子都、董仲舒也。）余覽何休《公羊解詁．自序》。（《公羊春秋傳》亦省稱《公羊》。《解詁》者，何休為《公羊傳》作注，亦名解詁。注成，而休復自序之也。）言往者略依胡毋生條例，多得其正。據此，足徵何休雖爲《公羊傳》作解詁，而其陳義實自有所本，故於胡毋生條例，但略依之而已。休自云「多得其正」，必有以補傳之缺也。休不稱及仲舒，其於董無所取，可知。余以爲何休之學當承自公羊氏流傳之口說，是爲孔子之本義。公羊壽與胡毋生作傳，乃以私意爲漢制法，不敢述孔子本義也。休爲漢臣，亦未敢駁公羊以宣孔義，然不忍口說完全湮絕，姑存其略，此休作《解詁》之密意也。（本書〈原學統〉中說《春秋》諸段文字，宜覆看。）今先核定《公羊傳》之三世義，而後徵明何休說。

《公羊傳》：「隱元年，冬十有二月，公子益師卒。何以不日？（何以者，發問也。《經》不書益師卒之日，故問。）遠也。（此答也，公羊壽與胡母生以為隱公之世，去孔子已遠，則思誼淺，故孔子於先君之臣略其卒之日而不書也。）所見異辭，所聞異辭，所傳聞異辭。」據此，可見公羊壽與胡毋合作之《傳》，（即《公羊傳》。）其言三世，只就君臣情義而言，更無政治社會諸大問題或何種理想可說。何休解此處傳文，有云：「所見者，謂昭、定、哀己與父時事也。（昭、定、哀三公時事，是己與父所見，謂之所見世。己者，設為孔子之自謂。）所聞者，謂文、宣、成、襄，王父時事也。（文、宣、成、襄四公時事，孔子所不見，乃是孔子之王父時事，故於孔子為所聞世。）所傳聞者，謂隱、桓、莊、閔、僖，高祖曾祖時事也。（隱、桓、莊、閔、僖五公時事，孔子不得親聞，乃是孔子之高祖、曾祖時事，故於孔子為其所傳聞之世。）異辭者，見恩有厚薄，義有深淺。（恩之厚薄，義之深淺，而情感自與之相應。）時恩衰義缺，

（徐《疏》謂當時君臣父子多相殺。）將以理人倫，（理者正也。謂孔子作《春秋》將以正人倫，如君臣父子等倫是也。）序人類，（如上下貴賤尊卑，咸有序也。）因制治亂之法，故於所見之世，恩己與父之臣尤深。（恩己云云者，謂孔子於其所親事之君感恩最切，故念君之施恩其臣者尤深。注文過渾簡，切忌誤解。）大夫卒，有罪無罪皆日錄之。（臣雖有罪，而亦記錄其卒之日，不忍略者，見君之厚恩其臣，不以有罪而薄之也。無罪者不待言。）丙申季孫隱如卒是也。（定公五年，丙申，季孫隱如卒。隱如有逐君之罪，而書其卒之日，此於所見世，著君恩之厚也。）於所聞之世，王父之臣，恩少殺。（所聞之世，大夫卒，是孔子王父時事，故於先君之臣，恩誼稍殺。殺者，降低之謂。）大夫卒，無罪者日錄，（記錄其卒之日，不欲略之，以其無罪也。）有罪者不日。略之，叔孫得臣卒是也。（宣公五年九月，叔孫得臣卒，此不書日也。何氏云：得臣知公子遂欲弒君而不言，罪當誅，故於其卒也，不錄其日。）於所傳聞之世，高祖、曾祖之臣，恩淺。（所傳聞世，大夫卒，是孔子高祖、曾祖時事，先朝之臣，年代較遠，恩誼甚淺。）大夫卒，有罪、無罪皆不日，略之也。（不論有罪無罪於其卒也，皆不錄其日。恩淺則略之也。）公子益師、無駭卒是也。」（今此書公子益師卒。益師本無罪，而不錄其卒之日者以世遠，恩淺而略之也。隱八年，冬十有二月，書無駭卒。無駭滅人國，有罪而亦不書其卒之日，亦以世遠恩淺故略也。）如上所引注文，蓋何休直據《公羊》本旨而爲疏釋。易言之，即公羊壽、胡毋師弟作《傳》，實不述孔子之三世義，而以己意爲漢制法。故其三世義，只就君臣情義而言。以情言者，於所見世，大夫卒，雖有罪而亦錄其卒之日，不忍略之，所以爲君文飾其待臣子之恩厚，爲人臣者不可不懷君之恩也。以義言者，於所聞世，大夫卒，無罪者錄其卒之日，有罪者則略其卒日而不錄，所以戒人臣事君當求無罪也。於所傳聞之世，大夫卒，有罪、無罪皆不錄其卒日，世遠恩淺則略之。故三世各異其辭，而其大要在勸戒君臣以情義相結合，其屬意臣道尤深也。君臣情義交孚，爲帝制所賴以鞏固，公羊壽、胡毋師弟爲漢制法可謂忠矣，然背叛《春秋》眞義，其罪亦無可逭也。仲舒《繁露》言三世完全宗主《公羊》。說見〈原學統〉中。

何休注釋《公羊．隱元年》傳，所見、所聞、所傳聞一則，詳其文旨明明前後相矛盾。前段闡明所見等三世異辭，余已引述在前，茲可不贅，後段別標據亂、昇平、太平三世義，確與前段盛彰君臣情義者異旨。夫君主制度，起自民群幼稚，歷久而未革之亂制。世進昇平，則已撥亂而反諸正，必不容有君主，此從董生私授馬遷《春秋》貶天子退諸侯討大夫之語徵之可知也。何休不敢昌言及此，然其三世義略存孔子《春秋》綱領，今以之與《禮運》及董生私授馬遷語互相參證，《春秋經》之大體猶可窺見，不得謂《春秋》已亡也。今引述何注據亂等三世義，如下：

於所傳聞之世，見治起於衰亂之中，用心尚粗粗，故內其國而外諸夏。（《春秋》諸夏之稱，不論其種類為同為別，而必同有高度文化，同有智述技能，同好禮義者，即通稱諸夏。夏者在也。凡國，各以其己國為內，即各以其並立之諸夏多數國家皆視為外。外之即有抗敵意。）先詳內而後治外，錄大略小。內小惡，書；外小惡，不書。大國有大夫，小國略稱人。內離會，書；外離會，不書是也。

於所聞之世，見治昇平，（謂見此世已進於昇平也。）內諸夏而外夷狄。（夷狄者，蠻野無知之稱，世或以未開化之民族為夷狄。《春秋》之義殊不如此。凡民族有高度之知識技能及有學術者，而或習於凶狡，逞侵略，棄禮義，則皆謂之夷狄。以其雖有知能，而為人道之害，非真知故，不謂之夷狄不得也。）書外離會，小國有大夫。（下略。）

至所見之世，著治太平，（著明此世已進至太平也。）夷狄進至於爵，天下遠近小大若一，用心尤深而詳，故崇仁義。（下略。）

上來徵引何休注，可見何氏所說三世義，證以《大易》窮變通久，與《禮運》天下爲公諸義，皆爲一貫。故知何注獨傳孔子之眞，而《公羊傳》之三世義確是公羊壽與胡毋爲漢制法，非壽先人所受於子夏之《春秋》學也。今以兩說對照如下：

何休所述孔子三世義：

所傳聞世　見治起於衰亂之中，是爲據亂世。

所聞世　見治昇平，是爲昇平世。

所見世　著治太平，是爲太平世。

公羊壽與胡毋所作《公羊傳》之三世義：

所見世　臣當懷君深恩。

所聞世　以義繩臣道。

所傳聞世　世遠不以恩義論。

兩說對照，公羊壽胡毋師弟說三世，明明倡君臣恩義之論，爲統治階級作護符，此與何休所述三世義本如甘辛不同味。而漢以來二千數百年，竟無一人能辨之者，豈不奇哉？（近時康有為本抄胥之技，短於運思，其不辨，無足怪。）公羊氏本世傳孔子《春秋》學，至壽與弟子胡毋僞造爲漢制法之《公羊傳》公之當世，而後孔子之眞《春秋》只有藉口說流行。何休所傳者必公羊氏門人散布之口說也。惜乎何休仍不敢破僞顯眞，而猶爲僞《公羊傳》作注，遂使眞僞雜揉，後學莫辨。然亦幸有何休此舉，後人不皆無目者，尚可簡瓦礫以識眞金也。休之功，其可沒歟！

前引何休注，今當隨文略釋。一、釋何注據亂世諸文。（據亂者，依據衰亂之世而起治功，故云。）據亂世，爲列國林立，互相競爭之世，故各國之民皆不免於狹隘之國家思想。其時社會種種不平，統治階級獨擅其利，而大多數勞苦之民常安窮困，無由自覺自拔，此誠衰亂之世也。孔子作《春秋》以衰亂之象，說爲高祖、曾祖時事，亦謂之所傳聞世，此乃記述其高、曾以來傳說如此耳。其實，衰亂不始於高、曾時也。於衰亂中創起治道，用心尚粗粗者，群智未盛啓，圖治有序故也。內其國而外諸夏者，國人自愛其國，視其國非身外物，是謂之內；以己國與諸夏眾國對立，而時存鬥志，是謂外諸夏。夫世方據亂，列國各有向外擴張之欲，亦各有對外抗拒之志。抗拒力大者存且強，抗拒力小者弱以亡，故抗拒之志不可無也。若乃導國者懷擴張之欲，雖並民力以向外，可收一時之效，而隱患亦萌於此矣。先詳內後治外者。先後猶言本末，非時間義。（如木之根幹本也，其枝葉末也。根幹培之固，而枝葉自茂。）自古未有內政腐壞而可治理外交者也。內政詳正，則外交順理而治。錄大略小者，《春秋》托王於魯，（《春秋》以外王之道，假托於魯國，即以其一切理想皆假設為從魯國倡始實行，此古《春秋》家所說也。）故以魯國當據亂之世，其外交則注重大國之交，而小國從略。（《春秋》於據亂世，書魯國對友邦強大者之交際頗密，如大國君主卒葬亦有紀錄是也。小國則略者，以其不足為患故也。）內小惡書者，行事得失，必慎之於微。《易》曰履霜、堅冰至，（言秋日履霜，便知堅冰將至。）所以防漸也。（霜降微寒，積漸而至堅冰。小惡積漸遂成大惡，不可不防也。）《春秋》於魯國內部有小惡，必書以戒之。慎微，所以絕惡之源也。外小惡不書者。外國君臣有小惡不書，其有大惡影響於國際者必書之以示戒，故唯小惡不書而已。大國有大夫，小國略稱人者。邦交之禮，大國以大夫充使則我待以大夫之禮，小國之大夫來則不以大夫禮之。據亂世尚力，大國獨見重也。內離，會書；外離，會不書者，（離與會異。兩國之主或卿大夫相會各有所執，不可得協議，故名離而不名會。然二國不以兵爭，而和平面論，非無解決之望，故離亦可貴也。二國以上之當國者相會，其議則從多數決定，故名為會。）內謂本國，外者外國。本國與友邦爲離或會必書之者，惡其虛內，務恃外好也，故書以示戒。外國與其友邦之離會則不書，事不關己故。據亂世，列國互競，凡爲國者所以修內治外之道，大概如上。

二、釋何注昇平世諸文。（昇者進也。世界由衰亂而進治平，曰昇平。）於所聞之世，見治昇平者。文、宣、成、襄四公時事，是孔子所聞之世，此時實非昇平，而《春秋》寄意於此時革命，以著見昇平之治，故說此時爲昇平世。內諸夏，外夷狄者。綜多數國家而言，故曰諸。尊貴之，曰夏，夏者大也。《春秋》之所大者，不以富強而以禮義，凡隆禮義之國不侵奪人者，通名諸夏。夷狄者，蠻野之稱。《春秋》之所狄者，非以其知能未進也。知識技能雖發達而無禮義，好侵略，富於禽獸吞噬異類之習者，則《春秋》狄之而不許其列於諸夏。如楚人知能已富，而《春秋》狄楚，以其侵中原也。內諸夏者。當據亂世，諸夏多數國家無論大小皆各存狹隘之國家思想，皆互相外，（互相外，即是互相鬥爭。）卒致強者侵弱，富者奪貧，民不聊生，人道大苦，故聖人作《春秋》，托王於魯，倡天下爲公之道，創天下一家之規，（俱見《禮運》。）期由魯國奮興，開誠心，布公道，以與諸夏相見，然後諸夏列邦，各去其自私自利之心而互相協和，互相制約，休戚與共，利益相均，一味平等，無有侵欺，是天下一家之造端也，故曰內諸夏。外夷狄者。諸夏雖互相協和，以進昇平，而世界上猶有若干國家其族類中多頑劣之徒，不能克治據亂世自私自利之惡習，常利用其國家之權力，以背叛天下爲公之大道，而與諸夏爲仇，所謂夷狄者此輩也。然世已昇平，人類畢竟趨向於公道，諸夏同以大雄無畏之努力，爲公道而戰，聲彼叛公之罪，正其名曰夷狄，使不得預於諸夏之數，人類將同起而與之爲敵矣，此謂外夷狄。書外離會者。據亂之世，國各自私，其與友邦爲離會者，欲樹援以自固也，故本國有離會則戒其恃外援而書之，外國有離會則以其事不關己而不書也。今昇平之世，書外離會者。此之外國必夷狄也，何以知然，昇平世內諸夏，即諸夏眾國皆爲一體，不名爲外，其所云外者，必夷狄之國也。夷狄相與爲離會，必將謀不利於諸夏，故書之而不敢忽也。小國有大夫者，據亂世尚力，故尊重大國，而壓抑小國。小國以大夫出使，無有以大夫禮之者，故小國無大夫。今昇平世，尚德而不貴力，崇禮而賤橫行之力。凡屬諸夏，無論小大莫不平等，故待小國之大夫亦與大國同，所以尊重小國之權利與地位也。小國重，然後公道行，廩然見丰采，太平之漸也。

三、釋何注太平世諸文。至所見之世，著治太平者。昭、定、哀三公時事，爲孔子與其父所見之世而說爲太平。所見之世，實非太平，今謂之太平者，孔子蓋假托以明其理想，其意以謂，於據亂之世撥亂而起治，（《春秋》言撥亂，即革命之謂。）本欲爲全人類開太平，而太平不可以一蹴遂至，故必經過一昇平之漸次，（漸次者，謂積漸而至之次序。）諸夏勇於改造，既進昇平，絕無停滯，太平之治，當及吾身而親見之矣。（孔子蓋假托五字，至此為長句。）此《春秋》所爲於所見世，著治太平也。自昔以來，治《公羊傳》者於何氏所述三世義皆胡亂讀過，茫然不求解。若輩以爲孔子猜度古今之變，有此三個時代，此乃運會推演之必然，聖人興治亦只待時而動，非可恃己力以爲天下先也，此等見解直是鑄九州鐵以成大錯，何可悟《春秋》三世義乎？夫三世本爲一事。一事者，撥亂世反之正也。（此董生私授馬遷語。見《史記．自序》。）撥亂世者，革命之事。（撥者撥去。撥去據亂世之亂制，非革命而何？亂制說見前。）反之於正者，明天下爲公之道，創天下一家之規，爲全人類開萬世太平之治，易云「開物成務」，「先天而天弗違」是也。（俱解見前。）《春秋》於據亂世，見治起於衰亂之中，用心尚粗粗，此爲革命初期，人民思想未甚啓發，故其時之用心，唯限於國內，詳內治，慎外交，務求其國之有以自立，而後可與諸夏以公道相感，通力合作。故據亂世革命之後，方可進而圖昇平之治，此不容求之過急也。及夫諸夏固結，夷狄不得逞志，小國昂首與大國平等，廩廩著昇平之烈，始可進而修太平之洪業，完成革命之大計，故以太平次昇平者，圖治之序也。總之《春秋》說三世是革命而漸進太平盛治之總略，（略者，謀略，如云規模或計畫與方針等者，皆略之一詞所含。總者，有持大體，貫始終，舉綱領，攝本末，賅偏全，包通一切等等意義。）其以所見世爲太平世，可見孔子之志期於在據亂世舉革命之事，而及身親見太平盛治之成就，故曰「我欲載之空言，不如見之行事」。知行合一，確乎其不可拔也！（漢以來奴儒皆以為孔子據魯史所記二百四十二年之事而有所刺譏，故云「見之行事」。殊不知，孔子所云「見之行事」者乃革命實踐之謂。若只據魯史而有所譏貶則是載之空言，何可云見之行事？奴儒諱言革命，曲解聖言，不可無辨。）三世義旨本自明明白白，而奴儒皆茫然不省，乃以爲孔子是注意於世運之推遷，直須待時而動。倘如此說，則據亂之世只有任其衰亂，無可圖革命之業。然何休所述「治起於衰亂之中」一語，自是聖人口義流傳，固明明與待時之意相反矣。夫聖人革命之志，要在造時，毋待時也。造時者，懲過去與現時之弊，與其頹勢之所趨，而極力撥去之，唯順群情之公欲公惡，行大公至正之道，以創開一變動、光明、亨通、久大之新時代，所謂「先天而天弗違」是也。待時，則將捨吾人革故取新之大用，而一任已往頹運之陳陳相因。呂秦、劉漢以來二千數百年之局，正由善知識皆有待時心理，莫能帥導群眾耳。（善知識一詞，見佛典，今借用之。）何休所述三世義不明，漢以來奴儒不得辭其罪也。（嚮者康有為於三世義旨全不通曉，故談說大同，而夢想復辟。）

夷狄進至於爵者。夷狄自私自利，反乎天下爲公之道，故昇平之世諸夏聯合而共治夷狄。（治之者，奉正義以與之爭，期其改過而止，不終棄之也。）及治近太平，則夷狄慕義，同乎諸夏。《春秋》之義，夷狄而中國，則中國之，（中國者，諸夏之別名，言夷狄進於仁義，而同乎中國，則當視為與中國一體，不可斥之為夷狄也。）此所以尊人道也。夷狄進至爵者，此借事以明義也。如楚人好侵略，《春秋》則奪其爵，而以夷狄待之；其後能行禮讓，《春秋》乃復其爵，而書楚子，示與中國同也。（楚之始封為子爵。）太平之世，統治階級已消滅，本無天子諸侯等爵，《春秋》欲明夷狄進於諸夏，則當視爲與諸夏同體，不復外之，故借復楚爵之事，以明諸夏，夷狄終由反對而歸同一之義也。

天下遠近小大若一，用心尤深而詳者。昇平之治漸隆，而近乎太平，則大地萬國，統治階級早已消滅。國界、種界，與社會從過去傳來之一切畛域，無不化除務盡，（務盡二字吃緊。除盡界畛，殊不易也。人皆務致力於此，乃可以近乎盡也。）是爲大同之始基，太平之端緒，故大地人類無有距離遠近之分隔，無有曩昔大國小國之差異，乃渾然若一體也。《禮運》所謂「天下爲一家」，正是昇平初入太平之規模，可與此互證。《中庸》一書本爲《易》、《春秋》二經之會要，惜乎秦、漢間人多所改竄，而精義微言猶復不少。如今本《中庸》三十一章云：「舟車所至，人力所通；天之所覆，地之所載，日月所照，霜露所墜，（墜猶降也。）凡有血氣者，莫不尊親。」（言全人類莫不互相尊，莫不互相親也。）此章從「舟車所至」迄「莫不尊親」，在古本《中庸》說，當是另爲一章。其上下文句今無從考，然玩此數語確是太平世，天下遠近小大若一之義。今本《中庸》以此數語，綴入三十一章末後，並妄增「故曰配天」四字以作結。核其用意，蓋以讚揚至聖之德業。其所謂至聖，即指王天下之天子而言也。（王讀旺。王天下者，謂天子撫有天下，而為天下之共主也。）今本《中庸》蓋是孟、荀一派之後學，改竄古本而爲此。（此者，謂今本《中庸》。）孟、荀諸儒實不能承受孔子之外王學，雖主張誅戮暴君，畢竟不反對君主制度，此非孔子嫡嗣也。夫太平之世人類平等，莫不互相尊親，此由改革統治亂制。人類各去其私，故臻斯美耳。而今本《中庸》乃歸美於在上位之聖人，豈不謬哉？凡主張君主制度者，皆有其理想中之聖天子，讚其德用無窮，七十子後學如孟、荀輩已開此端。今本《中庸》之三十一章，讚聖之辭，何殊夢語。當知太平、大同之治，是天下群智群德群力普遍共進之所爲，未可卑群眾而獨崇聖也。（有問：「《中庸》有古今二本以何為徵？」答曰：《漢．藝文志》，禮家有「《中庸》說二篇」。顏師古注曰：「今《禮記》有〈中庸〉一篇」，「蓋此之流」。余以為《禮記》之〈中庸〉一篇，蓋由改竄二篇之《中庸》說而成，故以《禮記》中之一篇為今本，而〈志〉所載之二篇為古本。今本行而古本亡，必是古本之內容不合於君主制度，故無傳也。）

用心尤深而詳者。世已太平，通天下爲一家，全人類之經濟、政治、文化學術，各方面無窮無盡問題，其繁賾艱難，蓋非吾人想像所及，故太平世之人類於一律平等之中，敦互相協助之誼，彼此用心皆深遠而詳密，故全人類得成爲一家，得保其太平也。夫世至太平，斯爲泰之象。《易》有〈泰卦〉。泰者，通也，安也。世方據亂，凡國各自衛其內，而於諸夏亦外之，（內外，猶言分敵我也。）是不通之甚也。不通即不安也，及入昇平，諸夏相與聯合爲內，則外夷狄，其去大通亦遠矣。不通即不安也。太平之世，夷狄進而爲諸夏，全世界無量數之人類，於是乎大通復大通，大通斯安矣。大通而安，所以謂之泰，所以爲太平世也。然則太平可常保歟？曰：太平爲泰象，前已言之矣。夫泰之爲泰也，莫善乎大通而安，莫不善乎狃於安，患或生於不測。《易》於泰之後，次以否。（《易》以〈否卦〉與〈泰卦〉緊接，明示泰之可轉而為否也。否者，互相隔絕，不通不安之象，泰之反也。泰而狃於安，將可成否。）居泰之世，用心宜深而詳，聖人垂戒之意深矣。善履乎泰者，必常爲其通，而無溺於安。《易．泰卦》之象曰：「天地交，泰。（言天地交通，萬物都無閉塞隔絕之患，故名為泰。）後以財成天地之道，輔相天地之宜，以左右民。」案後即後字，財與裁通，天地猶云大自然。此其意云，世已泰矣。然後吾人對於大自然，當盡財成、輔相之功。自然雖爲無窮無盡之大寶藏，然自然界之萬物不是爲吾人而生，吾人卻資萬物以遂其生。（郭子玄曰：人之生也，形雖七尺，乃舉天地萬物以奉之。）人之資取於自然也，時有不獲滿足其欲求之患。自然之發展本未嘗爲人謀，人固取給於自然，而自然不必供人之求，甚至予吾人以危害者尤不可勝言，故吾人與自然之間確有巨大矛盾存在。然則化除矛盾，爲吾人不容放棄之權責，固已甚明而無待論矣。矛盾如何化除？則在吾人對於大自然，盡裁成之道，有輔相之宜而已耳。自然不曾留意於吾人，吾人要不得不關心自然。人道統天，毋自隳其主動之心也。（天字，亦為大自然之稱。荀卿言「制天而用之」是也。）財成者，謂明於物理而製作工具，以改造自然。如水火皆可爲人之災害，但自汽機發明則水火悉被裁成，其利益乃宏大而普遍，此一例也。又如天高不可升，海深不可入，而由人造飛機、潛艇，可使淵深無底之海，穹高無極之天，同被吾人征服，此亦裁成之一道也。輔相者，物雖有發展之可能，而其在自然界未經人工變化，則老氏所謂無名之樸耳。（無名者，物之功用未顯，則人莫之稱也；樸者，謂徒具有素質也。今借用此詞，卻與老氏本義不必符。）及經人工開發之，陶鑄之，改造之，製作之，操縱之，則無名之樸，始經人工輔相，可以發起重大變化，使天地爲之改觀，宇宙爲之擴張。自然力量雖有豐富雄厚，無窮無盡之儲藏，終賴吾人輔相，而後睹其發展之盛，此輔相所爲不可已也。（今之利用原子能為人類自毀之具者，此與輔相之義正相背，玆不及深論。）

以左右民者。太平之世，天下一家，人類間已無鬥爭。然民生日益優裕，非以群智群力，克治自然，恐未能弘濟也。（克治者，人工有以勝自然，曰克。裁成、輔相、皆治之之謂。）天地經人工裁輔，（裁成天地，輔相天地二語，今省並之曰裁輔。天地猶云自然。）其厚利乃可以左右大地無量民眾。（左右，猶言佑助。）〈泰卦〉之象，獨主裁輔天地，此亦詔示太平世之民，用心宜深而詳也。將來人類以不斷之努力，知周乎萬物，則自然祕藏大辟，人類生養之需，不至多勞體力。其用心於格物窮理，更能深詳，亦必然之勢也。

故崇仁義者，太平之治必天下之人人皆安於仁義，始可常保其泰也。（安於仁義者，不待勉強而行之，故曰安。）問：「何謂仁？何謂義？」答：仁義以體用分，仁是體，義是用。易曰「大哉乾元，萬物資始」。（此中萬物，即人與天地及一切物之總稱。乾元，是萬物所資之以始，譬如説大海水是眾漚所資之以始。問：「何謂乾元？」曰：乾，健也；元，原也。動而健的妙用所由生者，是為乾元。）《易》固以萬物之本體，名曰乾元。而〈乾卦〉之象曰：乾為仁。（見虞氏《易》。）其義云何？蓋就乾元之在人而言，即吾心之不違仁時，便識乾元妙用，無須向外尋求。問：「如何是仁？」答：《孟子》書中有兩處指示親切。其一曰：「上下與天地同流。」此言心是虛明健動，自然與上天下地流通無隔絕，此際正是仁。（仁心之流通，正是動而健。）才起一毫私意，忽爾雜染一團，便覺天地閉，此際之心即違於仁。其二曰：「萬物皆備於我矣。」此可就彼書中舉例。如彼言、好色，與民同之，不使天下有怨女、曠夫，是能攝受天下無量男女，若手足之備於吾身也。否則視天下男女之曠、怨，與我無相干，即將天下男女屏諸我以外，而可言備於我乎？彼又言，好貨，與民同之，不使天下有飢溺者，其義同前。孟子於仁確能反己體認，余嘗謂其於內聖學有得者，以此。總之吾心不違仁時，便覺此心與萬物無隔，故常廣愛萬物，無所不容，以其視物猶己故也。（廣愛，猶言泛愛。不違仁，見《論語．公冶長篇》，孔子謂顏回曰：「回也，其心三月不違仁。」三月者，言其久也，非限於三月之數。夫仁者，心之本性，元無不善。然人之生也，已成為個體，易流於小己之私，則違背於仁，而不自覺。唯顏回修養之功深，常能不以私意違仁，即一切用心處，莫非仁心發見也。）

已説仁是體，云何義是用？義者，仁之權也，（權者，權衡。）故説義是仁之用。仁體本備萬德，

《春秋》特提出義以與仁並言者，此意深微至極，廣大至極。夫仁者，廣愛萬物，而無所不容，已如前說。然復應知，以廣愛之道，而涉事變，其弊將多。如善人受害而不校，人稱其賢，然枉法縱惡，究於社會不利。佛氏冤親平等，出世法如是，以之治世，要不可行。至於資產階級剝削勞苦大眾，帝國主義侵略弱小，仁道廣愛至此等處，將復如何？聖人慮廣愛之不可以濟變也，由是以義與仁並言。仁道乃非執一而不可通其變。（執一者，唯守廣愛之道而無權衡之謂。）夫仁之行於事變也，必將權其得失與輕重之數，而慎處之。權施，（施者，施行。）將與廣愛反，卒亦不違於仁，所以說義為仁之用者以此。仁道在廣愛固也。仁而無權，則不可以成其仁。如天下最大多數人被侵削於最少數人，倘執廣愛之道而主不爭，則將為人類長留一大禍根，將求仁而卒陷於大不仁。《墨子》兼愛、非鬥，是慕仁而不知義也。《春秋》倡革命，覆統治，要在行義以達其廣愛，墨翟所不喻也。《論語》或問孔子曰：「以德報怨，何如？」孔子教之「以直報怨」。（見《論語・憲問篇》。）或人意在以德報怨以是為仁，不知凶人逞志，將為社會之害，是欲行小惠於怨家而大不仁於社會也。孔子說「以直報怨」即報以其作惡所應得之罰，（此即是直，亦即是義。）使彼知戒而不敢復為惡以招眾怨。我無過激之懲，（報以其所應得之罰，故是直，故非過激。）而社會實蒙其利，是乃以義全其仁也。夫「以直報怨，而不以德，似義與仁反，然實以義全仁，故曰義者仁之權也」。夫儒者言治，禮為本而法為輔，德為本而刑為輔，寬為本而猛為輔。德、禮、寬，皆仁也，法、刑、猛，皆義也。義反於仁，而適成其仁。何以言之？禮治或流於文飾，反之以法，人將崇實而近於仁矣。德治易流於縱弛，反之以刑，人將整飭而近於仁矣。寬治易流於姑息，反之以猛，人將嚴肅而近於仁矣。夫義者，反仁以行權，而實以成就仁化為歸者也。化固必有反，要歸於成其仁。老氏有曰：「失仁而後義。」此非見理之言也。已失其仁，焉得有義？老氏之流於申、韓，誠不偶然。（《老子》

三十八章言道德仁義禮，無一不謬誤。此不及論。）仁道廣愛是人道之貞常也，故說仁是義之體。然物情與事變萬殊，廣愛不可以無權，故說義是仁之用。有仁方有義，仁失則義無從生，亂而已矣。大哉仁義之道。吾人所以立己，與所以合群爲治無可離於仁義，其猶人生日用不可一日離於布帛菽粟也。

董生《繁露》曰：「《春秋》之所治，人與我也。所以治人與我者，仁與義也。以仁安人，以義正我，故仁之爲言人也；義之爲言我也。」「是故《春秋》爲仁義法。仁之法在愛人，不在愛我；義之法在正我，不在正人。我不自正，雖能正人，弗予爲義；人不被其愛，雖厚自愛，不予爲仁。」（見《繁露・仁義法篇》。）案董生此言，雖有得於《春秋》，而亦變其本旨。「仁之法在愛人」是也，而對人之愛有時須度之以義。如父母於子，純用姑息之愛，反害其子，此夫人所知也。父母之愛子，猶當有義在，況其他乎？「義之法在正我，不在正人」，此亦有失《春秋》意。夫義之法，在於正人，必先正我，是《春秋》旨也。今董生必曰義之法不在正人，則據亂之世不可撥亂。撥亂者，革命事也。革命要在正我，以正人，今曰義不在正人，尚得言革命乎？董生之說明明變亂《春秋》旨義，不可無辨也。雖然，《春秋》之言義也，本在正人先正我，若單提正我而忽視正人，以獨善爲義，非《春秋》之教也。但爲太平世而言，則提倡正我，實亦獨重。正我者，以內自訟爲本。（訟者爭也。）內自訟者，克治小體之私，而復其大體之量，（小體大體，借用孟子語。小體謂小己，大體謂人生之本原，是乃通天地萬物而為一體，故曰大。）千聖相傳之要，唯此而已。太平之世，唯賴全人類各各皆能以義正我，然後太平可常保，否則〈既濟〉者其暫，（《易》有〈既濟〉之卦，即次以〈未濟〉，故〈既濟〉是暫時。）泰至而否亦伏矣。（《易》之泰、否二卦，亦相倚伏。）《易》終〈未濟〉，（《易》六十四卦，而終之以〈未濟〉。）聖人示群生以無圓滿之境，未可息其自強，意深遠哉！

三世之說，明示革命成功與社會發展，實由鬥爭而歸和同。據亂之世，諸夏衆邦，各內己國，而以他國爲外，（內者我也，外者敵也。）鬥爭日益劇烈。其後由互相鬥爭之局轉爲互相聯合，漸化除狹隘之國家思想而互相比輔，互相制約，從此諸夏衆邦平等交惠，遂離據亂而進昇平，是爲人類和同之初基，然昇平驟啓，夷狄之禍方劇，諸夏不得不並力以抗夷狄，鬥爭之術略與其工具當爲據亂之世所未有。唯生民之性畢竟苦黑暗而向光明，感孤危而求聯比。（聯者聯繫，比者輔助。可玩《易》之〈比卦〉。）狂迷之患已極，仁義之感自生，於是夷狄向化，同於諸夏，乃離昇平，入太平世，是爲全人類普遍和同之休運。或問：「世進太平，鬥爭其息歟？」曰：此難言也。《楞嚴經》云：人生愛，想同結。（此中愛字，非仁愛義，乃貪愛義。貪愛即有希欲、追求、執著諸義。凡人起心動念，與其一切行為造作，無往不由貪愛策動，如生存欲即是貪愛，人無生存的貪愛即不生矣。權力欲等等更是貪愛之最厲者。想字含義，亦最深廣，如自極曖昧之思想以至極高明之思維，或意見與一切知識，皆此想字所攝。人生實由無量數之愛與無量數之想，互相交織固結而有生，此非深於反觀者不自覺也。）愛、想勢力複雜至極，染汙甚深，其伏藏於吾人不自覺之冥壑，浩浩無涯。其潛運乎吾身而率之以動，吾人直供其役使而莫知所以。人各有其一團愛想互結之潛勢力，故人與人之間根本有一隱祕之障礙不易消滅。生養未遂，人固不得無爭，生養已遂而謂天下之人人皆能除其隱障，弘天地萬物一體之量，談何容易哉？（隱障，即前云愛，想勢力互結之一團，隱伏而不自覺者。此一團勢力在佛氏自修之道必務滅盡，儒家卻不如是，唯須導之於正而已。此中有無量義，不及詳。）人與人之間不得無障，而謂太平可常恃，恐未然也。是故《春秋》崇仁義，體仁而後能泛愛萬物，天地一體。（體仁之體，是體認或體現等義。仁即乾元，人生之本也，須自體認。體現者，謂吾人須實現此理也。泛愛萬物云云，用晚周惠子語。）精義以正我，而後內有權衡，愛想潛勢不得狂躍以違於正。（精義，見《易・繫辭傳》。義與非義，辨之極明，而絕不陷於非義，是謂精義。夫人心隱微之地，時有以不義為義之詭辯，乘間竊發者，此即愛想潛勢作祟也。如能奉正義以克治不義，即是以義正我，即是自我內部之鬥爭獲勝。）要之世進太平，則鬥爭之事，唯當存於吾人以義正我時，而太平之得以恆久弗墜者，亦在乎人類皆有此以義正我之鬥爭而已。（愛想義趣，深遠至極，此中不及詳論，須另為專著。）

有問：「何休述三世，其辭太渾簡，若不爲之疏釋，其深意不可明也。然革命之義，休不明言，當帝制之世，殆有所畏憚而深諱歟？」答曰：公羊壽胡毋師弟作《傳》，本爲漢制法，非傳《春秋》之眞也。休生漢世，亦不敢顯背壽與胡毋，故仍依《公羊傳》作注，然弗忍盡喪《春秋》本旨，而略存三世義，此其苦哀也。休未嘗不宣揚革命，其述三世也，於所傳聞之世，（即據亂世。）言治起衰亂之中。先詳內。據此，則治起衰亂者，即是撥去亂制，以創起治道，非革命而何？先詳內者，即其國內之治，如種種制度，種種事業，無一不極其詳密，此爲民主政治之宏規無疑也。夫政權在統治階級，則分任若干大官以監臨民眾，使之安分忍受而已，別無所事。政權操之人民，則群眾協力合作，謀公共事業之發展，無利不興，無害不去，千條萬緒，至纖至悉，故其治極詳。孔子《春秋》對於民治規模當有所擬議，（擬者，預計之。議者，詳說之也。擬議，本《易・繫辭傳》。）何休不敢直述其義，故以一詳字囫圇說過去。是時帝制已穩定，人民亦絕不自覺，何休雖深明公羊氏先世口義之傳，終亦依託《公羊傳》以阿當世，而《春秋》本義終晦也。（或問：「孔子之時恐未必能擬民治之規。」答曰：《周官經》言治道，蟠際天地，經緯萬端，而實由人民為主，余將略論之於後。）

余由何休所述三世，推考孔子《春秋》經傳原文，當爲體系嚴整之大著，必非如《公羊傳》之僅爲史評一類作品也。三世之義，余已疏釋如前，學者試詳究之，當可推見《春秋》原書必爲三大部分。第一部，論撥亂起治。第二部，論進昇平之治。第三部，論進太平大同之治，撥亂造其端，太平極其盛，三世本一事。一事者何？裁成天地，改造世界也。從來豎儒於此都無省悟，以爲孔子只是推想世運，有此三期，吾人唯待時而已。此則曲解聖言，隳棄人力，豈非人類之大不幸哉？《春秋》之所由作，本以爲人類開萬世太平，吾人可以想像其理論之宏闊深細，獨惜何休遺其千百而稍存一二，是誠恨事也，然亦幸有何休，否則《春秋》漸滅盡矣。

《公羊傳》之說三世，只曰所見、所聞、所傳聞，而其張三世也，專就君臣恩義立論，（說見前文，須覆看。）卻將撥亂起治及昇平、太平、一切廣大深遠之義蘊完全剝落無餘，其文在隱公元年，公子益師卒條下，明白可徵。董生《繁露》說三世全遵《公羊傳》，說見〈原學統〉中可覆玩。董之學受自公羊壽，故其說三世如出一口也。何休依《公羊傳》作注，其解三世義，開首略存壽與胡毋之本旨，（已見前文。）而後乃盛彰據亂、昇平、太平諸大義，則與傳旨根本不相容矣。而二千數百年來治《公羊》者，竟無一人發見之，豈不異哉？

《公羊傳》是爲漢制法，其三世義提倡君臣恩義，故以所見世爲先。所以者何？所見之世，臣於其所親事之君，必感恩深厚也。何休述三世義則以所傳聞世爲先。所以者何？傳聞之世，衰亂已久，當舉革命，撥亂起治，故先之也。治道已興，歷昇平而至太平，則革命之功緒已就矣。其以太平爲所見世者，則以太平之治當及身親見，不容待諸未來，故說太平爲所見世，其寄意深遠極矣。《公羊傳》三世，與何休述三世，其世次及義旨根本無一毫相通處，余於前文曾爲二表以資對照，學者覆玩焉可也。康有爲、皮錫瑞之徒，名爲張三世，而實於三世義全不通曉。一方受公羊壽、胡毋、董生之騙，一方茫然不通何注，妄計何氏亦是僞《公羊傳》之學。僞傳毀經而不辨，何注存眞而弗求，使聖人之道不明於天下，萬世。予茲懼也。

或問：「《公羊傳》雖是史評之作，而於《經》義當不無保存者，但散見而不甚顯耳。」（此中言經，即指孔子之《春秋》。下仿此。）答曰：《公羊傳》之根柢在擁護統治階級，孔子之《經》根本廢除統治，（此義屢見前文。）此在精神上不可融通者也。然經義之不顯觸時忌者，《傳》亦間有取，如「哀公十三年公會晉侯及吳子於黃池。《傳》曰：吳何以稱子，吳主會也。（時吳強而無道，有夷狄之行，乘勝勢入中原，大會諸侯，諸夏之國莫敢不事之，是會也吳為主。）吳主會則曷爲先言晉侯？（設問。）不與夷狄之主中國也」。（此據正義以答。）據此，可見《公羊傳》於《經》之昇平世外夷狄義實有取焉，以其於漢廷無觸犯也。然《經》以哀公之時爲所見世，闡明太平大道，（故以所見，名太平世。）外夷狄義當發之於昇平世。（即所聞世。）今《公羊傳》乃於哀公十三年吳子主會條，而外吳，是於太平之世復說外夷狄，卻與《經》之三世義不相應何耶？須知，《公羊傳》本據魯史而作史評，其與《經》之說三世取義各別，故不必執《經》之太平世義以相難也。

僖公元年，狄滅邢。齊桓公率諸侯之師救邢，而復其國。夫復國應請命於周天子，非諸侯所得專也。是時天子無道，齊桓遂專之。《公羊傳》乃美齊桓之功，而許其專。據此，可見《公羊傳》於《經》之說昇平世，內諸夏，蓋有取焉。夫內之云者，諸夏列國互相視爲一體，視友邦危難，若在己身，而無己國他國之別也。《春秋經》之義與《易》通。《易》曰「輔相萬物」。輔相者扶助義，強者之於弱，智者之於愚，輔相之而已矣。《經》於昇平世，說內諸夏，其道在是。佛氏雖出世法，而其以平等心，導眾生迷，（佛與眾生本來平等，今雖導化眾生，而不可自高也，故發平等心。）以廣大心，拔眾生苦，（佛引拔眾生，而自發廣大心，戒狹小，以為眾生離苦還是眾生有力自拔，我不可輕眾生而自居其功。）而無一毫私欲雜於其間，其宏願亦與《大易》、《春秋》不異也。《公羊傳》所以美齊桓，蓋亦取聖經昇平世之大義。然齊桓救邢在僖公時，是所傳聞之世。（即據亂世。）《公羊傳》以昇平世之義，應用於據亂世，蓋《傳》本史評，就事論事而以齊桓為可美，不可執《經》之三世理論以相衡也。

《公羊傳》於孔子之經義亦有含糊而不定從違者。如文公十八年「莒弒其君庶其」，此事若從經義判斷，自當美人民革命之舉。若違反經義而作判，自應歸罪人民。而《傳》乃曰：「稱國以弒者，衆弒君之辭。」據此，只是直書其事而不作若何判斷。擁護統治者，將可以歸罪人民。如宋孫復云：稱國以弒，國人皆可殺也，此爲大不道之言，實《公羊傳》啓之也。何休注曰：「一人弒君，國中人人盡喜，故舉國以明失衆，當坐絕也。」（謂當以絕滅之罪坐之，亦不可復立君也。）案休之解，蓋本於《經》說據亂世當革命，（據亂之世須撥亂，撥亂即是革命。說見前。）可救《公羊傳》之失。

如上三條，爲治《公羊傳》者略示方隅，吾不及詳說。昔避寇入川，周生通旦嘗請作一書，執孔子經義以核正《公羊傳》。余卒無此暇。然何注亦不盡依經，何氏本以口義與《公羊傳》相調和，非敢守《經》而絕不違也。說見〈原學統〉中。

上來說《春秋》已見大意，今次當談《禮運》。余於本篇之首核定孔子外王學，實以傾覆統治階級爲根底，曾舉《禮運》證明之，此書在先秦當爲單行本，（先秦者，謂在秦焚書之前，見《漢．藝文志》注。）漢人始改竄，而收入《禮記》中，其本義猶可考也。今節錄其文，並附疏於下：

「昔者仲尼與於蠟賓，（蠟祭，見《禮記．郊特牲篇》。孔子時參預魯國蠟祭而為贊禮之賓。）事畢，出遊於觀之上，（觀，門闕也。）喟然而嘆。仲尼之嘆，蓋嘆魯也。言偃在側曰：（言偃，孔子弟子，字子游。）『君子何嘆？』孔子曰：『大道之行也，與三代之英，丘未之逮也，而有志焉。』」疏曰：「大道之行」也屬大同。「三代之英」即後文所稱六君子，能行小康禮教者也。此二句中間，用一與字，即明示孔子於小康大同二種思想，並存而莫衷一是。下句「丘未之逮而有志」，即總承上之二種思想。果如此，則孔子之外王思想只是冰炭混在一團，非甚不肖不至出此，聖人豈如是乎？夫大道之行，必廢除統治，小康禮教猶保存階級，二者本不可相容，而謂孔子於二者皆有志可乎？余斷定與三代之英五字，絕非《禮運》原本所有，或是漢人改竄，或是七十子後學早將《禮運》竄亂，而漢人承之亦未可知。余在〈原學統〉中曾言六經是孔子晚年定論，七十子多有不能承受者。如曾子後學之孝治論，實爲小康禮教之大宗，孟軻蓋此宗一巨子也。荀卿以養欲給求言禮，雖與孟氏富於宗法思想者有殊，而亦只有革暴君，絕無廢除君主制度之思想，則與孝治派無不同者，可知改竄《禮運》不必始自漢人。

「大道之行也，天下爲公。選賢與能，講信修睦。」疏曰：公者，私之反也。公道行，而普天之下，無有一人得自私者，所以爲大道也。《周官經》全部是一均字。均者平義。平其不平，所以歸於公也。《禮運》大同說，猶是昇平世圖治之規模，爲趨入太平之準備。蓋據亂世，爲撥亂之始。（撥亂者，撥去亂制，所謂革命是也。）雖志在太平，而行之不能不以漸，故必有昇平之治，爲太平樹立宏基。革故取新之大業，實以昇平爲唯一重要階段。（《易》有革、鼎二卦。〈序卦傳〉曰：「革，去故也。鼎，取新也。」二卦之義，廣大至極，學者宜玩。）昇平規模未善，恐太平未可幾也。今先釋「選賢與能，講信修睦」。（與能之與，當讀舉。）當撥亂之始，必掃蕩統治階級，故昇平開治，唯由人民選舉賢能，以代表群眾公意，治理政務。（撥亂，本是當據亂之世而舉革命，然即於革命時，便已離據亂世而進昇平，並非從革命到昇平，尚有過渡時間也。）若夫人民共同直接處理政事，不須選舉代表，（晚周農家有此主張。）則昇平肇開猶不足語此。《周官經》注重作民，（後文說《周官》時詳之。）正使人民勤習直接理政，太平之漸也。

「講信修睦」者。昇平初期，諸夏眾邦，雖已化除狹隘之國家思想，而國家形式猶存，故必列國共講信義，互修睦親。睦親修而彼此無猜，信義行而遠近不隔，諸夏既同，（同者和同，諸夏列邦若一家也。）夷狄於變，（於變一詞，見《尚書·帝典》。於者，嘆美辭；變者，變而從善，與諸夏為一體。）於是大同之化成，太平之運至矣。余嘗推究《春秋》重小國之意，以爲世進昇平，天下大多數人民互相聯合，則小國宜伸，大國宜與小國平等。及昇平愈進，將近太平，則小國亦須變革。所以者何？世界上自有國家以來，論治者幾無不以國家爲罪惡之藪，統治層級既憑藉國家權力以侵削大多數庶民，又常利用國家以爲向外侵略之工具。若詳究之，其毒害蓋不可勝言，故國家形式，非根本變革之不可。余以爲大地上之人類，宜劃分爲無數小自治區，（簡稱治區。）而統一於全地人類文化委員會。治區分析，大概依地勢便利，與氣候異同而酌定。凡分區大小，必經全人類文委會徵集全地球人民公意妥議定制，不可有特別過大之區。凡地勢與氣候雖相同，而地域過大，不宜僅劃爲一區者，則酌爲析區，使其小大合於定制。夫所以分爲無數治區者，人類不能孤獨生活，即不得不有治區之組織，而此治區性質絕不同於過去之國家，只是一種文化團體而已。老子深惡夫強大國家之爲禍，而有小國寡民之理想。其言曰：「小國寡民。（國小，則民寡也。）使有什伯之器而不用，（十百之器且不用，言無須於工巧也。）使民重死而不遠徙。（使民不貪利、尚巧。唯身是寶。故各安其居。以死為重，莫肯遠徙。）雖有舟輿，無所乘之，雖有甲兵，無所陳之。使人復結繩而用之。甘其食，美其服，安其居，樂其俗。鄰國相望，雞犬之聲相聞，民至老死不相往來。」案老氏小國寡民之意，亦未可非。國小民寡，雖有梟桀不得挾之以逞，其利一；人民皆得通力合作，直接治理公家事，其利二；凡關於公共大事業，非一二小國可辦者，則聯合多數小國合作，亦甚易舉，其利三。唯小國之名稱，盡可不用，只號之曰治區可耳。但老氏所云，「使有什伯之器而不用」至「老死不相往來」一段語，此其主張直欲返於上古樸陋無知，閉塞不通，無有文物之社會，是反自然而不悟也。（社會發展正是自然，老氏言自然而反對發展，非反自然而何？）《周官經》，王國鄉，遂之制，地域不大，人口不多，可爲將來分設治區之參考。而大地上無數治區，必使之互相聯繫，更有全人類文化委員會，爲大地上無數治區之總會機構，如人身血脈周流，發展日益健全，無老氏反自然之患。

「故人不獨親其親，不獨子其子；使老有所終，壯有所用，幼有所長，鰥、寡、孤、獨、廢疾者皆有所養；男有分，女有歸。」疏曰：孔子之社會思想在合天下爲一家，使萬物各得其所。此一節，規模宏遠，直如天之無不覆，地之無不載，古今言群治者，無可外於此也。階級不消滅，私有制不破除，少數人可以養其親，慈其子，而天下最大多數人得養親慈子者，不可多覯矣。唯平階級，廢私有制，產業、貨財、用度，一切公共，則社會有養老與慈幼之設備，是「人不獨親其親，不獨子其子」也。天下之爲人親者，皆天下公安養之，故「老有所終」。天下之爲人子者，皆天下公養教之，而相其能，以任之事，故「幼有所長，壯有所用」。鰥寡廢疾以天下之力養之，則無不給之憂，男子有分職，天下無棄人也。公職雖就男言，而女有分職，可例知。女子自由擇偶，天下無怨女也。（女子得其相當之偶，即有歸。古者婦人謂嫁曰歸。）是故天下雖大，萬物雖眾，而無一夫不獲其所。

「貨，惡其棄於地也，不必藏於己；力，惡其不出於身也，不必爲己。」疏曰：貨字，義寬，自然界豐富之物資從其有用而言，皆名爲貨，必以人功開發之，製造之，而不可委棄於地。但財貨者，天下人之所共有也，任何人不得據爲一己之私有，故曰「不必藏於己」。此中力者，析言以二：知識技能總稱智力，身手勤動總稱體力。故力之一言，包括智力體力二者。據亂世長期，庶人勞其體力，以開世界；及近太平，則人之智力彌高，其所發明與創作，愈多愈精，自然界之祕藏，啓發無餘，悉爲吾人效用，是時需要體力者蓋少。然人生必不可無勞作，一切事業未可純用機械而廢四體之動也。又文物日盛，人將有樂於享受而倦於用腦者，則文化將隤退，尤當以爲大戒。故一人之身智、體二力宜求並進，否則人類有退化之憂，故曰「力，惡其不出於身也」。然人類經歷據亂世悠長之歷史，凡所以勞其體力與智力者，皆以爲其小己而已。（為，讀衛。下仿此。）夫爲己之風，本倡自居上剝削者，其侵虐大多數庶民以自爲，貪毒遠過豺虎，無人道也。然庶民亦非不爲己，但束於上之教令，以安分爲當然耳。在公道未昌之世，人之智力大都用之於爲一己，及己之國家，（國界未消滅時，人民不可不為國，然因為己之國而不惜侵損他國，則將為太平大同之障礙，是人類之公敵也。世進昇平，人民為國，當循正義而不可背天下為公之道，以蘄至乎破國界，歸大同。）天下之人人，各各習於爲己，而人間慘毒乃不忍言，人類迷暗，亦莫知所以。夫己者，全群之分也，（此中全群，猶言大地上之全人類。）猶如手足乃全身之分也。爲手足者，必爲其全身，人皆知之矣。爲小己者，必善爲其全群，而人莫之知。莊周曰：「人之生也，若是芒乎。」（芒，惑也。）佛氏哀眾生顚倒，此古今上哲所同慨也。夫人之有力，本乎天賦，而發展由己。一己能否盡量發展其力，將欲解此疑問，雖甚不簡單，而扼要言之，如社會有階級存在，則人之能發展其天賦之力者，殆屬最少數。所以者何？階級未除之社會，人與人之間，有貧富貴賤等等懸隔在，天下最大多數庶民，長處於壓抑難堪、渙散無援之境地，此不得不爲若輩同情也。故必平階級，廢私有制，天下一家，（見〈禮運篇〉。）而後人人平等互助，不必以力爲己。（不必者，言不待迫束之，而人皆自覺其不必為己，誠以為天下，即己在所為之中故也。）人人不必以力爲己，即人人得盡理發展其天賦之力。所以者何？貧富貴賤之差等既已掃除，互相扶勉之關聯益加密切，則人人可自由發展其力，不唯無壓抑之患，（去差等，即無壓抑。）而更有他山之助。（《詩》曰：「他山之石，可以攻玉。」一己在群眾之密切關聯中，得大群之輔導，如璞玉得他山之石相攻磨而顯其美也。）故《春秋》所謂昇平、太平之世，天下之人人皆互相協和，而發揚其力，勝用無窮，所謂全知全能創造世界之上帝即人力是也，何可輕人力而頌帝力乎？

「是故謀閉而不興，盜竊亂賊而不作，故外戶而不閉。是謂大同。」疏曰：昇平之極，太平之機已啓，大地人類已消國界，而歸大同。無有敢懷野心，興奸謀者，故曰謀閉不興。凡多取他人或他群之利益者，謂之盜竊；凡托於公道而所行與之反者，謂之亂賊。今天下之人人皆一心一德，故盜賊不作，外戶不閉者，明全地大通也。老氏主張「老死不相往來」與此反矣。此一節至極重要，若大地全人類未到眞正無盜賊時，未可言大同也。

已上所說大同諸義，實爲由昇平而趨進太平之治道。

「今大道既隱，天下爲家；各親其親，各子其子；貨力爲己。」疏曰：今者，孔子自嘆其所遭之時。大道不行，故曰隱。（隱者，隱沒而不顯。）「天下爲家」者，言大人以天下爲其一家之私產，後嗣世守而勿失也。（大人，謂天子。）天子既以天下爲家，而諸侯受封於天子，亦以國爲家；大夫受命於諸侯，亦以採邑爲家。此三層統治階級，分享天下之土地與財富，各自成家，則各親其親，各子其子，亦因事勢之便，而成爲定制。設問：「天下最大多數之庶民將如何？」答曰：庶民乃統治階級之農奴耳，終歲勤勞，出租稅以事其上級，所餘者實無幾何；庶民仰不足以事父母，俯不足以畜妻子，（畜，養也。）居上者固漠然無感，《三百篇》自王朝變雅以至國風哀怨之作甚多，猶可考見也。「貨力爲己」者，統治階級既成，私有制定，天子諸侯大夫之家則侵奪天下庶民之貨以爲己，驅役天下庶民之力以爲己，而庶民在私有制之下，則於供應統治者之侵奪與驅役而外，亦各以其稍餘之食貨與疲憊之餘力而聊以爲己。總之，天下人之貨不得公共，天下人之力不得互通，而可悲慘者，莫如最大多數庶民，此爲有階級與私有制存在之社會，不可道之黑暗也。

「大人世及以爲禮，（解在本篇首，可覆看。）城郭溝池以爲固，禮義以爲紀；以正君臣，以篤父子，以睦兄弟，以和夫婦，以設制度，以立田里，以賢勇知，（知，讀智。）以功爲己；故謀用是作，而兵由此起。」疏曰：此節與前節，皆言封建社會之情形，蓋自夏、商以至《春秋》之世逐漸演成此局。大人世及爲禮，此爲統治階級成立之根本。禮義爲紀句，是總標其綱。「以正君臣」至「以功爲己」，是別詳其目。君臣曰正者，正上下尊卑之名分也。篤父子，睦兄弟，和夫婦，則以宗法爲主幹，導民以孝友柔順，使無犯上作亂也。設制度，立田里者，（其詳，俟後文另錄。）治人者有土，治於人者代耕而納稅於上，（上，謂治人者，即統治階級是也。治於人者，即天下最大多數之庶民是也。代耕者，庶民無土，唯上級盡有天下之土，庶民唯代上級耕種而已。易言之，庶民即上級之農奴。）以此爲上下共守之正義而不可易。孟子猶持之以拒農家也。「以賢勇知」者。統治階級欲保其權勢地位，不得不寵任勇力智謀之徒，使之效忠於己，（賢者，獎勵之也；己者，設為統治者之自謂。下仿此。）故常特別獎勵勇智，以勸天下勇智之戴己也。「以功爲己」者。功有三義：一曰功力。統治者常圖大功於外，以行威力故。二曰功利，功既著矣，大利歸焉。三曰功名，功立而有神聖之名。凡此三功皆統治者之所以爲己。試考諸歷史，統治者常以顯功與賢勇知，（顯功者，自尊顯其功也。）爲禮義之大宗，是其所冀以保世滋大之術也。故「謀用是作，兵由此起」者，統治階級擅天下之大利，縱無窮之狂欲，用極亢之窮威，（窮威者，其威至此已極，無可復加，故窮也。）將欲天下大多數庶民，皆安之而不群起反抗，斷無是理也。天下謀作，兵起，何足異乎？

「禹、湯、文、武、成王、周公，由此其選也。（夏禹、商湯，周之文王、武王、成王、周公。）此六君子者，未有不謹於禮者也，以著其義，以考其信，著有過，刑仁講讓，示民有常。如有不由此者，在勢者去，眾以爲殃，是謂小康。」疏曰：謀作、兵起，而獨夫危，（獨夫，謂據統治之地位者，如桀、紂、幽、厲等是也。）將賴有賢聖起，而彌縫統治之闕。禹、揚、文、武、成王、周公，此六君子是其選也。（君子者，賢聖之稱。）六君子皆謹於守禮以爲治，其奉禮以治臣民，立事功者厥有五則。（則者法則，亦云典則。）一、著其義。（著者，明也。）義者利之反也，（此中利者，是私利之利。）凡不因私利以敗公事者，即是義；凡所行之出乎公正者，即是義。明著其義，使天下臣民知有所守。二、考其信。信者實也。凡政事得失必考核其實，使奸僞無可匿其情，人將勉於實事求是。三、著有過。臣民有過，必明正其罪，使人知守法，此以法治輔禮治之所不及。四、刑仁，（刑即型字。）謂以仁愛之道爲型，人必有不忍傷物之心，（物，猶言人。）始可導群於善。五、講讓。《左氏傳》曰：「讓，禮之主也。」（《左氏．襄公十三年》傳。）此語甚可寶。（若不深解此語，即非真知禮者。）夫讓之爲義，即於己之外，知有人。爭而不讓者，將逞己以賊人，人亦報之，而人我終不可統一，如何爲治？古聖王以禮爲常道而輔以法，法之用在爭，而禮之主是讓，以爭輔讓，而不以爭爲常道。六君子以此五則，示民常理不可叛。如居上位者有不由乎此，雖據尊勢而天下人苦其爲殃，必共攘去之。故六君子行此五則，而天下暫寧，是謂小康，（五則，卻是三代明王之治，其原理猶不可棄。而從來無解之者，豈不惜哉。）余嘗深玩此節及前節，其於統治階級之爲禍殃，蓋言之詳而明。於六君子興小康之禮教，以彌縫統治之敗闕，而息生民，不獨未沒其功，而且提示其治道之不可忽，可謂平允極矣，然終短之曰「是謂小康」，可見孔子志在大同，而不在三代之英，篇首「與三代之英」五字，決爲迂儒或奴儒竄亂無疑。夫六君子之五則，從原理而言未嘗不是也，然以統治階級而握治權，根本固與五則違反，則六君子所莫如何也。以天位爲其後嗣世有之物，（古稱天子之位，曰天位。）諸侯傳國亦然，大夫世食其採亦然。以少數人控制天下最大多數人，已不可謂義，已不可謂仁，已不可謂讓。根本處既大謬，則其所能爲之著義、考信、明法、型仁、講讓畢竟有限，（明法，謂著有過一則。）充其量亦只做得彌縫敗闕，令疲民稍得蘇息而已。孔子衡之以小康，豈苛論哉？或曰：「六君子之世，猶未得廢統治也，孔子不亦苛救歟？」曰：否否，不然。統治階級之形成，由夏、商而至成周，其年代已不淺矣。中國文化發達甚早，庶民能自覺者已不少，《三百篇》怨上之詩可觀也。孔子生於春秋之時，同情天下庶民，明知統治階級不可不傾覆，故呼號革命而攻擊統治之亂制，不能不涉及六君子。以六君子之賢聖而立於統治階級猶不足大有爲，則當舉革命，平階級，無疑矣。孔子非是苛求六君子，而是論亂制之不可以久。（社會有統治階級，即《春秋》所謂亂制。）其志雖示就，而睿識遠見萬世，非天縱之聖，其能若是哉？

今《禮記》中〈禮運篇〉說大同、小康兩段文（從開端「昔者仲尼」至「是謂小康」止。）自是《禮運》原書之文。唯篇首「孔子曰：大道之行也」下，有「與三代之英」五字，決爲後人竄入，已屢辨如前。「是謂小康」以下。其文甚長，從「言偃復問曰，如此乎禮之急也」起，直至結處，完全拋棄大同義不復談，卻專說小康禮教，其文句多從故籍雜集來。可見此篇必是後人將《禮運》原書改竄，而仍以《禮運》名篇，此意已見前文，今更重提，欲學者注意耳。又自「言偃復問曰」以下，尚有兩處文字定是《禮運》原書所有。茲節錄如下：

一、「故天子有田，以處其子孫；（天子直轄之地，其田則皆其子孫所有也。）諸侯有國，以處其子孫；大夫有采，以處其子孫；是謂制度。」案此文自是原書破斥統治階級之言，而《禮記》之〈禮運篇〉則以爲禮制當然。

二、「故聖人耐以天下爲一家，以中國爲一人者，非意之也，必知其情，辟於其義。」（辟，開曉也。）「何謂人情？喜、怒、哀、懼、愛、惡、欲，七者弗學而能。何謂人義？（人之義，曰人義。下同。）父慈、子孝、兄良、弟悌、夫義、婦聽、長惠、幼順、君仁、臣忠，十者謂之人義。」案此文，從「故聖人」至「非意之」也，必是《禮運》原書所有。原書說到「天下一家」，必繼續討論其制度，絕非以一句空話了事。而《禮記》之〈禮運篇〉卻盡刪去，乃以七情十義接續言之，歸本個人陶養性情，及宗法社會之德目，顯然與「天下一家」語不相照應。此文雖屢引在前，而因其是大同制度之總綱，故特重提。

上來考定《禮運》外王學本義，今次當說《周官經》。《周官》爲孔子所作，非後人所得僞造，詳在〈原學統〉中。余向時頗信《禮運》爲《禮記》中之一篇，近來細思《禮運》原書自是別爲一經，與《周官》同其尊重。孔子之外王思想本與三代之英所持小康禮教相反。（六君子之小康禮教，雖對於據亂世之教條有補救，而根本無改。〈禮運篇〉「今大道既隱」至「是謂小康」一段抉發極透，可謂反封建之先聲。）而春秋時之社會浸漬於據亂世教條或小康禮教者，甚深，復甚深，孔子欲改造社會自不得不作新禮經以除舊染，而建新制。《禮運》、《周官》二經當是繼《春秋》而作，其宏識遠謨之結撰，萬古常新也。《禮運》原書雖毀，而其反小康禮教，宣導天下一家之規，尚有存於僞篇，幸甚哉！（僞篇，謂改竄之〈禮運篇〉，現存於《禮記》中者。《禮運》之反小康禮教，其義與今之反封建不異。）

《周官經》假托周制，（避當時之忌也。）從表面觀之，不過爲「設官分職」之條文。試窮其底蘊確是包通大宇而創制，遠矚萬世以造端，其大無遺，其細悉備，綱舉目張，宏通可久。（窮萬物之理，類萬物之情，故大通。通乃久。）《易》曰裁成天地，曲成萬物，此經有焉。《周官》至宏遠，如欲詳之，須別爲書，今此粗舉大義數條如下：

一義，《周官》之治道，大要以均爲體，以聯爲用。均之爲言，平也。平天下之不平，以歸於大平，此治化之極則也。（最高之原則，曰極則。）如大自然之變化至大齊矣。爲之裘葛而寒暑均；（以裘禦寒而寒減，以葛禦暑而暑減，故寒暑均。）爲之宮室而雨暘均；爲之舟輿而水陸均；爲之飛機潛艇而天淵均；（此以淵為海底之代詞。有飛機而天失其穹高，有潛艇而海底失其低下，故均也。）此例不可勝舉。是故奉大均，以裁成天地，輔相萬物，而天地萬物皆受成焉，無有一物失所者矣，故曰治道以均爲體也。（受成者，吾人以大均之道，去裁成天地，輔相萬物，而天地萬物皆受吾人之裁輔，而成其均也。《春秋》昇平世，小國與大國平等，太平世，夷狄進為諸夏，亦皆均義。）《周官經》首敘天官冢宰，而明其職曰「均邦國」，是其開宗明義，特揭大均之道，以立治體，學者須識此本原而後全經可通。

以聯爲用者。萬物萬事皆互相聯繫，無有獨化者。（獨化一詞，借用郭象莊注。）太空無量星雲星球似甚散漫，然自天文學言之，並非各個孤立，實乃互相聯屬爲一完整體，生物學亦明生物非離環境而孤立，乃與大自然通爲一體。是故明於物則，而治道可知已。《周官經》以王國與四方諸遠國，謀交通與經濟之聯繫，其爲慮極周到。（後詳。）而國內之治，則建立六官，以組政府，分掌一切政事。六官雖各治其事，而實互相聯繫，唯以天官冢宰總其成。（冢者大也。天官雖與五官並列，而實總領五官及其本職之事，猶今云主席也，故稱大宰。至《周官》所謂王，則徒有虛名，無實職權。）天官之職有曰：「凡小事皆有聯。」夫小事皆有聯，況大事乎？凡圖治者，必注意百職事之聯繫，而統籌其本末先後之序。通權其輕重緩急之宜，方乃策以萬全，事無過舉，否則難免一切紛亂與隳廢大政之咎。《周官經》爲注重實踐之書，綜事辨物，至精至確，其言皆可見諸行事，疏於格物者恐未易達經旨。

二義，《周官經》爲撥亂起治之書。承據亂世衰敝之餘，奮起革命而開昇平之運，將欲爲太平造其端，立其基，所以有此經之作。《禮運》大同說，其規制比《周官》似進一步，惜其原書亡，難判斷。《周官》猶是撥亂之書。（撥亂者，謂當據亂之世，民眾起而革命，以撥去亂制，故曰撥亂。）此時本未能遽臻太平，只爲太平開端，立基，故是昇平之制。昇平世內諸夏、外夷狄。《周官》之王國即是諸夏眾邦互相聯合組成之中樞。王國所轄之地，不過六鄉六遂，不欲其成爲據亂世國家之形式也。王國治制，則爲諸夏眾邦之所共同議定。王國有治軍之官，（即夏官司馬。）以平邦國，其時夷狄猶背叛天下爲公之道而逞強橫，故須有軍政以平治之也。詳玩《周官》全部之旨，當信《周官》是初離據亂而進昇平之制度，卻已爲太平開端緒，立宏基。倘無此一番大變革，大開創，則太平絕不可能，《周官經》之重要在此。方正學先生平生尊信此經，而亦疑有數處非聖人之言。余謂此經或曾爲六國時小康禮教之儒所稍改竄，漢人亦不無變易處，（當別論。）然其大規模具在。不足掩其眞也。

三義，《周官》之政治主張在取消王權，期於達到《春秋》廢除三層統治之目的，而實行民主政治。

其取消王權者何？《周官經》爲據亂世人民革命撥亂而作，前已言之。革命初期，王號不妨暫存，而一方嚴密地方基層之組織，使人民得表現其力量，以固民主之基。（後詳。）一方於政府，以六官分掌王國一切政務，而冢宰總其成。王者徒擁虛號，除簽署教令而外毫無權責，是則王權完全取消，置之無爲之地而已。且小司寇外朝三詢之法，有「詢立君」一條，據此則王之得立，必詢諸萬民公意，否則不得立，是王由民選，固已將據亂世大人世及之禮制根本革除。統治階級消滅於無形之中，是爲人民力量發展之結果，無足異也。

其民主政治云何？略言其要，則地方制度嚴密，是民主之本也。王國分為六鄉、六遂。鄉之下分比、（鄭司農云：五家為比。）閭、（鄭云：二十五家為閭。）族、（鄭云：百家為族。）黨、（鄭云：五百家為黨。）州。州轄多數黨，而眞達於鄉；（鄭云：二千五百家為州。案自州至鄉，其所屬之家當不限定其數，鄭說未可據。）鄉上達於司徒與王朝。（鄭說王都百里內為六鄉，外為六遂，則政區太小，殊不可據。）

比有長，各掌其比之治。五家相受，（事無大小，五家皆互相受責任也。）相和親，有辠奇衺則相及，（此言五家之中有人犯大過惡者，則五家同坐以其罪，故曰相及。如此者，欲其平時互相教戒，有為惡者不得隱而不發也。）徙於國中及郊，則從而授之。（徙，謂五家之民有移居者也。國中，都內也。或由都內出徙郊外，或由郊外入徙都內，皆由其原居之比，從而授之據，明徙者無罪行，猶今之遷移證也。參考鄭注。）

閭有胥，（胥者，有才智之稱。閭之長也。）「各掌其閭之政令。以歲時各數其閭之眾寡，（計數其人口多少。）辨其施捨」，（辨其閭內孰當施行，孰當暫捨之事。）四時、因役政、公祭等事「聚眾庶，暨比（比者，凡考選賢能及考驗政事得失，均謂之比。）則讀灋，（灋即法字，以後作法。法者，謂國之大法與普通法典，或諸政令之屬。通名為法。凡聚民眾則令其讀法，以啓導與敕戒之。）書其敬敏任恤者」。（人民有敬敏任恤之行為眾所共信者，閭則書之以示眾。敬者，敬慎不苟；敏者，勤敏迅疾；任者，對公益事，熱誠敢任；恤者，能憐恤急難。）案書其敬敏者，獎任重致遠之人，而頑劣者知奮矣；書其任恤者，獎急公救難之人，而自私自利者改過矣。此作民之要道也。（《大學》曰：「作新民。」作者，振作之，鼓勵之也。作動其民，使之自新，曰作民。）

族有師，（師，長也。）「各掌其族之戒令、政事。（政事、國政與地方事。）月朔，則屬民讀邦法，

（邦法，猶言國法。法字，解見前。屬猶合也。屬民，猶云聚民。後仿此。）書其孝弟、睦姻、有學者。（孝弟為萬德之本。不愛父兄而能泛愛眾，未之有也。睦姻，和睦親黨也，博愛則由此推之耳。有學之人宜崇獎，以勸民興於學。）以邦比之法，（比，考核也。）帥四閭之吏；以時屬民，而校登其族之夫家眾寡，（登成也定也。夫家鄭注猶言男女也。校登謂校定夫家眾寡之數。）辨其貴賤、老幼、廢疾可任者，及其六畜、車輦。五家爲比，十家爲聯；（使互相聯繫，不容孤立。）五人爲伍，十人爲聯；四閭爲族，八閭爲聯；（層層互相聯繫，無有脱離群眾，陷於無助者。）使之相保相受，（日常互相保聚，一切政事互相受任、合作。）刑罰慶賞，相及相共，（罰則相及，賞則相共。）以受邦職，（人民同受國之職事，互相勗以敬敏。）以役國事，（國事者，人民公共之事，故莫不服役。）以相葬埋。（有死者，則相葬埋之，生死不相棄則民德厚。案此上諸條，皆所以納民眾於團體生活之中，不容人只為一身一家自利之計，此改造社會之急務也。）若作民，而師田行役，（作民，作動民眾也。師謂興師禦侮。田謂大獵，以習武事。行役謂國有大工役也。）則合其卒伍，簡其兵器，以鼓鐸、旗物帥而至。」（此言國或興師，則族之民眾皆發動，其平時訓練有素也。昇平世尚有夷狄之患，故整軍為急。）「歲終，則會政致事。」（每歲之終，族師必會計其族內一年之政為得為失，而據實上報，故曰會政致事。致事者，本年行政得失既已終結，當為明歲作計也。）

黨有正，「各掌其黨之政令、教治。及四時之孟月吉日，（鄭注：吉日，朔日也。）則屬民而讀邦法，以糾戒之」。「凡其黨之祭祀、喪紀、婚冠、飲酒，教其禮事，掌其戒禁。凡作民而師，田行役，則以其法，治其政事。歲終，則會其黨政，（總計其黨內一年之政，考核得失。）帥其吏而致事。正歲，屬民讀法，而書其德行、道、藝。（道者，《莊子・天下篇》所云古之道術，今云哲學是也。藝者，知能，如格物之學即藝也。德行，則以其立身行事皆能體大道而實踐之，故云。）以歲時涖校比，（涖，臨也。校比者，考驗其黨內政事與廢，與民之賢否，黨正必親臨之也。）及大比，亦如之。」（三年行大比，民眾共選賢能，以上於朝。選舉時，黨正必親臨，故黨正於平時，常考察其所屬之民有德行道藝者，皆書之，以備大比時之參驗。又黨於蠟祭時，則以禮屬民，而飲酒於序。序者，黨之學校也。此一條，因文繁未錄，姑存其略於注中。）

州有長，「各掌其州之教治、政令之法。正月之吉，（吉，朔日也。）各屬其州之民而讀法，以考其德行道藝而勸之，以糾其過惡而戒之。若以歲時祭祀州社，則屬民讀法，亦如之。（州有社，祀先農之神，以報功也。祭禮必聚民讀法，亦如者，如月吉讀法也。）《春秋》以禮會民，而射於州序」。（《春秋》教民習禮，同時令其射於州序。古云習射，猶今云軍事訓練也。習禮而不忘武備，防民之趨於文弱。序者，州與黨之學校。）「若國作民而師、田、行役之事，則帥而致之，掌其戒令與賞罰。歲終，則會其州之政令。（總計其州內一年之政令。）正歲，則讀教法如初。（正歲，謂一年畢盡之日也。）三年大比，則大考州里，以贊鄉大夫廢興。」（大比，已選賢能，故州長必大考其屬邑政之得失，吏之賢否？以贊助鄉大夫有所興廢。吏有失政者，必廢退之，而興進賢能，以改善其政也。）

鄉有鄉大夫與鄉師。（師，猶長也。）鄉大夫之職，「各掌其鄉之政教禁令。正月之吉，受教法於司徒，退而頒之於其鄉吏，使各以教其所治，（鄉吏，謂鄉師、州長、黨正、族師、閭胥、比長及諸職業團體。）以考其德行，察其道藝。以歲時，登其夫家之眾寡，辨其可任者。（中略。）三年則大比，考其德行道藝，而興賢者能者。（考者，謂考之於民眾，使各以其所知地方之賢能，公舉之無隱也。）鄉老及鄉大夫帥其吏，與其眾寡，以禮禮賓之。（鄉老，後詳。眾寡，謂鄉人之善者，不限其數，故泛言眾寡，賢能當選，故鄉老、鄉大夫與群吏及鄉人之善者，皆以鄉飲酒之禮，禮而賓之。）厥明，（賓禮之明日。）鄉老及鄉大夫」，「獻賢能之書於王，（書者，賢能之名冊。）王再拜受之，登於天府。」「此謂使民興賢，出使長之；（興，猶舉也，言使民自舉賢者，而賢者始出而登於王朝，將領導萬民而為其長也。）使民興能，入使治之。（使民自舉能者，即留在本鄉。治理一切政教等事，故曰入治。）歲終，則令六鄉之吏，皆會政致事。（總計其鄉內一年之政，以書上達於司徒與王朝，曰致事。）正歲，令群吏考法於司徒以退，各憲之於其所治。（地方之政，必與中央妥議而後行也。）國大詢於眾庶，（大詢者，詢於全國民眾也。鄭注：以大詢，限於小司寇外朝之三詢。余謂不限於三詢也。如立法及舉鄉老與諸重大政策，未有不大詢於眾也。《周官經》頗有改竄，今當以義推之。）則各帥其鄉之眾寡，而致於朝。」（六鄉之大夫，各率其全鄉民眾以赴朝議，故曰致於朝。眾寡者，全鄉之民俱赴，不限其數也。）

「鄉師之職，各掌其所治鄉之教，而聽其治。」「凡邦事，令作秩序。」（邦國興造事業，必令鄉師作秩序，猶今云詳擬幾年計畫也。）「凡四時之徵令有常者，以木鐸徇於市朝。以歲時巡國及野，而賙萬民之艱厄，以王命施惠。」（王，代表國家也。）

《周官經》於地官之分職，有鄉老，以三公爲之。二鄉則公一人。三公位尊與王等。其職內與王論道，參六官之事，（六官掌全國之政，今云中央政府是也。三公與六官參決國政。）外參六鄉之教。（參者參決。）三公位尊而職重，而以鄉老之職名，列於地官者。三公實爲人民代表，其職在爲人民伸公意，對政府有監督之責，故繫之於鄉也。老者尊稱。案《周官》以鄉老代表民眾參決王朝及地方官之治教，（地方官，謂鄉大夫等。）此制甚有意義。

已說六鄉，次及六遂。遂之下分爲鄰、（五家為鄰。）里、（五鄰為里。）酇、（四里為酇。）鄙、（五酇為鄙。）縣。（案縣之屬邑，可不限其數。）縣直接於遂，遂上達於遂人與王朝。

鄰有長，「掌相糾相受，（相糾，五家之人有犯過惡者，必相糾舉也。相受者，一切政事互相承受合作。）凡邑中之政相贊」。（邑中一切政事，鄰長贊助其里宰以成之。）

里有宰，「掌比其邑之眾寡與其六畜、兵器，（比，考核也。）治其政令，以歲時合耦於鋤」。（令耕者互相合作，曰合耦。參看鄭注。）

酇有長，「各掌其酇之政令，（中略。）凡歲時之戒令皆聽之，趨其耕耨，稽其女功」。

鄙有師，「各掌其鄙之政令」，以時校登其夫家，比其眾寡。（清查户口也。）「凡作民，（如選舉、兵戎及大工役，必作動民眾以趨之，故曰作民。他處言作民者仿此。）則掌其戒令，以時數其眾庶，而察其美惡行誅賞。歲終，則會其鄙之政而致事。」（總計其鄙之政，以報於縣。）

縣有正，「各掌其縣之政令、徵比，（徵者，國有興作，須徵民也。比者，謂考核政事得失。）以頒田里，（一切政令須頒布於田里者。）以分職事，（令人民分工而總成公眾之事。）掌其治訟，趨其稼事而賞罰之，若將用野民、師、田、行役」，「則帥而至」。

遂有遂師與遂大夫。「遂大夫各掌其遂之政令。（中略。）三歲，大比，則帥其吏而興甿，（甿，民也。興，舉也。興甿，謂由民眾遷舉其邑之賢者能者。）明其有功者，（吏與民之有功者皆明揚之，以勵眾庶。）屬其地治者。」（屬，猶聚也。聚地方眾吏任治者，來以謹修職事。）「令爲邑者，歲終會政致事。」

「遂師各掌其遂之政令、戒禁，以時登其夫家之眾寡、六畜、車輦。」「經牧其田野，辨其可食者，周知其數而任之。（辨其宜食者，而選擇其種，周知一切佳種之數而用之。任，猶用也。）以徵財賦，作役事，（有大工役，則作其民。）聽其治訟。巡其稼穡，而移用其民，以救其時事。」（時事有特急者，則移用其民，使相救助。遠近之民，樂相互助，民治之效也。）

《周官經》以六鄉直屬於地官司徒，而六遂則別隸於遂人之官，不直屬司徒。又三公領六鄉，而不領六遂。六遂治教之法，亦簡於六鄉。如此，似是重近都之鄉而輕遠郊之遂，恐是漢人有改竄。皇帝之世，重內輕外。（內，謂帝都。外，謂郊邑，以至國之四境。）《周官》爲昇平之制，絕不至於六鄉六遂分輕重也。然六遂治教之法，略於六鄉者，此須會而通之，不可泥。六鄉之治法、教法，自是通行於六遂，不須於六遂中重見也。（唯國有大詢，六遂民衆或以道遠不必盡赴王朝，當各就其遂，公推代表耳。）

上述鄉、遂之法，今略舉其要點：

一曰，鄉自五家之長（比長。）上至於鄉大夫、鄉師，而達於王朝。遂自五家之長（鄰長。）上至於遂大夫、遂師，而達於王朝。治起於下，非若據亂之世，統治階級可以私意宰制天下庶民也。

二曰，六鄉六遂，皆三年大比，由民眾普選賢能。選定之後，賢者則出而任職於朝，可見王朝六官、冢宰、皆由賢者積功而至。易言之，在朝執政其始進也皆由民選，至其能者則皆留在六鄉六遂任事，必能各舉其職無疑。

又復當知，《周官》爲民主之制，不獨朝野百官皆自民選，即其擁有王號之虛君亦必由全國人民公選。秋官小司寇掌外朝之政，以至萬民而詢焉。一曰詢國危。（國有危難，必大詢於民，以改造政治及決戰守。）二曰詢國遷。（如遷都或變更領土之類，必由全國民意決定。）三曰詢立君。（國王必經民選，所以革據亂世大人世及之亂制也。此條鄭玄以擁護帝制之私而為曲解，此不及辨，恐文繁故。）據此類推，則國之大詢當不止三事，如立法及舉三公、冢宰與大政事，未有不經大詢也。

三曰，鄉遂之法屢言作民，其義至重要。《周官》爲革命撥亂而創制，承據亂世之後驟行民主之治，若非多方開導鼓勵，以作動民眾，則人民力量恐未易發展也。是故鄉、遂大夫及其屬邑群吏，遇事皆有會議以作動民眾，如獎勵生產有會，（鄉遂群吏、教稼穡、趨耕耨及教民互助之類。）頒政令有會，兵事有會，大工役有會，選舉賢能有會，鄉飲有會，春秋習禮有會，習射（即講武事。）有會，讀法有會，鄉遂大夫，四時孟月，徵召其民，考其德行道藝，糾察其過惡而戒之皆有會。凡所以因事導民，昌其氣，定其志，正其趨向，擴其知識技能，曉以民生利病，天下大勢者，無不極力振揚，莫敢一日稍懈。春雷震而萬物昭甦，作民之效如此。

四曰，讀法本作民之一事，然以其特別重要，故須提出別論。國有大法及普通法，與一切政令教法，通名爲法。民主之制，其人民必養成尊法守法之習慣，然後其一舉一動共循於萬物之規矩而莫或叛。撥亂之初，法度創立，故讀法之會必須常舉，使人民對於一切法了解深而持守嚴，則法行而治可成矣。或疑《周官經》規定鄉、遂讀法之次數過繁密，未免擾民，如以鄉言，州長每歲屬民讀法者四，黨正讀法者七，族師讀法者十四，閭胥讀法者無數；或者以爲是日讀法既於州長，又於黨正，又於閭胥、族師，且將奔命不暇。鄭樵解之曰：此亦易曉，如正月之吉，讀法，州長、黨正、族師咸預焉；至四時孟月吉日讀法，則族師、黨正預焉，州長不預。至每月讀法唯族師職焉。鄭注云：彌親民者，其教亦彌數是也。（數讀索。）案鄭樵說，頗合事理。經文省約，不妨以意推之也。

五曰，六鄉之治，皆五家爲比，十家爲聯。五人爲伍，十人爲聯，四閭爲族，八閭爲聯，使之相保相受。（相保者相互助相和親，相受者一切政事皆相承受合作。）六遂之治，其鄰、里之組織亦然。民主之治在化私爲公，易散爲群，故鄉、遂之制必使民眾互相聯繫，將以進於天下一家之盛。

六曰，閭胥四時聚眾庶，書其敬敏任恤者。（書者，記之於冊，且以示眾。）族師書其孝弟、睦婣、有學者，黨正書其民之德行、道藝，乃至鄉大夫亦然，遂大夫與其屬邑亦然。皆所以崇賢善，移風俗，且爲選舉之備。至於春秋以禮會民，州社祀先農以報功，喪祭等禮，皆由群吏導之，其謹於德化與禮治也若斯之急。《周官》治道本以德、禮爲主，法、刑爲輔，不唯滿足人類之物質需要，而實歸本於提高人類之靈性生活，此其不可忽者也。

鄉、遂，經野之政，（經理田野，曰經野。）頗與工業相聯繫，其掌治生產之專職頗多。今略舉如下：一、「草人，掌土化之法，（地質不良者，化之使美，可知孔子之時已發明地質學。）以物地相家，而爲之種。」（此中物字，是視義。相，亦視義、辨義。視察地質而辨其土之所宜。種者，穀類等種子。）二、稻人，主治田、用水等事。三、土訓，掌地圖，如九州形勢、山川百產所宜之類。四、「山虞，掌山林之政令。」五、「林衡，掌巡林麓之禁令。」（即山虞之佐。）六、川衡，掌巡川澤產物之禁令。七、澤虞，掌國澤產物之禁令。八、「跡人，掌邦田之地政。」凡田獵者受其令。九、丱人，即今考察與經理礦產之官。十、角人，以時徵鳥獸之齒角，而製用具。十一、羽人，以時徵鳥獸之羽毛，可製日常服用之物。十二、掌葛，「徵絺綌之材於山農」，以造葛布。十三、掌染草，「以春秋斂染草之物」，猶今有顏料業。十四、「掌炭，掌灰物炭物之徵令」，猶今有煤炭等公司。十五、囿人，掌園囿鳥獸林木之類。十六、「場人，掌國之場圃，而樹果蓏珍異之物。」十七、「廩人，掌九穀之數，以待國之分頒」，猶今倉吏。十八、「司稼，掌巡邦野之稼」，辨穀之種類，「周知其名，與其所宜地，以爲法」。並掌均萬民之食。十九、「春人，掌供米物」等事，（案司稼掌均萬民之食，春人掌供米物，可見《周官》對於最重大之民食政策，防止私商壟斷，由國家統購而平價以給民食。）二十、「牛人，掌養國之公牛，以待國之政令。」（案農業生產，以牛為唯一重要之資具，故國宜有牛人之官，掌養公牛，勿令民間匱乏。若本此意，以推之近世乃至將來，凡由科學技術進步而有之生產工具，自當由國家或公家備辦。）二十一、「服不氏，掌養猛獸而教馴之。」（自此至山師皆夏官之屬，與山農有聯繫者。）二十二、「射鳥氏，掌射鳥」，以供民眾食用。（羽毛亦有用。）二十三、「羅氏，掌羅烏鳥。」二十四、「圉師，掌教圉人養馬。」二十五、「山師，掌群山林木之名，辨其物與其利害，而頒之於邦國。」凡茲百業之官，但略徵舉，猶未及詳。然自平衍肥沃百產所宜之地，以至高山川澤、天然蘊藏之富，江海湖沼之利，動植礦之博，則已無不掌以專業之官，經緯萬端，無有遺利。此等職業皆與農民有聯繫，大概由司徒與鄉、遂之長總其大計，而司徒亦必協同司空以籌之也。（冬官司空是掌治百工之長官。司徒所屬諸職業多是考察與採集原料，當與司空有聯。）余嘗言，《周官經》知周萬物，囊括大宇，固已早爲近世格物之學與開物、備物之富有大業，導其先路。（開物與備物，見《易・繫辭傳》。）聖人智慮深遠，豈不奇哉？

四義，《周官經》之社會理想，一方面本諸《大易》格物之精神期於發展工業。（《大學》格物之義，實從《易・繫辭傳》「知周乎萬物」而出。程、朱以「即物窮理」釋之，甚是。惜其為學，終嚴於治心，而疏於格物。）一方面逐漸消滅私有制，一切事業歸國營，而蘄至乎天下一家。

其發展工業者。《大易》宣導「知周乎萬物」，「立成器以爲天下利」。（成器者，謂創作生產工具。格物之學日精，故生產工具之發明層出不窮，而天下利也。）《周官經・天官篇》有曰：「以官府之六屬，舉邦治。」（經以天官冢宰、地官司徒、春官宗伯、夏官司馬、秋官司寇、冬官司空，此六官組成中央政府。六官各有屬，各帥其屬，而修舉邦國之治。）下文敘六官之職，其於冬官則云：「六曰事職，以富邦國，以養萬民，以生百物。」（事職者，冬官之職，在開闢一切生產事業，故云。）此十六字至可寶貴，漢人言冬官亡缺，余以爲漢世用愚民之策，獨重農耕而賤工商，奴儒或希寵而毀〈冬官〉，非必其出獻時早缺也。〈冬官〉亡，而聖人爲萬世制法之精意不可見，漢人以《考工記》補之，於義無當。宋人至有謂〈冬官〉本無專篇，其屬吏僅散見於〈地官〉等篇者，此其愚妄不足辨。地官領鄉遂，（六遂雖不直達於司徒，然非不屬地官也。）其諸有關工業之職司，自是地官與冬官之聯事，謂冬官徒有虛名，無可立專篇，雖三尺之童亦知其無此理。甚矣宋人之陋也。今觀〈天官冢宰〉之篇，明定冬官事職，曰富邦國，養萬志，生百物，幸此數語猶存，可以想見《周官》之經濟理想，專注在科學技術與工業生產，其高遠宏深之識，直是包通大宇，遠矚萬世，不驚嘆不得也。而漢以來二千數百年，從無發覺此數語者，豈不惜哉！余從富邦國，養萬民，生百物數語，推想〈冬官〉一篇必有提倡科學技術之理論，暨工場、礦業，各種生產部門之創制，及其與地官等之聯事，其規模當極廣大，否則富邦國養萬民云云，只是全無內容之胡說白道，聖人何至出此？戰國之世，啓發秦人吞併六國，統一諸夏之梟雄，如商鞅、韓非。（呂政用韓非之說，見董生《疏》。）今觀其書，皆以農耕爲唯一生產至計，何況春秋時之社會前乎戰國，其純爲農業不待言，而孔子於《大易》導揚科學，於《周官經》特建掌百工之冬官，專主發展工業，以是爲富邦國、養萬民、生百物之唯一途徑。此在今日，似爲人人皆備之常識，然在二千數百年前有此遠見，非上聖其能若是哉？

冬官，掌工之官也，其職在生百物，可知其注重發明機械與技術。機械技術日益革新，（革故創新，曰革新。）則吾人可以運用極精利之工具控制與改造大自然，將使萬物之質量與功能俱顯神奇之變化，而吾人之樂利可以增大無量。〈繫辭傳〉曰：「立成器以爲天下利。」即此道也。生百物者是人工非天工，聖人在古代已發明此學術，發明此治術，不亦奇歟！

地官與冬官之聯事最多亦最密，（聯事一詞，見〈天官篇〉。）惜〈冬官篇〉全亡不可徵。而〈地官篇〉猶有可徵者，如云「頒職事十有二，於邦國都鄙，（都者都市，鄙者鄉邑，以至國之四境。）使以登萬民。（登者，上也，進也。民有職業而後可發育其智德力以上進，故曰登。）一曰稼穡，（鄭注：「謂三農生九穀。」）二曰樹藝，（園圃植果木、蔬菜。）三曰作材，（作，猶興也。山民振興林木等材，水濱之民振興水產百材。）四曰阜蕃，（鄭注：「養蕃鳥獸。」）五曰飭材，（飭，修治也。凡野所產原料須以人工修治而變化之，以供民用。此雖由地官主其政，亦必與冬官有聯繫也。）六曰通財，（鄭注：「商賈阜通貨賄。」）七曰化材，（鄭注：「嬪婦化治絲枲。」案鄭說亦隘。化材範圍極廣，如造紙之類皆化材也。）八曰斂材，（鄭注：「臣妾聚斂疏材。」案鄭云臣者，男子之貧賤者也，妾者婦女之貧賤者也。今當正名男工、女工。物材多棄於地而不知收者，若經考察而識之，當聚工徒採斂以備飭化也。）九曰生材，（鄭注：「謂閒民無常職，轉移職事。」案鄭甚誤，其說當屬於十二項之服事，不可以釋此文。閒民轉移職事，何可說為生材乎？鄭玄注經不達義旨者甚多，清人無知而尊之，誤後學不淺。余謂此中生材與五項飭材似同而有異，飭材可說為供給日常用品之製造，生材，則其製造難而利甚大矣。此等工場當是冬官所規設，而或因地點及物力等等關係，不能與地官無聯繫，故地官亦著其文。）十曰學藝，（鄭注：「謂學道藝。」案經文只學藝二字。學者，學習；藝者，工、農、商、礦或諸業所有知識技能之通稱。學藝者，學習各種知能而已。鄭玄加一道字，不知其於道字作何解，漢人固不悟道也。工人須學藝不倦，否則其業務無改進。）十有一曰世事，（人民對於社會政治等等問題宜令其注意謀解決，天下大勢宜令通曉，所謂世事者即此類。）十有二曰服事」。（此指在機關或各種團體料理各項事務之人，所謂閒民無常職，其職事可隨時轉移者是也。）據此，地官以十二職事登萬民，其於民生計畫周詳，大無不舉，細無不備，今後猶莫能外也。〈冬官篇〉生百物、富邦國、養萬民之規制，今雖無從考，而其與地官之聯事猶可於〈地官篇〉「頒十二職事」一條見其概。

附識：地官司徒掌內政，其所領之鄉遂即是農村社會。冬官司空掌百工之事。《周官經》以富邦國、養萬民、生百物之職事屬於冬官，而農村之一切工業，其規模小者，地官皆置吏以掌其業，亦必與冬官有聯事。其規模大者，如生材之工場，（生字甚吃緊，即利用自然物，而別自創生一新的物事出來。）自是冬官主辦，而於地官亦必有聯事。工農之結合甚密，猶可於〈地官篇〉考見。（學者治《周官經》處處須留意其聯事，宋人不明此意，故妄說〈冬官〉無專篇。）十二職事中，其十有一曰世事，（今云政治。）則工農皆必須學習者。民主之治必大地之人人皆明於世事，此意不可忽。

其消滅私有制者，尋其策劃略說以三：一曰土地國有，二曰生產事業，其大者皆國營，乃至全地萬國亦逐漸合謀平等互助，以爲將來世進大同，國際公營事業之基礎。（大同時，舊有國界必須消滅，當將全地分為無數小國，而此小國之意義與其組織，亦絕不同前，只是文化團體而已。參考前談《禮運》中。）三曰金融機關與貨物之聚散皆由國營。（二三兩項政策實行，即無有私人得成資本家者。）

土地國有者，〈地官篇〉曰：「大司徒之職，掌建邦之土地之圖，與其人民之數。」又曰「乃經土地，而井牧其田野」云云。（見小司徒之職。井牧云者，作井田之制以養民，以此經理田野，人莫得私占有之。）案小司徒井田之制頗不詳，其「九夫爲井，四井爲邑」云云，是否後人改竄亦難知。但據「井牧其田野」之文，則唯廣漠寬平之地可劃爲井田者，乃從而井之耳，非不論地勢如何，悉可井也。小司徒復有云「乃均土地，以稽其人民，而周知其數，上地家七人」，「中地家六人」，「下地家五人」。（鄭注，「一家男女七人以上，則授之以上地」云云。余謂鄭注取大家庭制，殊失經旨。經蓋以家之人數，至多以七人爲定數，子既長則當別出爲家也。）據此，只云均土地而不曰井田，可見井田非通行之制。（唯不妨於可升之處行之耳。）其均土地也，先稽人民而遍知其數，然後因各家人數眾寡以別地之高下，而酌授之。家人多則授以上地，所養者眾也；次多則授以中地；家人寡則授以下地，所養者寡也。小司徒均土地之原則如此。土地皆屬國有，人民受之於國而不得據爲私產，不得買賣，唯當昇平之初期，家庭之制猶存耳。

〈地官篇〉「載師掌任土之法」，（任土，謂制貢賦也。）其中頗有漢初儒生竄亂處，茲不及辨。唯宅田、士田以至牧田，鄭司農、鄭玄諸說各有未妥，今當略釋。宅田，司農云「民宅曰宅」，甚是。（即民家所受田也。）士田，司農云「士大夫之子得而耕之田也」。案革命撥亂，世祿制早廢，士大夫子弟亦與民眾一律受田自耕。賈田，玄謂在市賈人，其家所受田也。案昇平之世，商賈不得謀利以肥家，其家之人自須受田。官田，玄謂庶人在官者，其家所受田也。案玄說誤。庶人服役於官府者，其家之人得受田自不待言。余謂官田乃國營之田，蓋大農場耳。牛田者，牛人之官，掌養國之公牛，其徒役亦各受田也。賞田，當是漢人妄增。國王不得擅以土地行賞也。牧田者，玄謂牧畜者之家所受田，亦是，如吾國西北諸地之民向以牧畜爲生，宜令其受田，無廢地利。（南中民俗，以蓄水種稻者謂之田，實則田亦為土地之泛稱，如高原之地種麥、豆或果樹等類者，皆謂之田。）據「載師任土」一節文字，不見工人之家有受田者。工人家屬當在工場操作，故不須受田耳。

生產事業歸國營者，如冬官之職，在富邦國，養萬民，生百物。此篇雖亡，余由其職推之可知開創一切工業之偉大規制，必特詳於〈冬官〉。其事業皆屬國營無疑，今雖不可考，而據地官所屬，凡關於生產業務之官，自農村之草人、稻人，以至分掌山林川澤各項專業之群吏，皆主持國營事業，亦皆冬官與地官之聯事也。據此，可見一切大規模之生產事業皆屬國營斷無疑義。生產事業歸國營，則人民皆有爲疾、生眾、用舒之樂，（為疾者，人民為國之主人，通力合作，故其為功極迅疾也。生眾者，所產之物眾多也；用舒者，物眾多，故人民食用無一不舒泰也。此皆借用《大學》語。）而國內不至有貧富不均之大患。（富者資產階級也；貧者無產階級也。）

然復須知，人民生計之永圖不宜拘於一國，要當爲天下一家之計。（天下，猶言全地萬國，或全人類。）一國之在天下，譬猶手足之在全身；護手足而不顧全身，未可保其手足也。一國不能離天下而求獨治，其理昭然矣。是故《周官經》之治法在以大地萬國爲一家，其根本大義已見於《大易》、《春秋》、《禮運》三經，而《周官經》則特詳其實行之策略。周官之政雖以六官互相聯，而政本究在冬官，其職曰富邦國，（非僅就一國言。）養萬民，（亦欲萬國之民皆得其養。）生百物，（生百物者，帝堯云「人代天工是也」，此乃科學益精而工業發展之結果。）此禮樂教化之本也。六官之中其與冬官聯事最重大最密切者，莫如地官與夏官。地官主內政，其所屬之生產事業皆與冬官相聯，以冬官統籌全國富養大計故。夏官掌軍政與外交，其職在理平萬國，（理者經理，平者平治，即以大均至平之道而協和萬國也。）自當以冬官之國際經濟政策爲招攜懷遠之實踐。（懷遠者，以公道服遠人也。攜者攜貳，謂離心也。招者，以公道招之使合。）冬官職在富養，（所謂富邦國、養萬民。）對於國內生產與對於國際之經濟政策，必有統籌之方略。（方者方針，略者要略。）雖〈冬官〉亡而無考，而地官所屬事業與冬官相聯者，前已略示其概，茲可不贅。若乃夏官所屬之諸外交官，其職事則皆奉行冬官與夏官協定之政策，此未可忽而不考也。夏官之屬，有訓方氏，（此言方者，謂四方遼遠諸國。下職方、合方，皆仿此。）「掌道四方之政事，與其上下之志，（道，猶說也；四方，謂四方遼遠諸國，猶言萬國。訓方氏常遠出考察萬國之政事與各國上下之情志，下，謂人民，上，謂其國之執政。訓方氏以考察所得，歸而為王國上下道之。王國領導四方，必據之以行勸戒也。）誦四方之傳道，（誦亦說也。四方之傳道，謂民情之所是非與趨向，所謂時行之說是也。鄭注，謂「世世所傳說往古之事」則謬解耳。）正歲則布而訓四方，（以訓方氏之所道與所誦者，布告四方，使知得失。）而觀新物。」（四方有新器物之創作。亦告四方，令其互相觀而仿之，所以利用，亦奬發明也。鄭注大謬，不可從。）又有「職方氏，掌天下之圖，以掌天下之地，辨其邦國、都、鄙、四夷、八蠻、七閩、九貉、五戎、六狄之人民，與其財用九穀、六畜之數要，周知其利害」。（四夷、八蠻、七閩、九貉云云，只是設想四方極遠之國而以夷蠻諸名，形容其無禮義耳。《周官經》本昇平初期之治，是時夷狄猶未同於諸夏，故設為教導夷狄之事。鄭注妄以《周官》為周公作，便謂四夷八蠻等等，皆是周代所降服之國，後人皆從之，大謬。當知《周官》是孔子理想之書，不可作周代史事看。）又有「合方氏，（合者聯合。此官任聯合萬國之務，故名。）掌達天下之道路，通其財利，（以盈濟虛，以有助無，曰通。）同其數器，（權衡不得有輕重之殊。）壹其度量，（尺丈釜鐘不得有大小之異。）除其怨惡，（國與國之交易，必以真正平等互惠為主。我若侵削人則人必怨惡，人或侵削我則我亦不得無怨惡。必我以大公均平之道待人，而亦以毅力抑制人之侵我。如是，則國際將共守平等互惠之正義，而彼此都無怨惡。）同其好善」。（人之好善而無自私之詭圖者，我則引為同好，其不善者則擯抑之。）綜前所述，訓方氏考察萬國政事及民情之好尚與趨向，且訪求新器物。職方氏辨四方遠國之人民，與其財用之數要，（數謂其所需之數；要謂其所必需而不可缺者。）周知其利害。合方氏乃與萬國通其財利，除其怨惡。由此可見，夏官兼長軍政、外交，而實不欲恃兵力以服夷狄，乃依據冬官之國際經濟政策以外交方式轉化夷狄，諸夏聯合而開太平之端其大機大用在此也。（《周官經》以外交並歸掌軍之夏官最有深義，外交必有軍力為後盾故。）余嘗言，不通《周官》則《春秋》昇平、太平之治為空談，漢以來二千數百年，《春秋》本義亡。而《周官》亦被屏棄，眞可惜也。冬官掌百工，而商務與工業相聯，則商務自是冬官所兼領。（猶如夏官掌軍而領外交。）今由訓方、職方、合方之外交運用，猶可想見冬官之國際經濟政策，在與萬國通財利，除怨惡，是爲夏官外交所循之以進行者。將使夷狄進於諸夏，必解決國際經濟問題，而以外交方式行之。昇平之初，猶患夷狄，軍事不可不修，究不可恃武力以陷於人類自毀之境也。《周官經》特重冬官、夏官之聯事，意深遠哉！夫國與國之間，財利不通，怨惡斯起。財利者，人類所資之以生而不可一日缺也。古今之所謂富豪階級與霸國者，（古云霸國，猶今云帝國主義國家。）征斂天下之財利，而自居於有餘，則天下之貧於財，而不得遂其生者眾矣。天下不得遂生者眾，欲其無怨惡，亦弗可幾也。天下眾怨眾惡，並積矢於有餘財之富豪階級與霸國，則霸者富者雖雄於財，終無奈天下之眾怨眾惡何，而其崩潰之勢乃如江河日下，莫可挽矣。是故冬官、夏官聯合，解決國際經濟問題，唯以通財利、除怨惡爲不二法門。（不二法門，借用佛語。）通之爲言，均也，平也。不均不平，則此有獨盈，彼彼俱虧。（彼彼，猶言多數。）盈者如在天上，虧者若陷九淵，何可云通？財利之在天下，與全人類通之，則怨惡化爲太和，而萬國大同矣。通之於商務，尤貴通之於工業，彼此有無相濟，盈虛相調，是商務之通也。至於《禮運》所云「以天下爲一家」，即當合大地萬國而統籌生產之宜，如有缺乏生產力與生產工具者，先進國必扶助之，訓方氏訓四方諸國，觀新物，即有此意。如有不度萬國需要之數，而盲目擴大生產者，便當裁節，職方氏辨四方遠國之人民，與其財用之數要，周知其利害，正是爲萬國生產之統籌作參考。聖明遠燭，今後不可忽斯意也。武器製造尤當嚴絕，天下之人人，如皆能堅持正義，則此事不難禁止。倘以造武器之資力，而改造生養之需，則財利不可勝用。凡此，皆工業之通也。夫通者，公道也，大均至平之道也。公、均、平之道行，而天地位，萬物育。（天地位者，天地皆循其序而不亂。萬物育者，萬物發育而無相殘害。人間若有大禍亂，便覺天傾地覆，是失位也。萬物互相殘，何育之有？此二語見〈中庸篇〉。）聖人爲萬世制法，千條萬緒其要在公、均、平而已矣。

金融機關與萬物之聚散，皆由國營者。〈地官篇〉：市有泉府，「掌以市之徵布，（市者，都市。地官之屬有司市，猶今之市長也。《周官經》於市政頗詳，此未及述。市有泉府，即今之國家銀行。泉，古錢字。布，鄭司農云，布謂泉也。徵布，猶云通行之泉幣。）斂市之不售，貨之滯於民用者，以其賈買之，（斂，收也。市所不售之貨物，民間滯而不用者，則泉府按其物之賈付錢收買之。賈，古價字。）物揭而書之，以待不時而買者。（鄭司農云：「物楬而書之，物物為揃書，書其價，楬著其物也。」不時買者，謂將有急求者來買之也。此言泉府收買民間滯用之物，而於一一物皆書其價，以待有急求者來買也。）買者各從其抵」。（鄭玄云，抵即柢字。柢，本也。鄭司農云：「抵，故價也。」案此謂買者仍照泉府先時購物之本價而買之。司農之解是也。）「凡賒者，（買物緩償其價，曰賒。）延期無過三月，凡民之貸者，與其有司辨而授之，以國服爲之息。（有司泉府屬吏也。人民有貸款者則泉府主官與其屬吏乃簡別其貸民之物一一定其價以授之。貸謂從官借本而營業也。故有息。據鄭玄説，以國服為之息者視其為國服事之工值多少為息也。此説頗當。但其舉例云，於國事受園廛之田而貸萬錢者。則期出息五百。此乃以意推想古法，不可從。）凡國事之財用取具焉。歲終，則會其出入，而納其餘。」（會，計也；納，入也。計其出入相抵而猶有餘，則入歸於公也。）

案國有泉府，掌錢幣之流通，司萬物之聚散，利權操於國，以絕私商壟斷之患，而民利百倍矣。（壟斷者，壟謂岡隴；斷者，其形如斷片也。古諺云：有賤丈夫焉，求壟斷而登之，以左右望，其心不正，欲邪行以謀利也。世遂謂凡攘眾人之利以為己有者，當呵為壟斷。）漢武帝時，軍費過重，政亂，吏酷且貪，富商大賈蹛財，（蹛，居積也。言天下之財多積蓄於富商大賈之家。）黎民重困。時桑弘羊請置大農部丞數十人，分部主郡國，置平準於京師，都受天下委輸，（李奇曰：委，積也。天下委積而輸歸京師之貨物，則平準之官都受之。）召工官治車、諸器皆仰給大農。（車諸器者，車是載貨與交通之重大工具，而一切須用之器具猶甚多，不獨車也，故又總云諸器。大農召工官治辦車與諸器，其費則由大農給予。）大農之諸官，盡籠天下之貨物，（盡籠者，天下貨物盡收羅來，包舉無遺也。上云都受天下委輸者以此。）貴即賣之，（物價貴時，必由民間缺貨，公家則賣出，以平價而濟民。）賤則買之。（物價賤時，必由地方有餘物，公家則收買之，亦以蘇民困。）如此，富商大賈無所牟大利。（牟，取也。）則反本，而萬物不得騰踴，故抑天下物，名曰平準。（至平之準，曰平準。反本者，《漢書．食貨志》曰「畜賈游於市，乘民之不給，百倍其本矣」云云。畜賈者，謂賈人多蓄積也。此輩因民眾之不足，而乘機特別牟利，計其所獲則視物之本價，乃獲利百倍，故曰百倍其本，剝削甚可畏也。今此云富商大賈無所牟大利則反本者，正謂計其所獲，只返回其物之本價，不得多所剝削。上云無所牟大利，以此也。有誤解反本，謂人民將皆反而重農者，不獨與上文無所牟大利不相應，下云萬物不得騰踴，亦只謂商人受控制耳，豈謂國人盡歸農耶？）弘羊平準之法，實模仿《周官經》之泉府。武帝採之，而天下用饒。自霍光廢罷桑大夫之政策，後遂無復行之者。此等政策唯民主與準備實行社會主義之國，方可進行順利。桑大夫欲行之於皇帝統治之世，宜其不可久也。（統治階級畢竟利用少數人，以剝削天下眾庶。武帝所以納弘羊之策，亦因國用匱絕，無復可支，故勉從之以濟一時耳。）地官之屬，有旅師掌聚野之公粟，（野，謂鄉、遂各屬邑之農村。旅師所掌之粟有三種，今避解釋之繁，不引原文，只總括之曰公粟。）救助農民。春耕時以粟貸與民而爲之券，及秋、五穀豐登，旅師則收回所貸出之粟。此其法意，猶今之農村銀行也，王荊公青苗法即仿此制。

上來以四義，略說《周官經》之外王思想，雖未免疏漏，而大體亦可窺矣。細玩此經，其中乖亂處頗不少，今此不及舉，恐文繁故。鄭玄從劉歆以此經爲周公作，時引周及殷代故事以說經，以孔子理想之書亂以古代典制，誣聖人，誤後學，其過失不小也。昔避寇入川，欲爲《周官》新疏，曾屬周通旦執筆，余隨時授義，未幾余出川，周生不克從遊，此願遂虛矣。

本文當結束，猶欲略談《周官經》學校之制。經文雖多改竄，然考之黨正，每歲十二月，以禮屬民，（屬，聚也。）而飲酒於序。序者，今所稱學校也。注家稱古者五百家爲黨，其學校百有五十所，今考之經殊無明文。余由《論語》「有教無類」推之，此經定學制必令人民普遍受學，絕不使有一人失教也。又州長，「春秋以禮會民，而射於州序」。州爲黨之上級政區，其學校之數必不少。鄉與遂並爲地方政區之最高級，皆直隸於王朝，其最高學府當與王朝之太學相等。

學校之教，當爲德行、道、藝並重。鄉大夫之職，「正月之吉，受教法於司徒，退而頒之於其鄉吏，使各以教其所治，以考其德行，察其道藝」。三年大比，亦考其德行道藝。據此，則《周官經》之教學法，有在課目之外者，德行是也。至其課目，則分爲道、藝二種總目。道者道術，今之哲學。文學皆究明道術者也。（《莊子．天下篇》「古之道術有在於是者」云云。可見古有道學。）藝者藝事。《大學》所謂格物即藝事之學，猶今云科學也。（《禮記》中之〈禮運篇〉有云「義者，藝之分」。注家謂藝以事言。案分者分理。藝有分，《詩》云「有物有則」是也。）《周官經》於學校課目，但標此二種總目，至二者之細目則後世學術發展，日益繁密，聖人固不能預計也。

春官大司樂「掌成均之法，（鄭注引董生說，成均，五帝之學。成均之法，謂其遺禮可法也。）以治建國之學政，而合國之子弟焉」。鄭注公卿大夫之子弟當學者，謂之國子。案鄭玄以擁護統治階級之思想而釋經，故謂國子限於貴族，然經明明曰「合國之子弟」，豈以公卿大夫之子弟爲限乎？又地官之屬有師氏教國子弟，「凡國之貴遊子弟學焉」。從來注家皆以貴遊專指王公子弟，不知經曰凡國之貴遊子弟，則通全國而合計之詞。王國所屬鄉、遂之子弟，與諸夏列邦之子弟可深造者，必令其來學於王朝之大學。來自遠方曰遊，寵異之曰貴，此其本義也，奴儒皆曲解爲王公子弟，大叛經義。總之，兩漢以來儒生皆以皇帝專制之理論曲解經文，侮聖言而誤來學，甚可閔傷。余以爲六經皆須新注，所望有深思力踐之學者，能溫故知新，成茲大業也。

附識：王公子弟受學於王朝之太學，本無所謂遠遊，杜子春亦知其難通，乃曰遊當爲猶，言王公子弟雖貴猶學也。如此，強改經文以就己之邪解，鄭玄亦存其說。子春受學劉歆，歆好以私意竄亂經義，子春亦染其汙習也。

〈天官篇〉言「以九兩繫邦國之民」。（陸釋兩，猶耦也。所以協耦萬民。）其三曰「師以賢得民」，其四曰「儒以道得民」。據此，則所貴乎師儒者，在能保持其學術獨立之精神與地位，而以德業繫萬民之信仰，此教化所由興也。

已說《周官經》，當附以農家爲此篇之終。農家雖儒學之別派，而實得外王學之眞髓，惜其經傳都亡，無從搜考。今唯《孟子．滕文公篇》略存許行弟子陳相之說，至可寶貴。其文曰：「有爲神農之言者許行，自楚之滕，踵門而告文公曰……聞君行仁政，願受一廛而爲氓。（廛，民所居也。）文公與之處，其徒數十人，皆衣褐，（毛布，賤者之服也。）捆屨、織席以爲食。（賣屨與席，以供食也。）陳良之徒陳相與其弟辛，負耒耜而自宋之滕。」（陳良，楚之儒者。孟子稱其北學於中國，北方之學者未能或之先也。）「陳相見許行而大悅，盡棄其學而學焉。陳相見孟子，道許行之言曰：『滕君則誠賢君也；雖然，未聞道也。賢者與民並耕而食，饔飧而治。今也，滕有倉廩府庫，則是厲民而以自養也，（厲，病也，言其剝削人民以自養也。）惡得賢？』（許行此言，明明主張廢除統治階級，是真能實踐《春秋》之道者，惜乎孟軻荀卿之徒皆不足語此。）孟子曰：『許子必種粟而後食乎？』曰：『然。』（陳相答曰然，言許子必自耕而食也。）『許子必織布而後衣乎？』（孟子又問。）曰：『否。』（陳相答。）『許子衣褐，許子冠乎？』（孟問。）曰：『冠。』（陳答。）曰：『奚冠？』（孟問。）曰：『冠素。』（陳答。）曰：『自織之歟？』（孟問。）曰：『否，以粟易之。』（陳答。）曰：『許子奚爲不自織？』曰：『害於耕。』（陳答。）曰：『許子以釜甑爨，以鐵耕乎？』（孟問。）曰：『然。』『自爲之與？』曰：『否，以粟易之。』（陳答。）『以粟易械器者，不爲厲陶冶；（自此以下，皆孟子之言。農夫以粟向陶冶易械器，其於陶冶無病也。）陶冶亦以其械器易粟者，豈爲厲農夫哉？（准上思之可知。）且許子何不爲陶冶，捨皆取諸其宮中而用之？（孟子言。許子若能以一身兼作百工之事，則一切生養所需之物，皆可取諸其宮室之中而用之。許子何故捨是而不為乎？此欲逼令陳相窮於答也。捨，棄捨也。朱注誤。）何爲紛紛然與百工交易？何許子之不憚煩？』（以上，皆孟子難陳相之言。）曰：『百工之事，固不可耕且爲也。』（陳答。）『然則治天下獨可耕且爲歟？（自此以下，皆孟子之言。）有大人之事，有小人之事。且一人之身，而百工之所爲備。如必自爲而後用之，是率天下而路也。（言一人之身，備有百工之物，但可分工而作，交易而用之。非可一切自為而後用也。如欲自為之而後用，將紛勞無成，譬如奔走道路無時休息也。）故曰，或勞心，或勞力；勞心者治人，勞力者治於人；治於人者食人，（治於人者，唯以其勞力，供居上層者之食，故曰食人。）治人者食於人，（據上層而治人者，則以天下最大多數勞力者所生之物，供己之食，故曰食於人。）天下之通義也。』」（以上，皆孟子破許子之言。）

案孟子以農夫、陶冶分工之說，助食於人之階級作詭辯，極無道理。社會有農夫、陶冶等等分工，是殊途合作，平等互惠，所以成其整體之發展也。至若食於人者高據統治階級，以侵削天下最大多數勞力之民眾，此階級之所由成，實由自恃爲治人者，濫用其威勢，積漸以成茲毒物，是乃妨害社會之發展，必不可容其存在者也。余深玩《孟子》此章，故曰或勞心五字，至治人者食於人一段，其上文當有陳相與孟子抗辯之辭，孟子竟略去而不述，是可惜也。夫勞心與勞力之分，治人與治於人之分，食人與食於人之分，正是社會主義者所詳究而不容蒙昧過去之根本問題。陳相見許行，棄其所學，而學許子之學，豈無眞知明見，而輕被孟子淺薄之論駁倒哉？孟子不存陳相之言，而突爾有勞心勞力以下數語，且妄斷曰「天下之通義也」，甚矣！孟子之迂也。雖然，許子勞心勞力不分之主張，固是《春秋》太平世之極則，然必如《大易》所謂「立成器以爲天下利」，而後可遂許子之期望。則未知農家對於格物之學與工業，亦加意提倡否？惜乎其書悉亡，無從考矣。

余從《大易》、《春秋》、《禮運》、《周官》諸經，以抉擇孔子之外王學，於久被竄亂之遺經，求其眞相之未泯者，譬之入深山，披荊棘而採寶物，雖勞苦不無，而大寶既獲，亦有不知所以之樂也。漢以來崇儒者，以其爲綱常名教之大宗；（綱者三綱，常者五常。）清季毀經非孔者則以其爲帝制之護符。余年鄰弱冠，棄科學而從軍，思振民權，以張華夏，其時於孔子六經茫然無所知，固攻之甚力，久而後自悔愚妄之罪也。今衰矣，唯念欲明孔子之外王學者，須注意二端。不明孔子注重格物之精神即無從研究其外王學，此一端也；仁義之蘊，禮樂之原，是乃萬物之所以統一，而復其本來無對之體，人極於以立，此又一端也。後者至微而難窮，本篇未暇詳，是吾憾也。

附識：余考定六經是孔子爲萬世開太平之書，已詳之於〈原外王篇〉。稿成，復憶墨子所記異聞亦可爲孔子倡導革命之一證。《墨子．非儒下》稱晏子對齊景公云：「孔丘之荊，知白公之謀，而奉之以石乞，君身幾滅，而白公僇。（中略。）勸下亂上，教臣殺君，非賢人之行也。」《墨子》此篇所引，是否假托晏子，今無從斷定。然墨子必因孔子有革命思想而後以「勸下亂上，教臣殺君」攻之。《墨子．天志篇》曰：「今天下之君子之欲爲仁義者，（案此謂儒家。）則不可不察義之所從出。既曰不可以不察義之所從出，然則義何從出？」子曰：（子者，墨翟自稱，或此篇為墨翟之徒所記，而稱翟也。）「義不從愚且賤者出，必自貴且知者出。」（知，讀智，下同。）「夫愚且賤者不得爲政乎貴且知者」，貴且知者「然後得爲政乎愚且賤者，此吾所以知義之不從愚且賤者出，而必自貴且知者出也」。案墨子以此反革命是其蔽也。

〈外王篇〉言《周官經》之王爲虛君。蓋革命之初創開民主之治，其行政首長暫仍王者之名號，但實質則根本改變，非猶夫昔之所謂大君也。此義猶隱存於何休《公羊注》。《公羊春秋》成公八年「秋七月，天子使召伯來錫公命。」孔《疏》：《春秋》「稱天王者二十五，稱王者六，稱天子者一，即此事是也」。《穀梁傳》曰：「天子何也？曰：見一稱也。」（言天子之稱，無別取義，只是另一種稱呼耳。）唯左《疏》引賈逵云「諸夏稱天王，畿內曰王，夷狄曰天子」，其說以爲王與天王、天子三號，同爲大君之稱。（言大君者，以別於列國之君。）而此三號實因所對異故，而別其稱。對畿內臣民則稱王，以親近故；對諸夏列國則稱天王，以稍疏遠而明其尊極，以臨之也；對夷狄則稱天子。夷狄不識尊極之理，唯知畏天，故言天子以威之也。許愼、服虔並依此說，獨何休注《公羊》云：天子者，爵稱也。（古者以子為男子之美稱。天之所美，曰天子，故以為首長之爵名。）此義與《左》、《穀》乃天地懸隔。左氏本記事之史，《穀梁》爲史評之書，故其言王者三稱，皆據史實。何休特明天子爲爵稱，蓋據公羊高所親受於子夏者，輾轉傳來之義。（公羊壽與胡毋雖失此義，而有口說流傳。）是乃孔子創說，非歷史事實也。夫以天子爲爵稱，則天子與百官之有爵無異，不過其爵列第一位，爲百官之首長而已。孟軻曾聞是義。其答北宮錡問周室班爵祿之制曰「其詳不可得聞也。諸侯惡其害己也，而皆去其籍。（言周之王室班爵祿之制度，諸侯惡其妨害於己，皆已毀去其典籍。）然而軻也，嘗聞其略也。天子一位，公一位，侯一位，伯一位，子、男同一位，凡五等也」云云。（孟子既言周之典籍早被諸侯毀去，則無從聞其略矣，而又言天子至諸侯凡五等者，孟子蓋引孔子《春秋》之制，而假托為周制，欲以裁抑當時侯王耳。秦、漢儒生偽造古《周禮》說，言天子同號於天，何爵之有，此乃擁護皇帝而竄亂《周官經》，不可為據。然《周官經》之所謂王，必詢於萬民而後立，且無政權，明明同於民主國之首長，而非古之所謂大君，其本文猶可考也。）顧亭林《日知錄》發揮孟子之義曰：班爵之意，天子與公、侯、伯、子、男，一也，而非絕世之貴。（秦、漢以後，皇帝尊貴超絕世間，等於上帝，威權無限，其於庶民侵之削之，生之殺之，隨其意欲而已。孔子作《春秋》早防此患，蓋知統治階級如不廢，大君必成絕世之貴，故《春秋》以天子與百官同受爵於人民，而民始貴。）代耕而賦之祿，（有爵而任國事者，不得耕作以自給，故公家賦予之俸祿，俾足以代其耕而已，不得為分外之享受也。）君、卿、大夫、士與庶人在官者，一也，而非無事之食。是故知天子一位之義，則不敢肆於民上以自尊，知祿以代耕之義，則不敢厚取於民以自奉。據此，則天子之職與俸，與民主共和國之首長正無異。孟子承《春秋》之說，而亭林能發其義。《易·乾鑿度》亦以天子爲爵稱，與《春秋》一貫。蓋撥亂初期，暫行之制耳。（撥亂者，撥去亂制，即當據亂世而行革命之事也。）漢人有持老氏人君無爲之說，然絕無民主思想，與《春秋》、《周官》二經虛君之意絕不相同。董生等問採老氏無爲義以說《易》、《春秋》，皆變亂孔子本義，不可從。

〈外王篇〉言《周官經》，明學校之教分道藝二科。有以古無道學之名相難者。答曰：《論語》云「誰能出不由戶？何莫由斯道也？」又曰「朝聞道，夕死可矣」。《莊子・天下篇》亦言「古之道術」云云。可見自古有道學矣。或問：「道學之義界云何？」答曰：姑爲之說曰，道學者，所以究明萬物所由成，萬變所由貞之學也。前一義本之王輔嗣。輔嗣注老曰：道者，由義。萬物由之而成。是乃就宇宙論而言，以道爲宇宙本體之名。後一義則撮《大易》之旨要，宇宙變動不居，人群事變無窮，而通萬變之理則莫不會於大道，老、莊、管子亦有窺於此也。故古之道學即攝今之所謂哲學與文學等。

余謂漢初道家擁戴皇帝，此等思想實背叛其本宗，而今之人猶有不信者。余曰：道家遺文今可考者，自老氏以及莊子之書莫不忿詈統治階層。齊稷下之徒聞隱君子之風，（隱君子，謂老聃。）非堯、舜，薄湯、武，其論亦偉哉。漢初道家思想乃變而擁護皇帝專制，完全叛其本宗。司馬談極崇君臣之倫，見於其〈論六家要旨〉一文。蓋公爲秦、漢間道家耆德，而遊曹參之幕不敢謝絕相國之招也。黃生在漢初亦道家巨子。馬遷《史記・自序》，稱其父談習道論於黃子，（〈儒林傳〉稱黃生。）則黃生爲談之師矣。〈儒林傳〉稱齊人轅固生與黃生爭論景帝前。黃生曰：「湯、武非受命，乃弒也。」轅固生曰：「不然。夫桀、紂虐亂，天下之心皆歸湯、武。湯、武順天下之心，而誅桀、紂，（中略。）非受命而何？」黃生曰：「冠雖敝必加於首，履雖新必關於足，何者上下之分也？今桀、紂雖失道，然君上也；湯、武雖聖，臣下也。夫主有失行，臣下不能正言匡過，以尊天子，反因其過而誅之、代立、踐南面，非弒而何也？」轅固生曰：「必若所云，是高帝代秦即天子之位，非耶？」於是景帝曰：「食肉不食馬肝，不爲不知味。

（舊說馬行多渴死，其肝有毒。）言學者，無言湯、武受命不爲愚。（景帝惡夫學者言湯、武受天之命而為天子，恐天下臣民將以湯、武之事為正義，群起而效之，必推翻其帝位也，故欲學者勿言之。其曰：勿言之亦不為愚者，隱示學者如敢言此事，則將自取殺身之禍也。景帝禁錮思想之陰毒，固不下於呂政。）是後學者莫敢明受命放殺者。」（明，明言之也。學者因景帝將加罪於學人之敢言湯、武事者，故自是莫敢明言湯、武受命放殺。放者，湯伐桀，刻其帝號而遠徙之南巢，故曰放。殺者，武王伐紂，紂懼而自焚，武王猶斬其首，故曰殺。）案漢初道家最著者，莫如蓋公、黃生、司馬談。今考其言行皆效法小康之儒而擁護皇帝，此老、莊所不及料也。然老氏以弱爲用，不肯言革命，其後學益腐化，必然之勢也。余嘗言，六國及秦、漢之際，孔子六經已爲小康之儒所改竄，大道之學經呂政焚坑，至漢興而盡滅。墨、惠二家之科學書，漢初已不傳。法家民主論者之典籍與農家書皆無一字存。幸而《孟子》與《淮南》猶載片言，可以推見其概。道家僅存老、莊，亦不全，而其學之不絕者，唯玄言耳。至其厭嫉統治階層之深意，則漢初道家不復探究，乃背叛其先師而盛張君臣名分，以媚事皇帝。秦、漢專制之毒可畏也哉！

劉生問：「《公羊傳》閔公二年冬，《經》云：『齊高子來盟。』《傳》曰：『莊公死，子般殺，閔公弒，此三君死，曠年無君，設以齊取魯，曾不興師，徒以言而已矣』云云。（言魯國內亂，曠年無君，設若齊國欲取魯國則不必用兵，徒以空言收服之，魯國將自歸入於齊也。是時齊桓公行仁義，不忍滅魯國，乃使其大夫高子率少數之兵來魯，徵魯人之同意，立僖公為君，且助修魯城而即退，不自居功。傳文大意如此。）何休注曰：『立僖公，城魯，不書者，諱微弱。（齊高子來魯本為立僖公與城魯而來也，而經文只書高子來盟，不書立魯君及城魯者，因《春秋》是魯史，魯人以微弱為恥，故諱之而不忍書耳。此等書法即國恥紀念之意。）喜而加高子者，美大齊桓繼絕於魯，故尊其使，起其功。（魯國，鄰於亡絕，而齊桓定其亂，為之立君，而繼續其國命。齊人以平等待魯絕不居功，無所要索，故經文書其使曰高子。子者，美之詞也。特表其功，曰起。）明得子續父之道。』（父有危疾，子必竭盡一切之力，求延續其父之命。今齊桓與其國人，能盡力以繼續魯國之命而不自居功，尊重魯國之地位，故嘉美齊桓得子續父之道也。）據何注所云，明齊桓深有得於子續父之道，《公羊傳》殊無此意，而何休特言之。齊人爲魯續國命可謂得慈父育子之道，而何休乃以子道比齊，以父之尊比魯，此何理耶？」答之曰：善哉汝問，何休所據者，必是公羊壽之先世，所傳孔子《春秋》之口義也。孔子之三世義，其昇平世，諸夏列國互相親輔若一家，故能進於大同，卒廢除國界。但此事不易驟致，必諸夏初聯合時，其領導之諸賢能虛懷自下，對於友邦微弱者，視之若父，而自盡子道，竭誠扶持，盡其誠愛，而不自尊。如此，至誠感物，天下之人人自然相親如一體，諸夏結合堅固，乃太平大同之起點。唯領導者有得於子續父之道，諸夏自然結合耳。太平世之人類絕不容有優劣等區別，（《公羊傳》猶存此義，當另詳。）領導者不自居於優越，天下之人人皆將感發，而有見賢思齊之志，故太平可幾也。孔子因齊桓之事，而明領導者當有得乎子續父之道，其義深遠矣哉！此義非何休所創，必子夏傳授之口義，後學相承，以及何休也。

下卷

原內聖第四

內聖之學，《易大傳》所謂廣大悉備，以言乎遠則不御，以言乎邇則靜而正，以言乎天地之間則備矣。（《易．繫辭傳》，亦稱《大傳》。「廣大悉備」與「以言乎遠」云云，原文本不相連，今綴合之。古人引故書，亦有此例。）夫廣則無所不包，大則無外；悉備則小大精粗，其運無乎不在。遠不御者，《中庸》曰：「大哉聖人之道！（聖人之道，天道也。道者，宇宙本體之目。天字與道字合用為複詞。聖人能體現天道於己，故曰聖人之道，天人本非二也，若有超脫於吾人而獨在之造物主，則是宗教迷情所執，非吾儒所謂天道。）洋洋乎！發育萬物，（此云萬物，即天、地、人與一切物之總稱。萬物皆道之流行發見，故曰發育萬物。譬如大海水現作眾漚，一一漚皆攬大海水為其體，非大海水在眾漚外。道之發育萬物，實非超物而獨在。洋洋者，盛大貌。）峻極於天。」（峻、高大也。初民仰望太虛，至大至高而不可測其所極，則謂之天。《中庸》則假天以形容道體。《中庸》本演《易》之書，雖經漢人竄亂，然此等處尚存《易》本義。）夫道，至大無外，至高無極，其德用盛大，周流而不屈，（橫盡虛空，豎窮永劫，皆是道體之充塞流行，故曰周流。劫，猶言時；時無盡故，曰永，不屈，謂無衰竭。）故曰不御。（御，虞翻云止也。周流不屈，何有已止。）邇則靜正者，《說文》「邇，近也」。吾人能體道於己，即道近在一身，而常爲主於中，（古哲言道心是也。）閒居常揭然有所存。（此諸葛公語。存者，不失道心之謂。先儒言，當天下大利大害關頭時，才涉一毫私意，便利害莫辨，佛云顛倒是也。此時只是中無存主，失道心也。）「清明在躬，志氣如神。」（《禮記．孔子．閒居篇》。）物接而心不失其官，故明於物則。（儒家說五官接物，唯感攝物象，如目之於色，耳之於聲是也。心之官則思，思乃由表入裡，由粗入精，由簡入繁，由曲入全，而深了事物之內蘊與其公則。）不任臆想，不雜曲見，心安理得，故謂之靜。（靜者，心地清淨，專一、安和之謂。靜生明，明故能得萬物之理。）此靜不與動對，動亦靜也，靜非廢然之謂也。若其履大變，膺巨艱，則虛而不繫，所以應萬事；長而不宰，所以成萬物。（長，讀掌。雖功德足以長人，而常抑然同物，因物而不自用，所以任萬物之各自盡自得也。此義與老子異。《老子》上篇第十章亦曰「長而不宰」。其長字讀長短之長。王弼注云：「物自長足，不吾宰成。」此則完全放任，無為，老之旨本如是。然領導義廢，未知其可也。儒家主輔相、裁成，而要歸群龍無首吉，其猶天地生物而不宰，萬物乃各恣其發育而共榮也。）是謂靜而正。靜而健動，輔萬物之自然，我無私焉，故正也。（儒學總包內聖外王，後儒偏向主靜，成乎獨善，適與《大易》之道相反。）萬化萬變萬事萬物之原，皆聖學所切究，而求不違乎大道，故曰以言乎天地之間則備矣。聖人作《易》創明內聖外王之道，而內聖實爲外王之本。上引《易大傳》文幽贊內聖學，庶乎得其要已。（《漢書．倪寬傳》注：「幽，深也；贊，明也。」）

余寫本篇之意願，唯將余所知所信於孔子內聖學之本旨據實揭出，其得失短長，當聽時賢與來者之抉擇。然年逾七十，神經衰弱最苦，又居處不適，平生解悟所至，邇來漸覺無形消失。說理之作當如江左所稱筆語，（語字由吾增之，以便成詞。）雖不求工於文，然顯揚理道，期無滯礙。非靈思煥發，無從著筆，而靈思之動本乎精力充沛，老而思泉日竭，此自昔學人所同患也。余年來時有意述作，每提筆輒止，此苦難向人言。學人對眞理，對先哲，須有擔荷，述作太輕，無以傳信，不如其已。抱此孤懷，空過歲月，（過音戈。）頃乃惶懼，姑就吾夙知之未盡遺忘者，強爲寫出，其能達意與否？且置勿論，唯求不失先聖之眞而已。

孔子之內聖學源出《詩》、《書》、《禮》、《樂》，至五十學《易》而後，始集大成。本篇大意，唯依其進學之序而詳之耳。然開端頗欲將中學特點，略舉其二：（中國哲學省稱中學，後皆仿此。言中學而不曰儒學者，儒家為正統派，諸子所從出。此所舉二特點，則儒學精神之普及於百家，故不單舉儒。）一曰中學在本體論中之天人不二義；二曰中學在宇宙論中之心物不二義。此二特點固不始於孔子，要至孔子始發揮光大。惜乎余精力不堪用，未及詳論，只可提出，冀來賢留意耳。

將談第一特點，須先釋天道等名。六經中天字有時單用，有時聯道字成複詞。

天字所目，各各別異，不可無辨。（目，猶名也，亦云指目。如呼方桌，則指定此器而名之也。）其一，古以穹高在上，蒼然而不知其所極者，呼之爲天，《詩》云「悠悠蒼天」是也。初民於此天頗感神異，以爲有大神赫然鑑觀在上，所謂上帝是也。

其二，古陰陽家以日月星辰之麗乎太空，亦名爲天。《易・乾卦》曰「天行健」，即以天體運行之健，譬喻乾元生生之健德也。（《易》只是取譬，不是說此天。至後當知。）陰陽家雖亦以星球名天，而視爲有神力斡運之，（運者，運行；斡者，主領義。）其與前所謂天者，頗相通。歷史上以日月食等變，爲天之警戒人君。天文家雖有就物理解釋者，而其說不盛行。（晉以後，科學的天文家與術數的天文家時有諍。）

其三，渾天之說，與前二天字之所指目均有不同。此天即以六合爲一大環，（上下四方曰六合，所謂無量無邊的虛空界是也。本無上下四方可分，但為說明方便計，而假設之耳。）無內無外，無封無畛，無始無終，無高無下，無古無今，而渾然一氣流動充滿於此大環中，即名之曰渾天。（渾字有二義：一、渾全義，不可分故。二、渾圓義，無方所故，亦無虧缺故。無量無邊的虛空界而為一氣充滿，則虛空亦非虛空矣。然又未嘗不虛空，則以一氣之運化，無有滯礙故，是故不妨合虛空與氣化而總名環中。渾天之名，即依環中而立。）自無量數星球星雲，以及莫破質點與聲光熱電等等，乃至大地、土石山陵、江河洋海、草木鳥獸、圓顱方趾之倫皆隨環中氣化，倏生倏滅，倏滅倏生。實若虛，虛而實，無神而非不神，偉哉環中，蓋無德而稱焉，其斯之謂渾天歟。（其德周普，乃無德可稱也。莫破質點者，《中庸》曰「語小，天下莫能破焉」，清季學人以原質不可復析者，譯為莫破質點，依《中庸》義也。）渾天說出，始有哲學意義，自老、莊至於周、張皆受其影響。（周子太極圖之一，與張橫渠所云「清虛一大之天」，皆本於古之渾天說。）

其四，以自然名天。世俗以凡事之順成者，謂之自然，此與學術無干，可不論。今就自然一詞之見於學術界者而說。何謂自然？以訓詁言之，自者自己，然者如此；自己如此，曰自然。印度有自然外道，（佛家斥自然論者為外道，以其不合於正道，故外之耳。）則以萬物之生，本無因緣，直自然耳。如云鵠自然白，烏自然黑是也，自然外道此計（計者，猜度義。）確甚謬誤。實則事物之生，不得云自然，如鵠白烏黑亦由其生活適應環境而然，可謂無因緣乎？佛家破之宜也。

自然論者否論物之生有因緣，即一切物都無規律可言，此其所以大謬。然窮理到極處，所謂宇宙本體，則字之曰道，亦字之曰天，此處所云天，即是自然義。夫於萬物而透徹其本體，（萬物皆相對，本體無對。於萬物而識其本體，即是於相對而透悟無對，乃知即無對即相對，即相對即無對。）則至極無上，（已見本體，方知無復有在其上者，故曰無上。）於穆深遠，（於讀烏。於穆，深遠義。而又言深遠者，極讚其深遠之至也。）不可詰其所由然。（不可問他以誰為因緣而生，實無有更在他之上而為他作因緣者。他，謂本體。為他之為，讀衛。）不可詰其所由然，則命之曰自然。彼乃自己如此，非更有因方成如此，（彼字，為本體之代詞。非字，一氣貫下。）故曰自然。自然之謂天，（此天字之所指目，與其含義之深微，可謂至極，與前所舉諸天字都無一毫相近處。）嗚呼，窮理至於自然之謂天，語言道斷，心行路絕。（語言之道已斷，言說不能到也。心之所游履，曰行。心行之路已絕，思維無可復用也。）孔子故曰「默而識之」，又曰「予欲無言」。往者嘗聞英儒羅素以爲窮理到極處，只合名爲禽獸的道理。（禽獸是無道理的，今窮理到極處更無道理可說，故取譬於禽獸。）此言大有幽趣，然實未見道也。蓋以思維術去推測，推到無可推處，乃有禽獸的道理之嘆耳。由彼之說，將入不可知論，人生且墜疑霧中矣。眞見道者，默然自識、自肯，（自肯，本禪家語，由自識故，自己肯定，熾然堅固不搖，與自信之意義相近，而尤深。）得大安穩，受用自在，何有禽獸云云之戲論乎？（友人馬居士湛翁飲此甘露，余平生勞於思，猶說食不飽。）晚周惠子曰：「施存雄而無術。」（解見〈原學統篇〉，可覆看。）其言精妙，亦與希臘以來哲人爲學路徑相近。莊生傷其昧於反己，有以也夫。（莊子之學亦有弊，詳〈原學統篇〉。）

道字有多種義，此不及詳。（中國文字多音同、形同，而其含義絕莫有同者。蓋中文字有本義，有引申義，引申便複雜。本義則緣反映實物，而形諸聲音，遂造其字。如天字之本義為巔，即高山巔也，初民仰望穹高蒼然者，而以習見之山巔擬之，遂造天字。其後引申為渾天之天，則已離本義太遠，而猶有氣的意象微近。至以自然言天，便與本義無些子可通也。思想愈發達，即抽象作用愈趨於高深廣遠。由文字引申之蕃變而可見，音同形同而異義之字，讀古書者隨文取義，並不難辨。讀書能不苟，自己作文用字絕不至錯亂。外人俗學中文至少須讀五經、四子及諸子書數種，與漢四史，專攻不過四五年工夫。引申義多，此是中文最便利處，省得多記生字之煩。義不同者，可以發人理趣，自不勞而記。記生字則非強於記憶力者，必感大苦。）儒家用道字爲本體之名，（老子言道，半取之儒家，而其思想頗淆雜。俟後詳。）其明文首見於《大戴禮》，曰：「大道者，所以變化而凝成萬物者也。」（見《大戴禮・哀公問》第四十。大道之大，讚詞也。萬物一詞，解見前。）道者萬物之本體，此語說得最明白，蓋七十子輾轉傳來，而戴氏採之入《記》耳。余少讀《論語》，至〈里仁篇〉，子曰「朝聞道，夕死可矣」，余驚奮曰：聖言朝聞而夕死無恨者，道也。死生亦大矣，何謂道？余去聖久遠，無從聞，讀此文終不解何謂道也。欲求注家言，先兄仲甫曰：漢學之徒暗於義，求聖人之意者，莫如朱子《四書集注》。余因讀朱注，此章道字云「道者，事物當然之理」，余苦思久之，殊不契。「事物當然之理」一語似說得太泛，吾向上尋不著根源，現前無入理之方，可奈何？思之不得而姑置累年，其後讀《易大傳》至「一陰一陽之謂道」，注家下語，令人茅塞。（茅塞，見《孟子》。茅，叢生之草也。凡著書者，其言不見道，如亂茅蔽塞人心。）旋讀《二程遺書》，程子曰「一陰一陽之謂道；道非陰陽也，所以一陰一陽者，道也」。（見《遺書》卷三，謝顯道錄伊川先生語。）余喜曰：所以二字下得好，與《戴記》所以變化之旨通矣。變化者一陰一陽也，其所以變化者道也，道不即是陰陽，（譬如大海水不即是眾漚。）而陰陽之外無道，（道不離陰陽變化而獨存。譬如大海水不離眾漚起滅騰躍而獨存。）故《易》曰「一陰一陽之謂道」。（程子曰一陰一陽之謂道，此理固深說則無可說。余謂此在人能虛心深心體之耳，說到陰陽變化分明是相對，是法象已著，所以陰陽者是道，是法象之實體。）余以《大戴禮》與《易大傳》互證，而始通道者萬化之根源。（根源者，本體之形容詞，切忌誤會。根字本義，則木之根也。然幹及枝既生之後，則與其所從生之根，便分彼此。申言之，根自為根，幹自為幹，枝自為枝，互相別異，不可合而為一。源之本義，則流水之源也，流出於源，而流自為流，不得與其所從出之源合一，亦如根與幹枝。道者，萬化或萬物之所眾生，故道即是萬化萬物之本體，不可妄計萬化萬物與其所從生之道有彼此之別也。譬如大海水是眾漚之所從生，不妨說大海水是眾漚之根源，但眾漚皆攬大海水為體，不可說眾漚與大海水可分彼此也。凡余書中有時說本體是萬化根源，或宇宙根源者，都是譬喻詞，讀者不可執喻而求其全肖。佛家因明學曰：凡喻只取少分相似，此立論之律也。）古詩曰：人生無根蒂，飄如陌上塵。（人生根蒂，即道也。固有之而不自覺，故曰無根蒂耳。）此爲不見道者，致其永慨。人能見道，即觀我生固有根蒂，（《易・觀卦》曰「觀我生」，意深遠矣。）眞眞實實，富有日新，何有陌塵之嘆乎？老氏大患有身，（以有身為大患也。）佛氏一切有爲法，如幻如化，（有為法，謂萬物。萬物皆有生滅，有變化，故名有為法。法字與中文物字相近。）其猶未能於萬化萬物而透悟道眞也。（道至真實，故云道真。）聖人朝聞夕死之嘆，其自警切至，後人顧可忽哉？且學焉而不聞道，知識畢竟無統會，易言之，知識之學無歸宿。王輔嗣《易略例》云「統之有宗，會之有元」，可謂深得《易》旨。（元者，萬物之原。學必極乎窮原，方得見道。宗，猶主也。一切知識之學須見大道，而後得所宗主。）知識皆緣於法象而起，（法象，本《易大傳》，猶云現象。象者物象，法者法則，物皆有則，故稱法象。此詞甚精。）總合各部分的知識，只是研究法象所獲之成績耳。謂由此成績，便已揭露宇宙實體，余未之能信。實體與法象誠不可分，而實體是無對，是全體；法像是相對，是各部分。全體雖不離各部分而獨在，然全體畢竟不即是各部分之拼合，故法象各部分的知識總起來，獨不能體認到實體。譬猶以解析人體各部分細胞的知識綜合起來，絕不能明瞭人生眞性及領會人生豐富的意義也。孔子「朝聞道，夕死可矣」之嘆，蓋甚言道之難聞耳。求道者不可偏任理智與思維術，（注意不可偏任四字，非謂理智與思維可屏絕也。）反己與修養之功，實極切要，今不及詳。（反己一詞，包含深廣，不留心古學真髓者，當視為無謂之陳言。）此中釋道之一名，似未免牽涉過廣，然內聖學廣大悉備，（說見篇首。）其中最大無外之公名，必綜其義旨之條貫與綱要，方可爲釋，空泛不著實際，與掛一漏萬，皆違《大易》正辭之訓也。

《大戴禮》稱魯哀公問孔子曰：敢問君子，（《小戴記》有子字，《大戴記》脱，今補。）何貴乎天道也？孔子對曰：「貴其不已。（鄭玄曰：已猶止也。）如日月西東相從而不已也，是天道也。（此以日月西東相從，譬喻天道之流行，絕不單純，必有奇偶二用，相反而成變化。奇偶二用者，陰陽是也。因明學曰：喻，取少分相似，中國名學亦然。日月出沒不同時，日往則月來，月往則日來，陰陽之相反相成，不可說異時。陰陽恆是一齊俱有，不可說陽往則陰來，陰往則陽來，無有孤陽獨陽故。變化無有已止。《易·乾》之象曰「天行健」，此其所以不已也。）不閉其久也，是天道也。（不閉，孔廣森曰：「不閉不窮也。」愚案不閉，言發展無竭也。久者，猶云永恆，無斷絕故。）無爲物成，是天道也。（無為者，非如上帝造作世界故；物成者，天道之變化，無心於成物，而物以之成。譬如大海水之動，非有意現作眾漚，而眾漚以成。）已成而明，是天道也。」（天道幽隱，無形無象，及其已化而成物，則法象著明；法象著明而天道即斡運乎法象，不離法象而獨在。譬如眾漚起，而大海水即斡運乎眾漚，不離眾漚而獨在。）

《大戴禮·本命篇》有曰「分於道謂之命」，戴東原最喜此語，以爲一言而發造化之蘊，然東原於此語，殊無正解。道者，本體之目，是絕對而無匹，大全而不可剖。今云分於道何耶？倘誤解分字，將以爲由一大性海起分化，而每一物皆攬取性海流出之一分，而受之爲其本命。（一大性海，為本體之名，猶言道也。一者，無對義；大者，無外義；海者，言其含藏無限的可能，故喻如海。此中物字，賅攝無盡。無機物類，大自太空諸天，細至一微塵，皆物也。有機物類，最低如植物之始萌，最高至人類，皆物也。）如此，則萬物雖由道之分流以生成，道實超越乎萬物而獨在，此本民世情見。（情見，本佛氏名詞。凡情虛妄計度，曰情見。）而從來哲人之宇宙論，苟窮其根柢，罕有脫此窠臼者，何況東原。今避文繁，姑勿徵辨。儒學掃除情見，其言「分於道謂之命」者，此命字是就萬物生成言。凡有機物皆有生，有生之謂命；（死即命絕。）凡無機物皆有成，（如氣體成其為氣體，液體成其為液體，固體成其為固體，乃至極微而不可目睹之物，亦成其為極微之物，是謂有成。）有成之謂命。（毀即命絕。）物之生也，道生之；（物不能從無生有，若無道則物何由生？故曰道生之。此本老子語，老學出於《易》也。）其成也，道成之。（准上可知。）故萬物皆以道爲其本命。分之一詞，自是就一切物各各稟受大道以生成而言，遂強名之曰分耳。其實，天道是渾然大全，每一物皆稟受渾全之道以生成，易言之，每一物皆以渾全之道爲其實體。譬如大海水現作眾漚，自漚相言，（相者相狀，下同。）宛爾各各都有自相。（宛爾者，漚相本不實，而現似如是相耳。）其實，每一漚皆攬大海水爲其體。由此譬喻，可悟每一物皆以渾全之道爲實體，非攬取性海流出之一分，以爲其本命也。（性海，即道之別名。）是故莊生曰「道在瓦礫，道在屎尿」，宗門達者有云「一華一世界，一葉一如來」。（宗門，謂禪宗。中土禪學雖云吸收印度佛家，而其植基於《大易》及《老子》者確甚深。世界一詞，本世俗習用，今此云世界不可隨俗解，實則指法界而言。佛云法界，其義即謂萬物之本體，如來雖佛號，亦是本體之名。如是而來，無所從來，故曰如來。）深味乎此。吾人何可拘小己而迷自性，妄自減其生命，等於滄海之一粟哉？（自性謂道。吾人如識得自性即是道，即自家生命本來至大，無有窮盡。今拘小己而迷其本來，便自減損其大生命，而不免於短促，細小之悲也。）夫唯萬物自性即是道，道不離一一物而獨在。易言之，道即一一物也，一一物即道也，是故人生不須遺世而別求道，唯當即於現實世界而發揚此道。孔子曰「人能弘道，非道弘人」，義深遠哉！（言人能弘大其道，而道不能弘大吾人。所以者何？

人雖稟道而生，但人既生便形成小己而自有權能，人可以自逞迷妄而障蔽其固有之道。道雖不離乎此等人，而道究不能令此等人進於弘大，克荷其道也。人能體現大道，克治迷妄，自明自誠自強之功進一步，即道弘大一步，其功之進也無止境，道之弘大亦無止境。道實待人而弘，君子進德修業，以至裁成天地，輔相萬物，而道之弘大無限量矣。弘道是一切人都應盡的本分事，不是就少數聖人說也，學者宜知。）

《大戴禮》明道之言是眞能以少文而攝無量義者。（佛家大經千萬言，每採集眾說而成，小經或不及四百字而善以少文攝無量義，中國先哲亦多如此。聞西洋學人著述喜炫博，博而精固大佳，若繁蕪而少當於理，自損且損人耳。）其說皆本之《大易》，證以《論語》亦無不合，從來學人皆莫之省，余故徵引而隨文附注云。

道字之本義爲路，從路義而引申之則有由義。（道字引申義頗多，此中但舉由義。）天道之道以訓詁言，應曰道者由義。由字復有二義：一者因義。（由字亦訓從。如世說云，生有從來乎？死何所往乎？從來，即是因義。佛書中釋因字，亦曰因者因由。）二者行義。（《論語・為政篇》：子曰：「視其所以，觀其所由。」朱注引「或曰，由，行也」。）《論語・雍也篇》：子曰：「誰能出不由戶？何莫由斯道也？」蓋以萬化、萬物、萬事皆由道而出。傷人之不悟，故以出必由戶爲譬，而使之易曉也。此由字即因義，蓋說宇宙論而言。但此解與朱注異。《論語・述而篇》：子曰：「志於道。」朱子注曰：「道，則人倫日用之間所當行者是。」此即以行之義，釋由字，蓋就人生論而言也。實則二義盡可會通。（朱注只云「所當行」，而未指出主觀能動的，似未妥，不妨易云，天道之在吾人而主乎吾身者，是名道心。道心行乎人倫日用之間，自然有則而不可亂。士志於道，則無私欲之累也。有問：「朱注解『誰能出不由户』之由是行義，其注文極妥。公就宇宙論之觀點而解為因由，似未合。」答曰：聖人之意，自是要人從日用間理會源頭，所謂言近而旨遠也。今直從源頭處開示，朱注方有基本。）道之一名，已釋如上。本體之名甚多，如《易》之乾元、太極，《春秋》之元，《論語》之仁，《中庸》之誠，皆是也。其在後儒如程、朱分別理氣之理，又云實理，陽明所謂良知，亦本體之目。（陽明良知，是就心作用上顯示本體，此與《論語》言仁似相近，而亦不必全同，此姑不詳。）

釋天、道二名已竟。今當略說天人不二義。（天字或與道字合用為複詞，或單用，而皆為本體之名。如前說訖。）西學談本體（西洋哲學省稱西學，後仿此。）要不外以思維術，層層推究，推至最後，乃臆定有唯一實在，名之爲第一因。又或以爲一切物之本體，終是知識之所不可親證。（親證，見佛籍。證，猶知也。）遂自縛於不可知論。此兩種結論雖復大異，而其設定本體爲客觀存在，（不可知論者，不必遽否認本體之客觀存在，只是不可知耳。）易言之，即天人互不相涉，是則異中有其同也。中學確與西學極端相反。七十子相承之明訓曰：善言天者，必有驗於人。（漢人雖有曲解此言，以說災異，而其本義確非漢人所可假借。蓋七十子親承孔子之說，而其後學輾轉傳授也。）此言天人本不二，（天不離人獨在，而人即是天，故曰不二。）故善言天道者，必即人道而徵驗之。（即，就也。言道，則別於非道。人之失其道者，即不成乎人，故人道一詞甚嚴。然人道本是天道，今即人而言，則曰人道。）《易》讚乾元曰「元者，善之長也」，此善字義廣，乃包含萬德萬理而爲言。長字讀掌。長者，統攝義。萬德萬理之端皆乾元性海之所統攝。（端，緒也。如絲之緒，至微至微者也，引而伸之，則無窮盡。攝者，包含義；乾者，動而健之勢用，元，猶原也；乾元者，乾之原。非乾即是元，勿誤會。乾元即是本體之名。以乾元之在人而言，則名之曰性；以乾元統含萬德萬理之端則譬之曰海。海至深廣，寶藏富故。）故曰元者，善之長也。（元之為言，明其為萬德萬理，一切善端之統攝者也。本體如不具善端，即是空空洞洞，本無所有，何得為宇宙之原乎？西學談本體者，不能實證乾元，其所謂本體乃其情見所構之幻境耳。）所以知乾元爲善之長者，人道範圍天地，曲成萬物，無有不循乎理而可行，（理者，理則。《詩》云「有物有則」是也。今云自然規律，即物則之謂。）無有不據於德而可久。（據，守也。以德為守，而無一行之可離於德。）德，理者，人道之大綱也。失其綱，則人道無與立。人道之有是理與是德也，非由意想安立，非從無中生有。乾元性海實乃固有此萬德萬理之端，其肇萬化而成萬物萬事者，何處不是其理之散著，德之攸凝。（乾元性海，至此為長句。本體是含有萬理之端，其肇始變化而成一切物事，皆理之散著耳。德者，得也。如白紙具白德，此白德即白紙之所以得成為是物也。本體必具無量盛德，乃得成為萬物之本體。如剛健也，生生也，誠也，常恆也，皆本體所固有，乃至眾德不可勝舉者，莫非本體潛伏其端。是故《大易》、《中庸》並有天德之言，而天則與天理，亦見於《易》及《禮記》。）唯人也，能即物以窮理，（理雖散著乎庶物，而會通與主領之者，則心也。）反己以據德，（蓄德在反己，而施之於物，則須格物。）而總持之，（德、理雙持，缺一即虧其本。）以實現天道於己身，而成人道，立人極。此其所以「範圍天地之化而不過」，唯有理以利於行；（天地，謂大自然。明於庶物之理，故能以人工操縱與利用自然，專以興利，使自然效其用而無過差。）「曲成萬物而不遺」，唯有德以善其守。（人類以德相孚，故能互相輔導，賢能則彼此相勖而俱進，其於不材者，則扶之以進於材。因其人之資性而委曲成全，曰曲成；無有一人被遺棄者，故曰不遺。人類能守德而不倫薄，故相輔如是之固也。）是故徵驗之人道，而知萬德萬理之端，一皆乾元性海所固有，易言之，即天道所本具。《易》讚乾元曰「善之長也」，非洞徹天人之故者，能言及此哉？

或有問曰：「公以德與理歸本於天，雖宗經立論，顧自今以往，恐未爲應機之談也。」（或人疑余宗《大易》等經而立論，迂固而不通變。）答曰：天者，本體之名。人之有生，與一切物之成其爲物，畢竟不是空華，不是幻化，更不可說無中生有，其有本體無疑。既有本體，則人與物雖極無限量之發展，要皆由其本體統含無限量之可能，余自信此非倒見。（見解陷於迷妄，名之曰倒。借用佛籍名詞。）夫理者成物之基，德者立人之本，謂非本體固有其端可乎？（物未有不具形式，而可成其為物者，形式即理，故曰理者成物之基。古籍言型範，亦與形式義近。佛典言形色之形，亦形式義。）余昔造《新論》（《新唯識論》之省稱。）明本體備萬德，含萬理，肇萬化，闡《大易》之幽旨，顯宇宙之基源。學不究乎是，則百科之知精博而無原；理不窮乎是，則萬殊之故，暗鬱而不彰。（故者何，一本散為萬殊，萬殊不離一本。所謂一為無量，無量為一是也。）陽明悲世學無頭，（王陽明嘗教學人須識得頭腦。世間學術誠無一不重要，但不可無頭腦，愚謂儒家天人不二之本體論才是頭腦。）陶公嘆庶士馳車。（陶淵明詩有云：「如何絕世下，六籍無一親。終日馳車走，不見所問津。」六籍即六經。馳車走，謂一意外馳，不知反己也。行人問濟渡處，曰問津。世遂以求本原之學者為問津。世儒皆以陶公淫於禪道，不知其志實在儒。）追往哲之深懷，冀來者之有悟，余以此自靖焉可耳。

揚子曰：「人不天不因，天不人不成。」（漢揚雄，字子雲，作《太玄》以解《大易》；又仿《論語》而作《法言》，亦敷宣《易》義。）何言乎人不天不因？人生非幻化，乃本乎一誠而立。（一者，無對義；誠者，真實義。）誠者天道也，若不有天則人將何所因而得生乎？故曰不天不因。（天與道皆本體之名。道者，因由義，說見前。揚云「人不天不因」可與前文釋道處參看。）何言乎天不人不成？天有其理，而充之自人。（世人只知在物為理，不知天者物之本體。天是變化不住，流行不已；物者變化流行之過程，所謂現象是也。若於現象而透悟其真，則在物之理實天之理也。下言德者，准知。唯人能窮理而力行之，理乃充實不虛，故曰充之自人。）不有人充之，則理亦虛矣。天有其德，而體之自人。（在人之德，實稟之於天，故曰天之德。《中庸》曰：「苟不固聰明聖智達天德者，其孰能知之？」此言唯聖人能反己自修，乃能知天德之在我，而實踐無虧也。體字有二義：曰體認，曰體現。人能體認乎天德而實現之，則德乃流行盛大。）不有人體之，則德不流矣。然則，天若不有人，其理虛，其德不流，是天猶未能成其爲天也，故曰天不人不成。（揚子此說，實本於《大易》「裁成天地，輔相萬物」，《中庸》「位天地，育萬物」，與《論語》「人能弘道」諸義。）

或有難言：「在物之理，在人之德，胡爲而推本於天？已推本於天矣，胡爲而天復待人以成耶？」答曰：汝知其一，莫知其二，「人不天不因」，揚子之言深遠矣！人不因天而得有生，是從空無中而突生也。無能生有，斷無是理，斷無是事。且一言乎人已有物在，物以理成，（無理，焉得有物。）人以德立，（德者，人之所以特殊於萬物者也。無德，即人無以立。）德與理皆天之有也。（本體統含萬德萬理之端，故曰德理為天之所有。）故說天，爲人與物所以成所以生之因。（天若不含備德理只是空洞的，何能為人與物之因乎？《中庸》末章引《詩》曰「上天之載」，蓋以其含備萬德萬理之端，故曰載也。）揚子作《太玄》解《易》，深於天人之故。汝不究本窮源，妄疑胡爲乎？然復須知，天雖爲萬物生成之因，（此中萬物，即遍包吾人與天地或萬有而總舉之。他處仿此。）而天即是萬物實體，非超脫乎萬物而獨在之大神，更迥異乎形而上學者妄計有萬物之第一因，爲變相之大神。（更迥異乎四字，一氣貫下。）天道恆變動不居，（注意恆字。）發展無竭，其化而成萬物（化者，變化。）即不得離萬物而有已。（已者，設為天之自謂。天之成為萬物，即不在萬物之外。譬如大海水已現作眾漚，即不在眾漚外。）易言之，天乃退而受成於萬物。此理深遠至極，未可以意想橫猜，余初悟及此，不知手之舞之，足之蹈之，而無可言其蘊也。余嘗疑老子云：「生而不有，（天之生物，即與物為一，非天離物獨在以物為其所有，故云不有。）爲而不恃，

（陰陽變化，不期於成物而物成，此天之為也。物成則任物之自致其力，而天不居其成功。《論語·陽貨篇》曰：「天何言哉？四時行焉，百物生焉，天何言哉？」正明天之為而不恃也。）長而不宰，（長讀掌。長者，主領義。何謂主領？天雖成為物，固未嘗廢其潛移默運之功。易言之，每一物皆有其內在的潛移默運者，是乃天之主領乎物也，然而物之一切創造畢竟是物之自創自造，而天絕無所規劃宰制於其間，則物各自主而已。故曰不宰，譬如衆漚皆有其內在的潛移默運者，是乃大海水之主領乎衆漚也，然而衆漚之奔騰活躍畢竟是衆漚之自力所為，非大海水有所規劃宰制於其間也。）是謂元德。」（見《老子》上篇第十章。元者，原義，即《易》之乾元。「生而不有」，「為而不恃」，「長而不宰」，此三者皆乾元之德也，但余之此解不必合於老氏之旨。《老子》書中元字、皆是幽冥義，王弼注《老子》第一章云「元者冥也」。其注此中元德亦云出乎幽冥，非真究老學根柢者，不能真知彼之所謂元也。後當略論。）此義必本之《大易》。今《易經》雖不見此文，而其義則確出於《易》也。《易》爲五經之原，七十子依據《易經》而推演之作必不少，惜皆亡失無可考耳。（上引「生而不有」等文，余附注皆據《易》義。）

「生而不有，爲而不恃，長而不宰」，是三者皆乾元之盛德，易言之，即天德。（乾元與天皆本體之名。注見前。）天以陰陽變化而成物，（以者，用義。陰陽變化天之大用也，大用顯發而萬物於斯成。萬物即依變化不住的大用而立名，實非離大用而另有各別固定的物。須善會。）物成而天亦不離物獨在，是故說「生而不有，爲而不恃，長而不宰」，所以截然不同乎宗教之造物主也。說有「生而不有，爲而不恃，長而不宰」之盛德焉，所以得爲萬物之實體，而截然不同於西學談本體者憑其空想所構之幻境謂爲第一因也，更非如意志論者以盲目追求爲宇宙開發之原也。繹此三盛德，自是聖人「近取諸身，遠取諸物」，（見《易大傳》。）深切體認物我共同之大原而見得如此。（大原，為本體之代詞。物我之物，即總舉自我所相與聯繫之天地萬物而為言。）學者深味乎天德之「生而不有，爲而不恃，長而不宰」，則知天之縱任萬物以互相比輔，各得遂生，各得有爲，各得自主。（比者，互相親近輔助之謂。詳《易經．比卦》。主，猶宰也。）孔子故曰：巍巍乎唯天爲大也。（見《論語．泰伯篇》。）然則，天之不恃自成而退然受成於萬物，唯其至大已爾，其可以細人之情測天乎？或曰：「公以老氏此文，本之《大易》何耶？」答曰：老云「天地不仁，以萬物爲芻狗」，明明與天德不類也。（老云天地，實就陰陽變化而言，而云天地者文學造詞之妙耳，讀者切勿向蒼然之天、塊然之地去索解。）老氏本《易》家別子，採用孔門《易》說，自無不可。其言治道，主張放任、無爲，（治道之道，猶言方術也。道字之本義為路，路者交通，故亦可引伸為方術。）故節取此文，以申己義。然此文實言天德與彼云「天地不仁」正相反，則彼所不計耳。且夫《大易》以生不有、爲不恃、長不宰，言天德，乃所以任萬物之各竭其力，大成人道，而益顯天德之至盛耳。老氏忿聖智之以百姓爲芻狗，可謂慧沖而情深矣。（沖，亦深也。）顯矯之以放任、無爲，願民之無知無欲，各自孑立，而絕無裁成輔相之道，（《易》曰「裁成天地，輔相萬物」，老氏絕不見及此。）將使生民返諸幽冥。人道無成，而天德虧蔽，（蔽者障塞；虧者虧損。）豈非老氏之大謬也歟？

或曰：「揚子言『天待人而成』，今公言『天受成於萬物』，則與揚子不得無異矣。敢問所以異？」答曰：不異。人者，萬物中之一類耳，不在萬物外。吾言萬物者，舉其總名，而意之所注獨在於人。夫萬物發展自渾淪一氣，漸凝爲諸天無量世界，不知經歷幾許長劫，（劫，猶時也。）由無機物進至生物，更不知經歷幾許長劫，生物復經無量劫進至人類，而靈性始露，庶幾登峰造極。從一方面說，人類與萬物本來同體，（人與萬物其本體是一，故云同體。）一味平等，無有差別。從另一方面說，人之靈性顯露是其所以特殊於萬物，而爲天之所獨寄者也。萬物有理而不能自明，唯人能即物而明理，得以化裁乎物。（化者變化；裁者裁成。）無機物有理（自然規律即理也。）而無德，動物有知覺而靈性猶眠，（眠者，潛伏義。）亦無德。（德字雖作釋，不得已而約言之曰：德者，人之稟受於天而實踐之，以立人極也。其義有二：一曰德不只是無惡，而有積極的意義。《大易》首言天德之剛健與生生，此便是積極。健德、生德是萬德之端也。作惡者之強勇，儒者謂之迷罔，佛氏謂之顛倒，正是喪其所稟於天之健德。生生，便是油然一團生機，充滿大宇，大生廣生，其在人則名之為仁，以仁感人則人迎生機而見受，故仁有愛義，從受之者言也。憎惡起則殺機動，故惡人者，人亦惡之，此仁之反也。然有辨者，倘惡出於公，如惡惡伐暴此便是義，終不違仁。二曰德是無迷妄分別，無小己之私。凡人喪其天德，才興迷妄，才有小己，種種不德之事皆由此。）

唯人也靈性顯露，始能自識其所稟於天之德源，而涵養以實之，擴充以大之。德積而流則周浹乎萬物而無間，此人道之盛而天所爲待之以成也。夫天之生物（天非造物主也，何云生物？物生不無因，乃因天而生也。以物生之因乎天，故說天生物耳。）未嘗吝於德也。物體之組織未臻於精利，猶不足以顯發靈性，（拙著《新論》壬辰刪定本頗詳此義，茲不贅。）故不能有德。德者靈性之流也，然人有靈性而或喪之，則陷於不德，是暴其天也。暴天者失其所以爲人，不祥莫大焉，是可痛也。唯人能自覺改而遷善，則復其初。人終不負天，而完其天待以成之使命，人道之尊在此。夫人道立而天道始成，人之外無天也，故曰善言天者，必有驗於人。萬物因乎天而成，終無以自成。（物之成也，因天之理，故《詩》曰「有物有則」，言物之成必有理則也。本書用萬物一詞，有時含攝人類在內，有時不攝人類，讀者可詳上下文而辨之。此中萬物，即不攝人也。）大自太空諸天體，細至微塵、塊然已耳。何自成之有乎？動植諸物或有生而無知，（知者，知覺。生物學者亦有謂植物有知覺，然極曖昧，猶難承認其有知。）或有知而無靈，（知字同上。靈性之意義至深遠，由孟子所謂智之端，進乎《中庸》所謂「不惑之智」，上極乎《易》之所謂「大明」，佛氏所謂由本覺，以極乎圓明，皆妻性之謂，人之極下劣者，雖有其萌而難發展，動物則不得有此。）此皆因天而成之，非有所自成也。獨至人類乃爲天之驕子，雖復因天而成，顯能挺然發揚自力，卓然著見特殊之自成勝跡。進德，則嚴於改造自我，而至聖神；（孟子曰：「大而化之之謂聖，聖而不可知之謂神。」）明理，則勇於改造宇宙，而司化育。（變化萬有，養育萬物，先民以是為上帝之功，及人類發展乃起而司其權，代帝功矣。）是則不唯吾人自成而已，確爾將天之所不曾自成者，皆爲天而竟成之。偉哉人類！上天德理咸備之豐富寶藏，（上者，讚詞。）唯人全承之，而以自力開闢，以自力創造。變動光明，如金出礦不重爲礦。人類乃有官天地、府萬物之權能。（官，猶主也。）至此，而天亦仗之以有成，豈不盛哉！

德必與理通。（德通理者，德亦具理故。）理不必通於德。（有但是理，而無所謂德與不德故。）德通理者，舉德之全體而言，是謂一理；以德之分殊言，亦得云眾理。（德之分殊者，如仁義禮智信等等。）理不必通德者，如平常辨物有方圓長短等等，乃至科學發見自然規律皆理也。此等理自無所謂德與不德，即不與德通也。德字之義，以訓詁言，德者得也。此乃從字面上作解耳。而德之眞義，要不容濫，如《易》云「天德」則其義旨深遠至極，此不及詳。今就德之在人而言，即俗所稱道德是已。（世俗習用已久，只好仍用而不易。然道字與德字連合成詞，則道亦即是德，不可向道字另索解。）道德一詞，含有眞與善及智慧等義。（人之德實源於天，故有真善義。德者靈性之流，故有智慧義。靈性原於天而其發展則有賴於人之學養。）道德與明智是合一不可分，罪惡與愚痴是合一不可分。《大易·蠱卦》明萬惡始於惑，義深遠哉。理字之義至寬泛，如形式、秩序、規律、軌範、法則、條理等等，皆理之異名也。如說圓棹，此圓便是理。又如腐草一堆，人見爲混亂無理，實則其中縱橫結集自有條理方得成堆。無理便不可成堆也。然理字亦有特殊義，如儒書中有言一理者，則此理為本體之目，前云舉德之全體而言，是謂一理者即此義。中譯佛籍，眞如亦名眞理，與一理之義相當。（真如，即萬物實體之名。）總之，言德則必有理與俱，言理卻不必有德與之俱，此不可無辨也。物皆有理，而德與理全備者，唯人則然。德理皆原於天。物以理成，不可詰理之所由；（即物窮理之事，總是由分殊的理會歸於普遍的理，更由普遍的理會歸於至極無外之普遍的理，到了至極無外之普遍的理，便不可詰其所由。《莊子》云「惡乎然？然於然」，是也。）人以德立，不可詰德之所由。（道德軌範如眾星之燦爛於太空，人皆仰之矣。賢者不忍違反道德，不肖者縱小己之私而違之，初亦內慚，習久便無慚。然機詐險阻如魏武，其述志令猶不無慚也。古今窮凶極惡、靈性梏亡殆盡者，當無幾輩。其不忍或不敢違反道德，或違之而內慚者，則人類之常情也。汪大紳評孟、荀性善性惡之爭，謂荀卿不無據而孟子見本原，宜辨異而觀其通。大紳了天人之故，此中不及衡定。若夫以功利之見而論道德，必以為人各欲遂其謀利計功之私，而以己私莫可獨遂，必於己外，顧及他人，甚至以利誘人而便己之私。久之，因社會關係形成清議種種制裁，逐漸養成道德感。此等膚論不足與辨。人之不畏清議者從來多有。若謂利人純出於為己之一種手段，人性本無善根，此說果然，則人與人之間真無一毫血脈貫通處，而謂人可相與為群，斷無此理。孟子性善之論可謂知天，惜乎能喻此者少耳。人之道德感無可詰其所由，如以事親之孝論，為何而要孝乎？倘以報恩為理由則將問為何而要報恩？子玄《莊注》曰：萬物之生也，自然耳，而萬物不謝生於自然。此論亦有趣。然《詩》不云乎？「孝思不匱」，本於性情之不容已。余見世間每有不孝之子，時或良心乍動，深自慚惶，不敢且不忍以詭辯自解免，可見人情未有以不孝為可安於心者。舉孝為例，其他道德莫不皆然。嘗謂道德之本質恆無變易，道德表現之形式則隨社會發展而有變，如孝德本質無可變而父母或干涉子女正當之自由，子女可不從，此則形式之變也。忠德本質無可變，昔言事君以忠，今當忠於真理，忠於社會、國家，以及忠於賢明之領袖，此亦形式之變也。他可類推。要之，道德為何不可違反？此無可詰問理由。問而有答，其答亦等於不答。當知一切道德只是應該的，不可問其何以故。此理説來甚平常，而至理並不是説得好聽，唯其是應該的，則不謂為天之使命不得耳。）故知德與理皆原於天也。前文有云，上天德理咸備之豐富寶藏，唯人全承之，故欲知天者，不可不知人，天人本不二，捨人而求天，天其可知乎？

夫人類與萬物本不可分離，實爲互相聯繫之全體。而人者，只是萬物發展之頂點耳。萬物進進，而至於人，（進進，用張橫渠語。進而不已，曰進進。）始成就天工之所未能自成者，不得不驚嘆人類突變之奇蹟。然自另一方面言，萬物趨進之勢不達乎人類突變，克荷天成之盛業而自不容已，則吾人奏天成之功，其可曰萬物無預耶？天固受成於人，而亦受成於萬物。竊怪揚子猶未深察及此也。（天成一詞，本《尚書・帝典》。帝堯命禹治水土，奠高山大川，命羲和掌治天文，正四時，利人事。地以之平，天以之成。）

今當簡單作結曰：儒者天人不二之本體論，其特點略言以二：一曰絕無宗教迷情。二曰絕無形而上學家戲論。其有此二特點者何？儒者以天道爲人與物所以生所以成之因。（天，道皆本體之名，見前。此中物字，即遍包天地萬有而為言，後仿此。）其所謂因乃近取諸身，遠取諸物，而體認得人與物皆固有內在之大寶藏，乃推出去而說爲天爲道，說爲人與物所以生成之因。（固有者，本來自有之謂。）由體認之極深極廣而發見吾人內在之大寶藏，即是天地萬物內在之大寶藏；天地萬物內在之大實藏亦即是吾人內在之大寶藏。宇宙基源不可剖而爲二，孔子曰「吾道一以貫之」，此之謂也。（大寶藏一詞見中譯佛經，中國禪家亦喜言之。今此以大寶藏形容本體，曰內在者，本體非是離人與物而獨存於外界故。）吾人自明自肯：固有與天地萬物共同之內在大寶藏，富有日新，無窮無盡。（自肯一詞，注見前。）不獨增長其開闢自然界資源之知解與權能，亦不獨發見自然理則而持行之，以不迷於舉措，（《易大傳》云：「聖人有以見天下之動，而觀其會通。」又曰：「形而下者謂之器。化而裁之謂之變。推而行之謂之通。舉而措之天下之民謂之事業。」愚案觀會通者，即深察自然之理則，以此得變化裁成乎萬物，而推行之以通其利；亦復本自然理則而舉措之天下，以與事業。）將見吾人自能充養其與天地萬物一體相親之懷抱，日益宏拓深遠而無閉閡之患。《春秋》太平、《禮運》天下一家之道由斯而可大可久也。是故儒者說天道爲人物所由生成之因，乃從反求諸己與深察一切物之內蘊，而始發見物我所共同固有之大寶藏，遂說名爲因。（譬如發見眾漚所共同固有之大海水，可說大海水為眾漚之因。）易言之，即發見內自本因。（此因，非超脫吾人與一切物而外在，故曰內；不是從他處得來，故曰自；本來有故，非後起故，故曰本。）非如初民時代，以其迷情妄信有外在之大神爲創造萬有之不平等因。（非如二字，一氣貫下，不平等因者，如印度婆羅門執有大梵天自在變化為萬物之因。佛家破之，謂大梵天是不平等的因，以其超乎萬物之上而獨尊故。）此其掃蕩情見，獨掘理根，非天縱之聖能有是乎？（理根一詞，見子玄《莊注》。理到極處謂之一。一者絕待義，此眾理之根也。情見者，妄情猜度，違於事理而迷執為正見，是謂情見。學者常用感情的邏輯而不自知其誤，即情見之謂。）夫內自本因者，在《易》則名乾元性海，是吾人與天地萬物所共同固有之也。若不見內自本因而唯任情見向外推求，妄建立第一因以說明吾人與天地萬物所由生成，則其迷謬，視宗教之不平等因有其過之無不及也。夫第一因者，自下向上推去重重因果，推至無可推，始建第一因；再從上向下順序而玩之，因果重重，遞相鉤鎖，（印度佛家世親至護法之唯識論其言萬物依眾緣而生，確是因果重重，遞相鉤鎖。）則吾人與天地萬物眞是一副機械耳。由宗教不平等因之宇宙觀，將使吾人自小而皈仰上神，起超越感，易流於絕物、遺世、離群種種變態。（中國道家之學，自關尹、老聃開宗。《莊子．天下篇》敘關、老宗要，在「主之以太一」，確未完全脫離宗教意義。中國知識分子受道家影響頗深，其流於自私、頹廢，不能與庶民同憂患，則顯著之事實也。漢以後，佛教盛行於士大夫與庶民間，既不能出世，亦無所謂入世，其弊益不勝言。）由形而上學第一因之宇宙觀，唯覺人生若殭固之物而已，實無人生之意義與價值可言。（百年以來，歐西人日趨於凝固、卑隘，無剛大宏放之氣概，無包通萬有之睿智，無與人類共休戚之情懷，其哲學之貧乏由來遠矣。）洪唯孔子之內聖學，明示吾人皆固有其與天地萬物所共有而各足之大寶藏。（乾元性海，統含萬德萬理萬化之端，故稱大寶藏。共有而各足者，人與天地萬物同此一大寶藏，故云共有；每一人或每一物皆是全具此大寶藏，並非各得大寶藏之一分，故云各足。譬如每一漚皆是全具大海水，不是眾漚各得大海水之一分，以大海水不可剖析故。此譬最切。）其大無外，其深不測，其富有不可量，其流動變化無窮無盡。（一個人或一粒沙子，從他的個體上看是微小至極，若從他的本體上說，確是其大無外，乃至變化無窮盡。理實如是。）吾人之內自本因即大寶藏，若是其盛也。然則人可恃天而無須費自力乎？（內自本因，即天也。）曰：否，否，不然。內自本因雖是吾人所固有，要待吾人以自力開闢，以自力創造，以自力發展。譬如守財奴，家擁巨資而不知經營，不肯動用，則粟腐於倉，金錮於室，其人以貧乏度其終身與乞丐何以異？又如穎異之子，得天優厚，而浪放不學竟成廢物。舉茲近事爲喻，可見吾人須以自力開拓內自本因，發揚光大，貴其不已。（此《大戴記》語。）人不可恃天，而天實恃人以有成，人生擔荷天待人成之偉大使命，其可自小自餒自懈自棄而忘任重道遠之永圖乎？（道遠之道，猶路也。譬之行路，其途極遠，當奮勇往前而已。）宗教家信有全知全能之上帝創造世界以及吾人，孔子之道適與彼反，全知全能唯人類其勉而進趨。宇宙果有上帝其必爲人類之所造成也歟。洞徹天人之際者，莫如《大易》。「人不天不因，天不人不成」，揚子云片言而抉《易》之蘊，庶幾通才乎！

天人雖有分，畢竟不二。一言乎天，便是對人而得名。然天實不離萬物與人而獨在，且必待萬物發展已至於人，而天始得仗人以完成其天道。人未出現時，天且未成，而可離人以覓天乎？（此中言人，即攝萬物。後准知。）離人而覓天，則佛教之反人生，而求圓成大寶藏於空寂之鄉，一神教之立主宰於萬物之上，西哲談本體者，向外推求第一因，皆陷於倒妄而不自覺也。

一言乎人，便是對天而得名。然人與萬物不可憑空忽然而起，（印度古代有一種外道，說世界是忽然而起，佛家破之。）實皆以天爲其內自本因，亦謂之大寶藏，是爲萬物與吾人發展無窮之所自出故。「人不天不因」，此至理之絕不容疑者也。若只承認萬物爲實在，（此言萬物，即攝人，故不另舉人。）而否認萬物之內自本因，易言之，即否認天，則宇宙人生無根源，斷無是理。且人生無根源，即無依止，云胡而可？（陶淵明詩曰：「衆鳥欣有托，吾亦愛吾廬。」吾廬者，謂吾自有之天也，猶孟子所謂仁「人之安宅也」。人能受其自有之天而居之安，即無浮生之感。）哲學上之無因論，余未知其義之所據。（哲學家不談本體者，余皆謂之無因論。但吾儒所云因，是萬物之內自本因。余雖不贊成無因論，而神教之不平等因，與西哲之第一因，則亦余所不能印可者。）是故天人本不二，而亦有分，雖分而實不二，此內聖學根柢也。

附識：佛教雖富於哲理，而其爲道確是反人生，〈原學統篇〉曾略言及此。（此中道字，謂佛氏教理及修行方術。）佛經說圓成實性是大寶藏。圓成實性亦名眞如，亦名無爲法，乃本體之目。（圓成實性亦省稱圓成。圓者，圓滿，本體無虧欠故；成者，成就，亙古現成，不生不滅故。實者，眞實；性，猶體也，圓成是萬物實體故。）佛說圓成爲大寶藏，即不以本體爲空洞的，似可與《中庸》「天載」之旨相通矣。（「天載」，曾見前。）而其實乃絕不相類，佛家談本體畢竟歸於空寂，余在《新論·功能章上》評論空宗辨之詳矣。其所謂大寶藏究是不生滅、不變化之大寶藏，與吾儒相去不止天淵隔絕也。余借用此詞以形容乾元性海，則其義自不同於佛氏之所謂圓成，故辨之於此。

天人不二，已說如前。今次略言心物。余猶憶清季郡人有還自海外者，始言西學有唯心論與唯物論之對峙，各是其是，不可相融。時余孤陋寡聞，姑志其說而已，後來博究晚周諸子，即留心此一問題，然終不見有唯心唯物之說。（唯心唯物二詞，本以對立而始有。中學從來無有於心物各執一端者，故無唯心唯物二詞。）中國學術自昔以儒家爲正統派。晚周諸子百家繼孔子而興者，道、墨、名、法最盛。老子者，道家之大祖也。（道家皆宗黃帝老子，實則黃帝是其假托，而所宗者獨老子耳。）《史記．老子傳》曰：「世之學老子則絀儒學，儒學亦絀老子。」（唐司馬貞注曰：絀者，退而後之也。）此言甚可注意。

附識：《史記．老子傳》首稱老子姓李，名耳，字伯陽。孔子適周，問禮於老子。後文又云：「或曰，老萊子亦楚人也，著書十五篇，言道家之用，與孔子同時云。」唐張守節曰：「太史公疑老子或是老萊子，故書之。」據此，則前文云「老子姓李，名耳」原非確實之記載。更奇者，傳文敘老萊子之後，復敘述孔子死後百二十九年，有周太史儋者。（中略。）「或曰儋即老子，或曰非也，世莫知其然否。」據此，則老子其人根本無從確定，而傳文最後又曰「老子之子名宗，宗爲魏將，封於段干。宗子注，注子宮，宮玄孫假，假仕於漢孝文帝」云云。老子本人尚不能確定爲誰，而居然詳敘其子以下世系直至漢孝文時，其歷世之人名皆可舉，豈不怪哉？《史記．老子傳》寫得迷離恍惚，頗似神怪小說中人，不知馬遷何故如此？老子爲道家之大祖，道家在六國時流傳之盛殆過儒家，赫赫大師之生平事蹟何至完全失傳，而不可確定其爲誰乎？蓋道家之徒必欲尊老氏於孔子之上，而僞造「孔子問禮」之事，不得不稱老與孔同時，其最初造謠之動機蓋如此。（或謂造謠始於莊子。余謂《莊子》本寓言，非必有意造此謠，蓋其同時之道家，因之以造謠耳。）其後道家鄙夫又有謠傳老子即老萊子，復謠傳老子即史儋。而李假之先輩蓋僞稱老子即其先祖。有無李耳其人，殊未可知，馬遷作〈老子傳〉盡收謠言，全無考核，失史職矣。老子決有其人。《老子》一書其失在太偏而多蔽，然其理趣深遠，其文高渾，亦非六國時人可僞托。其姓名當從《莊子．天下篇》所云老聃者是。〈天下篇〉所敘諸子都無造謠之事也，其時代後於孔子而前於孟軻，余已略言之於〈原學統篇〉。

七十子後學傳記亡失殆盡，其絀老之言無可考。（孟子拒墨而不涉及道。荀子猶稱說道書，儒家分派甚多，當不止韓非所稱八儒，必有絀道家者。秦燔書無可考耳。）今觀《老子》書則攻擊儒學不遺餘力，姑略徵較。儒家宇宙論，則依健動之勢用，而示其原，道家則探原於幽冥，（此義後詳。）此根本上不相容也。儒家人生論，仁義以原其生，（本體流行以一陰一陽之變化，而成萬物與人，故陰陽者本體之大用也。就陰陽之在人而言，則曰仁義。仁者，陽之生生，而無畛域；義者，陰之形分，而有裁制。吾人體仁則復其本體而物我無間，達義則順其本體之大用而物我各得其所，裁制不失其宜，故推原吾人之所以生而人道昭矣。《易大傳》曰：「立人之道，曰仁與義。」）禮樂以暢其性，（樂者和也，即是仁。禮者序也，即是義。人人不捨禮樂，則莫有不暢其性者。）自強不息，以固其志。（人莫不欲善，此其志也。不能自強，即不能恆持此志。）範圍天地，化裁萬物，備物致用，以養其欲，給其求，是則本末畢具，人道所以立也。老氏不達仁義之髓而妄非之；不通禮樂之原而妄薄之；不解自強之義而求復於嬰兒，以嬰兒柔弱，不用智故。夫嬰兒無智，不能辨物燭理，不能判別善惡，假使人皆如此，則人類將爲何狀乎？且《易》言自強，是上達精進義。若使人類復於嬰兒之冥昧，則人道廢矣。（《論語》曰「君子上達」。上達者，發揚靈性，與天地萬物同體，而無小己之私。下達者反是，即墮落而失其所以為人。精進者，剛健之至，進德修業無已止。此豈柔弱所可幾乎？）老氏曰：「民多利器，國家滋昏；人多伎巧，奇物滋起。」又曰：「爲無爲，事無事，味無味。」（因天地之利而無所事於天地，順萬物之性而無所導於萬物，是謂「為無為，事無事」。以恬淡為味，則寡欲而何求？）如此，則範圍天地云云皆老氏所厭聞也。余嘗三覆老氏之言，伎巧多而奇物起，利器多而國家昏，古之所謂霸國當有此患。老氏確有睿識，惜乎其有見於霸術之一方面，而不知所以轉禍爲福之道也。若如孔子天下爲公之道，伎巧公之於天下之人人而不爲私用，奇物利器公之於天下之人人而不爲私利，則何昏亂之有乎？且天地之利於人者固有，而利之未辟者不可勝計，其有害於人者尤不勝窮。萬物之有待於變化裁成，是吾人職責所不容諉也，其可曰「爲無爲，事無事」乎？若慮人之耽於物欲，（先儒以人之對於物質起貪欲，亨受過分而猶不足者，名曰物欲。）則使人人由乎仁義，習乎禮樂，強於上達，何至縱欲而失人性乎？（樂者和也，和則通天地萬物，是一團生意，無彼此之隔。禮者序也，序則因彼此之公情而為之序。使彼此各盡其所應盡，各得其所應得，人皆自由而皆以對方之自由為界。《禮記・大學篇》曰：「所惡於右，毋以交於左；所惡於左，毋以交於右。」此自由之序也。人己之間自有適當之序；個人與團體之間自有適當之序；團體與團體之間自有適當之序。序之立本乎人情之大公，人情之大公即天理也。）至於《春秋》之辨物正名，五官簿物不失其眞。（〈原學統篇〉可覆看。）《論語》曰「視思明，聽思聰」是也，老氏則曰「五色令人目盲，五音令人耳聾」，是欲絕物而廢聰明。故《大易》曰「知周乎萬物，而道濟天下」，老氏則曰「常使民無知無欲」，其相反若是之甚也。《易》之〈比卦〉明萬物互相比輔而生，《周官經》本之以立制度，社會發展當由渙散而趨結集，自然之理也。老氏則欲人各孑立，老死不相往來。《易》曰「先天而天弗違」，老氏乃曰「不敢爲天下先」。自晚周六國以來將三千年，《易》道不幸晦蔽，而老氏之學士大夫樂於奉持，以苟全於帝者統治之下，其遺害可勝窮乎！余生性疏脫，少時喜老、莊，六經之言簡易平淡，余讀之短趣，無所入。年三十五，深念舊文化崩潰之勢日劇，誓以身心奉諸先聖，欲究舊學頗有可保固，以爲不拔之基者否。中間游心於佛，費力最多，終難自肯，（此中甘苦，極不易說。）其後脫然放捨佛法，（此中法字，謂佛之教理。）近取諸身，遠取諸物，久之忽有所悟，以爲獨得之祕，旋復自覺曰：此《大易》之所已言也。再取《易》讀之，乃如舊實物失而復得，慶幸不可言喻，余之皈向孔子六經自此始也。既通六經，重理道論，乃知老氏無有一處不與儒學反對。其言道，言陰陽，明明有資於《大易》。其曰「反者道之動」，則有會於〈坤卦〉天地玄黃之義無疑也。〈坤卦〉上六曰：「龍戰於野，其血玄黃。」龍者陽之象，天亦陽之象，地則陰之象也。陰陽相反而戰爭起，故流血。天色玄，（玄者，人從地上望太空，幽遠冥昧，謂之玄色。）地色黃，（俗云黃土是也。）其血玄黃明陰陽交戰互有傷也。（血有黃色明陰之傷也，血有玄色明陽亦傷也，戰則兩俱有傷，此皆以天地為陰陽之譬喻詞，非是說天地。讀者須善會。）陽以剛健中正之道戰陰而服之，陰乃以永貞之道從陽。唯陽非橫強，故陰守正固。（〈乾卦·文言〉讚乾陽之德曰「剛健、中正，純粹精也」。〈坤卦·象辭〉明坤陰之德曰「利永貞」。案貞者，正而固也。陰之從陽永守正固，非曲從也。）陰陽以相反而相成，則化育盛矣。老言「反者道之動」，蓋有悟於斯，然老氏又曰「弱者道之用」，則復畏憚玄黃之血，欲以柔弱自安。殊不知，陽失其剛健中正，無以治陰；陰偏勝而因陽於無用之地，則化機何得不熄乎？甚矣！老氏之反對《大易》而不自悟其謬也。至老氏所謂道亦與《大易》不相符，後當略論。總之，晚周學派儒家而外，道、墨、名、法最爲大宗。名墨盛而不義，法之正宗亦早絕，（見〈原學統篇〉。）唯道家在哲學界其理趣號爲深遠。道書雖存者不多，而老、莊玄義自漢以來二千餘年間，流傳極盛。余於儒道異同向來搜析，不欲忽視。唯有一事大怪，道家攻儒無微不至，而獨於西學所爭宇宙基源是精神抑是物質則絕無一字涉及，此非大怪事哉？余從《老子》書探索良久，無可解吾疑問，蓋持之又久，始悟欲決此疑，還須深究老子之所謂道。

老子蓋自信已體證到宇宙基源，遂爲之安立名字，曰道。彼之自信果不虛否，自是別一問題，吾儕是否不誤解彼之所謂道，則不可苟也。欲求老子之所謂道，則其開宗明義之第一章，絕不可輕心含糊混過。（開宗者，開示宗要。一家之學必有所宗主，為其學說全體系中之綱要，故曰宗要。明義者，創明大義，為其學說中眾義之所自出故。）其曰「無名天地之始，有名萬物之母」。此二語吾苦思多年難得其解，及讀第四十章云「天下萬物生於有，有生於無」。（生，是發見義，非如母生子之生。）余欣然曰此云「天下萬物生於有」可與「有名萬物之母」一語相印證，云「有生於無」可與「無名天地之始」一語相印證。但有無二名何所指目吾仍茫然，（泛說一個無字，試問所言無者是否空空洞洞的無，是指什麼叫作無，此在《老子》書中不易看出。有字亦不應無實義，既曰「萬物生於有」，則有字不是一個空泛的名詞。）於是又回到開卷第一章，重玩輔嗣注云：「凡有皆始於無，故未形無名之時，則爲萬物之始。及其有形有名之時，則長之育之，亭之毒之，爲其母也。言道，以無形無名始成萬物，以始以成而不知其所以，元之又元也。」輔嗣此注仍不能釋吾之疑。其曰「凡有皆始於無，故未形無名之時則爲萬物之始」，此其說並未指出老子所謂無究是何義？其曰「及其有形有名之時，則長之育之，亭之毒之，爲其母也」。據此，則有字只是泛說有形有名之時，而絕無實義，便成一個空泛名詞。老子明明以無，名爲天地之始，（無字下，宜用點。名字連下讀為是。下言有名者，仿此。始，猶先也。道先天地萬物而存，故名為天地之始。）以有，名爲萬物之母。（天地萬物由道而生，故說為母。母者生義。）後文又曰：此兩者同，出而異名，同謂之元。（輔嗣以同字連下讀，謂「同出於元」也。嚴又陵謂「兩同字下皆宜點」。嚴說是。兩者，輔嗣以始與母釋之大誤。又陵莫能正。余謂兩者，有與無也。無，以道之體言，道無形，故說為無；有，以道之用言，為天地萬物之母，是道之用故。體用本不二，故曰同。出者，道之動，第五章云「動而愈出」是也。動出是用，自無涉有，遂致有無異名，故曰「出而異名」。自無涉有者，非謂本無而後有也。無者，言其體，由體起用，故云「自無涉有」。有無二名雖異而實不異。無以名其體；有以名其用。體者用之體；用者體之用；體用本不二，故曰同。同，謂之元。）何可將有字作空泛的名詞解去？甚矣！輔嗣之妄也。老子說有無本是體用之辨，（道之體，說為無，以其無形故。道之動出，說為有，此是道之用。）切忌含糊混過。輔嗣不達體用義，乃妄分二時：一曰未形無名之時，二曰有形有名之時。未形與有形二時不知何所據而推算？而乃以此釋有無，此乃根本迷謬，破之則甚費詞，本文未便。輔嗣慧高而年促，其於老學根柢猶遠隔在。

今更有言者，如辨得體用便可自信不誤解老子之所謂道乎？若作是念，猶與老子天淵懸隔在。此處若欲詳談，卻須作《老子》新疏，余不耐勞。姑略言之，如《大易》言「乾元」，（《易》之乾元，亦名為道。）便依健動的勢用而顯示之。（是謂即用顯體，譬如依眾漚之活活躍躍而顯示大海水為流動體也。道體不可目睹，不依用以顯之，便無從說。）又說「元者善之長」。（見前談天人不二處，可覆玩。）而老子所見之道體偏要著一無字，無字豈是隨便下得？第一章言「同謂之元」云云，輔嗣注曰：「元者，冥也；默然無有也，始母之所出也。」（輔嗣以始字作生成解，謂道於未形無名之時，始成天地萬物也。余解始字與輔嗣截然不同。可覆看前文。）余案老子所言元者，本是形容道體之詞，輔嗣釋元為幽冥，謂之「默然無有」。據此，引老子所謂道自是依虛空而立斯名，曰幽冥，曰默然無有，非虛空而何？余嘗試思之，老子何竟以虛空爲宇宙基源，而名之爲道乎？豈輔嗣誤解歟？然深玩《老子》全書義旨，輔嗣於此似未失老氏意。後來偶閱〈僧肇傳〉曰：博覽子史，（子史，謂諸子書及史籍。）志好虛玄，每以老、莊爲心要。既而嘆曰，美則美矣，然其棲神冥累之方，猶未盡善。（老子執有虛空能生萬物。虛空，洞然無象，莽然無際，幽闇冥寞之境也。《莊子．逍遙遊篇》所謂「無何有之鄉」亦謂此也。肇公意云：老、莊以為人之精神棲止乎太虛，而與之合一，便是立於無對，脫然離去一切繫累。殊不知，棲神太虛，還為冥寞之虛空所繫，如蛛繫網，何得遊於無待乎？故曰冥累，此評可謂深微極矣。從來讀〈肇傳〉者，於此罕測其旨。）後見舊譯《維摩經》歡喜頂受，乃曰始知所歸矣，因此出家。據此，可見老子歸根處確被肇公法眼照澈。（肇公著〈物不遷論〉，致廣大而盡精微，印土大乘菩薩能為之者，殆亦罕矣。著《般若無知論》，羅什法師覽之曰，吾解不謝子，文當相揖耳。《維摩經》注弘宣勝義有益本經，然皆以老、莊玄旨暢通大乘。老、莊未透最上一關，盡美而未盡善，肇公之評恰當，異乎無知釋子輕抑老、莊者矣。）余由肇公之言益信輔嗣深得老氏歸本虛無之旨。

或有問曰：「虛空洞然無象。（空空洞洞，無形象也。）莽然無際，（莽然者，大貌，其大無外，無有邊際。）冥冥寞寞，（老云「元之又元」。元本玄字，玄者幽暗貌，故輔嗣釋元為冥。默然無所有，故曰寞寞。）何得爲萬物之母乎？」（此言萬物，即天、地、人通攝在內。他處准知。）答曰：善哉問也！從此，可進而深窮老氏所謂道之實義矣。虛空相狀，誠如汝說。（虛空本無相狀，今言相狀者，欲以言說顯示虛空，便形容出一個虛空之相狀，亦可云「無相之相，無狀之狀」。）然老氏不是單取虛空以作宇宙基源，名之爲道。（然老氏三字，至此為句。）老氏所謂道，蓋合虛、神、質三者，而爲混然不可分割之全體。（虛空，亦省云虛。）《老子》第二十五章曰：「有物混成，先天地生。（有物之物字，作虛字用，乃隱指道而言，不可作物質解也。混成者，老氏以為宇宙基源，所謂道者並非空洞的無，而是虛與神、質三者混合而成，故曰混成。輔嗣注云：「混然不可得而知，而萬物由之以成，故曰混成也。」此則以不可知釋混字，以「萬物由之而成」釋成字，以二義結合曰混成，牽強太甚，不可從。余言虛神質三者混合而成，則會通老氏全書之旨，的然如是，至後當知。先天地生者，即第一章云「無，名天地之始」是也。）寂兮寥兮，獨立不改，（寂寥，無形體也。獨立，無對也。不改者，變化無常而其德性恆無改易。）周行而不殆，可以爲天下母。（神質混一，其周行無所不至，蓋至真之極充塞流動於無量無邊之虛空中，何殆之有？天地萬物皆其周行之勢用所發見，故曰為天下母。母者，以能生故名。）吾不知其名，（輔嗣云：「名以定形，混成無形，不可得而定，故曰不知其名也。」）字之曰道。」（輔嗣云：「言道取於無物而不由也。」案道者，由義。輔嗣注第三十四章云：「萬物皆由道而生是也。」）

或復問曰：「何以徵明老氏所謂道是虛、神、質三者之混成耶？」答曰：《老子》第二十一章云：「道之爲物，唯恍唯惚。（此說虛也。物字即迴指句首道字。恍惚，輔嗣云：「無形不繫之嘆。」案虛空本無形，無形故不繫。嘆者，嘆美之也。又以無形故，無可睹，故云恍惚。）惚兮恍兮，其中有象；恍兮惚兮，其中有物。（此說虛生質也。二語重疊言之，其中者謂虛空之中，下言其中者亦仿此。曰象曰物，非指目成形之一切物，如天、地、人等物也，蓋克就一切物之本質，即流動活躍之質而言，流動之質動而未成乎形，乃成形之物所由以成者。古時文字簡，名詞較少，故未析別，讀者須會意。）窈兮冥兮，其中有精；其精甚眞，（此說虛生神也。輔嗣云：「窈冥，深遠之嘆。」案窈冥謂虛空，以其至大無外不可測度，唯嘆其深遠而已。其中，同前釋。精者，精神之省詞，復言甚真者，精神幹運乎物質，乃至真之極也。）其中有信。」（輔嗣云：「信者，信驗也。物返窈冥，則真精之極得，萬物之性定，故曰『其精甚真，其中有信』也。」據此，則以「其中有信」連上讀，於文義均不順。輔嗣「物返窈冥」云云，係就物之還復乎虛而言，而老子云「其中有信」，明明是說窈冥的虛空中有信，非謂萬物返冥得其信驗也。輔嗣以信驗釋信字，不知如何可通。輔嗣《老注》獨步千載，神解過人處固多，而未妥處亦不少。其解此章無一語有著落，此章是老學綱要所在，惜乎輔嗣弗深求也。）余案「其中有信」是總結上文虛生質與虛生神而明示一大虛空，是乃虛而不虛，（一者，無對義；大者，無外義。虛空，亦省云虛。）故曰「其中有信」，信之爲言實也。（信字之本義為實，雖亦有信驗義，而此中自當取實義。）虛而不虛者，生神、生質，故虛而實。虛生神質，無能所可分，亦無先後，譬如水生溼潤。（不可說虛是能生，神與質是所生，若有能所，則判為二物。如母生子非一體也，譬之水生溼潤，水與溼潤可分能所乎？亦不可說虛先在，神質後有，譬之水與溼潤，豈可分先後乎？）神質與虛，混然爲一，完然圓滿，是謂混成，亦謂之太一。（道家主之以太一，見《莊子・天下篇》。《老子》書中言得一、抱一，可證〈天下篇〉不誤。）由斯而論，則第一章有無二名亦可得正解。混成無形，故說名無；混成之動，愈出而無窮無盡則爲萬物母。故就動出而言，應名爲有，（有之名，即依動出而立。）混成是體。動出是由體起用，有無二名依體用假立。體用可分，究不可析而二之，故第一章曰「此兩者同，出而異名」也。輔嗣於此章全不通，故其注第一章，亦胡亂說去。此二章從來學人罕得其解，談者道其所道，非老氏所謂道也。老學之根柢不明，則其一切之論皆不可究其所自。須知，老子所謂道本虛神質之混成，而神與質皆自虛生，故老氏以虛無立本。（吃緊。）輔嗣學老而不了混成，是其最大迷謬。（了者了解。）但於老氏以虛無立本之旨，則有甚深體會，魏、晉以來注老諸家未有能及之者也。老氏以虛無立本，其全書無一言不是此意。略舉其徵，如第四章云：「道，沖而用之或不盈。（沖，虛也；或，猶似也。故設擬似之詞，文之妙也。）淵兮似萬物之宗。」（似字，與上用或字同。）輔嗣注曰：「沖而用之，用乃不能窮，滿以造實，實來則溢。（滿者，滿盈。實，謂功利。此言不用沖則必以滿盈為用，人若用滿盈之道，而造立實功實利。功利既立而橫溢之禍隨至矣，故曰實來則溢。晚世帝國主義國家正是滿以造實。）故沖而用之，又復不盈，其爲無窮，亦已極矣。（用其沖虛，而務不盈，則其用乃無窮之極也。此明道之以沖為用，就人事而推之可知也。）形雖大，不能累其體；（成形之物，最大者莫如諸天體，然諸天體在彼至大無外之虛空中則微若沙子耳。假設有一星球，其體之大，至於遍滿虛空，則必為其自體所累而無可運動，是處於無用之死地也。故知諸天體之不能大過其量，是乃效法沖虛，而不以自累其體也。若乃推徵人事，則近時帝國主義者爭殖民地，爭軍事基地，適以自累其體而蹈於死地。輔嗣其先見哉！）事雖殷，不能充其量。（事業雖殷繁，不汲汲於充足其量，人力務留有餘。物力不欲竭盡，老云「知足不殆」即此意。）萬物捨此而求主，主其安在乎？不亦淵兮似萬物之宗乎？」（此言萬物以虛為主，各適其性也。）輔嗣此段注，察於人事、物宜。（物宜一辭，見《易大傳》。）因以上推夫大道沖虛，而用乃不窮，此爲天則自然。（大道之大，讚詞也。天則，猶云天然的法則。此云自然為天則之形容詞，莫有使之然者，故云自然。）物不能違之而得宜，人不能違之而成事，其言善發老氏意，可謂宏識博才，道家繼起之孤雄矣。然而老子不能無蔽也，滿以造實，其禍誠無可倖免。若一意崇尚虛無，務以造實爲戒，沖則沖矣，其患至於廢用，將奈何？若孔子之道廓然天下爲公，以是裁成天地，輔相萬物而造實，實來而萬物皆得其所，皆有以上達，而發揚靈性生活。（上達，見《論語》。）至此則道乃得人而弘大，何至如老氏之困於幽冥，人失其能而大道死，將近於印度古代之空見外道哉？（《易大傳》曰「聖人成能」。人當成人之能，否則無可弘道。空見外道說一切皆空，如彼之論則宇宙人生譬若空華，老子之學雖未至此，然溺於虛無，其流弊與空見相去不遠矣。）晚周之世，霸者專務功利，其禍極於呂政而夏族始衰。老氏蓋前知霸者橫流之所趨，而有戒焉，獨惜其見道未眞，以混成爲道，異乎孔子之道。以虛無爲本，遂溺於虛而廢人能，有自悟其陷於非道，甚矣！老氏之太偏而多蔽也。夫儒之爲道，廓然大公，何不虛之有。（人心繫於私欲，失其公平，故不虛。公，無私也。公乃平，平乃大。大故，廓然無一毫私欲為累，虛之至也。）虛以造實，實來則樂善而上達，何橫溢之有？老氏惡滿盈，不知滿盈之根在於私欲。繫於私欲而求滿盈，是盲目的衝動，不知所止，其勢終趨橫溢，無可收拾也。老氏欲以沖虛爲用，而不主之以公，則其虛爲曠蕩之虛，非吾儒所謂虛也。曠蕩即無用，乃曰「沖而用之」，不亦自欺歟？輔嗣天才，而墮老氏窠臼，亦狂者之器耳。

老氏養心之道，唯欲返之虛無。（此中道字，猶云方術。）第二十章曰：「絕學無憂。（學者，本以求益所能而進其智者也。若將無欲而足，何求於益？慧智出則大偽生，何求於進？離虛無之宅而求其能之多，知之博。知博而亂其神，能多而與物為競，是自營火宅也。故學絕而無憂可也，老氏誠曠觀矣。然孟子不云乎，所惡於智者，為其鑿也。如智者若禹之行水也，行其所無事，則無惡於智矣。世人為學而昧其原，故以多智，鑿傷其性命，儒者之為學不如是，惜乎老氏不悟。）唯之與阿，相去幾何？善之與惡，相去若何？人之所畏，不可不畏。（唯之與阿，相去無幾，則惡惡而求善，亦是於太虛中忽增迷霧耳，故曰相去若何？致虛極，守靜篤，本來無惡，而善亦何有乎？為惡而陷於刑，人之所畏也，吾亦畏焉。此亦隨順萬物之規矩而已，非有心避網也。）荒兮其未央哉！（輔嗣云：自「嘆與世俗相反之遠也」。）眾人熙熙，如享太牢，如春登臺。（輔嗣云：眾人「惑於榮利，欲進心競，故熙熙如享太牢，如春登臺也」。）我獨泊兮其未兆，如嬰兒之未孩；（言我心廓然，無形之可名，並微動之幾兆亦無有，如嬰兒之猶未成孩，此返乎太虛者也。）儽儽兮若無所歸。（輔嗣云「若無所宅」。案返乎太虛，故蕩然無宅也。）眾人皆有餘，而我獨若遺。（輔嗣云：「眾人無不有懷有志，盈溢胸心，故曰皆有餘也。我獨廓然無為無欲，若遺失之也。」案眾人所懷者極複雜，欲心無饜故；所志者極誇妄，野心發狂故；故曰「盈溢胸心」。凡眾人之所有餘者，老氏皆已去盡且不須費力，若毫不經意而遺失之，此致虛極之效也。）我愚人之心也哉！（輔嗣云：「絕愚之人，心無所別析，意無所好欲，猶然其情不可睹，我頹然若此也。」案老氏同乎愚人之心，蓋返乎虛無也。）沌沌兮！（「無所別析，不可為明。」求明則益之以智能，而失其虛。）俗人昭昭，（昭昭，「耀其光也」。）我獨昏昏。（無知也。）俗人察察，（別析事物之理，以多其知。分別可愛與不可愛種種物而恣其欲，非所愛則欲屏之，所愛則欲得之。）我獨悶悶。（無欲也。）澹兮其若海，（輔嗣云：「情不可睹。」案情欲泯絕，返乎虛無，若大海之廣漠也。）飂兮若無所止。（輔嗣云：「無所繫縶。」案離乎俗情而復乎虛，故無繫。）眾人皆有以，（以，用也。皆欲有所施用也。）而我獨頑似鄙。（「無所欲為，悶悶昏昏，若無所識，故曰頑且鄙也。」）我獨異於人，而貴食母。」（胎兒食於母腹，此生之本也。人生於虛無，虛無者人之母也。人皆棄其所從生之母，故曰「我獨異於人」。）詳此章之意，蓋憫俗人陷於雜染，而不求自拔，（雜染，借用佛典名詞。雜有二義：一不純淨義，二雜多義。染者，染汙垢穢義。眾人之種種知見，種種好欲，及一切所懷所志，盈溢胸心者，其不為雜染者無幾。雜染乃有生以後一切妄念、妄想、妄作之餘勢，潛伏於吾人內心不自覺之深淵。餘勢者，吾人每一動念、起想，雖若當下消滅，而實有殘餘的勢力伏而未滅，此非深於內察者不知也。雜染種類滋繁，隱藏深固，各種眠伏之雜染勢力時欲乘機現起，克治頗不容易。）故明己之所獨造，（己者，設為老子之自謂。）將冀人皆發悟，同返虛無之極，毋失性命之正，此老學心要也。雖然，老子之道載其清淨，濯眾人之溷濁，可謂難矣美矣！仁則吾不知也，通觀《老子》之書，唯欲民之無欲無知而不主教導。老子明知「人之迷，其日固久」，（見《老子》五十八章。即佛說：眾生無始以來，常處長夜之意。）而廢教導，以為我清淨，則眾人將自化而自濯其溷濁，此必不可得之事也。《易大傳》曰「曲成萬物」，《論語》曰

「有教無類」，「仁者己欲立而立人，己欲達而達人」，《中庸》曰「成己成物」，此乃從天地萬物同體處，痛癢相關，自不容已者也。何忍離群而獨善一己，曰「我獨異於人，而貴食母」乎？夫母者，我與人所同也，人皆棄母，我得獨母之乎？悲夫！老氏不識仁也。儒學以仁爲宗，老氏非之，曰「失道而後德，失德而後仁」。（見三十八章。）此其謬妄，宋儒固嘗駁之，（似以《上蔡語錄》駁得較好，今不及檢。）猶未眞知老氏所以失。老氏以虛無立本，其所謂道根本不是孔子之道，宜其不了仁義之原也。（此意茲不及詳。須別為專論。）余嘗謂道家者流，其慧解甚高，未容輕議。現存《莊子》書內篇當出莊周手，其餘多雜集道家微言。（此云微言，謂微妙之言。）管、韓、淮南等書採於道論者亦不少。世之學佛者必紬道，多見其不知量也。（不知量，謂不自知其分量，此借用《論語．子張篇》，子貢語。）然道家有遺世之志，而未能如佛氏之大雄勇猛，無掛礙，無恐怖，脫然粉碎虛空。（而未能三字，一氣貫下。）此僧肇所以不足於其棲神冥累之方，逃道而歸佛也歟。道家巨子有捷慧而無深仁，缺乏「民胞物與」之量，（「民胞物與」，用張橫渠先生語。人類當互相視為同胞，曰民胞；萬物皆吾人同類，曰物與。）其學歸於獨善自利，獨佛家小乘根器也。老、莊觀測人群蠱壞之一面，（壞，詭譎也，騙詐也，貪忍也。蠱，狂惑也，昏也。）洞微燭遠，其言永爲人類實鑑。王船山得莊生意矣，介甫猶未深會也。（王安石，字介甫。）然老氏守雌，藏機，而以弱爲用，不敢爲天下先。莊子托於佯狂以抒忿，則群眾無領導而禍亂無已時矣。（統治階級剝削與愚民之毒，老、莊皆見之極透，嫉之亦深，而終於守弱自全，以避玄黃之戰。由老、莊之道，雖天下窮極當變之機已至，亦莫有起而領導者，只有愈趨於壞耳。晚周六國以來之社會常如是，然老氏深藏之術，韓非竊之，轉為慘酷之霸術，則老氏所不及料已。）道家之學可以益人理趣，而無可養人惻隱之端、剛大之氣。（惻隱之端，仁也。）此余所引以爲戒也。

道家雖有深趣，（趣者，理趣。）而返虛、篤靜、守弱、退後之思想，順人苟偷之情，自古以來聰明穎異工於文學者，鮮不耽玩其書，神爲之移，志爲之靡。佛氏修習空觀之教東來，首與之迎合者，皆老、莊之徒也。亂孔子《大易》之眞，而害甚於漢人之術數者，亦莫虐於老、莊之徒也。（老、莊皆取《大易》之義，以附會其虛無。魏、晉人學道家竟以老、莊二子書與《大易》並號三玄，紫奪朱，鄭聲亂雅，而《易》之真乃益晦。）余治學本願（本願，出中譯佛籍。）在考辨中學得失，故於道家頗細心，（昔欲為《大易廣傳》詳發道家之長，而嚴正其短，今衰矣，無能為也。）以中國哲學思想而論，則儒家而外，而魏然成大國者，獨道家耳。墨子自是科學家，其哲學理論，簡單已甚。名家惠施亦科學巨子也，今據莊子所稱述者，頗有一二條可窺見其哲學猶近於儒，惜乎其書皆亡失，漢人已莫之考矣。法家，余始考定有君主、民主二派，已見〈原學統篇〉。二派皆源出於儒，君主派蓋自儒之小康學而改變，其後復變而歸本道家。由《管子》書考之，可見其概。《漢書・藝文志》列管子於道家，余雖辨其誤，（見〈原學統篇〉。）然《管子》書融入道家思想甚富，是不可掩耳。韓非出於老氏，漢人論定久矣，但韓非爲霸者權謀之術，不當列法家，漢人弗辨也。民主派，《淮南》所存，雖寥寥數語而其大義已可睹。（覆看〈原學統篇〉。）蓋《禮運》大道之血脈未失也。綜上諸大學派，要以儒道二家之水火爲最烈。道家無往不與儒反，顧於心物問題絕無異論。《大易》以陰陽爲太極之妙用，陽爲神而陰爲物，相反所以相成，（太極者，本體之名。神者，心靈之異名，非天帝之謂。後凡言神者，皆仿此。）陰陽非異體，只從本體之顯爲用，即由無對而現似有對，遂致陰陽異其名。（顯者，顯現義。體現為用。譬如大海水現作眾漚，大海水與眾漚不可析之為二，體用不二由此譬可悟。現似者，蓋從大用之觀點而言，則有對之一切現象，皆非固定與獨立的，故云現似。）由此可見，心物皆本體固有之妙用，貌對峙而實統一，名相反而實相成。心物二者不可缺一，缺其一即不可成用，故未可曰從無始時唯獨有心，亦未可曰從無始時唯獨有物。（無始，借用佛典名詞。推求時間之太始，終不可定其開始之期，故云無始。）偉哉造化！（造化者，猶言本體之流行，非謂上帝造物。）不可執一端以測，《易大傳》曰「觀其會通」，則心不孤行，物非獨在，斯理甚明矣。老氏言道以虛爲本，由虛生神生質，而神質與虛無能所可分，無先後可判，混然爲一，是謂混成，亦名曰道。（須通玩上篇二十一章及二十五章，余已於前文將此兩章擇要引述，而附以注，可覆看。）老氏之混成，雖甚悖乎孔子之道，然其以心物之端同爲混成所固具，（本來具有之，曰固具。）不同西學唯物論者只承認物質爲唯一實在，心是物質之作用；（不同二字，一氣貫下為句。下言不同，仿此。）亦不同西學唯心論者只承認精神爲唯一實在，物質是精神之發見。（老氏之混成，亦與二元論不同，混成以虛為本，虛含神質，即體非無用之體，其義旨蓋如此。）故就心物問題而言，老氏持論頗有與儒學相接近處，蓋於心物則竊取《大易》，而談本體乃特異。（余嘗謂老氏言道半取之儒家者，即就心物問題言之耳。）余初治老學，竊怪其反儒學無所不至，獨無唯心唯物之爭，未審其故，及深窮老學根柢而了解彼之所謂混成，始知其於心物無爭之故矣。

或有問曰：「近人多言老子是唯物論者，公乃據《老子》二十一及二十五兩章，以虛與神質混成，而名之曰道，是固不得謂之唯物矣。然謂老子以神爲本有，（非由物質發展而後起故，曰本有。）更有據否？」答曰：奚其無據哉？《老子》第六章云：「谷神不死，是謂元牝。（兩山之間，低下空洞處，曰谷。此言谷者，以為虛之形容詞耳。神生於虛，而混然與虛為一，故曰谷神。元者，幽冥義。谷神無形無象，故謂幽冥。神者，生生無息，故譬之曰牝。）元牝之門，是謂天地根。」據此，則神者，乃固具於混成，非後起也。後起，何可云天地之根乎？「元牝之門」，輔嗣云：「門，元牝之所由也。」余案門者，由義，言元牝爲天地之所由以成也，故下云是謂天地根，正標出門字之義。輔嗣說元牝之所由，則所由之義，不屬於下文之天地，殊不可通。夫天地萬物所由成，不獨資乎質而必資乎神，神與質本不二而亦有分，故《老子》四十二章曰：「萬物負陰而抱陽，沖氣以爲和。」此言深可玩味。夫陰者質也，陽者神也；質以凝聚成物爲功，固與神之升進而無方所者，恰相反。然斡運乎質者神也，（斡者，主領義；運者，運行。）開發乎質者神也，故陰（質。）陽（神。）以相反而相戰。戰卒歸於和，陰陽沖和之氣盛而化道行，（氣者，猶云勢用。陰陽沖和之勢用既盛，則變化行。）萬物生焉。「萬物負陰抱陽」，得陰陽沖和之勢用，以爲其自性之和。（吃緊。）易言之，即萬物自性無虧缺，（非孤陽，非獨陰，故無虧缺。）無乖戾。（得陰陽沖和之勢用以生，故無乖戾。明乎此，則人性無惡，審矣。）道家之學，以物暢其性爲歸，以物失其性爲憂，其根柢在此，而老氏之竊取於《大易》者亦在此，不可忽也。

老云「萬物負陰而抱陽沖氣以爲和」。從來學老者，罕求實解。此須從天人兩方面，即宇宙論人生論兩方面分別體究，切忌含糊過去。（此中宇宙論是狹義，克就心物現象而言故。）就宇宙論而言，在天之化，陽不孤行，陰非獨在，故陰陽是一齊俱有，即其間不得無矛盾。玄黃血戰所由起也，不有玄黃之血便無太和。（〈乾卦〉曰「保合太和」，實自其血玄黃得來。）就人生論而言，人承陰陽太和之勢用而生，故《易大傳》曰「繼之者善也」。繼之爲言，即繼承陰陽之太和，以凝之爲性命，如是而人性無不善可知已。不明乎此，將疑人性本來含有鬥爭種子，其爲人道之戚，可勝言哉？老氏於此處確實取諸《大易》，故於心物問題完全接受儒學，無有絲微爭論。自《大易》創明陰陽有矛盾，所以成其太和而起化育，人生繼太和以定性凝命，（此中性命，只作複詞用。）究盡天人之蘊以成人能立人極，此乃握眞理之玄符，可以俟千聖而不惑也。老氏克紹明之，以開千古學統，功亦巨哉！

宇宙自其無始之始，極乎悠長無盡之未來，恆是陰陽變化，剎那剎那，故故不留，新新而起，現似萬象，條然宛然。（條然者，千形萬態之貌。宛然者，本不固定，而似實有之貌。）吾人所可知者，宇宙開端元是陰陽俱有方成變化，設若以此推斷爲未是，而或以爲太始唯是孤陽肇起萬化，（西學唯心論，以心為一元，即孤陽也。）或以爲太始唯是獨陰肇起萬化，（西學唯物論者，以物為一元，即獨陰也。）此皆違反辯證法，余未知其可也。孔子作《易》，首以陰陽成變解決宇宙論中之心物問題，蓋本其所觀測於萬物萬事萬化者，莫不由乎辯證法。因以深窮心物問題，從宇宙開端，已是陰陽成變，斷不可作片面觀，故《易》之辯證法徹上徹下，《論語》所謂「一以貫之」是也。老子得其意曰「執大象，天下往」。（見第三十五章。大象者，宇宙之全象也。執其全，而不執其分，故可洞徹宇宙之內蘊，則其於天下無往而不通也。執其分，即陷於片面。）其識卓矣！或有難曰：「生物未出現時，心尚不可徵知，老氏谷神之論得毋空想歟？」答曰：此一疑問，余在《新論》已據《易》義釋明，茲可不贅。且老氏言谷神曰「綿綿若存，用之不勤」。綿綿者，雖有而不顯著，常捨故創新而不斷絕，故曰綿綿；（所謂神者，本非恆常的，卻是時時捨其故而創新，以延續不絕。）若存者，方其潛而未現，或疑爲亡，（亡，猶無也。）由潛而見，畢竟不亡，故說若存。（見讀現。《大易》六十四卦，三百八十四爻，起於〈乾卦〉之初爻。初爻者，潛隱而猶未著現也。生物出現以後，心神漸著，則由潛而現耳，非先本無而後起也。老氏若存之言，亦本於《易》。）「用之不勤」者，言神雖潛含於萬物之內部，而萬物之成也。實萬物之自成耳。神無所爲作，故用而不勞。（不勤，猶云不勞。）詳老氏之旨，蓋以神質本法爾俱有。（法爾，猶云自然。以其義甚深微，而世俗習用自然一詞不求深解，故中國佛家譯音曰法爾，而不義譯，欲人深會故。）質含神，而神斡運乎質，故天地萬物由之以生，既生而不知其所自。夫質成形而可睹，唯神生生之用，潛隱而難知，此物先在而神後起之說所由來也。

中國古代思想（此云古代，姑從春秋時逆數而上，總言之）。其發源自甚複雜，而受天文學之影響當最深。天文學源出陰陽家，陰陽家本爲一切術數之大祖，（《漢書·藝文志》敘方術各家派甚雜亂，實則一切方術皆出於陰陽家，此意須別論。）而天算之學亦出於其間。漢司馬談氏《論六家要旨》，陰陽家居其一。古代學術源流司馬氏世典史職，故深悉之，而不肯忽也。天文學自陰陽家出，故崇信天帝之觀念，常與其學術相夾雜而不易掃脫。自春秋而上之悠長時代，一切哲人之思想大都與天文學有關。雖古籍淪亡，而其略猶可推也。古之言天者三家：曰《周髀》，曰宣夜，曰渾天。宣夜失傳，《周髀》持蓋天之說，以爲天似覆盆，中高而四邊下。案彼云中高者，初民仰首而望，其上蒼然穹窿，遠而不可測其所極者，因擬爲天之中央最高所在。其實中高本無定所，人各以其視線所向，而擬之耳。四邊下者，蓋謂天之四邊皆下垂於地也。初民對天而起超越感，謂之上帝。其呼天帝也，恆仰望中高而呼。《詩經·大雅·皇矣》之篇有曰：「皇矣上帝，臨下有赫！」是其徵也。（臨者，臨視。下者下方，即謂地球。此言上帝，即中高而臨視下方，赫赫有威明也。凡立國於地球上者，其君之得失，民之休戚，皆上帝之威明所臨視。）

附識：近代中外人士談中國文化者，皆謂中國人無宗教思想，此譬說耳。外人有教堂及祈禱與講習教義等形式，而中國無之，故外國人謂中國人無宗教。其實中國先民信仰上帝之情感，不必與外人殊。但古帝王特定一不平等之制度，唯天子得祭天，諸侯祭其國內名山大川，庶民祭祖先，階級劃定，上下各守其分，久而習以爲常。故自天子郊天而外，其餘大多數人皆不得有昭事上帝之教堂，更無講習教義之事，以此與外人相對照，便覺中國無宗教耳。（三代帝王馭民之術甚不平等，孔子貶天子，退諸侯等思想，發明特早，亦有以也。子貢、宰我諸賢稱夫子為生民以來所未有，豈阿好哉？）**自孔子作《春秋》創明貶天子之大道，其於《易》則著乾元統天之義，而上帝遂爲烏有先生。老氏亦惡統治，故其言道則曰「象帝之先」。**（謂若果有上帝，則道更在上帝之先，即明上帝不足為萬物之主也。）**儒道兩大學派皆力反宗教於二千五六百年前。卓矣哉！**（晚周儒生，以祭山川與祖先為酬恩，非先民思想果如是，儒者不欲人迷信鬼神，故明酬恩之義，以存其禮耳。）

古代陰陽家測天之術，即依民眾之信念爲依據，及天文學興，猶隨陰陽家之遺風，故每遇日食、月食、地震及氣象之變，（如久陰或亢旱、風災等類。）天文家皆以爲上天警戒人君。（上天猶云上帝。）雖自東漢、魏、晉以下，天文學漸有專向科學發展之潮流，而宗教思想之天文學猶保持正統派之地位，直至皇帝推翻而始替。

易學始於羲皇之八卦，爲中國學術思想之大源。孔子以前之《易》大概爲術數與哲理二者交雜之倉庫。文王羑里演《易》不必無此事，但其辭必以宗教思想爲主，否則孔子何須作《易》。（漢人謂文王重卦，此不可信。八卦演為六十四乃自然之序，自是伏羲一氣呵成，文王蓋有說《易》之辭耳。辭者文辭。）《論語・子罕篇》曰：「子畏於匡，曰『文王既沒，文不在茲乎？（文王困於羑里，卒不死，而演《易》，是天以作文明道之大任，付託文王也。文王既沒之後，斯文之任，不在茲乎。茲，猶言此間。孔子意云，斯文不在於我乎？但不欲直言在我，則曰在此間耳。此間，猶俗云這裡。）天之將喪斯文也，後死者不得與於斯文也；（若天將喪滅斯文，則我必死於匡，其後於我而死者，不得參與斯文之役。與讀預。言後人不能作也。）天之未喪斯文也，匡人其如予何？』」（天未欲喪斯文，則我今者必不死，匡人其能害我乎？孔子自信其有斯文之大任在，不至死於匡也。）據此，可見文王在羑里演《易》確有其事，故孔子遭厄而引之自況。又可見孔子實有作《易》之事，曰「文王既沒，文不在茲乎」云云，是明明以繼文王而作《易》自任。孔子稱天不喪斯文，自信己之不死於匡，可見孔子發明《易》道，其關係於天下萬世者太重大。（此中道字，猶云道理。）聖懷沖虛，嘗曰「述而不作」，今當危難乃一吐其眞實之蘊。此章，自漢以來治《論語》者皆莫有正解，遂使聖人作《易》一大事因緣完全埋沒，豈不惜哉？由此章玩之，可見孔子之《易》與文王之《易》必是宗主全異。（文王是宗教思想，孔子則創發哲理，破除宗教。）商、周之際，宗教思想甚盛，就《詩經》徵之，周室初興，殷頑未順，（殷之民眾猶不服周，周人詆之為殷頑。）〈大雅〉諸篇多侈陳天帝錫命於周，以收服四國，（四國，謂四方諸國。）此其徵也。若孔子之《易》非超出文王而獨有宗主，則何至於危難之際，妄言斯文之任在己乎？聖人斷不至是也。

呂秦毀學而後，漢人傳《易》宗術數，是否稍存伏羲古義極難考索。今就漢《易》鱗爪尋之，（漢人《易》書，唐以後鮮有存者，李鼎祚輯《周易集解》凡集三十五家，取於荀爽、虞翻者尤多。李氏，唐人也。清鄂省李道平作《周易集解纂疏》，於漢、魏《易》說疏考頗勤云。）竊嘆漢《易》所承於古《易》之根柢，確與古天文學之蓋天說有關，當是伏羲遺教輾轉傳來。

凡成一宗派之學術，條緒紛繁，必有根柢。根柢莫窮，徒析其條，未為知學。何云漢《易》根柢與蓋天說有關耶？《大易》六十四卦，三百八十四爻，闡明萬化萬物萬事之理，與未萬理歸一，一理為萬之妙。宇宙人生之奧蘊，唯《易》發之深矣。然六十四卦以乾、坤居首而建乾元，坤之元即是乾之元，本非二元，此七十子相傳遺教，漢人猶存茲古義。（王船山《易傳》，乾坤並建之說，殊未安。）然則求《易》

學根柢者，其可不求之於〈乾卦〉耶？吾苦心於此者良久，深怪漢《易》家全不悟乾元，根本與孔子背道而馳。漢《易》皆祖田何，田何本術數之業，余言之屢矣。漢《易》宗術數淵源久遠，伏羲古義當有存，吾人須屏主觀以求漢《易》本源。信漢《易》而奪孔子之眞是大迷謬，忽視漢《易》而全不索其所承於古《易》之根柢，則孔子以前之來源莫明，又何能眞識孔子乎？中國自兩漢迄於清世，思想之途閉塞可憫，二千餘年來名家著述、材料搜集亦不爲少，獨惜短於運思，罕能取材而發明學理，此非余敢爲老狂，而事實如斯無可曲諱。皇帝專制日久，遏絕思維之路，甚可痛也。清人以漢《易》高自標榜，除疲神瑣碎而外，其於理道果何所發見耶？余非敢薄前儒，勤搜之績，亦不忍沒，然後學如常循其故轍，則中學得失眞相，終鬱而難明耳。哲學之業不可專務考核，如經儒之所爲。（不可，至此為句。六經、諸子皆哲學大典，而漢以來治經之儒乃以考據為務，後以治經之術治諸子，而學術遂晦塞。）直須脫然澄清心地，獨據意乎宇宙之外，銳思於豪芒之內，潛神默識，恆以歲年，庶幾乎邵子之詩，「眼明始會識青天」耳。余言及此，自忘其蔓，今當還入本文。〈乾卦〉開始一語曰「乾：元亨利貞」。何耶？李氏《集解》云：按〈說卦〉，乾，健也，言天之體以健爲用，運行不息，應化無窮，故聖人則之，欲使人法天之用，不法天之體，故名乾不名天也。〈子夏傳〉曰：元，始也，亨，通也，利，和也，貞，正也，言乾稟純陽之性，故能「首出庶物」，（首，始也。乾以健德為庶物所由之以生，故曰「首出庶物」。）各行元始、開通、和諧、貞固，不失其宜，（言庶物各得元始等四德也。）是以君子法乾而行四德，故曰「元亨得貞」矣。李道平《纂疏》曰：案〈說卦〉曰，乾，健也。虞翻彼注云：（彼字，指〈說卦〉乾健也句。）精剛自勝，（精者，精神之省稱，此與《老子》二十一章「其中有精，其精甚真」之精字同義。《莊子‧知北遊篇》，「形本生於精」。形本者，生物之始也。生物之始，即具有精神以生，此精字亦省辭。精神者，陽剛之性，故曰剛；自勝者，能自強勝，不竭不窮也。）動行不休，故健也。又《易緯．乾坤鑿度》曰：乾訓健，壯健不息，是其義也。體，形也。穹窿者，天之形。剛健者，天之用。王蕃《渾天說》曰：周天三百六十五度，五百八十九分，唯其運行不息，是以變化無窮，成四時而育萬物，皆天之至健者爲之也。則天之聖，（則，猶法也。聖人取法乎天以自強，故云則天。）至誠無息，不與天同其形，而與天同其用，故法天之用，法其健也，不法天之體，穹窿之形，不可法也。法其用故名乾，不法其體故不名天。李氏云云，（可覆看前引李氏《集解》之說。）蓋本孔穎達《正義》文也。以上皆道平採集古義。（道平《纂疏》，凡例第三條有云：兼引諸家者，但加案字；自攄管見者，則加愚案以別之。上引道平《纂疏》，即但加案字者也。詳道平所引諸家說，並是甚古之義。其云李氏說本之孔穎達《正義》，誠有明徵。然穎達之時，古籍未盡淪喪，其說亦遠有所本。）

綜前諸說，可見古《易》，實以天帝爲萬物之大原。（天帝係複詞。單言天，或單言帝，皆可。）其言天復分體用，穹窿之形是天之體，剛健而運行不息是天之用。此其說自是伏羲古義，雜於術數家言之中，從邃古傳來漢《易》家承之，猶未失此根柢，而亦無所發揮。（漢《易》家所努力者，只是鉤心門角於象數之間。其所謂數乃術數之數，而涉及數學的數理者，殆等於零。）

蓋天說謂天體中高，所謂穹窿之形是也。初民所謂上帝，即指此穹窿之形而目之，《詩》云「皇矣上帝，臨下有赫」是也。（皇，大也。餘見前注。）蓋天說一方有科學思想，一方仍依據初民之宗教信念始終未脫。當哲學思想未發生時，蓋天說之天文學正適應上古社會需要，伏羲畫八卦而後，雖復未離神道與術數，（《易》為占卜之用。）而辯證法的哲學確已崛興。今欲求孔子以前之《易》，誠苦無文籍可考，不得已而尋繹漢《易》家相傳之單詞碎義，猶可推見古代《易》學思想之要略。如前所說，漢《易》所存古義，以上天為萬物之原，實以蓋天說為依據。（上天，猶云上帝。）至其言天分體用，則欲人法天之用，不法天之體。天體是穹窿之形，故無可法，而當法其用。天之用則可析言兩方面，精剛自勝，天之神化也；動行不休，天之氣化也。唯氣與神乃天化內涵之兩機，以相摩蕩，而周流乎廣宇悠宙之間。（此云摩蕩，即相反對之義，猶云矛盾也。宇者虛空，其廣大無外，宙者時劫，其悠長無盡。）氣者，質之端，其凝也，固閉而分化，現似萬殊。（萬殊的相狀，皆不固定，故云現似。）神者精剛，無礙，（無形質故，云無礙。）故無定在而無不在，其性恆升，（升者，向上義，進進義；恆者，無退墜故。）常幹運乎萬殊之中，而開通之。氣乃隨神以俱轉，（幹運含二義：曰主領義，曰運行義。）是故一言乎氣化，而神化存焉，氣化不離於神化也；一言乎神化，而氣化存焉，神化不離於氣化也。謂宇宙是獨化於理不可能，謂之有對畢竟統一。大化雖有摩蕩之兩機，而實「保合太和」，（〈乾卦〉語。）萬物由是而生，「各正性命」矣。（萬物稟氣而含神，神發知而氣成形故。）古代大天才哲人伏羲氏關於宇宙論中之心物問題早已解決，豈不妙哉！伏羲之意只寓諸卦爻，至唐、虞以後，文字漸廣，當有《易》說，唯不免與術數家言相夾雜耳。古代帝王利用神道設教，術數家言日盛，哲理之談益少。術數流傳至六國並亡時，田何以開漢《易》，伏羲古義猶存一鱗一爪，甚可貴也。漢時有殷《易》，曰歸藏，鄭玄曰：殷，陰陽之書，存者有《歸藏》。焦循曰：謂之陰陽之書，則陰陽五行家言也。（《漢書．藝文志》有「陰陽五行家皆術數也」。）此說當不誤，（余嘗以殷《易》首坤為唯物之論，近年自知甚誤。鄭玄親見其書，而不曰古之《易》書也。）然亦是《易》家之支流耳。

《周易》是孔子作，其本體論則廢除上帝，於心物問題則主張神與氣本不二而亦有分。本體是一，故曰不二；用含兩機，故云有分。斯亦不適伏羲之矩矣。然上帝既已推翻，則所謂神者，自不可以天之神化言，後當復論。

附識：《周易》之名，有謂周者，周代之稱；有謂周者，以《易》道周普無所不包通也，非朝代之稱。余謂後說是。漢人有謂文王作卦辭、爻辭，孔子只作《十冀》，此說全無根據。證以《史記．蔡澤傳》，以「飛龍在天，利見大人」爲孔子之言，則《周易》完全出於孔子斷不容疑。余已略論之於〈原學統〉中。有難余者曰：「公常以『利見大人』爲孔門小康派增竄之文，本非孔子語。今又引據蔡澤以爲孔子之言，何耶？」答曰：蔡澤當六國晚世，奔走勢途，其治儒術自是服膺小康派經籍，故信「利見大人」爲孔子之言耳。然由蔡澤之言，正可證卦辭、爻辭非文王作。漢人孔子作《十翼》之說，則奪孔子之《易》以歸於文王，而降孔子爲注疏家，無據而造謠，可謂無忌憚矣。漢人更有言爻辭爲周公作者，其謬妄不足辨。

殷《易》首坤不得謂之唯物論，何耶？（乾，陽也，為精神。陽剛升進而不退墜，其德健也。陰重濁而下墜，適與陽反，故昔人訓陰為物質。殷《易》首坤而不首乾，故近於唯物，明人已有注意及此者。）案《歸藏》之書漢以後亡失殆盡。（馬國翰《玉函山房輯佚書》，經編易類可略考。）有徐善者，據彼首坤之說而推求其術，余頗讚其精妙。善之言曰：其法先置一六畫〈坤卦〉，以六陽爻次第變之，即成復、臨、泰、大壯、夬五辟卦。（辟者，君也。下仿此。殷《易》立十二辟卦。）次置一六畫〈乾卦〉，以六陰爻次第變之，即成姤、遯、否、觀、剝五辟卦。十辟見，而綱領定矣。又置一六畫〈坤卦〉，以復辟變之，成六卦之一陽；（復為辟卦之一，故云復辟。下言臨辟等者，均仿此。）以臨辟變之，成十五卦之二陽；以泰辟變之，成二十卦之三陽；以大壯辟變之，成十五卦之四陽；以夬辟變之，成六卦之五陽；更進爲純乾，而六十四卦之序已定矣。徐而察之，乾之六位，已爲遞變之新爻。而坤之六位，猶爲未變之舊畫，即卦中陽爻已變，而陰爻猶故也。於是復置新成之〈乾卦〉，以姤辟變之，成六卦之一陰；以遯辟變之，成十五卦之二陰；以否辟變之，成二十卦之三陰；以觀辟變之，成十五卦之四陰；以剝辟變之，成六卦之五陰；更進爲純坤，而坤之六位已更新矣。卒之非有兩營也，止此六十四虛位，順而求之，由坤七變，得陽爻一百九十二，而純坤之體見。逆而溯之，由乾七變，得陰爻一百九十二，而純乾之體見。一反一復，而三百八十四爻之《易》以全矣。詳徐氏所云，可謂深得《歸藏》布卦之法。若不由乎此，亦未見有何良法可以成六十四卦。若殷《易》果如此，則無可謂之唯物論。所以者何？坤陰不能獨變，必待乾陽而後成變，（後字，非時間義，只明獨坤不能成變耳。）則殷《易》雖首坤，實無改於《周易》乾坤相俱，反而成變之妙。（有乾即有坤，故曰相俱。乾坤相反也，相反卒歸於和同，而變化成矣。）殷《易》雖陰陽之書，其猶略存伏羲氏之骨髓歟。漢人相傳夏《易》曰《連山》，號爲伏羲之《易》，夏人因之，而有首艮之說。干令升雖別爲之解，焦循所謂與五運六氣之說相爲表裡，其爲戰國時術數家所僞托，不待言矣。伏羲畫八卦，因而重之，爲六十四，乾坤居首，（乾坤名為二卦，實不可剖分為兩體，故曰乾坤居首。王船山「乾坤並建」之言便有病在，如云張某李某並立，張、李究是各自完全獨立的，非一體也。）餘六十二卦皆由乎乾坤萬變而成者也。其可易歟？余昔未欲決定夏《易》爲僞托，近始斷言其僞。

《史記》稱文王羑里演《易》。（見〈殷本紀〉及〈周本紀〉。）漢人遂說有文王之《易》，其說亦不一致。揚雄《解難》云：文王附六爻，此即重卦之謂。殊不知八卦因而重之，乃自然之序，自出伏羲一手，何待文王附加之乎？鄭學之徒說文王作卦辭、爻辭，而皆不言其說之所從來，其爲逞臆妄說何疑。（鄭氏多臆説，不足據。）唯讖緯云：卦道演德者文。此説深可注意。今推其辭，蓋曰：會通六十四卦，而開演之，以爲入德之門者，文王也。《史記》云：文王演三百八十四爻，亦謂演習六十四卦之道。（《易》只六十四卦，共三百八十四爻。）與讖緯説亦相通。讖緯爲七十子後學，當呂秦時，假怪異以泄忿之雜錄，其中頗有可寶貴之材料不可忽也。（漢人亦竄亂之。）《周易》完全爲孔子創作，本與文王無干。細玩《論語・子畏於匡章》，孔子自任之重，自信之篤，可知其無所襲於文王也。皮錫瑞橫斷文王全無所作，亦逞臆太過。余謂文王當有總論六十四卦要旨之文，大概歸本事天，以爲立德之基。伏羲之《易》與蓋天説有關，本以天帝爲萬物之原，文王説《易》之文或著重在此。（伏羲雖以天帝為萬物之原，而其立義，則在法天之用，是上帝為虛設也。文王或欲反之歟？）上考《詩經》稱文王之德者屢矣，（如〈大雅・文王篇〉曰：「穆穆文王，於緝熙敬止。」於，嘆詞。穆穆，深遠之意。緝，續也。熙，明也。敬則心淨而光明。文王常不失其敬之功，即明淨之心，恆繼續如斯而不已也，此止於敬之效也。止者，持而不失之謂。）〈大明篇〉曰：「維此文王，小心翼翼，昭事上帝。」（翼翼，恭慎之貌，前篇所謂敬也。昭，明也。以明淨之心，敬事上帝，曰昭事。）〈文王篇〉又曰：「文王陟降，在帝左右。」（朱子解此句，以為文王沒後，其神在天云云，甚誤。陟，猶進也；降，猶退也。言文王日常動靜進退之間，其心常在上帝之左右，如佛教淨土宗念佛者即如是，此與前引「昭事上帝」同義。）《中庸》二十六章曰：「『維天之命，於穆不已。』蓋曰天之所以爲天也。（命者，流行義。於，嘆詞。穆，深遠也。言天道流行，深遠而無已止。）『於乎不顯，（於，讀烏。不顯，猶云豈不顯也。）文王之德之純。』蓋曰文王之所以爲文也，純亦不已。」（言文王純於天道，亦不已。此所引《詩》，即〈周頌・維天之命篇〉。）綜上所述，可見文王平生爲事天之學，其德深純，故知其説《易》必以事天垂教無疑。孔子作《周易》宗伏羲，非宗文王。

（《易大傳》稱伏羲仰觀於天，俯察於地，近取諸身，遠取諸物，是從觀察大自然入手。）

文王說《易》之文，在漢《易》中無可考，（漢人專精象數，與文王「昭事上帝」精神自無關聯。）然其精神並未消滅。伊川《易傳》自北宋至於近世，實奪漢《易》與王輔嗣兩派之席，而盛行亦將千載矣。清人雖以漢《易》號召，然有識者皆莫肯右漢《易》。（古代以右為尊。）自顧亭林以至戴東原並主程《傳》，其影響學術界之深遠，至可驚矣。《程傳．乾卦傳》有曰：重乾爲乾。（《易》六十四卦，每卦合上下兩卦而成。〈乾卦〉上下皆乾卦，故曰重乾。重，讀重複之重。）乾，天也。（天，即天帝之謂。）天者，（此天字，謂穹窿之形，蓋天説所謂中高是也。）天之形體；（此天字，亦天帝之謂。下諸天字，可類推。若不知古《易》與蓋天説有關，則此云天者，天之形體，便甚難解。）乾者，天之性情。乾，健也，健而無息之謂乾。夫天，專言之，則道也，天且弗違是也。（此天字，猶云運會。運會有否泰之遷變，吾人秉道以治之，運會弗能違於道也。）分而言之，則以形體謂之天；以主宰謂之帝；以功用謂之鬼神；（鬼神，猶言陰陽。）以妙用謂之神；以性情謂之乾；乾者萬物之始云云。案伊川此段文字，朱子尊之，同於六經，猶有文王「昭事上帝」遺意。（程、朱主敬，亦上契文王。）蓋天說之墜緒，於此亦可追尋。宋學畢竟復古，其得失非此所及論。

詳玩古《易》之義，（古《易》，謂伏羲之《易》。）有大不可忽視者三端：一、伏羲出於邃古時代，（邃者，言其時代太遠也。）天帝之信念似不能無，然其首創《易》學，即於天而分體用，此乃大可驚異。初民以穹窿之形爲天之體，赫然威明在上。（《詩》稱上帝「臨下有赫」。注云，有赫，即威明之謂。）宗教之徒即對於天而起超越感，申皈依之誠。伏羲不法天之體，而法天之用，則務體察現實世界，直將皈依上帝之迷信掃除，在邃古有此睿智，眞是自有人類以來唯一傑出之大天才也。中國人宗教思想較之印度人、西洋人畢竟淡薄，或亦伏羲發明《易》道特早之影響歟。由宗教思想淡薄之故，而一元唯心論絕不會產生於中國。例如西洋唯心論者，其流至於以物或物體爲感覺之復合，印度佛家唯識論，至以物質宇宙爲心識之所變現，（心識，作複詞。）中國自古以來哲人絕無此等怪論。先聖賢強於實事求是，而不肯任天，帝堯已有天工，人其代之之說，蓋繼伏羲而起也。中國哲學界始終無有否認物之存在者，其注重實事之精神，與不迷於宗教之明解實相關。而伏羲在邃古時導此先路，其功不可忘也。

二、古《易》體用之分，遂爲中國哲學立定宏規，確與西洋異軌。伏羲雖依蓋天說，以穹窿之形爲天之體，即此謂之上帝，（因初民之信仰如是。）遂以天帝當作宇宙本體。此在邃古之世，不得遽革初民之信念，及至孔子始建乾元以統天。（乾元者，謂乾之元，後當詳釋。天者天帝。古以穹窿之形為天之形體，易言之，穹窿之形，即是天帝也。伏羲隨順初民之信念，故以天帝為萬物本原。孔子則廢除天帝，而說乾元為萬物實體，故曰統天。統者，主義。謂乾元為天帝之主也。初民以天帝為萬物之主，孔子則說乾元更為天帝之主，即明示天帝不得為萬物主耳。前文云天帝遂為烏有先生者，實即無有天帝耳。烏有先生，假設之詞也。見漢司馬相如賦。鄭玄訓統為本，謂乾元是天所由成之本也。便鄭玄所云天者，自當指星球而言。統字在天字上者，古人修詞每倒用之，不可泥。）而孔子之所謂體，與伏羲之所謂體，其相去不止九天九地之隔截也。（伏羲非是不悟本體，其以天之穹窿之形體當作宇宙本體來說者，只是隨順初民信念而已。）然有不可忽者，哲學家談本體，其言之出於見眞見似，此是別一問題，（見似者，不得其真相，而未免以意想擬之也。）而體用畢竟不可不析言之。（依余之管見，體用不是可分為二界，亦不是可判為上下兩截。但體用雖本不二，而亦不得無分，故非析言之不可。）哲學之本務，要在窮究宇宙基源，（基源為本體之代詞，亦可說為本體之形容詞。）故談宇宙論者，（此中宇宙論是廣義，即通本體與現象而言之。）未可茫然不辨體用。若體用無分，則其持論必將以用爲體，實墮於無體之論而不自覺，西學正有此患。如一元唯心論者以精神爲宇宙本體，一無唯物論者以物質爲宇宙本體，殊不知神質以相對立名，皆現象也。（精神亦省云神，物質亦省云質。）凡現象皆是本體之功用，（功用，亦云勢用，亦復省云用。）而不即是本體。（但本體不是離功用而獨在，即是用之體故。由大海水與眾漚之譬喻而思之，可悟此理。）譬如眾漚相，（相字，讀為形相或相狀之相。）皆是大海水之功用，而不即是大海水，故曰體用雖本不二，而亦不得無分也。如以精神爲本體，固是執現象爲本體，易言之即有以用爲體之過。（儒者說仁為本體，卻是即用而識體，此與以用為體者絕不同旨。後當略辨。）以物質爲本體者，亦是執現象而莫睹其眞。有用無體，云何應理？（應理一詞，見佛籍。證見實理，無有謬誤，曰應。）佛氏有一喻，世人暗中見痲繩，誤計爲蛇，旋自知誤，然日用之間習見繩，而直認取繩相爲實物，（相字，讀如上文漚相之相。）不復辨其本自痲成。當此執定繩相爲實物之頃本屬錯誤，而世人終不以此爲誤，豈非大怪事哉？談宇宙論者，睹現象而昧其原，執用而喪其體，與世人之迷執繩相而忘痲者，何以異乎？伏羲首辨體用，孔子承之，而改正上古以天帝當作宇宙本體之失，體用不二之義始明。眞理昭昭，庶幾白日，至老氏以混成言體，雖有見道未眞之嫌，而體用不得無分，則猶承《大易》。以視西學知有用而不知有體，則猶未塞求眞之塗也。中國哲學之宇宙論，明辨體用，自伏羲創說，儒道兩大學派相繼紹述，後之學者無可易已。余昔爲《新論》正佛家宇宙論之失，而以體用不二立宗，世或疑之。其實，余遠承群聖之緒，非敢逞臆妄說也。學術之業，求眞而已。古代大天才之創見有不可易者，無取立異，譬如古之茹毛飲血，今不可復行也。古之烹飪法則自古迄今，由今以趨未來之未來，誰得而易之乎？（漢《易》完全根據術數遺法，其於體用義無所知。但漢儒另有天人交感之論，則宗主蓋天說，而以天為萬物之原，實為術數家言樹其基。）

三、古《易》首發明辯證法，此其所以不邇神道。（不邇，猶言不近。）其後孔子有範圍天地、化裁萬物之科學理論。（〈原外王篇〉引述《易大傳》，可覆看。）皆伏羲啓之也。至於宇宙論中之心物問題，則亦因辯證法之發見，而不墮一偏之執。深於辯證法者，不應於事物僅觀顯著，尤貴深窮幽隱；不應僅據一曲，尤貴通其大全；（曲，猶偏也。）不應僅作子想，尤貴即子索母。物質宇宙尚未發展至動物時，心靈未著，不得遽謂無心。如以爲物先獨在，心靈先本無而後有，則非以心靈說爲物質不可。以心靈說爲物質，則是以心爲子，而物爲其母，譬如豆種生麻，因果絕不同類，異乎《大易》「同氣相求」之義也。（即果求因，必其同氣。）且宇宙爲變動不居之全體，變必有對，獨則不變。《大易》明乾坤成變，所以揭宇宙之祕藏，其理不可易也。西學一元唯心或一元唯物，皆未免任偏見而失宇宙之全。何妨申明《易》義，姑存中學以備考歟。《易》本隱之顯，（《易》之學以體察之術為主，解析之術為輔，觀察萬化萬物萬事，由幽隱微細，而趨於顯著、盛大、繁賾。細胞為生物之始，微塵為三千大千世界之始，皆此理也。）《春秋》推顯至隱，（《春秋》之學以解析之術為主，體察之術為輔，從萬物萬事之顯著、盛大、繁賾，而推析其幽深潛隱之內蘊，與其所從來之幾微纖細。凡事物之由來，若無端緒可尋，實則非無端也，其端隱而難見耳。科學自是推顯至隱之術，今日科學所至之域，果能深入隱微否？則非迂陋所及知矣。晚明思想家方密之曰：「西學長於實測，中學長於通幾。」其言深有理致。幾者，幾微；通者，深入。如何是通幾？此一名辭今之學者聞之。其不以為神祕語或胡亂語而笑罵之者，鮮矣夫。老曰「不笑不足以為道」。禪師之徒所為仰天而呼苦，苦也。）此辯證法之奧妙也。動物未出現以前，心神只是隱而未顯，不可謂之無，故自伏羲發明《易》道而後，中國哲學界不唯無一元的唯心論，（已說如前。）亦無一元的唯物論，此事良不偶然。

古代哲學與渾天說有關者，今可考見，唯老子耳。渾天之說以為天形似卵，地如卵黃，天包地外。

其言天形似卵者，蓋以虛空，名之爲天。虛空無內無外，無上無下，無方所，無邊際，故譬之若卵，言其爲一大環也。（一者，絕對義。大者，廣漠無窮之稱。）地如卵黃者，以地爲天之所包，故云爾。天包地外者，言地之形有量而天之大無量，故地之四周以外皆爲天之所包也。其實，太空中不可數計之諸太陽系、星球或星雲，莫非天之所包，古天文家只就地言之耳。渾天說以太虛爲天之體，（虛空亦稱太虛，亦省云虛。）較之蓋天說以穹窿之形爲天體者，固迥乎不同。老子蓋不滿於古之蓋天說，而於渾天之旨獨有悟焉，其言有曰：「天地之間，其猶橐籥乎！虛而不屈，動而愈出。」（見《老子》第五章。此中言天地者，其天字實指太空之無數星球而言。後仿此。橐，排橐也。籥，樂籥也。橐籥之中，空洞。）世人皆見天地之間森羅萬象而莫識其原，老子則以天地萬物皆出於虛空，故以橐籥爲虛空之喻。有問：「虛空畢竟無耳，天地萬物何由生？」（畢竟無一詞，見中譯佛典。佛氏之辨無也，有多義。略言之，凡物未生時，名未生無，如人未生子時，名無子是也。凡物既滅，曰已滅無，如皇帝已推翻，云無皇帝是也。因緣不相會合，曰緣不會無，如久旱不雨，風氣等緣有障礙故，曰無雨是也。畢竟無者，本來無所有故，如云土石無知，此亦畢竟無之一例也。）答曰：老子之言太虛，（以下皆省言虛。）不可作畢竟無會。（會，猶解釋也。）其曰「虛而不屈」者，虛之體也；曰「動而愈出」者，虛之用也。唯虛生神生質，（其說在《老子》二十一及二十五章。虛之生神與質也，蕩然若橐籥之空洞，無意無作，直任神質之自生耳。老子之旨蓋如此。）神質與虛混然爲一，故曰混成。混成無形，恆不失其虛性，（無礙者，虛之性也。神亦無礙，其性同於虛。質者，形物之端，而未成乎形，輕微流動，與神相俱，同周遍乎太虛，故皆不失虛性。）是以爲萬化源，無有窮竭，故曰「虛而不屈」。此則以虛之體爲混成，其非畢竟無，可知已。「動而愈出」者，混成之中，神質流動，而起萬化，是爲大用。用者，用其虛而不屈之本體，蕩然任自然，故不可得而已止。（愈出者，

「不可已止」之謂。）天地萬物皆大用之不勞而成，然用由虛起，則謂天地萬物皆出於虛，誰曰不然。

附識：用者，用其虛而不屈之本體。此語，或云不易曉，今舉一譬喻。即以大海水譬喻本體，以眾漚譬喻用，而站在眾漚的觀點上說，正是用大海水以自成爲眾漚也。由此譬喻而深思之，則所謂用者，正是用其本體，以自成爲用耳。此亦不難曉。

《老子》第四十章曰：「天下萬物生於有，有生於無。」（案天下之下字，或是地字之語。）輔嗣注曰：「天下之物，皆以有爲生。（案有者，用也。余言天地萬物皆大用之不勞而成，即萬物生於有之謂。）有之所始，以無爲本。（案無，謂虛也。太虛空洞，故謂之無。然虛無之中，神質生焉，是謂用由虛起，即輔嗣云「有之所始，以無為本」也。獨惜輔嗣不悟混成，其在此處，言「有之所始」云云，究是含糊語。）將欲全有，必返於無也。」（萬物生於有，易言之，即物因虛無之大用而成。物、欲全某所稟之沖德，而勿以有為害之，則必返而保任虛無之本體，然後濟。此中沖德之沖，是沖虛義，即老子所云有之德，而余釋為虛無之大用也。）詳輔嗣此處所云「全有，必返於無」，深得老氏本旨。《老子》第十六章曰：「致虛極，守靜篤，（極，至也；篤，真也；虛無者，天地萬物之本原，故是至極真實。虛字連無字為複詞。致，猶復也。物復其虛無之極，守其虛靜之真。）萬物並作，吾以觀復。（作，動作；復，返其始也。輔嗣曰：以虛靜觀其復。凡有起於虛，動起於靜，故萬物雖並動作，卒復歸於虛靜，是萬物之極篤也。）夫物芸芸，各復歸其根。歸根曰靜，是謂復命。（根，謂物之所從生也。老子第四十章云「萬物生於有，有生於無」，則推本而言，虛無者，是萬物所從生之根也。物既生，而縱欲以亂心，尚智以逐物，妄作日滋，則離其根而喪其本命，凶莫大焉。故物必復歸其根，返求其所從生也。「歸根曰靜」者，歸根，則無有以妄作害其所從生。無欲而心不亂，不用智而輔萬物之自然。復歸虛無之宅，何不靜之有？靜則澄然復其本命，全生之道得矣。）復命曰常，（復命，則得性命之常，故曰常也。）知常曰明，（輔嗣以「不偏不彰」言常，極是，而學者每不求甚解。夫守大正而無偏尚，默化而不事彰揚者，是《易》所謂「用晦而明」，非知常者不能也。昔儒云：過偏則喪道，好彰將惑眾，亦知常者之言也。）不知常，妄作，凶。」（不知常者，其失必至於佛氏所云顛倒，故有妄作之凶。）如上所述，老氏以歸根復命爲旨歸。（旨者，旨趣；歸者，言其所歸宿也。）歸根者，返諸虛無之本然，（本然者，猶云本來的模樣。）毋以妄作害所從生。復命者，歸根即復其眞靜之本命，得其正常也。輔嗣所云「全有，（有者，虛無之大用，物所由之以生。全有，即全生之謂。）必返於無」，（有生於無，故必返其所始。）可謂得老氏意哉。老氏以道爲宇宙基源，其所謂道，即虛神質混然爲一，所謂混成是也。維神與質並由虛而生，故雖混成，而實以虛無立本，此老學之宗趣也。（宗者，宗主。趣者，旨趣。）老氏唯欲返諸虛無，故其養心之道，唯欲同乎愚人之心，無知無欲，（已見前文。）其於天下萬物之交也，則以弱爲用，（《老子》第四十章云：「弱者，道之用。」退然不敢為天下先導，蕩然為無為，事無事。無為之為，無事之事，不求利物，物將自利，鵲能營巢，蛛能結網，物有良能，自然之運也。何勞導之以有為，帥之以趨事乎？老、莊之斥絕聖智者以此。）格以吾儒內聖外王之道，則老氏太偏而多蔽，其遺毒不可勝窮矣。惜哉老氏不悟乾元而迷執有太虛，更妄計神質生於虛也。若徹悟乾元，則周遍於六虛之一大環者，乃是眞眞實實，乾元性海，何有空洞處，可名虛空乎？（於無窮無盡的虛空，而假說上下四方，謂之六虛，其實虛空本無方所，只為言說之方便，而設言之耳。乾元性海，說見前文「天人不二」諸段中，可覆看。）夫神質本不二，乃乾元之功用也。虛既虛矣，何能生神生質？老氏固云虛者猶如橐籥之空洞，無意無作，而神質自生。此亦妄計耳。神質既自生，何須以虛爲依，而與之混然爲一乎？惜哉老氏不悟虛空本非實有。（虛空只由世間習見一切物體是個別存在，以為由有空洞才顯出個別的物來，於是推想有所謂無窮無盡，無量無邊的虛空，亦名太虛，亦名太空。日、星、大地皆浮在空中，此乃世俗之見耳。若透悟乾元是宇宙實體，則遍六虛為一大真實寶藏，那有虛空可說？）肇公議其棲神冥累之方，逃道而歸佛。雖復粉碎虛空，而亦轉入空到徹底之途，卒不悟乾元，其孤往之思，殆猶過老歟。（孤往之思，謂其好逞一偏之見也。）

附識：甲午初夏，余在北京作《原儒》上卷，因急欲南還，力求文字簡省，故〈原學統篇〉中論及關尹、老聃而引《莊子．天下篇》「建之以常無有」，遂以常無常有分說心物。心無形故，名之爲無；物有質故，字之曰有。此說心物問題言，本無背關、老之旨。然《老子》第一章言有無，究是體用之辨，不可以心物分疏也。唐人陸希聲注《老》，曾以體用釋有無，但其詞旨淺薄，且於老子之所爲道未有實解，則體既未明，（道者，本體之名。既於道無實解，即是未曾明體也。）其可談體與用之辨歟？老氏以混成字之曰道，（《老氏》第二十五章。）吾苦思年久，不敢輕下斷語。南還無事，重玩《老子》，忽因橐籥之說，（《老子》第五章。）而有警曰：老氏眞以虛空爲萬化之源也，其學殆與渾天說有關，毋復疑矣。莊生〈天下篇〉總論關、老有曰「建之以常無有」，余在〈原學統篇〉所釋，蓋非正解，但可姑存，以備一說耳。今謂莊生稱關、老「建之以常無有」者，太虛洞然，本來無所有，故曰常無有。（洞然，空無之貌。）無有，何所建？虛而生神生質，神質與虛混然爲一，則以混成建之也。下云「主之以太一」者，虛含神質，混然爲一矣。不謂之太一得乎？（參考《莊子．天下篇》及本書〈原學統篇〉。）老學根柢，此番掘出無疑。

老氏有無之論，余向時以心物分疏者，一、因輔嗣《老子》第一章注甚不妥，其他注家更無及輔嗣者。二、余向以老子言道當本於孔子。道是本體之名，心物則道之功用也。（心物，皆就用上立名。）心，微妙而無形，不改其本體清虛之性，故名心以無；（無形故名無，非以空無名無。）物，凝而有質，便違其本體之自性，老云「反者道之動」是也，故名物曰有。此乃余二十五年以前之舊義。（廿年前，答意國米蘭省大學馬格里尼教授書，即用此義。去夏，作〈原學統篇〉論及道家亦仍舊。）然余常怪老氏之說，處處與儒學反對，必其根柢處有不同之見。（根柢處，謂道也。）國難入川，念道家思想爲儒學之障，終當繩正，益欲窮其根柢，時已注意混成之義，蓄之胸際逾十年，而不敢輕發。談古學不當誣亂古人，此爲學人應盡之心事，不肖未敢自絕於先聖賢也。（舊與友人林宰平書云：吾平生孤露，貧於世資，富於神解，侵於疾患，振以志氣，身安寂寞，情通聖賢。）此番乃於混成而得印定，始識老子以虛無立本之意，其太偏而多蔽，正在是也。然道家在諸子中，自昔稱其深遠，自有不可湮沒處，此中猶未及發，惜乎吾《大易廣傳》未能作也。

近世有說莊子爲唯物論者，蓋以莊子持氣化之說，故以唯物目之耳。其實，古哲言氣化而神理在其中矣，言神理而氣化亦在其中矣。宇宙開闢，元是氣化，神理俱備，未可以偏曲之見，相猜度也。（治中國古哲之學須通玩其全書而得言外意，《易大傳》曰：「書不盡言，言不盡意。」此至論也。窮理至廣大深微處，必謂意之所會，可以表之於言，罄無不盡，則非迂陋所敢知已。）古哲言氣者，或曰「浩然之氣」，

（孟子。）或曰「中正之氣」，（《左傳》魯成公十三年，周室，劉康公曰：「民受天地之中以生。」注家均以中正之氣，釋中字。此最古之義。）此皆以充塞流動於大宇之氣，必有神理爲之主宰，故讚之曰「浩然之氣」、「中正之氣」，明其非鬱然昏濁物也。氣若無神理，則欲勿謂之昏濁而不得矣，是故言氣化而遺神理，古哲未嘗有是也。至於老氏言谷神有生生之德，而取元牝之象，牝陰物也，準諸《易》象，陽爲神而陰爲質，則老氏言神而即有質在。設若神獨存，而無質與之俱，何以成其生生之盛德乎？是故言神理而遺氣化，古哲亦未嘗有是也。（《大易》以氣為質與力之端。他處言氣者，皆仿此。）且莊子不以精神爲後起，有明文矣。〈知北遊篇〉曰：「精神生於道，（生者，顯發義，非如母生子之生。精神者，道之顯發，易言之，即道之功用也。）形本生於精，（形本者，生物之始也；精者，精神之省稱。此中生字，是生成義。生物未出現以前，無機物之形體粗笨，精神未能憑之以發展，故無機物似不曾具有精神，實則精神潛而未現，故疑於無耳。及生物出現，其機體組織日益精妙，精神得憑之以發展，故可說生物為具有精神而生成也。生物之始現，便是精神發展之開端。）而萬物以形相生，（此明物種嬗變也，可與〈至樂篇〉末「種有幾」云云一節參看。）故九竅者胎生，八竅者卵生。（此言物種雖代有變異，而從其變而益下之形，逐代以上考之，猶可推見其原始之徵。如胎生之種類不能變為卵生，卵生之種類不能變為胎生，是物種演變，非雜亂、詭怪，無有規律。）其來無跡，（自此以下，皆言精神也。無形，則何跡之有？）其往無崖，（其往則無有崖際，不知所止也。）無門無房，（無從入之門，無所寄之房。）四達之皇皇也。」（四圍上下，無所不通達。皇皇者，大也，自其來無跡至此，言精神無定在而無不在，乃與氣化偕行而為氣之帥，萬物所由之以生也。）據此，則莊子對於心物問題，仍主神質統一，不異老子，謂之唯心論固不得，謂之唯物論，實未知其何所據也。

莊子之學出於老。〈逍遙遊篇〉曰：「天之蒼蒼，其正色耶？其遠而無所至極耶？其視下也，亦若是則已矣。」（郭注：「今觀天之蒼蒼，竟未知便是天之正色耶，天之為遠而無極耶。鵬之自上以視地，亦若人之自此視天。」）案蓋天說，以自下視上，而目穹窿之形爲天之體，故《詩》稱上帝，曰「臨下有赫」。莊子則以自上視下，亦與自下視上者不異，是因明明爲渾天說，與蓋天說不相容也。〈逍遙遊〉開宗明義，而篇末結云：「何不樹之於無何有之鄉，廣莫之野。」此即歸本虛無之意。（「無何有之鄉」，謂空洞，無所有也；「廣莫之野」，謂無邊際也。莫，大也，亦作漠。）

晚週六國時哲人，其學術最弘廣者，莫如惠施。莊生與惠子友善，而猶以辯者目之，兩人學術本不同，宜乎莊之不能眞知惠也。惠子偏爲萬物說，當時目之以怪，必無肯究其說者，惜其書皆無傳，莫可考矣。《漢書·藝文志》載〈惠子〉一篇。據莊生稱惠子強於物，（謂其於萬物，而起求知之欲極強盛也。）逐萬物而不反。（逐者，追求萬物之理。不反，謂不肯捨置。）此等愛智精神，視古希臘哲人有過之無不及，吾絕不信其著作只一篇。蓋六國時人已無傳其業者，故盡失之耳。惠子嘗爲黃繚言天地所以不墜不陷之故，（為，讀衛。）惜《莊子》不載其說。《管子·白心篇》有曰：「天或維之，地或載之。天莫之維則天以墜矣，地莫之載則地以沉矣。夫天不墜，地不沉，夫或維而載之也夫。」詳此所云，當本之莊生所稱惠子答黃繚事，然惠子必有精詳之說明，惜乎〈白心〉之作者籠統其詞，不求實解。（《管子》書，六國時法家增入者，殆居大部分。此時法家多融通道論。）惠子本科學家而亦精名學，《漢書》遂以之入名家。余謂惠子哲學蓋卓然大家也。今就《莊子·天下篇》所稱惠子說若干條，而玩索其對於心物問題之意見，猶是神質不二而有分，與儒學相通也。其說有曰：「至大無外，謂之大一。（大一者渾一而不可剖分，謂精神。）至小無內，謂之小一。」（小一者，物質之至微至微者也。以其析至無可復析，故曰無內。）

又曰：「雞三足。」（司馬云「雞兩足，所以行，而非動也。故行由足發」，而「動由神御。今雞雖兩足，須神而行，故曰三足也」。）案惠子云大一者謂精神，《易》之陽明健動者是也。小一者物質之最小單位，《中庸》云「小莫能破」者，謂物質析至最小，不復可破也。萬物皆起於小一，太空無量數天體或星雲皆由無數小一集聚而成，況餘物乎？（餘物，謂諸天體以外之一切物。）「雞三足」明物非獨人，須神而動。詳此孤文碎義，猶可推見惠子哲學，蓋以爲神質之本體是一，故不可離而爲二也。夫質凝而將趨重濁，神清虛無形，而默運乎質，則作用以相反而相成，亦有得無分也。（「雞三足」之說，即明神質不二而有分。）

余之論心物問題也，自開端至此，獨詳於道家開山之老氏，而老氏持論無往不與儒學水火，獨無唯心唯物之爭。余於前文每舉老義，皆以儒說相與比較而並觀之，竊嘆柱下操戈爲徒勞，尼山正則不可奪矣。（《史記》稱老氏嘗為柱下史，孔子居近尼山。正則，猶因明學所云正理。）至於心物無所偏執，則二宗適有大同。（二宗，謂儒與道。）此其所由然者，蓋上考之伏羲八卦體用義，已奠其宏規，辯證法已示之定準。（可覆看前文。）孔子作《周易》源出義畫，而推廣之益精詳，修明之益正確。老氏雖好立異，而於心物問題終無可違反《大易》也。中國學術思想莫盛於晚周，惜乎呂秦毀學，斬其洪緒。晚周哲學儒爲正統，道亦稱霸，六國之世，道論風行幾奪儒統矣。法家之雄皆兼綜道術，大儒荀卿亦融通道論。惠子、公孫龍名理精妙，並懾服於蒙吏，（莊子嘗為蒙漆園吏，後人每以此稱之。）此其影響盛大可想也。楊朱全性保眞，（見《淮南子．氾論篇》。）蓋老聃之枝流。（據《莊子．天下篇》稱老聃為古之博大真人，其生年當近於孔子，而前乎孟子。《史記》稱其為隱君子，修道養壽，考之其書亦近是。楊朱以全性保真為學，其得老氏之傳無疑。）而孟子稱楊與墨之言盈天下，以拒楊墨爲其平生重任，可見老學流行其日久矣。（孟子攻墨不必當，此意須別論。然其責楊朱不肯拔一毛以利天下則非苛論。凡以全性保真為學，而自私自利，不惜遺世絕物者，實皆有不拔一毛之風。孟之拒楊誠有功。）墨子科學有專長，其徒好爲析詞之業，而其哲學理論無足稱。法家之學取精多，用物宏，其宇宙論之見地當不異儒道，惜其著述散亡。（法家民主派，儒家氣味深，可覆看〈原學統篇〉。君主派大概歸趣道家，《管子》書可玩。）名家惠子其言神質，猶近乎儒學也。是故以西學唯心、唯物分裂之情形，而考覈中國哲學，則顯然可見者，自伏羲始開學術思想之源，下逮晚周，諸子百家發展極盛，而哲學界始終無有如西學以唯心、唯物分裂宇宙之異論，此中國古學特殊處也。唯呂秦、劉漢以來二千餘年間，思想閉塞，有宋、濂、洛、關、閩諸大儒崛起，務實修而不以馳騁理論爲賢，今可勿論。

唯張橫渠《正蒙》昌言氣化，近世或以唯物稱之，其實橫渠未嘗以氣爲元也。〈太和篇〉曰：「太虛無形，氣之本體。」又曰：「由太虛，有天之名；由氣化，有道之名；合虛與氣，有性之名；合性與知覺，有心之名。」（橫渠所言天、道、性、心等名，不獨與孔子不合，即與老子亦不合。若一一疏辨，頗費文詞，茲不暇。）詳此所云，固明明承前聖體用之分。太虛是氣之本體，氣是太虛之功用，何嘗以氣爲元乎？（元者，原也，言萬化萬物所由生之本原也。氣化一詞，便是包通萬化萬物，而為此總名。故氣化非是本原，而氣化當有其所由生之本原，橫渠則以為太虛是也。）獨惜其虛與氣未嘗融而爲一。（如橫渠之說，太虛是天，氣化是道，虛與氣不得合一，天與道不得合一。）即體非用之體，而用亦非體之用，是其體用互相離異無可救也。橫渠思想本出於老，亦與渾天說有關，而未悟老氏混成之旨，所以鑄九州鐵，成此大錯，後賢思構力，畢竟遠遜前哲，即此可見也。（老氏以道之名，依混成而立，非以氣化名之為道也。天亦以混成而名，並非除去神與氣而單以太虛為天也。橫渠皆失老旨，談性、談心，無不成病。王船山宗橫渠，故其學於本源殊未徹。船山思想多獨到，自是漢以來所罕覯。）〈太和篇〉又曰：「太虛爲精，清則無礙，無礙故神。」〈大心篇〉曰：「成吾身者，天之神也。」舉此一二條，亦以神氣俱依太虛而有，但不謂神氣與虛混然爲一，是其所以求異於老，而適乃自成其短也。（漢以下，有哲學天才者，莫如橫渠、船山。船山偉大，尤過橫渠矣，其學問方面頗多，猶未免於粗耳。）要之，橫渠、船山一派之學，實無可謂之唯物論，其遺書完具，文義明白。先哲之學可衡其得失，而不須曲解也。（王船山《周易內傳》卷五，〈繫辭上傳〉解「《易》有太極，是生兩儀」，其言曰：「兩儀，太極中所具足之陰陽也。儀者，自有其恆度，自成其規範，秩然表見之謂。兩者，各自為一物，森然迥別而不紊，為氣為質，為神為精，體異矣」云云。據此，則以陰為氣質，陽為精神，明明說兩者各為一物，森然迥別而不紊。明明說兩者體異，是豈以唯物之見而說《易》者乎？此不過偶舉一證。須知，船山哲學著作以《易內傳》、《外傳》及《讀四書大全說》最為重要，學者誠細究之，則船山真相自明矣。或有問言：「船山解兩儀而云兩者體異，似有二元論之失。」答曰：船山《易》學主張「乾坤並建」，故謂陰陽異體。余議其失之粗者，即此可見。但船山亦承認太極是陰陽之本體，究非二元論，只惜其解悟有未透，理論欠圓明耳。然其精思獨到處，甚不少，學者所宜詳究。）

王陽明之學以致良知立宗，船山譏其簡單，則未免以褊衷而妄議先賢也。論學須知類，類之莫辨，將於己所未涉之域，而以己見衡之，欲免於橫議難矣，此不知類之過也。（學術各分領域是類之異也，即同一領域而學者所造有淺深之殊，亦是異類。類異者不可妄相非議。）孔子之言學也，以聞道爲極地。（至極之境，曰極地。）《論語》曰：「朝聞道，夕死可矣。」是當玩也。（《老子》曰：「下士聞道，大笑之。」此言足資警省。）陽明之造於道也，可謂宏大而亦密，（就其知見言。）安安而不放矣。（就其行持言，安安，重言之也。體道於躬，動靜悉由乎天則，不待勉強，故曰安安。陽明擒宸濠時，端坐而發令遣將，絕不動心，然其存養之功，亦未嘗鬆懈，是不放也。）船山攻之，亦何傷日月乎？

近人輒以良知學說爲唯心之論，此甚錯誤。西學唯心論者，只承認心是唯一實在，中學以心物爲本體流行之兩方面，彼此絕無相似處，不待論矣。陽明《語錄》有曰：「目無體，以萬物之色爲體；（此言目者，謂能見的識。前世名詞簡單，須會其意。體者，猶言自相。下之諸體字，均仿此。蓋謂能見的識，天有固定的自相，唯以萬物之色，隨感而入，遂為己之自相。此中己字，設為能見的識之自謂。如見白色時，能見的識上，有白色相狀現起，是即能見的識，以白色為其自相也。）耳無體，以萬物之聲爲體；（耳，謂能聞的識，此亦無有固定的自相，唯以萬物之聲，隨感而入，遂為己之自相。己字，如前說。如聞風聲時，能聞的識上，有風聲相狀現起，是即能聞之識，以風聲為其自相也。）鼻無體，以萬物之臭爲體；（鼻，謂能臭的識，自此以下，不復詳疏。准前可知。）口無體，以萬物之味爲體；（口，謂能嘗味的識。）心無體，以天地萬物感應之是非爲體。」（心，謂意識或思維等等作用。心，是能動而隨緣作主的。天地萬物之感來，吾心應之不失其則，斯謂之是。若心為不良之習染，或有限之經驗所蔽，而應乎外來之感者，不能得物理之真，斯謂之非。然心終能自悟其非而實事求是，則可徵明心無固定的自相，唯以天地萬物感入之相，為己之自相也。己字，亦如前說。）陽明此段語是其門人黃以方記，《明儒學案》亦採入。（惜乎此類語，門人多不記錄。）據此，則心物本來俱有，而不可相無。心無形而體物，（心，以萬物感入之相，為其自相，是謂體物。）物凝質而從心。（物雖凝而有質，有沉墜之勢，然畢竟不障礙心。）涵受乎心者物，引發乎心者物，從心之化裁而與之俱轉者亦物。心則默運乎物，主領乎物，認識體察乎物，化裁改造乎物。二者相需以成用，不可相無。實則所云，心物二者只是本體流行之兩方面，（若克就流行之兩方面而言，便應名為本體之功用。此處克就本體而言，故曰本體流行之兩方面。有人以為心物各有自體而能互相涉入，此人蓋深受西學二元論之毒，不能了悟余所云體用之義耳。）此乃《大易》乾坤之奧義，而陽明子猶秉之弗失也。若以西學唯心論之倒見，而誣陽明，倘非天愛，何忍出此哉？（天愛者，古時印度人謂無智之徒，為人所棄，唯天愛憐之。故佛典中斥責愚痴難聞正法者，即曰天愛。）吾惑乎程、朱後學詆陽明單提良知二字，而忽視格物也。夫陽明固彰然，謂心無自相，以天地萬物感入之相爲其自相，則心不可絕物而溺於寂靜，（聖學非屏寂靜，但不許有遺物理，絕思慮，廢事業之靜。聖學只是動靜融成一片。然始學時，卻須有習靜一段工夫以立其基，否則常以浮亂度其一生而已。）更不可離物而馳空想或幻想。尤不可狃於故習，封於成見，安於偷惰，憚物理之無窮，而莫肯效惠子之強於物。（尤不可三字，至此為句。）心體物而心存，心絕物而心亦絕，此義昭然著明矣。陽明沒後，凡爲致良知之學，而至於不事格物者，皆非陽明本旨也，而論者歸咎陽明可乎？陽明安定西南功績赫然，不格物而能之乎？陽明說《大學》之格物有曰：「致吾心之天理於事事物物，是格物。」富哉斯言！深遠哉斯言！夫唯心無私欲、私意之累，而爲純乎天理之心。其神智清明，則其感通乎天地萬物也，自能謹於操術，以求明瞭事物之規律，深徹事物之內蘊，不至失物之眞，庶幾知之明而行之利哉。此陽明之學，所爲以致良知立宗也。或有難曰：「世之爲學者，焉得皆有純乎天理之心，而後格物乎？」答曰：學人以雜染之心而能格物者，正由其本有良知在，惜有雜染以蔽之，未能盛顯耳。然當其專精於觀物窮理時，一念不雜，此際亦是天理之心呈露，故得明於物理也。獨惜其天理之心不能常保，則雖明於物理，亦只是知識而已。知識固爲善所必需，（必需二字，吃緊。）而知識亦可以爲不善，世人或不察也。若使學人皆得常保其純乎天理之心，（保者，不放失之謂，非是將天理之心當作一件物事來把持著，學者須自體認。）以主宰乎知識，將皆以其格物之知，舉措之天下爲事業，自無不協於大公，而利貞矣。（貞者，正而固也。利在正固，曰利貞。）然則致良知之學，自今以往，又何可廢歟？良知即天理也。（知善是當為者，良知也；知惡是不當為者，亦良知也。吾人固有此良知，而或違背之，則常隱然內疚，是由良知監督於裡也，故曰良知即天理。）以良知爲一切知識之帥，則一切知識皆成爲良知之發用，即一切知識無有不善也。嗚乎！此理平常而實深遠，惜乎世人莫之省。昔人詆陽明爲禪學，《易》言乾之德用曰知、曰大明，此陽明所本也。如何不求通《易》，而詆陽明乎？

致良知之致字，具有無窮力量。致者，推擴義。吾人雖固有良知，若不用力將他（良知。）推擴出來，俾其發展盛大，則私欲、私意等雜染，便潛滋暗長，而良知障蔽不得顯矣，（譬如浮雲盛，則日光蔽而不顯。）故不可無致之之功，如吾人有時知善之當爲，而卒不果爲。知善當爲者，吾人之良知也。不果爲者，吾人苟偷而不肯致良知也，私欲、私意等雜染，便乘此苟偷不致之機而起。以後雜染日盛，良知幾於無有矣，此人生墜陷之大慘劇也。

中學在宇宙論及人生論中，確無一元唯心與一元唯物之分裂情形。余間與少數相知言之，則皆以爲中國人喜中道，故哲學上無唯心唯物等邊見。（邊見，借用佛典名詞。邊，猶偏也。）西洋人尚偏至，（偏，即分而專，以趨乎極端，故曰偏至。至者，極也。）其爲術也，務解剖，故彼方哲學分裂宇宙而有唯心唯物異其論。余曰：公等謂中人喜中道，此乃漢以後學術荒，而人無宗主，雖或彼此意見不無衝突，卒不能起大波瀾如陸、王與程、朱之異同，此在漢以後甚不易見。若永嘉之反對程、朱便不能引後人注意。永嘉諸子太淺薄，不能自樹立也。漢以後，無學術分裂可言，乃衰微現象，無可托於中道。且中道一詞，後儒殊無正解。中是何義？雖有說不偏之謂中，將以何爲標準而定其不偏乎？又有說中無定在，如一宅之內以堂爲中，出戶則其中又變，如此而求中，將勞擾至死，而求之猶無準也，又有說無過與不及之謂中，何處是過，何處是不及，說來太寬泛，更從何討得中來？又或以爲，有兩端便有中道，此說果然乎？則是於兩端之間求平衡乃謂中道，殊不知，兩端相持，誰為第三者令其平衡乎？宇宙間根本無有眞正平衡的現象，倘有眞正平衡，則《大易》變動不居之義，絕無可成立矣。中道之義，漢以來實無正解，如欲論之，須別為專篇，此中殊不便。自兩漢迄近世，學術上無分派，（如漢學家本以考核古典中名物制度等為業，非有思想與理論可言，無可謂之學派。而流俗乃以漢學宋學並稱，儼然分派。）政治上無有仗正義之鬥爭。社會習尚鄉愿，一切無聊皆可托於中道以自慰，余甚不取也。公等因吾國哲學無有唯心唯物分裂之情形，乃欲以中道說明其故，此蓋不耐深思而聊以解嘲耳。且古學之偏而不中者，莫甚於老子，然其神質混然為一之旨，猶與儒學較近，而與西學則相去天淵，此其故可思矣。中國學術思想其源出於《大易》，哲學在宇宙論中所以無唯心唯物之分裂者，蓋自伏羲畫卦已立三大原則，心物問題實早已解決，不容樹異幟也。三大原則者：一、體用之辨。二、陰陽成變。三、本隱之顯。此三原則，吾於前文皆已說過。至後談孔子時猶當補述。

西學尙偏至，此說誠有當，然嫌其太泛，未究西學之原也。西洋學術思想來源有二：一為希臘思想。一為希伯來宗教思想。其哲學上之一元唯心論則受希伯來宗教之影響為最深，偉大之唯心論者如黑格爾氏其所謂絕對精神，即上帝之變形也。若以中學體用之義相衡，則精神物質實為本體流行之兩方面，神質根本不可剖析。易言之，精神非可超脫於物質之上而獨在，胡為而有絕對精神可言歟？黑格爾不窮宇宙之原，（原，謂本體。）遂為宗教所惑，而虛構一變形之上帝謂之絕對精神，其學問雖宏闊，多精闢之論，而於本源處乃如此迷謬，斯亦不足觀也已。

西洋科學發源希臘，其哲學上之一元唯物論，當初只是粗而未精之科學思想。及科學從哲學中分離而後，哲學中仍存唯物一派之論，而亦無甚精彩，要至辯證法唯物論興，其所融會貫穿者弘遠精確，而後有總攬科學各門類而指導之之偉績，不得不驚嘆也，然唯物論畢竟是科學。科學方法雖與《春秋》推顯至隱之術不無相通處，而其探隱之所及終有限度。所以者何？科學畢竟以物質宇宙爲其研究之對象。設問：物質有無本體？科學絕不許過問。易言之，科學唯肯定物質爲唯一實在。其實，物質變動不居，是本體之功用，而不即是本體。此義，吾於後文談孔子《易》學時當復略述。（譬如眾漚騰躍不住，是大海水之功用，而不即是大海水。所以者何？眾漚現作各別的，大海水是渾全的，故眾漚與大海水雖不可離而為二，而仍不得無分。中學在宇宙論中談體用，以為體用本不二，而亦有分，人或莫解，余舉大海水與眾漚之譬喻，以便引人悟入斯理。但學者切不可誤以譬喻當作證明，倘與誤解，則無可悟斯理矣。）科學以物質宇宙爲其目治心營之領域，其術以實測爲根據，自當不談本體。本體無形無象，而其功用則內涵健動，凝斂之兩機。凝斂之謂質，健動之謂神，兩機俱轉流行而不息，（轉者，動發義。俱轉，謂兩機同發，非一先一後故。）故曰本體之流行，是其大用也。用者，用其體；（所謂用者，即用其本體，而成為萬殊的大用，非體在用之外也。譬如眾漚攬大海水而成為漚，非大海水在眾漚之外。）體者，用之實相；（實相，猶言實體。）故體用本不二。（譬如大海水與眾漚本不二。）然雖不二，而體與用究不得無分。流行有象而可測，（流行，即是本體之大用。他處言流行者，皆仿此。宇宙萬象皆是流行之跡象，譬如閃電，一閃一閃現似有象耳。有象故可測。）流行之本體無形無象，隱微至極而難知。科學不問本體，（就科學之本務言，應該不問，然科學家乃至否認本體。）則此無上甚深之隱，（窮理至於宇宙本體，而隱微極矣，更無有加乎其上者，故曰無上。）既非科學所有事，（前云科學探隱之所及，終有限度者，至此方明其故。）其必有賴於哲學矣。西學蔽於用而不見體，（中學所謂流行不息，活活躍躍之大用，西學於此亦見到。但西學所見，使止乎此。易言之，西學遂為用所蔽，不能於用而透悟其本體。）唯中學自伏羲畫卦，首辨體用，至孔子作《周易》闡明乾坤本乎一元。（譬如眾漚本乎大海水，此喻最切近。若用多子本乎一父之喻，則父子畢竟是各自獨立的，便於體用不二之義完全違反。）精神固非絕對，（乾為精神，而有其所由發見之元，故精神非絕對。）物質又何得無源？（坤為物質，亦有其所由發見之元，不可說物質是無因而起。印度古代有自然外道，妄計一切物是自然生，無有因緣，佛家破之。）天帝在所必破，而有用無體之論斷不可持。有絕對即有相對，（即者，言乎絕對相對是無始便一齊俱有，非先有絕對而後發見相對也。無始，猶言泰始，而曰無始者何？泰始不可推其開端，故不曰泰始而曰無始耳。猶復須知，絕對相對雖有辨，而實無可剖，蓋即於相對而見絕對，非可離相對以求絕對也。）有太極即有乾坤，（准上可知。）體用不二之義隱微至極。知用而不知有體，則宇宙無眞源。其然，豈其然乎？《易》本隱之顯，《春秋》推顯至隱，其術殊塗同歸，學者勿輕棄聖學焉可也。心物問題談至此，姑作結束，今當復說孔子之人生論與宇宙論。

附識：有問：「公嘗謂宇宙只是氣化與神理相俱之洪流。（相俱者，謂之一則亦非一，謂之二則不可分離。）但神理一辭如不索解，似亦了然，若求解便難說，何耶？」答曰：《易大傳》不云乎「神無方」，故難措思耳。（無方，謂無方所。）茲強言之，神者陽明健動，無形而為萬理之所從出，是乾元流行之主力方面。動而非暗，故謂之陽。（陽者，昭明之謂。反乎此者，則云陰暗。）唯神至明，而動也健，故萬理自此出，（迷暗之動，謂之亂。理自明生，乾神陽明而健動，故說為理之源。）神動而有理。（神具明德，其動也，自然有理而不亂，故曰神理也。）問：「如公之說理出乎乾神，而又取漢《易》家言，以坤爲理何耶？」答曰：漢《易》家說坤爲理者，只據古《易》有此象而言之耳，未嘗明其義也。余言坤爲理者，則以理出於乾神。乾神爲主動以開坤質，坤質則承幹神而化成萬物，申言之，即坤質稟乾神之理以成萬物也。《詩》曰「有物有則」。（則，猶理也。）凡物之成，不徒稟材質，（材質即坤。）而必資於神理以成也。（神理即乾。）物未有不具理而得成爲物者。故萬物繁然，即是眾理燦然，故曰坤爲理。（坤為物，物以理成，故於坤物而說為理，此古義也。漢《易》則不究其義，而只以理為坤之象。）

附識二：有問：「公不贊同西學唯心唯物分裂宇宙，而有《新唯識論》之作，何也？」答曰：余初治佛家唯識論，信而好之，嘗撰論以發其旨，後悟其非，乃毀前稿而改造《新論》，以體用不二爲宗趣，繩治佛家之失。至於心物問題亦秉《大易》之規，未嘗剖心物爲二，其於一元唯心論，絕無一毫相似處。《新論》明明云：唯者，殊特義，非唯獨義。心能了境，（境，謂外物。下仿此。）能改造境，力用殊勝。故說唯心，不言唯境。非謂唯心，便無有物。（非字，一氣貫下。以上見《新論·唯識章》。）余平生之學，始終一貫也。

研究孔子之內聖學，須從人生論、宇宙論諸方面之觀點去抉擇經義。（經義須抉擇者，有門人後學所記，失孔子本旨；有六國時人暨漢人所竄亂，誣聖而無忌憚，故不可無擇。諸方面者，認識論或方法論，即此諸之一辭所隱含故。去字，先儒語錄中時用之，今或作語助詞，或云去猶行也。此中去者，謂對經義須行抉擇耳。）據《論語·爲政篇·志學章》云：「子曰：『吾十有五而志於學。』」（朱注：「心之所之，謂之志。」余謂心之所存主，謂之志。諸葛武侯曰「使庶幾之志，揭然有所存，惻然有所感」是也。蓋所存主而不放失者，即惻然有感之心，所謂仁之端是也。孔子正是志於仁，諸葛蓋得其旨。若泛云心之所之，則之於惡者亦可謂志乎？學字有二義：一、學者，覺義。見《白虎通》「蔽覺謂之惑，去蔽謂之覺」。（人心息息與天地萬物同流本來自覺，但習於懈怠不肯求知。則蔽其覺，私欲私意憧憧往來更常蔽其覺，此其所以惑也。然本心之覺未嘗不在，終能照惑而克治其蔽，自然通於天地萬物而無閉塞之患矣。十五志學，志於覺也。覺即是仁。覺受蔽而不顯，即痲木不仁。上蔡以覺言仁，深得古義，朱子非之，則朱子之誤也。）二、學者，效義。效者，取像之謂。取像事物的軌則，而無任意見以虛造是謂效。覺者，學之本；效者，學之術也。術本繁密，難以片言包舉，要之以效為本。朱子注《論語．學而篇》首章，雖以效言學，而曰「後覺者必效先覺之所為」，未免於拘。）

「三十而立。」（朱注：「有以自立，則守之固。而無所事志矣。」余謂朱子「無所事志」之說未妥。志是徹始徹終，徹下徹上，何可曰有以自立即無事於志乎？佛氏到成佛以後，猶曰不放逸，與《大易》「君子自強不息」同旨。（儒家君子一名，有時以為聖人之別稱。此中君子，謂聖人也。）不息與不放逸，豈無所事志之謂歟？朱子以「心之所之謂之志」，似於志字解得粗。）

「四十而不惑。」（朱注：「於事物之所當然，皆無所疑，則知之明。而無所事守矣。」余謂「無所事守」之言甚誤。事物所當然者，即事物之規律。知之既明，卻須見諸行動實踐，持守堅定，循是不懈，而著成物之功，方是真不惑也。陽明子知行合一之論正是發明孔子不惑義蘊，若空有所知，而無事於守，即未見諸行動實踐以擴充其所知，易言之，其知見猶是浮虛，難言不惑也。朱子頗雜禪家言，時失聖意。）

「五十而知天命。」（朱注：「天命，即天道之流行，而賦於物者，乃事物所以當然之故也。知此，則知極其精，而不惑又不足言矣。」余案朱子言事物所以當然之故，其於當然二字上，加所以二字須注意。事物具有規律，此是當然，而天道之流行則是事物之所以成也。朱子用所以二字，蓋言天道是萬物之本體，此解不誤。朱子謂知天道則知極其精，此說亦是，然又謂至此而不惑又不足言，則大誤矣。夫不惑者，謂不惑於事物之所當然也。學至知天道以後，其於事物之所當然者，猶慮知之未廣，當益進而求知。《論語．述而篇》曰「子曰『默而識之，學而不厭』」云云。案默識者，體認天道之流行，即洞徹本體之謂。學者，格物之業。於事物之所當然，不容已於研究，故曰「學而不厭」。未敢以四十不惑而自足也。孔子之自述如此，而朱子乃謂知天，則不惑又不足言，明明違背聖人，而千年來學者尊朱注而不惜忽視聖文，豈不怪哉？佛、老之徒皆以悟入本體為究竟。老氏歸根復命，返其所始。始，謂本體也。佛家《大智度論》曰「大乘經但有一法印，謂諸法實相，名了義經。若無實相印，即是魔說」云云。案法印之法字，謂佛氏所說教理。印者，信驗之具，如官府公文用印是也。諸法之法字，猶言物也。諸法實相，猶言萬物本體。佛所說法，以實相為印，各宗所傳經典合乎此印者，即名了義經。是佛所說，不容疑謗。不合此印者，便是魔說。了義者，悟入本體，即是洞徹宇宙源柢，義究其極，無不顯了，謂之了義。佛家大乘以談本體為法印，此其明證。然復當知，佛家雖有高深智慧，而實為出世之教，好馳逞空想與幻想，世俗稱佛氏精於分析，其實佛氏只是懸空去分析，而不根於實測，故事物之所當然或事物之規律，非佛家所肯切究也。或謂大乘菩薩勤學五明。五明者，曰內明，謂佛氏所說教理，載在經典者，欲人依之修習，以求自明也。曰因明，今云邏輯是也。曰聲明，如文法或修詞之業是也。曰醫方明，即醫學也。曰工巧明，器械製造之業也。近世佛徒以此稱讚菩薩注重科學，其實不然。五明，自內明而外，其餘皆世間知識技能。菩薩為攝化眾生之方便，不得不具備世俗知能，否則不能攝受眾生，廣行化導，此在大乘經籍有明文可考。菩薩勤學五明元是傳教精神，其與《大易》知周乎萬物，裁成天地，化裁萬物，「範圍天地之化而不過，曲成萬物而不遺」，及西洋人驚奇、愛智、征服自然、利用自然等等精神皆絕不相近。總之，佛家是出世法，其主旨在皈依空寂無為之本體，余著《新論》壬辰刪定本中卷〈功能章〉上衡論詳明，此不復贅。吾儒求知事物之所當然，或握定事物軌則以改造世界，佛氏直欲粉碎虛空，此其相去天淵之故，可深長思也。老氏之學雖非宗教，然其道在返之虛無，（此中道字，是道術之道，謂修道之方術。）亦與出世法相接近。佛法東來，道家首迎合之，非偶然也。（以上兩法字，猶云教理。）道家反知而遺物，其流弊亦不勝言。故凡談本體而近於宗教者，常易忽視事物而不甚求知，安於惑而不自覺，唯孔子創明體用不二，便與宗教無一毫相似處。由體用不二故。即不能離現實世界而別求本體，是故以皈依本體之願欲，而集注於現實世界。唯有求知事物之所當然，與握定事物之軌則，乃可以裁成天地，化裁萬物，「範圍天地之化而不過，曲成萬物而不遺」。如此，則改造現實世界即是實現本體，現實世界發展不已，即是本體發展無竭。豈可曰學至知天道，便無餘事？遂謂不惑於事物之所當然者，猶是粗淺之知，殆不足言歟。（豈可曰三字，至此為句。）聖人由四十不惑，至五十知天道，明明由萬殊而會一元，所謂「一以貫之是」也。朱子乃謂五十之知已極其精，則四十之不惑又不足言，便於其間妄分輕重，如何得成一貫？萬殊與一元不得一貫，遂有二病。二病云何？談本體者，每接近宗教而遺棄現實，不自知其失，此病一也。注視宇宙萬象者（即萬殊），自恃開鑿大自然寶藏，而不悟萬象統之有宗，會之有元，此病二也。（「統之有宗」云云，王弼《易略例》語。如臨大洋，當知無量從漚，有大海水為其宗元。至理幽隱，取譬斯近。）《春秋》推顯至隱，科學探隱終有所限，余於前文已說過。誠自忘其迂陋，而不容已於言也。）

「六十而耳順。」（萬物萬事交乎前，心即感而遂通，猶如耳根聰利，乍有聲來，即聞知是聲，不待籌度而通，順之至也。聖人之心澄然大明，本與天地萬物一體流通，無有隔礙。（澄然，有二義：一、澄定義，無雜染故。二、澄明義，無迷暗故。）凡夫之心雜染為障，當不信有如是事。然聖人亦六十之年，方臻斯詣，其涵養之深，積累之久，始得突化耳。）

「七十而從心所欲，不逾矩。」（從，隨也。矩，猶言法則也。隨其心之所欲，而自不越過乎天然之法則，是不待防檢，而自然中道。中，猶合也。）

從心不逾與耳順有異者，耳順以感物而動言，從心則就心無事物交感時，獨自起意而言。感物而動，迅疾順應，即得事物之軌則而利貞。此聖人與天合德之候也。（天，謂本體。）至於心獨起意，（如思維等。）未有事物當前，而隨心所欲，自不超過乎天然之法則。此其前識遠見，直司造化，與天爲一。（天字同上。）《易》曰「先天而天弗違」是也。（此兩天字，皆謂運會。人群生息於大自然中，以其各方面，好好壞壞的造作，匯集而成為一種大勢，謂之運會。此運會具有必變與不可驟變之二性。不可驟變者，運會方適存時，雖或不適，而尚未至於窮時，皆不可驟變。必變者，運會將不適於存，甚至已窮時，決定必變。然當運會既成，不可驟變，則其勢力盛大，陳同甫所謂「天下大勢之所趨，天地鬼神不能易也」。故運會亦謂之天。聖人前識，先乎運會之未變，而預為創新之圖使人群毋陷於窮之災，則運會卒聽命於聖人，故曰「先天而天弗違」。）《易》明群龍無首，《春秋》張三世，《禮運》倡大同之道，《周官》創撥亂之制，皆是聖人通萬世之變，而制大法，此其「從心所欲，不逾矩」之明證也。

〈志學〉一章是孔子自道其平生進學之序，其間最可注意者：一、聖人自十五至七十其學大成，中間絕未誤入歧途。（早年雖信受小康禮教，然不有此一段工夫，又何由悟天下為公之大道乎？故早年之功力，未嘗誤用。）自十五志學以往，逐層得力處，皆是徹始徹終，徹下徹上。逐層功力，只有發展，益精益熟。學問之道是由多方面積累，交融而成。若以爲如登梯然，前上一步，便無事於後步，便大謬。朱子雜禪家風趣，乃謂三十有立便無事於志，四十不惑便無事於守，五十知命則不惑又不足言。此類語直教後學墜迷惘中，惜不得起朱子而質之也。

二、《易．說卦傳》曰：「窮理盡性以至於命。」一言而總括內聖外王之全體，余於〈原學統篇〉

已引此文，而略疏其義。今觀此章，自十五志學至三十而立，學之基已定，而猶戒愼不怠矣；四十不惑至五十知天命，則深於窮理而不已也；六十耳順至七十從心，則上達盡性至命之境矣。

三、深玩此章，則孔子之學不妨總分爲兩方面。兩方面者：十五至四十，孔子用力處大概屬於人生論方面。（此中人生論是廣義的。如人生本性之體究，與成己成物之道，以至社會政治，及格物等等思想，皆屬人生論之範圍。）從五十學《易》而知天道，則由人生論而進入宇宙論，窮大極深，沛然充實不容已。《論語．憲問篇》：「子曰：『莫我知也夫！』『知我者其天乎！』」蓋自信己所獨知，而傷人之莫喻，托於天以致慨。聖懷惻悱如此，當是五十後語也。從前對於人生本性之體究，或有未徹在，（孔子五十以前，於人生本性之體究，固極真切。《論語．雍也篇》：「子曰：『人之生也直。』」案直，猶正也，謂人稟正理而生，本無迷妄。然人若為小己所拘，則喪失其固有正直之生理，而成乎迷亂，佛云眾生顛倒是也。但孔子未學《易》以前，其於體用不二或天人不二之義，似猶未深透，茲不及詳。）至五十學《易》，窮徹乾元性海，即於小體而識大體，（小體大體二辭，見《孟子》。小體謂小己；大體謂小己之自性，即是宇宙本體，所謂天道。譬如一漚之自性，即是大海水。）乃更進而主張成人之能，以弘大天道，（《易大傳》曰「聖人成能。」《論語》曰「人能弘道。非道弘人」。已引見前。）此孔子所以超千聖而獨尊也。若夫成己成物之道，宏闊深遠，而其宗要可略言者，（宗謂主旨。要謂要領。）仁義其敦化，（乾元生生化化之德，發育萬物，敦篤而無窮竭。《中庸》云：大德敦化，謂仁德也。（敦，篤也，實也，真也，生化不已者，真實之極也。出世之教，以生化為虛幻，則其妄見也。）吾人稟乾元以生，當體現乾元生化之德，與天地萬物互相暢通於敦篤之大化中。孔子之學以求仁為宗，深遠極矣。）智若川流，（《論語．雍也篇》：「子曰『智者樂水。』」言智者之樂，如水也。水澄明而無障，活躍而不滯，故智之德有似於水，川流長遠而無已止。智以天地萬物之感為依據，而極其思維、推論、體察等等勝用，其發展富有，日新而不已，亦川流之象。佛家大乘之言智也，曰大圓鏡智，禪徒尤好以明鏡喻心。（喻者，譬喻。）如佛氏之說則智是空洞而無主，是靜止而非能動，是對外物徒有照用而無思維、體察、化裁、實踐等用，其於孔子以水喻智之旨相較，何止九天九淵之互相隔絕乎？佛氏言智不同於孔，此非枝節之異，而兩家學說之所根據及所宗主與夫理論之各成體系，皆可於其言智不同而明辨之，且兩家短長亦於此可見。余以佛氏思想正是逆生生之洪流，（此意，略見〈原學統篇〉，可覆看。）雖與《易》道相反，亦是人類之慧炬，吾人不妨遊意於斯，唯不可奉為貞常之大道耳。國難入蜀，歐陽大師亦旅蜀，曾有一小文責余掉臂與諸佛抗衡，余何敢如此？又何取如此？余之為學，求真理為依歸而已。）敬以安居，（敬者，心專一於理道而靜定，不昏擾，不浮亂，故以敬為居，而居之安，非有所強制也。）禮以立度，（度者，法度。人心取像於萬事萬物之軌則，而制法度，若統治者以私意制禮，是乃非度。學者詳玩《春秋》、《禮運》、《周官》諸經，當知非聖王不作禮，蓋小康派之妄言，聖王又何能以一人之意作禮哉？其必民主之治，本群眾公意為之，而後為通行之禮耳。）大哉聖人之道，致廣大而極深密，成己成物，必由乎是。至於格物之學，孔子少時固已多藝，（見〈原學統篇〉。）五十學《易》而後，弘闡格物之功用，曰「智周乎萬物，而道濟天下」；曰「立成器，以爲天下利」；曰裁成天地，輔相萬物；（詳《易大傳》。）曰位天地，育萬物。（見《中庸》。）其於方法論，則有辯證法以觀事物之變化發展，有小辨術以析事物之表裡精粗。（見〈原外王篇〉，可覆看。）其注重改造世界，及爲滿足人生之物質需要計而倡導格物，若是其深切著明也。此在早年，蓋已有定見，及五十後，所見益宏深耳。（民國初年，國人論東西文化者，有精神文明與物質文明之區分，其於國學荒迷至此，何論西學？）學者須知，滿足人生物質需要，正所以發揚靈性生活。唯仁無對，（人能體現乾元之仁，渾然與天地萬物同體，即泯小己之相，而立於無對。相字，讀相狀之相。）唯禮有對而不礙無對，（禮，則有物我或彼此之義界，是有對。然禮之本意在於自我之外，知有人或萬物，不敢縱我之私欲也，故不礙無對。）唯智大明周通萬物而無蔽，利用萬物而不繫，（於物不起貪染，曰不繫。）唯敬可以定命，可以發智，（凡夫行尸走肉，形雖倖存而實已不保其性命。敬則不昏擾，不墮落，神完氣斂，先賢所謂定命是也。敬則專一，故可發智。）此人生之最高蘄向，聖學之骨髓，萬世無可廢也。至於社會政治等思想，孔子早年猶取法禹、湯、文、武諸聖王。（《禮運》所謂六君子。）五十學《易》後，始作《易》、《春秋》、《禮運》、《周官》諸經，創明天下爲公之大道，余已於〈原外王篇〉詳之，此不復贅。總之，孔子在人生論方面之見地，唯關於社會政治問題，則五十以後對於以前所持小康禮教乃根本推翻，此外殊無重大改變，只有逐漸深造。然自五十至七十學已大成，則孟子所謂「大而化之之謂聖，聖而不可知之謂神」，庶幾知聖人矣！

附識：余寫至此，盧生適來，問曰：「先生之言仁、言禮、言智、言敬，發明聖學，至深遠矣。人之爲學，而不求仁，則常陷於物我對峙之境，不得上達無對，失其生之本也。然知仁而莫知禮，則求體而失用，故次於仁而說禮歟！」余曰：聖人作《春秋》、《禮運》、《周官》諸經，其於禮制則主張掃除少數人侵削天下最大多數人之亂制，俾萬物互相比輔而皆得其所，（先聖欲使天下無一夫不得其所。得其所者，謂天下之人人，各得展其所能，各得足其所需。）故禮與仁實相爲表裡，吾子可謂知聖意矣。後儒言禮，專在個人立身、操行處說，此固重要。然聖人言禮，不僅爲個人自修言，而凡治國平天下之創制，以及裁成天地輔相萬物之經綸，無不在禮化之中。經文具在，可考也。後儒恆言「仁者渾然與天地萬物同體」，而不考聖人之禮制，則仁道終無由實現，後儒未之思耳。盧生曰：「先生云禮則有物我或彼此之義界，敢問義界一詞作何解釋？」余曰：義，猶理也；界者，猶俗云界線。合理的界線，曰義界。吾言禮是有對者，正以其物我或彼此之間有一個合理的界線存在故耳。又復須知，義界一詞實含二義：一曰天屬的義界。如親子之間有尊卑的義界，而孝慈之禮行於其間；兄弟之間有長幼之義界，而友恭之禮行於其間。二曰非天屬之義界。此乃寬泛至極，如夫婦之間有匹偶之義界，而和愛之禮行於其間；朋友之間以志同道合爲其義界，而規勸等禮行於其間；至於個人與團體之間有集體與分子之義界，而兩利之禮行於其間：（或因特別情形，分子有受損，以顧全集體，譬如拔一害牙以利全身。）團體與團體之間亦有分職等義界，而有禮行乎其間，不待言。此乃不勝舉也。盧生曰：「禮是有合理的界線，謂之義界，仁便無界線，然則仁與禮亦相反相成歟？」余曰：然。盧生曰：「先生之言智也，曰周通萬物而無蔽，利用萬物而不繫，此境界極高，直將德慧與知識融成一片。」（德慧一詞，見《孟子》。先哲言最高的智慧是與道德合一，以其無雜染故。通常所謂知識者，實非德慧。）余曰：子眞達人矣。盧生曰：「唯敬可以定命，此意亦會得，而不能深。」余曰：日用間總須有時收斂精神，勿太浮散，久之，自然深會得。汝自返觀，雖終日看書用思，應事接人，而實以浮氣粗心去對付，此便是浮亂。當浮亂時，汝之性命何在？不是行尸走肉，是什麼。敬與仁都是人生返於本源，得大歸宿處。盧生聞之，惕然。

孔子早年（五十以前。）修《詩》、《書》、執、《禮》四部之業，（執字，應讀藝，謂格物之學。詳〈原學統篇〉，可覆看。）《中庸》云「仲尼祖述堯、舜，憲章文、武」是也。孔子亦自謂「述而不作，信而好古，竊比於我老彭」。〔見《論語．述而篇》〕。朱子謂「老彭，商賢大夫」，「蓋信古而傳述者也」。故孔子以之自比，而昔儒亦有說老彭為二人，老謂老聃，彭謂彭鏗也，此蓋無稽之談。王船山曰：孔子云「竊比於我老彭」。我者，親之之詞也，必覿面相授愛者，非謂古人也。此解我字，甚是。但船山以老彭、老聃皆為周太史儋之別名，蓋孔子所從問禮者，此說大誤。《史記．老子傳》明說老聃與太史儋之年代相隔甚遠，馬遷雖載此異聞，絕未肯定老聃即史儋也。「孔子問禮於老」，出自莊子寓言，本不可信。且《莊子》書中稱孔子見老聃者有二處：一、言孔子南之沛見之。一、言孔子西適周見之。老聃如是周室史官，何為南居沛乎？余嘗與鍾鐘山教授言及此，鐘山亦謂船山於此未深考也。余案《禮記．曾子問篇》「孔子曰：『昔吾從老聃，助葬於巷黨』」云云。據此文則老聃蓋有二：一、為魯國之老聃，孔子與交遊者。〈曾子問篇〉載其片言，猶可想見其人為精於古禮之純儒。二、為著《老子》書之老聃，是為道家之祖，《史記》稱為隱君子。《莊子．天下篇》以之與關尹並列，決有其人。〈天下篇〉敘論諸名家之學有學術史性質，其人之名氏與學派皆赫然可考，何至憑空偽造一老聃列於其間乎？余謂作《老子》書之老聃當是南方小國之逸民，後來其國沒於楚，故六國時人多以老子為楚人。余斷定著《老子》之老聃其出生時代後於孔子，前於孟子。《論語》記孔子曰「鬱鬱乎文哉！吾從周」。（可見孔子早年，社會文明之象猶有西周遺風，雖文而未致全失其質。）此是孔子早年語無疑。其後感文勝之弊，（文太勝，而淳實之風已蕩盡。）始有「文質彬彬，然後君子」之嘆。（彬彬，猶班班也。謂質而有文，不至俚野；文而有質，不至華偽。如此，方是君子。孔子惜其時無君子之風也。）此蓋孔子晚年語。老聃稍後於孔子，故其厭惡文勝與詐偽、貴貨等風習，更甚於孔子。由《老子》書玩索其世運之感，而知老聃生於春秋、戰國相替代之際。（前者替而後者相續，曰替代。）《老》書中所云難得之貨與嗜欲、智巧之滋張，皆文明時代之徵象。孔子晚年尚未至是也。故謂老聃稍後於孔子。船山信《莊子》

寓言，以為「孔子問禮於老」，不謂之疏於考證不得也。至《孟子》書明明曰「上無禮，下無學，賊民興，喪無日」，曰民「救死而恐不贍」，（贍，足也。言人民窮餓，至欲救死，而其力不足以自救也。）文物凋敝，社會崩潰，尚何文勝可言？以《孟子》書與《老子》書相對照，則老聃前於孟子，絕不容疑。總之，孔子同時有一老聃是魯國好古之儒，而為孔子之友。孔子竊比之老彭，即此老聃也。至於著《老子》書之老聃，其出生當後於孔子，已說如前。《史記》載謠言，或謂即李耳，或謂即太史儋，或謂即老萊子，皆不可信。余於前文曾說過。）「述而不作」固是聖人之謙詞，然學術發展絕不偶然，後聖偉大之創獲，（其所發見與成就，為從前所未有，故曰創獲。）恆由前聖之積累，導其開悟，爲其造端。孔子嘗曰「溫故知新」，此其經驗語也。〔溫故云云，見《論語．為政篇》〕。溫者，深心尋釋而不疏忽也；故，謂古學；新者，已所先未有知，而今創知之謂。此言能深玩古學，則不獨了解古義，乃常引發自己新知。余案新知發展可分兩途：一、於古為相承。二、於古為相反。相承者，依據古學或師說而推演之，益以宏闊深遠，其猶子游氏之儒能傳《禮運》，子夏氏之儒能傳《春秋》，老聃之後學有莊周，釋迦之後學有龍樹、無著，若此類者，雖復繼述先師，而實創開新學派矣。相反者，研究古學而終有弗契，遂別闢天地，如孔子之後有諸子百家，其反儒不必有當，而其自所獨闢處，不愧為人間智矩。蓋諸子之學，各有見於宇宙之一方面，《易大傳》曰「仁者見之謂之仁，智者見之謂之智」，諸子之謂也。要之，精治古學而或與之相承，或與之相反，其為啓發新知之助則一也。余平生服膺孔子溫故知新之訓，常以為學窮今古而時覺古之所謂大道者，今猶不見其可易。（略舉一二例。如《論語》曰「人之生也直」，此先聖見道語也。今人倘謂人性本不直，則自我檢討之提倡，根本用不著矣。又《禮運》曰「大道之行也，天下為公」。今後何可易之乎？此等例實不可勝舉。）今之所發見為新理者，初未嘗謀之於古，然試以稽之於古，則又未嘗於古義絕無合處。（今之新民主政治，任何部分領導者，皆必慎重群眾或人民公意，與之結合一致。古時立君主政，本不知有民主制度，然考其君字之本義，則君者群也。蓋古時本以君主當與人民或群眾共利害，同好惡，易言之，即與群眾站在一起，不可超出於群眾之上而孤行己意，故曰君者群也。是則今之新理，不期而與古義有合者，此可謂之附會歟？舉此一例，以見其概。）若乃宇宙萬變，人類之經驗日益豐富，學術日益精密，新理之發見日益廣博，其為古學所不及窺者何限。然試尋其源，則古學往往有造端之功也。是故學窮今古，不獨可以開拓胸次，免除悲今懷古，或尊今薄古等成見，而一因乎自然之演變，以體察之。（免除二字，一氣貫至此。）而尤幸者，通古今之變，乃見夫理之隨時地而異者，非理之至普遍者也。若夫至普遍之理，則行之一時，行之萬世而皆準，推之西海，推之東海而無不合，（如《易》曰「窮則變，變則通，通則久」，即最著之一例。又如《大學》曰：「生財有大道，生之者眾，食之者寡，為之者疾，用之者舒，則財恆足矣。」案生者眾，謂生財由民眾自主，而合眾力以生之者也。群品優，則孳生少，故食者寡。眾志成城，故其工作疾速。為者，猶云工作。用財寬舒，則人皆樂其生也，此理豈有不遍者乎？總之，普遍之理，舉例則不勝其繁。）是乃於萬變中見貞常也。余之言此，世或誚為愚鈍，則亦任之而已。）詩書藝禮四部之學，是乃上自堯、舜，中歷禹、湯，下逮文、武、周公，悠悠千餘載，眾聖迭興，先後積累之精神遺產，輾轉傳來。孔子早年蓋專力於此，故曰「我非生而知之者，好古敏以求之者也」。（見《論語·述而篇》。敏，速也，謂汲汲以求古學也。）唯其稽古之勤，故取精多，（謂吸收古學之精英甚多也。若古學之謬誤處，與不適於後世者，自捨棄而弗取。）用物宏，（物者，謂古學所集之資料豐富，其用宏大。）其學乃極乎大成也。今考孔子倡導格物，如裁成天地、輔相萬物等論，宏深至極，則古之藝學有以啓之也。孔子之社會政治思想始希小康，終乃創發天下爲公之大道，則古《詩》、古《書》、古《禮》之學有以導之也。（由太史採集之《詩》而念人民之怨聲，由古《書》、古《禮》而知少數人統治天下大多數人之亂制，不可以久。）非溫故無以知新，唯好古乃能創作，孔子之所承藉者，深遠而博厚，自五十以前，蓋已立大成之基矣。（孔子五十學《易》後，便將他從前所蘊蓄各方面的思想都開擴出來，而融會貫穿，極變化之妙，以造成偉大的體系。其語子貢，自道不是以博聞廣記為學，而曰「吾道一以貫之」，此蓋五十後語也。孟子稱孔子集大成亦本之七十子遺言耳。孟子穎悟高，惜其於古今學術不肯究，非真能知孔子也。此中不及詳。）

靈性生活之涵養，莫善於《詩》與《禮》、《樂》三經。孔子刪《詩》始於周之二《南》，或者太史採《詩》之制始於文王或周公。周以前之民謠猶未達於史氏歟。孔子創作之《禮經》，今可考者，《周官》、《禮運》包絡天地，經緯萬端，要以治道爲主。（兩經均被後人改竄，《禮運》尤甚，說見上卷。）而涵養性情之奧義，唯《禮記》略可探尋。（《大戴禮》亦有可徵。）司馬談言「六藝經傳，以千萬數」。《禮經》之亡失者絕不少。兩《戴記》本漢人所採錄，雖存有孔門遺說，非精抉擇者，則不辨其孰爲聖言，孰爲六國迄漢初儒生雜集之文也。至於《樂經》，則自漢以來不見單行本，唯《禮記》中有〈樂記〉一篇，其中精義非聖人不能言也。然則居今而欲求《詩》、《禮》、《樂》三經中涵養性情之奧義，卒苦無文徵，亦唯求之於《戴記》及《論語》，以見其旨要而已。

孔子曰：「興於《詩》，（興，起也。《詩》本性情，其感人也深，足以使人發起向上與率真之念而不流於虛偽。〈帝舜〉曰「《詩》言志」。志者，心之所存主。如惻隱之感，良知之明，皆未嘗昏昧者，是謂心之存主。若本無此志，而以浮華小慧，求工聲調，或故艱澀其詞以炫異者，則靈性鑿，而非聖人之所謂《詩》矣。三百篇而後，余最愛淵明、太白、杜甫，三君子皆任真者也。然淵明沖遠，未免離群；太白才高，放懷世外；杜公深情，與民同患。惜乎生名教束縛甚深之代，未能抉破藩籬，領導群倫也。）立於禮。（禮，以敬慎為主。敬慎即常收斂其身心，而不至怠慢放馳，故有以卓然自立，而不為私欲所搖奪。朱子注此處云：不為事物所搖奪，事物二字欠妥，人生未有一瞬一息可離事物而獨立也，事物何嘗搖奪吾人，吾人不自敬慎以擴其良知，故為私欲所搖奪耳。如見險難而思苟免，非險事足以搖奪人也，直由人有苟偷避險之私欲，乃不能戰勝險難耳。）成於樂。」〔樂者，和樂也。正和樂時，渾然無物我分別，而吾人與天地萬物一體暢通之血脈，於此可驗也。人能以樂自養，（此中樂字，讀約。）常不失其和樂，則人道完成，而人生乃立於無對矣，（通天地萬物為一體，何對之有？）故曰「成於樂」。自「興於《詩》」至此，見《論語．泰伯篇》。〕

聖人以涵養靈性歸本三學，（《詩》學、《禮》學、《樂》學。）其神識深微極矣。後有達者，其忍忽而不究歟？

老聃之徒毀禮，其所謂禮乃統治者別上下尊卑之等，而立制度、儀文，使群眾習而安之，不敢萌叛上之志。故老曰「始制有名，（此制字，猶作也。始制名者，即正名定分，所謂上下尊卑之等是也。）名亦既有，夫亦將知止」。（統治者既有尊名，而立乎天下大多數人之上矣。將侵削庶民，而為眾怨之府，夫亦將知止乎！此見《老子》三十二章。）統治者以私意制禮而束縛群眾，必非群眾所心服也，老子以禮為「忠信之薄，而亂之首」，（見《老子》三十八章。）誠有卓見。近世毀孔子之禮教者，其說亦本之老氏。然統治者所制之禮，孔子已先乎老氏而作《春秋》、《禮運》諸經以破斥之矣。夫統治者所制非理之禮，與孔子之禮教本截然不同旨，而老氏弗辨也，乃混然曰「禮者忠信之薄」云云。誠如是，則孔子欲以禮涵養性情，非大妄歟？近人莫救老氏之失，又集矢於孔子，甚矣其蔽也。

或有問曰：「孔子所言之禮，其義云何？」答曰：禮者以天理為源，而非敬以自持，則鮮不離其源也。〔中國古代聖王以禮設教，可謂禮治之國，其禮治之現模可總分為二方面：曰制度，曰儀文。此中制度一詞，涵義寬廣至極，略言之，古代所謂名分或上下尊卑之等，亦云名教，此是古時一切制度、儀文所依據之根本原則。如群制、（猶言社會組織。）國體，以及經濟制度、政治制度與一切牽天繫地之事，無一不屬於禮之範圍。雖亦未嘗廢法，而法亦統於禮，不許棄禮而任法也。禮之無所不包，曾滌生亦粗有所見。王闓運推滌生能識禮，遠過康成，則妄言耳。闓運本文人，未通經義也。至於儀文方面，則《中庸》所謂「禮儀三百，威儀三千」者，皆儀文也。儀文所以納人於禮化之中，使其習慣成自然，用意甚深，世儒知禮意者鮮矣。向後世進大同，孔子新禮治之精義急待發揮。若夫古代之名教與制度、儀文已成過去，學者好古而未可食古不化也。洪唯孔子創作《春秋》、《禮運》、《周官》諸經，廢統治與私有制，而倡天下為公與天下一家之大道。制度、儀文一切隨時更化，改革舊禮而為後世開新運，名教不復師古，其骨子則禮以統法，蘄至乎禮化成，而法措不用，深遠哉！吾不得而讚之矣。吾欲作禮書，而年力已衰，無能為矣。欲聚三四青年講明此學，而青年有志於古學者亦未可得。吾言至此，不覺枝蔓。吾所痛者，自康成以來，治禮經者只以制度、儀文為禮，而不知禮有其所從發之源，直將《禮經》作法典條文看耳。余謂禮，以天理為其源，則有《禮記》、〈樂記〉篇可據。〈樂記〉始見天理一詞，學者不容忽也。）夫理者條理，通內外而一如。（內，謂心。外，謂一切物，即自然界諸物與人事，皆謂之物。一如者，謂存於內者。如其在外；存於外者，如其在內。通內外而一之，互不相異，故曰一如。）在外，謂軌範；（在外者，謂事物之軌範。軌範即是理。）在內，謂識別。（識別即是理。）自內發之識別，即由外物之軌范感攝於內，而相應合爲一者也。是故內外似二而實不二，不二者理也。理備於天，（天者，本體之名。）故亦曰天理。（天理亦本體之名，《易》云乾元是也。本體涵備萬理，故以天理名之。心物萬象，皆天理之散著者也。陽明說理即心，伊川說理在物，各執一端，皆未是。余謂理即心，亦即物，說見《新論》壬辰刪定本。此問題甚大，余猶未及詳闡。）然則心無非理，物無非理，（吃緊。）理無定在而無所不在。吾人體認天理，以創造世界一切制度、儀文，隨世變易，無有滯礙。大禮行而群情暢，天地位，萬物育矣，猗歟休哉？故曰：禮者以天理爲源，其源深遠。故人之爲禮，有本而不可亂也。

或復問云：「如公之論，心無非理，物無非理，宇宙人生渾是眾理之聚。云何制禮者，有不根於天理乎？」答曰：古者制禮之權操於專制之大君，欲其不以私意而妄作非理之禮，殆不可幾也。若由群眾公推賢而有德有學者，因人情之大公至正而制禮，則無妄作之患矣。夫制禮當由群眾公意，蓋今後必然之勢也，而孔子禮教之第一義，在涵養靈性。故以禮爲人極之所由立，（第一義，借用佛典名詞。義最上故，曰第一。立於禮之立字，其義深遠。）此非明於禮之源，得爲禮之要，將不可能也。（為禮之為，是自修義，謂修行其禮也。）禮之源即是天理，爲禮之要在居敬以存天理。（居者，謂若以敬為安宅，而不捨離之也。）〈曲禮〉曰：「毋不敬。」此一語包涵《禮經》眾部而無所遺，（〈曲禮〉，篇名，《禮記》之首篇也。「毋不敬」，則其開宗明義第一句也。）猶之「思無邪」一語，包涵《詩經》三百篇而無弗備。（參考《論語．為政篇》。）居敬者，謂恆一於敬。持續而無間斷，故曰恆；寬舒而不待勉強，故曰一。敬之功至於恆一，則怠慢邪僻等等雜染永伏而不作。（伏者，滅除之也。）「清明在躬，志氣如神」，禮可以涵養靈性，此其驗也。（「清明」云云，見《禮記．孔子閒居篇》。怠慢邪僻俱無，故「清明在躬」。志正而固，則浩然之氣充塞乎天地，故曰如神。神者，虛靈而無滯礙之謂。）夫禮，蟠際天地，（言天之高遠，地之博大，莫不有禮行乎其間。〈樂記〉云「極乎天而蟠乎地」是也。）經緯萬端。《莊子》所謂「六通四辟，小大精粗，其運無乎不在」。（見《莊子．天下篇》。）以是贊禮，庶乎近之。然復須知，禮之用雖無所不在，要以涵養靈性爲宗極。（宗者宗主，極者至極。禮以涵養靈性為主，且必至是，而後禮之用方臻至極也。）人失其靈性，即失其所以爲人，可無懼乎？〈樂記〉弘闡〈曲禮〉「毋不敬」之要旨曰：惰慢邪僻之氣，不設於身體，（設，猶流布也。吾人或有一息而不敬，則惰慢邪僻之氣便萌動，漸流布於身體，此非密於自省者不知也。）使耳目鼻口心知百體，皆由順正以行其氣。（耳目鼻口官能也，心知則身之主也。百體猶言全身，此總身心兩方面而言也。）案《樂記》言順正者，即居敬以存天理之謂。天理爲氣之帥，故氣亦剛大，無有怠慢邪僻，是謂順正也，吾人發揚靈性生活，其道在斯。孔子立於禮之言，學者切忌悠忽弗肯究。立之一字，義至深遠。必不失其靈性生活方是卓然自立，盡人道而無虧也。禮之源即是天理。爲禮之要在居敬存天理，以帥其氣，然後怠慢邪僻不作而靈性茂焉。自老氏之徒，不究《春秋》、《禮運》諸經，妄以孔子之禮教混同於統治者所制之禮教。後之學者，將於孔子立於禮之言唾棄弗顧矣，而肯服膺其義乎？余猶有言者，《春秋》、《禮運》之新禮說，大概重在建立「天下一家」，「群龍無首」之制度。經文雖遭竄亂，而其大旨猶可尋也。（「天下一家」，見《禮運》；「群龍無首」，見《易經》。無首者，太平世之盛軌，雖未易驟致，人道當以此為鵠也。七十子相傳，《易》為五經之原，《禮》與《春秋》諸經，皆以《易》義為根據。）若夫禮之源，（源，謂天理。）與居敬存天理之要，凡所以涵養靈性者，孔門必更有經傳詳之。司馬談言「六藝經傳，以千萬數」。孔子之《禮經》必不止《禮運》、《周官》二部也，惜乎亡失太多，無可考矣。然《論語》、《禮記》諸經藉中時有微言散見，含義宏深，（微言者，微少之言。）疏通發揮，存乎其人矣。（《禮記》所載多古之《禮》說，而孔子之新義亦時見焉。貴乎抉擇。）

附識：宋儒言天理，而戴東原謂其以意見爲天理。宋儒言主敬，而陳白沙惡其太嚴也。然《易》云天則，（則，猶理也。）《樂記》言天理，《論語》暨群經言敬者，屢見不一見。自昔未有疑聖人以意見爲天理，讀《論語》而玩味聖人之生活亦未有疑聖人爲過嚴。論者謂戴氏未

識天理，白沙於孔曾點尚遠隔。（言無曾點沖曠之抱，而惡宋儒之嚴，非善學者也。）**此評雖不無是處，然陳、戴二子之言，究未可完全忽視也。此中不及論。**

孔子言人生涵養靈性之道，而歸本於《詩》、《禮》、《樂》三學，此是導其情意於正大之發展，即情意莫非靈性之流行也。（情者感情，意者意志。）若以抑制情意爲道，（此道字，謂修養之術。）則情意受損，而有離於情意之靈性可孤行乎？宗教之禁欲主義，（禁欲，即是遏絕情意。）孔子在古代早已知其非。非天縱之聖，能若是乎？（近世以孔子之禮教為封建思想，此乃以古禮與孔子之禮教並為一談，實漢以來群儒之誤也。余生性疏野，年十歲，便好打荒山古寺菩薩。弱冠投軍革命，最不喜禮法，甚愛老、莊之簡脱。後來悟《大易》，而探尼山之緒。（孔子居近尼山，故以此稱之。）由《易》而玩《禮》，始於禮而深會焉。嘗欲作禮書，以懺前愆。偏見易逞，正學難窮，非禮毀聖者，無易由言也。譬如良藥自吃之而利，且勸人吃，是兩利也。自不肯吃，廣勸人吃，利人亦自慰也。自不喜藥，乃毀絕之，人莫得此藥，則其罪不可逭矣。」

《禮記．樂記》篇之言人性也，大體述聖言，而不無竄亂，茲節其文，而附注如次：

「是故先王之制禮樂也，非以極口腹耳目之欲也，將以教民平好惡，（注意。）而反人道之正也。」

注曰：佛氏以貪、嗔、痴爲萬惡之本，號曰三毒。貪者貪愛，俗所謂好也；嗔者嗔恚，俗所謂惡也；痴者迷暗，是常與好惡同起者也。佛氏主張斷三毒，（斷者，滅盡之謂。）而《禮記》述孔子之義，不曰斷而曰平，此是儒釋天淵懸隔處。儒學則以情欲不可絕，唯導民以禮樂，使其情欲皆順於禮之序，樂之和，而一由乎正當之發展，則人將皆返於人道之大正，何至流於貪、嗔、痴三毒而失人性乎？平好惡者，好而循其自然之則，不流於貪染，如〈關雎〉好色而不淫是也，惡而順其當然之理，如不遷怒，不宿怨是也。夫好惡平，情欲不亂，則好惡、情欲莫非天性之流行也。斷好惡，絕情欲，而天性亦滅盡矣，故佛之道是以反人生爲道也。

「人生而靜，天之性也。」注曰：此中靜字，不與動對，蓋即動即靜也。世俗見物，動便不靜，靜便不動，此由日常執物之見，妄將動靜分離耳。然未可以此謬見而測性也，性乃流行無息，湛寂不亂。湛寂而流行，是即靜即動也；流行而湛寂，是即動即靜也。今從靜之方而說，而實含動義，以動靜本不可分離故。問曰：「動靜本不離，云何特舉靜以攝動耶？」（攝者，包含義。）答曰：動靜雖本不離，而靜實爲動之君，若動而無靜，則所謂動者，將爲浮動，浮動且成乎亂矣。故曰靜者，動之君也。《論語．雍也篇》曰「仁者樂山」。夫山，至靜者也，大定者也。（定靜二字，可通用，亦或有別。通用者，定即靜也；有別者，則以靜分淺深。如《大學》云「定而後能靜」，則靜深而定淺也。如佛典說佛常在定中，則此定乃造乎其極，與通常所謂靜者不可同年而語矣。《論語》言「仁者樂山」，則以仁者靜定如山，其樂在此耳。是乃孔子之自道也，可見孔子直得其本性真靜之極。至矣，盡矣，無以復加矣。）

天之性也者，言人生而靜者，是其天性本來靜也。（人心常昏擾不靜者，王陽明所謂隨順軀殼起念故耳，非其天性上有昏擾的惡根也。）其曰天之性者何？之字是語助詞，當以天性二字作複詞。蓋就天之在人而言，即名爲性，非性與天爲二也。（天性者，本體之名。本體不是超脫於吾人而獨在，只為言說方便，不得不推出去，假說為天耳。天性二字，可合用為複詞，亦可單言天，或單言性。）

古今哲學家窮究人生所由始。或說有流動之眞源，其實流動不已者正復湛寂不擾，而說者未悟及此，乃偏執流轉相，以爲吾人本命如是，（相字，讀為相狀之相。本命一詞，見《大戴禮》，生之所從受，曰本命。）則人生無深根固蒂之道，古詩所以有「飄如陌上塵」之嘆也。或說人生實相本來寂靜，是謂無爲。（實相，猶云實體。佛家以萬物之實體，名曰真如，亦名無為。無為者，無生即無滅，無有流轉，故曰無為。）然彼無爲與流轉相（相字，讀為相狀之相。流轉相者，佛家名之曰有為，以其方生方滅，方滅方生，流轉不住，故曰有為。）析成二界，不可融而爲一，（參考余舊著《新唯識論》壬辰刪定本。）如彼所說，自是無爲常靜，有爲常動。明明有動靜對立，不得統一之過，彼乃逆流趣寂，高蹈無生，（抗拒宇宙生生之大流曰逆流，趨向寂滅曰趣寂。）蓋大雄氏超人之奇慧，而不惜違反人道之貞常，未可爲訓也。洪維孔子，動靜合一，而靜以主乎動，可謂建造化之基，立生人之極矣。（或問：「〈樂記〉此文只言『人生而靜，天之性也』，卻未提一動字何耶？」答曰：汝既知此處，明明說靜是天性，何須再提一動字乎？六經及《論語》中凡言天道者，皆以生化無息，流行不已言之，何嘗說天是不動的，如佛氏所謂無為者乎？凡千古不朽之學如欲究之，須千磨百煉經過無量層次，最要者是會意於文言之外，完全得他意思，而後返諸吾之所自得來評判他。然後與他同不是苟同，與他異不是苟異，學問可輕言哉。）

智慧生於靜，浮動的生活終無由得大慧與深慧，至言不止於俚耳。（俗人之耳，不堪聞至言，故云至言不來止於俚耳也。）眞理不顯於雜染之心，（雜染之心昏擾，不能悟入真理，故說真理不顯發於此也。）故知澄靜爲智慧之母，學人要須識得此意。若夫任世事者，倘無定力，（定，猶靜也。）何可明萬物之理，御無窮之變乎？（魏武善用兵，臨陣如不欲戰，亦靜以制動也。此事雖小，可以觀大。）諸葛公曰「才須學也，學須靜也」，富哉斯言！然復當知，所謂靜者，非枯坐而無所用心之謂。靜，只是收斂精神，無令散亂，使一切雜念或邪思、俗慮皆不得乘機而起，即起亦任其自生自滅，切勿被某一雜念牽引去或糾纏住，猶如太空一任浮雲起滅，而空恆自爾，不受浮雲障礙。果能如是，久之，雜念自當由少而漸無，修靜入手工夫只有如此。（此中只談及排除雜念等，而人心不是死物，斷不可委之於無用之地。儒家言「心之官則思」，此語義蘊深廣，茲不及談。）夫人性本靜，（吃緊。）吾人若隨順軀殼起念，而昏擾以失其靜，是乃自伐其性，自喪其天也，此眞人生墜墮之慘境耳。（隨順軀殼起念是一切私欲與邪迷之根，此王陽明語。）

吾人生命眞相唯於靜中體認得。孟子云「上下與天地同流」，此是靜中實證語也，非知解可及此。（此意難言。）然學者切忌屏動而求靜，屏動求靜，將趨於出世，而不自悟其非。如莊子「獨與天地精神往來」，是出世也，佛家大乘菩薩觀空不證。〔菩薩，猶言大覺者。證字，意義深遠，非可簡單作釋，強言之，蓋於萬物或萬念雖皆作空觀，而亦不住於空。（住，猶執著也。）不住即不作空解，是謂不證。小乘溺於空，而大乘矯之，此其賢於小者也。〕然已觀空矣，雖云不證，奈已空何？余於佛法，（此中法字，謂其教理。）好之而未敢以為歸也。（肇師初得佛經，喜曰「今乃知所歸矣」，我則異彼。）孔子之道在乎動靜合一，而靜以宰動，此人天勝義，無可易也。

附識：莊子言「獨與天地精神往來」（往來，即感通之謂。）與孟子言「上下與天地同流」（言上之與天同流，下之與地同流，本無上下可分，而為言說方便，假說上下耳。）二說截然異旨。孟子蓋渾然與天地萬物同體，不別求絕對精神也；莊子所謂天地精神，實與黑格爾氏所云絕對精神相近。莊子對於天地精神起超越感而皈依之，故曰獨與往來。孟子有經世之志，不忍脫離現實，而莊子則否。二家之學，其歸根處確不同也。（莊子之學頗駁雜，此不及論。）

「感於物而動，性之欲也。」注曰：夫人之天性，靜亦動，動亦靜，唯以靜主乎動故，故曰「人生而靜」也。然復須知，人既生矣，則爲具有形氣之個體。個體與外物相感，則天性之流行於個體中，自然會隨順小己而顯其動用，故曰「感於物而動，性之欲也」。（動用者，天性之動，即有作用，非無所希求也，故曰動用，即此動用，名為性之欲。）孔子以感於物而起之動，名爲性之欲，此中意趣深遠，惜乎二千數百年來經師無有體會及此。感物而動，此動正是天人交會而成。（天人本不二，而曰交會何耶？此等處甚難措詞，玩下文，當悉此中之意。）揚子云曰：「人不天不因。」（前文曾引過，可覆看。）此乃根據《大易》乾元始物之義，堅立不可搖。倘謂感物時之動，純是具有形氣的個體用事，而非天性之流行，（形氣謂軀殼，個體猶言人。）是則人生感於萬物而起之一切動，皆無所因於天。易言之，天已成人，而天性遂絕，譬如水已成冰，而水性將亡，斷無是理也。倘謂感於物而起之動，純出天性，絕不受個體影響，此亦是大謬之論，須知，個體感於萬物時，其天性之發，自是隨順個體生存之必需，而有所不容已。（此中必需二字，其義至深且嚴。）明乎此，則謂感於物時，天性之動不受個體影響者，其大謬不待辨。如上分別推論，可見感於物時之動，是天人交會而成。吾人固有天性，爲能動之內因，外物爲緣，以引發吾人天性之動。此動由感於物而起，則其緣於吾人生存之必需，而有所不容已，可斷言矣。故曰感於物之動，是天人交會而成也。孔子以此動說爲性之欲，（天性，亦省言性。）而不說爲人之欲。吾謂其義趣宏遠者，誠以「人不天不因」。故人之欲莫非天性之動，學者如透悟天人本來不二，則於孔子以欲歸諸性，而不別言人欲之意，庶乎其無疑矣。宋、明諸老先生，以人欲與天理分開，朱子遂有「人欲盡淨，天理流行」之說。（天理即天性也。朱子此語，後儒一致尊崇，等於佛家之聖言量，陽明、船山亦然。船山《讀四書大全說》時見稱引。）殊不知，欲者天理動發之幾也。（古釋幾字，曰幾者，動之微，乍動故微也。然拔山倒海之勢皆起於微。數學起於無窮小，可深玩。）克就欲上言，何有非天理者乎？如〈關雎〉之詩人見淑女，則欲得以爲偶而已，未嘗有邪穢萌於其衷。及其求之不得，仍寤寐思服，欲以鐘鼓樂之，而無邪心焉，始終是崇高純潔之愛欲，不謂之天理得乎？倘謂見淑女而遠之，甚至以見之而若未嘗睹者，謂之道行至高，（程子便有此類之事。）誠如是，則人欲絕而天理亦成爲空虛之境，謂有天理流行，吾不無疑也。余嘗言，後儒只是不識一欲字。欲者，乃吾人正感於物時，而天機乍動者也，前云「欲者天理動發之機」，即此意。雖邪淫之徒，當其乍見淑女之一剎那頃，必不至遽興邪欲也，及後一剎那，而過去汙習發見，即邪欲動矣，此時確不可謂之欲，乃是習氣乘權耳。〈關雎〉之詩始終是欲之動，而不是染汙習氣之竊發，此其所以爲天理之至也。天理即是人欲，人欲無非天理，去人欲而求天理，天理其可得乎？吾舉此一例，以概其餘，則欲字之本義確定，可不爲籠統與淆雜之說所亂。而後知聖人言「感於物而動，性之欲也」，眞是天理爛熟於胸際，一言而盡天人之奧，後人可以知所歸矣。余平生之學，實事求是，而世莫之諒也。吾學佛而有所不能同，則佛之徒群相詬也；吾學儒而與六國暨漢、宋群儒有所不能同，則儒之徒鮮不怪也。吾以一葉之舟蕩乎孤海，唯不悚不懟，竭吾之才，上酬先聖而已。或有問曰：「公言當感於物時，天性之動亦隨順個體生存之必需云云，先儒似無有在生存必需處言天理者。公意云何？」答曰：汝仍是將天理人欲分開，故有此疑問耳。如人欲在天理之外，則生存必需處自不可說天理。（於生存必需處，欲之而不過分，亦只可說無害於天理，究不可說此即是天理。先儒之見，大概如此。）果如是，則天道應是無爲，（天道者，宇宙本體之名，非謂神帝。）根本不當有生類出現，此佛氏所以反人生也，如果眞正見得，信得天人本不二，天不在人之外，人亦不在天之外，則吾人生存之必需處，如何不有天理存耶？仍就〈關雎〉之詩舉證。男女居室自是人生所必需，欲得淑女爲偶，此欲何可說不是天理之動？假若感於淑女之頃便起淫欲，那便滅天理而失人道矣。又或初念未有邪欲，（初念，謂乍動之頃。）轉念便動而之於邪，而初念天理之動便已間斷，不可續矣。又或後念以求偶不得，至於哀苦不堪自遣，甚或對於淑女而懷忿怨，此便是佔有衝動猛發，天理早滅盡矣。〈關雎〉哀而不傷，所以爲天理之至。〈關雎〉之詩動於生存之所必需，而始終不失崇高純潔之愛欲，不起一毫貪染，不雜一毫邪穢。此等處，正可體玩性之欲。（凡吾書所言性者，乃天道或天性之省詞，與天理一詞亦相通，切勿誤解。）

孟子言欲有見得甚好處，如其曰：「魚，我所欲也；熊掌，亦我所欲也，二者不可得兼，捨魚而取熊掌者也。生，我所欲也；義，亦我所欲也，二者不可得兼，捨生而取義者也。」案前之一說，魚與熊掌均是生存之所必需，然二者同時不可得兼，則捨魚而取熊掌，何嘗不是性之欲？何嘗不是天理之動？如捨熊掌而取魚，便未免矯情，矯情即非天理也。後之一說，生與義不可得兼，則捨生而取義，其爲天理之動、爲性之欲，更不待言。夫生，固我所欲也，然失正義而偷生，則喪其生之本，不如捨生而取義也。生存之所必需，本不限於實利，而生存之意義與價値，尤爲必需之至高無上、至貴無匹也。性之欲，在此種必需不可獲之下，恆動捨生之欲，一發而不可御也。如古今志士，爲正義而捨生者，可勝數乎？蓋雖捨生，而其至大至剛、豐富無量的意義，與崇高的價値，永在天壤間，謂之永生可也。

性之欲（即是天理之動。）自然有則而不亂，若夫好惡之情則動而無則也，故可以順從性之欲而成其善，亦可以障性之欲而成其不善，故好惡之情未可遏絕，要在有以節之，使歸於平而已。夫好惡不是性之欲，其來源何在乎？好惡，後起者也，吾人自有生以來，恆與萬物相酬酢，前前後後每一刹那頃，感於萬物都有快不快之領納。此個領納雖若當念謝滅，實則當其滅時，即有殘餘的影像繼續而生，等流不絕，潛伏下意識中。（等流者，等謂相似，流謂流轉，相似而流曰等流。如吾寫字之筆，本非固定的東西，確是刹那刹那、前滅後生、相似而流的物事。筆且如是，吾人下意識中潛伏無量數之快不快的影像，都是各各等流可知。）是故無量數之快不快的影像，潛伏於下意識者，都是活活躍躍、有氣勢的，並非如紙上所染墨跡等影像，徒有其跡而無生氣也。當吾人感於物時，性之欲固已發動，而潛伏之無量數快不快的影像亦同時乘機躍起，與性之欲相應合而參加活動，性之欲，是謂天理；而過去領納於萬物時，所有快不快的影像從潛伏中躍起者，是爲好惡之情。此種好惡之情，既從下意識中動躍而出，故力用大，如節之令其歸於平，即可以順從性之欲而爲善有力，如無以節之，則將任其橫溢而性之欲乃受其障。猶如豪奴奪主，（主謂性之欲，豪奴謂好惡之情。）其作壞之力大極，例如小人好勢利而惡君子，一旦當權，才足濟奸，則可以大禍天下，好惡之烈也如是。好惡之情，是不可抑制，抑之將更橫溢，唯有以節之使平而已。好惡平，即不橫溢，則性之欲可得其助，而爲善更有力也。孔子以禮化民，蓋於人生之體察深微至極。

附識：孟子引孔子曰：「出入無時，莫知其鄉，唯心之謂歟？」明明是說下意識。（諸生所輯余之《語要》，有答曹生信，曾引此文而解釋之。佛家藏識，亦名阿賴耶識。）**若去其宗教思想之部分，其宏深視西人談下意識者，且過之遠矣，惜乎孔子僅存片言，無可考矣。感情、意志是分不開的，情意植根都在下意識，不可說好惡是性之欲也，自鄭康成至宋儒皆誤解。余欲將佛家藏識與西人談下意識者，較其得失而改造之，總是因循放下，老來亦怕用心也。**

「物至知知，然後好惡形焉。」注曰：〈樂記〉此段文字，開首說制禮樂，將以教民平好惡。其次從人生而靜到感物而動，性之欲也，是乃略說人生本源。性之欲是天理之動，非通常所謂情欲之欲也，必將本原說出，而後可說到好惡。

又次，「物至知知」云云，今釋如下：至，來也。（從鄭玄注。）知知者，上知字，與智通，下知字，猶明也，言物來接觸於人，而人之智足以明析物理也。智慧開，物理明，則技巧多，奇貨出，人皆汲汲於享受，故好惡形焉。形者，激動之謂，好惡之情隨智慧之進與物質文明之盛而日益激動，人類不能平情靜氣，甚難有眞正自覺自得之機，雖欲天地交泰萬物亨，將不可幾矣。（余所謂自覺者，非實有天地萬物一體之解悟與情懷者，不足當之，此即孔子所謂仁也。）《春秋》太平世，非不注重格物之知，以謀改革制度及滿足物質需要，（非不二字，一氣貫下。可覆看〈原外王篇〉。）而學術與化道皆有本原，不容忽也。

「好惡無節於內，知誘於外，不能反躬，天理滅矣。」注曰：鄭玄云：「躬，猶己也；反躬，猶言返而求其在己者也。」此釋極是。節猶法度也。好惡之動於內者，本無法度，直若狂迷，（好惡，情也，情之為物，不沾滯，即飄動，不飄動，即沾滯，他本身是無法義的，其飄動則若狂，其沾滯則若迷。）而智巧日出，又追求物質之樂。如是，而欲人之好惡歸於平正，利用厚生，不墜崇高之志，忘我同物，共由大道之中，談何容易哉？是故聖人雖盛倡格物之學，而必以返己之學爲宗。人能返己自克，（自己克治自己，曰自克。）必不肯以好惡之私，蔽其良知，天理所由存也。不能返己，則爲私好私惡所役使而不自覺。天理有不滅者乎？余以是知返己之學，不可不講也，夫返己之學，以窮究宇宙眞源爲根柢，其於萬物萬事，制割大理，觀其會通。（制割云云者，制謂控制，割謂分析，理者條理，謂萬物萬事之繁賾，必以方法控制而分析之，以得其大條理，由此觀其會通。返己之學哲學也，其格物之功，只從大處著手，不同科學之分工密而析物入細也。）而切要處，則在返己而知是知非不容自欺。此在哲學中最爲特殊，莊子所爲稱之以內聖學也。（返己而不自欺，宋學確承孔子精神。）

〈樂記〉此段文字從「先王之制禮樂也」起至「不能反躬，天理滅矣」止，皆是記述孔子之言。「天理滅矣」之下，緊接「夫物之感人無窮」至「此大亂之道也」止，余斷定其非孔子之言，或是六國時小康之儒有所改竄，或由漢初儒生竄亂之，二者必有其一。今仍錄其文，而附辨如下：

「夫物之感人無窮，而人之好惡無節，則是物至而人化物也。（言物之感人無有窮盡，而人之好惡無有節制，故物一至乎人之前，人便為物所引不能超拔，即失人性。《老子》言「五色令人目盲，五音令人耳聾」云云，是人失其靈性而變成頑然之物，故曰「人化物」。）人化物也者，滅天理而窮人欲者也，（窮猶極也，極逞其人欲也。）於是有悖逆詐僞之心，淫佚作亂之事。（悖逆，作亂，言臣民謀叛其君上也。）是故強者脅弱，眾者暴寡，（權臣樹私黨，以小惠結民眾，可以制寡弱之君。）智者詐愚，勇者苦怯，（自智者至此，則言社會之豪強亦侵欺愚懦也。苦，猶言逼迫之也。）疾病不養，老幼孤獨不得其所，此大亂之道也。是故先王之制禮樂，人爲之節。」（言對於天下之人人皆為之節也。鄭玄云：「節，法度也。言為作法度，以遏其欲。」）

辨曰：自「物之感人無窮」至「大亂之道」，非孔子之言也。何以知之？孔子言「知周乎萬物，而道濟天下」，言化裁萬物，推而行之，言「備物致用，立成器以爲天下利」。（〈原外王篇〉引《易大傳》，可覆看。）《周官經》冬官之職，在生百物。未聞以物爲吾人之患也。今此段文中言「物之感人無窮」，又言「物至而人化物」，竟以物爲人之大患，明明反抗孔子之思想，其可信爲孔子之言乎？夫人化物之患非是物之感人無窮所致，實由於人之徒任智以逐物，而不知返己以平情欲，故有人化物之患耳。（智非人之患，物亦非人之患，徒任智以逐物，而不知返己以平情欲，乃是人之大患。情欲之欲是後起的，不可與性之欲並為一談。）此文直以人化物，由物至之爲患，故知非孔子之言。惜乎漢以來群儒皆無辨者，如鄭玄在「感於物而動，性之欲也」下注云：「言性不見物則無欲。」此有兩大錯誤：一、不知性之欲是天理之動，而妄以此欲字作情欲之欲字解。二、彼云「性不見物則無欲」，則是有欲由於見物，即是以物爲吾人之患。鄭玄誤信物至而人化物爲聖人之言，故相承而不自悟其非耳。朱子《論語集注．泰伯篇》「立於禮」下注云：「故學者之中，所以能卓然自立，而不爲事物之所搖奪者，必於此而得之。」觀此注，則是謂事物本可以搖奪人，然孔子只說視思明，聽思聰，何曾畏事物之搖奪？朱子之說，蓋由鄭玄以上承竄亂之〈樂記〉，（〈樂記〉確保存精義不少，卻須抉擇。）而不悟其非孔子之言。此不能不辨者，一也。（朱子《大學．格物補傳》，以即物窮理言格物，本有走入科學路向之可能，而卒不能者，則慮物之感人無窮，而以不見物則無欲為幸。漢人多採道家言，以變亂孔子之旨，非鄭玄一人之誤。宋儒複雜老與禪，故有絕物或遺物之意。二千餘年，科學不發展，非無故也。）天理人欲之分，宋學以此爲其骨髓，其源則出於〈樂記〉此文。（所謂滅天理而窮人欲者也。）夫天理人欲雖不無辨，而實不可截然分開。不無辨者，天已成人，而天理自在人心，（譬如水已成冰，而水性猶存冰中。）此言乎天理爲人所固有也。人爲有生之物，自有其與形骸俱始的情欲，但不可謂情欲亦是天理，（與形骸俱始者，故是後起。非天性也。）此不得無辨也。不可截然分開者，人生日用之中，凡人欲之正當而不失其則者，莫非天理之發，謂天理非人欲可乎？情欲可以順從天理，而爲善更有力，則情欲亦可轉爲天理也。（載東原反對天理，而言欲當即為理。殊不知，情欲之得其正當者，正以本有天理在，而情欲順從之，故得當耳，否則欲何由當？東原之惑也如是。）〈樂記〉此文以天理人欲分開，人字下得最礙。別天理於人欲之外，則天理雖尊嚴，恐須向虛空摸索之矣。孔子教伯魚曰：「汝爲〈周南〉、〈召南〉已乎？人而不爲〈周南〉、〈召南〉，其猶正牆面而立也歟？」（見《論語．陽貨篇》，〈周南〉、〈召南〉，《詩經》首篇名也。正牆面者，言即其至近之地，而一物無所見，一步不能行。）夫二〈南〉之詩，其表現人生，乃即人欲即天理，即天理即人欲也。

古今讀《論語》此章而識聖意者，幾人哉？天理人欲分開，吾敢斷定其非孔子之言也。此不能無辨者，二也。（情欲不可絕，非人自絕其生，情欲何從絕乎？亦不可遏，遏之將橫溢，聖人制禮樂以平之，此不易之道也。）至謂滅天理窮人欲，遂有悖逆作亂等事，先王始制禮樂云云。誠如此，則禮樂爲擁戴君上，壓抑庶民之具，明明與《大易》、《春秋》、《禮運》諸經背叛，而信爲孔子之言可乎？此不能無辨者，三也。（《易》言「群龍无首」，《春秋》「貶天子，退諸侯，討大夫」，《禮運》反對「大人世及以為禮」，皆主消滅統治也。私有制亦隨統治而頃覆。《周官經》遂以土地國有，及國營生產事業等等新制度，皆有明文在。）主靜主動之分，自《春秋》之季，道家老聃已啓其端，誠哉古矣！宋儒自周濂溪以主靜立人極，程、朱諸老一脈相承，傳世良久，罕有異論。至晚明，而習齋、船山、亭林諸大師，始盛張反對主靜之幟，而習齋之論尤激，船山義旨較深遠矣。夫吾人近之立己，遠之則司造化，而官天地，府萬物，其將宗濂溪，從靜中體認以上達於眞靜之原乎？（原者，謂宇宙人生本原。以其至真至靜，故云真靜之原。）抑將從動中努力，而持之靜定，以行動磨煉於萬物萬事之蕃變中，握其軌範，以參贊宇宙之大化，成位天地，育萬物之洪業，盡人能，而弘大天道乎？（此則孔子肇開儒學之主旨也。）迂陋所歸心，其在尼山一脈矣。濂溪之論，本乎老聃者也。老曰：「致虛極，守靜篤。」屏動，而一主於靜，其異於塊土之鈍然者幾何？（鈍然，無知貌。）人能廢，而天道亦死矣。晚明諸子懷主動之意，以反宋儒之靜，而不知孔子亦未嘗不靜也。但其靜不離於動，而動不失其靜，天道人道之大正，存乎動靜合一之中。反乎此者，靜則廢，動則激，其何以爲群生立命歟？聖學大處、深處，漢以來學人都不究，可悲也矣！（佛家無量法門，歸於涅槃寂靜，其道反人生，宜乎偏於靜也。）〈樂記〉言「人生而靜」，此動中之靜也，蓋孔子之遺說。鄭玄於「先王之制禮樂，人爲之節」下注云：「言爲作法度，以遏其欲。」陋哉玄之言也！作法度以遏人之欲，則專制之獨夫所爲耳，而謂聖人制禮樂亦如是乎？欲宜平而不可遏，夫人之所知也，而謂聖人不知遏欲之害，乃欲制禮樂以遏之乎？（〈樂記〉此段文中，雖云先王制禮樂，其實，乃孔子之說，而托於先王制禮樂之意，以為重耳。）余獨居深念，返己之學難窮。上者，則人生之本因；下者，則人類之下意識。本因者，《論語．公冶長篇》所謂「性與天道」是也。（天道在人，即名為性，非性與天道為二也。記者下一與字者，蓋言天道，則無定在而無所不在，萬物皆由天道而成也。言性，則克就天道之在人而言，故舉此二名，不得不用一與字，此文法當然耳。王船山遂因此與字，而將性與天道分層級。（見《讀四書大全說》。）彼欲以層級思想反對佛教，實自陷於錯誤。）以子貢之聰明穎悟，親遊聖門，猶曰「夫子之言性與天道，不可得而聞也」。（據子貢此言，則孔子非不與門人言性道也。《論語》無所紀錄，蓋記者莫能領受耳。）後人顧可自負聞道乎？下意識，是從吾人有生以後而始起。人生過去所造，都不唐捐，皆有影像集於潛海。（造字，含義廣，自意念之微萌至事業之粗顯，皆名曰造。不唐捐，猶云不虛費。潛海，謂下意識。藏伏曰潛，深廣曰海。）非止男女或權力等欲不遂，而被壓抑，退藏爲下意識也。（非止二字，一氣貫下。）感情、意志皆植根於潛海，故其勢力奇大。力之大者莫如潛，以其積之深故也。人之一身，常爲不自覺之勢力所驅使。不自覺之力，即是情意，本出於潛也。從來理學家每以爲天理隱微，吾覺不然。天理如赫日之常顯於太空，無有隱匿之時，吾人感物之頃，天理即發，所謂性之欲是也。然而天理常爲不平之好惡，或橫行之衝動所障礙者，則以情意自潛海出，且與軀殼爲一氣，故天理不易勝之耳。孔子蓋有見於此，故爲之禮樂，以導情意於平正，不至狂迷，則天理可以乘權，情意亦得其主，而人生復其性命之大正矣。禮樂者，所以治情意者也。樂之本在和，禮之本在敬，和蓄於中，敬攝於外，（攝者攝持，以敬持身，常不放逸也。和樂之趣蓄於中，敬慎之儀檢於外，如非禮勿視聽言動是也。）則好惡之情，無有不平。而天理流行於日用之地，未嘗遠於人欲，（日用之地，無非人欲之所存，而天理即流行於此，何嘗高遠於人欲哉？蓋天理即在人欲中，隨緣作主。故欲皆有則而不亂，所以天理即是人欲，人欲即是天理。）然後知天理人欲實不可得而分矣。此理知之已不易，知而行之尤難，禮樂之教不修，程子亦嘗致慨於此也。

關於孔子之人生論，余所欲言者甚多，近以失眠太苦，不欲文繁，姑止於此。（此中猶未談到深處，如欲深談，文字便須延長。）今當略說《大易》，以作結束。欲從宇宙論，以尋求孔子之創見，自當求之於《大易》。（此中《大易》，謂孔子所作之《易》，即由西漢傳來之《周易》是也。經文不無竄亂，而較之他經，則本旨未失。周者，周普義，言《易》道周普，無所不遍也。）據《論語》所記，孔子自稱五十學《易》，（孔子所學之易，即伏羲始畫之六十四卦，從遠古傳至兩周時者也。）又曰五十而知天命。（命字有多義，此中命字是流行義。〈無妄卦〉之象辭以「動而健」為天之命。動者，流行之謂；健者，剛健。此言剛健而流行不息者，即是天道也。六經以天道為宇宙本體之名。天道是剛健流行的，非真知不能言也。老氏以虛無言道，則失之遠矣。）據《論語》所記孔子之自述，曰「吾十有五，而志於學，三十而立，四十而不惑」。可以想見孔子從十五至四十，是其於人生有深切體驗，及勤於格物之時期。四十不惑者，只是於事物之軌範皆能明瞭而握持之，以利於行也。直至五十始曰「知天命」，可以想見孔子在四十不惑之後，已更進而深窮宇宙人生根本問題。及抵五十之年，乃得伏羲之《易》而精研之，遂由過去積累之功，得古《易》之啓發，便有豁然大徹大悟之樂，所謂「知天命」是也。是故孔子之學，自其四十至五十之十年中，大概由人生論而進於宇宙論之參究，迨抵於五十則是其學《易》之年，亦是其見道之年。此後益日進無疆，孟子所謂「聖而不可知」，言其德之盛也。（宇宙論、人生論等名詞，談古學者多不喜用，實則晚周故籍淪亡，漢以後學人務考核，而不尚思辨，學術名詞太不發達，無可諱言，外來之名詞，通行非一日矣，欲獨棄之何可得乎？易曰「辭也者，各指其所之」。思想所之，非無方域，宇宙論、人生論等詞未可棄也。）

《大易》六十四卦，三百八十四爻，皆一陰一陽之變化也。故知相反相成，是萬變萬物萬事所共依之最高原則，無有得遺之以成其變、成其物、成其事者。此稍明《易》理者，所共能言也。然學《易》者，其所知若僅及乎此，正未可自負爲知《易》也。夫《易》之道，（言《易經》所含蘊之道理。）以言其大則無外，（無所不包含故。）以言其高則無極，（其高遠不可測故。）以言其廣則無際，（無有邊際。）以言其深則無底。（不可窮其所止也。）《易大傳》曰：「書不盡言，言不盡意。」學者於此領不得，難與言《易》矣。

哲學之爲學也，自當以解決宇宙人生根本問題，爲其主要任務，否則科學理論日益精博，何須有哲學乎？問曰：「宇宙人生根本問題一語，似嫌空泛。」答曰：汝之蔽也。談宇宙論而莫辨體用，故聞根本問題一語便疑爲空泛耳。古《易》不云乎？（古《易》謂伏羲之《易》。）聖人法天之用，不法天之體，此自伏羲畫八卦固已深探體用之幽奧，（聖人，謂伏羲。八卦者，總略言之也。舉八卦即六十四卦已備。幽奧者，猶佛典云：無上甚深微妙也。識得萬物本體，則窮理至此已極矣，更無有加乎其上者，故曰無上。）至孔子作《周易》，更發伏羲之所未發，而後至理昭如日月矣。（至理者，至猶極也。理之至極，無復有加於其上者，曰至理。）體者，宇宙本體之省稱；用者，本體之流行，至健無息，新新而起，其變萬殊，是名爲用。

附識一：《易．乾卦》曰「天行健」。此天字，謂日、星也。日星運行至健，故孔子取其象，言本體之流行不已，其德至健也。孔子取天之象以言本體之流行，而不是言天，此意當俟後詳。問曰：「流行亦名爲用，何耶？」答曰：用者，猶云功用。流行，即是本體之盛大功用，故於流行而名爲用，或稱大用。然有時言大用流行者，則大用流行四字，可作複詞解。

附識二：新新而起，何耶？本體之流行，是刹那刹那，才生即滅，才滅即生，無有一刹那頃，守其故流，而不滅故以生新者。（無有二字，一氣貫下。）《易》曰：「生生之謂易。」生生二字，宜深玩。刹刹是新生，故曰生生。既刹刹新生，則刹刹未曾守故，可不言而喻矣。大化流行，（大化，猶言大用。）無有一瞬一息停滯，故曰新新而起，言不守故也。或有難曰：「公言本體之流行是刹刹新新而起，未有一刹那頃守其故。果如此，由每一刹頃都是頓變，（猶云突然起變。）則變化似無根據。」答曰：流行者，不是憑空忽然而起之流，乃本體之流行也。本體是萬變萬化之眞源，（萬變萬化，作複詞用。）含藏萬有，無窮無盡，《中庸》以淵泉時出，形容其妙，可謂善譬。〔淵泉，謂地下伏藏之泉源，淵深至極，故名淵泉。今以為本體之譬。時出者，言其長時流出，（長時者，無始無終。）永無盡期，此譬大用流行。〕唯本體眞源，（本體真源四字，作複詞。）恆無窮盡，故流行之盛，刹刹突變，常創新而不可竭也。汝云無根據，不亦惑歟？須知，眞源與流行不可分爲二段，前舉淵泉時出之譬，卻須善會。所以者何？淵泉伏於地下，而其時出之流，則行於地面。淵泉是源，出者是流，源流分段，不可合爲一體。因明學言，凡用譬喻只取少分相似，言不可求其完全相同也。本體與其流行之妙，只可以大海水與眾漚，本不二而亦有分，雖分而實不二，以此爲譬是爲最善。淵泉之喻，只取其有源而不竭之一義相似耳。

附識三：有問：「俗云萬物，（言萬物，即天地與人，均包含在內。哲學上所云現象，即萬物之總名耳。）是乃因本體之流行而起者乎？」答曰：萬物是本體流行之過程，現似萬有不齊之相，（相字，讀相狀之相，猶云現象。現似者，以其相非固定，故以似言之也。）所謂心物萬象是也。先儒謂之萬殊。（先儒，謂宋明諸儒。）故一言乎萬物，即知其是本體之流行。若分離萬物於流行之外，另作一重物事看去，則大謬也。《中庸》引《詩經．大雅．旱麓》之詩曰：「鳶飛戾天，魚躍於淵。言其上下察也。」（察者，著也。）朱子云：此「明化育流行，上下昭著」。程子贊之曰：「活潑潑地。」兩先生皆深得詩人之旨。蓋萬物莫非本體之流行，智者於物，皆深入其裡，不作固定物事看。俗眼見鳶便執爲鳶，（執者，迷執，以鳶為實在的物事也。後言執者，皆准此。）仰天便執爲天，（仰者，仰望。）睹魚便執爲魚，俯淵便執爲淵。（俯者，俯視。）肇公曰：傷夫，人情之惑也久矣，目對眞而莫覺。（萬物皆是本體之流行，故萬物莫非真也，然人皆於物而起迷執，不悟其本真，所以悲其目對真而莫覺也。昔與蔡子民先生談此意，子老善之。今子老下世已久，而余亦衰矣，猶有可與談斯義者乎？）

體用之辨，略說如上。（辨者，辨別，體用本不二而亦有分，雖分而實不二，此乃於無可辨別之中，而又不能無辨也。）今當敘論伏羲體用義。古《易》法天之用，不法天之體，何耶？（古《易》，即伏羲之《易》，後不復注。）將欲闡明此義，須先釋天字。伏羲之言天，則天帝是也。中國太古時代，先民之上帝觀念，不僅是由意想中虛構一有威明之大神，而是以上帝爲有形體可睹者，此甚奇怪。遠古蓋天說，（蓋天說，為遠古天文學中之大宗。）言天體中高云云。（前文曾引述，可覆看。）中高者，謂穹窿之形，先民即指此爲天帝之形體也。故天子祀天，立壇於郊，望中高而祭。清世猶承其制，伊川《易傳》有云：

「以形體謂之天，以主宰謂之帝。」此據古《易》本義也。（諸生有問：「先民以穹窿之形為天帝，頗與拜物教相近否？」余曰：天帝明明是一神，未可擬之拜物教也。）

舊說伏羲不取法於天之體者，以穹窿之形不可取法也，此說大謬。夫云取法者，非取法乎天之形體也，唯篤信天帝者，對穹窿之形，而起超越感，虔誠皈向。（超越感者，謂深感天帝至尊無匹，超越乎吾人與萬物之上而獨立，赫赫有威明也。他處用此詞者，仿此。）如《詩》云「小心翼翼，昭事上帝」，方是法天之體。凡一神教徒有實修者，其事天之誠，皆求以小己，投諸上帝之懷抱，故一神教無有不是法天之體者。明乎此，則知古《易》所以不法天之體者，直是不信有天帝耳，非信之而不欲取法也。伏羲生於遠古之世，未可顯然違反群眾信仰，故其作《易》也，以法天之用，不法天之體，標明宗旨，實已置天帝於有無之外，可謂妙極。

法天之用者何？伏羲畫八卦，乾、坤居首，其餘六十二卦皆由乾、坤變動而成。《易大傳》曰：「乾坤，其《易》之緼耶？」言乾坤爲萬變萬化萬物萬事所由出也。乾爲神，（神者，精神，猶言心也，非謂上帝或幽靈。）坤爲質。（此言物質，亦包含能力在內。斯義後詳。）神無方，故以奇數表之；（乾之六爻皆作⚊。⚊，奇數也。神無方者，謂其無分段也，言其渾一而不可分也，故畫作⚊。）坤成物，故以偶數表之。（坤之六爻皆作⚋。⚋，偶數也，物有分段故。）神質本相反也，然乾以剛健中正之德統治坤，（乾德「剛健中正」，見〈乾卦・文言〉。）坤以永貞之德順承乾，（〈坤卦・爻辭〉之總結曰「利永貞」，言坤之道利在常永貞固。貞固者，大中至正，堅固不可搖也。〈坤卦〉之象曰「順承天」，言坤道在守其常永正固，以順從乎天。天，謂乾德也，乾以剛健中正而無偏私，與坤相通；坤以常永正固而順從乾，與之俱進。乾德上進而不退墜，坤從乾，故俱進也。）此乾坤所以由對峙而卒歸統一也。〔乾為神，坤為質，此古義也，蓋就宇宙論言之也。心能認識物，解析物，體察物，改造物，變化裁成乎萬物，此心以剛健中正之德統治物也。物順從心，而發展其德用，此物之永貞也。若乃就人事言，則自六國時小康之儒，已以君為乾，臣民為坤，蓋君主之教條耳。今群品日進，（群品，謂民群之品格日高也。）自當以奉大公，守大正者，為乾道。（此道字，猶理也。下准知。）以先先正，而後改過遷善者，為坤道。）伏羲氏以乾坤之道，爲天之用，（此天字，謂天帝。遠古之氏同信有天帝，伏羲不得顯破之，故以乾坤之道假説為天之用也。）而作《易》以示人，（作《易》，謂畫八卦。）欲人法天之用，不法天之體，此乃伏羲改造思想之一大機權，至可驚嘆者也。夫神道之世，人唯敬畏天命，而一切無可自致其力。（此中天命一詞，與孔子「五十而知天命」一詞，其含義絕不相同。孔子所言天是流行義，天謂宇宙本體。屢見前文。伏羲云天者，謂天帝。命，猶令也。人有困厄，則以為天實令之，己無可為力也。）自伏羲示人以法天之用，人乃自信己力，卓然官天地，府萬物，乃知天帝之威明，實有諸己而不在彼也，豈不妙哉？帝堯曰「天工人其代之」。（見《尚書·帝典》。）其受伏羲之《易》學影響斷然無疑。漢人言《易》者，以伏羲只畫八卦，文王重卦，作卦辭、爻辭，復有奪爻辭以予周公，孔子只作《十翼》，於是《易》有四聖之學。余唯伏羲畫八卦，自古無異說。（言八卦者，總略之辭耳。非待文王重之也。）「文王拘於羑，而演《易》」，見《史記》。演《易》二字太含糊，馬遷本疏於考核，兩漢儒生遂逞臆妄言文王重卦，作卦、爻辭，又加入周公，絕無依據，但不敢完全埋沒孔子之《周易》，乃妄分《十翼》以歸之。（此事，皮錫瑞辨正，極是。）漢人好變亂孔子六經，吾不知其是何心也？余由《詩經》以上考文王之思想，確是純德之宗教家，與今存《周易》思想頗少相近處。（可覆看前文，談心物問題中。）《易大傳》稱伏羲，有曰：「古者庖犧氏之王天下也，（伏羲亦號庖犧，以其發明火化故。）仰則觀象於天，俯則觀法於地，（法者，法則。天地萬物莫不有法則，《詩》云「有物有則」

是也。上觀天象，亦皆有則。凡物皆然。法字雖見於此，卻須會通，古人作文不似後人修整也。）觀鳥獸之文與地之宜，（地之宜者，謂若高山平原川澤等地，宜產動植礦諸物也。）近取諸身，遠取諸物，於是始作八卦，以通神明之德，（神明者，謂理之幽深隱微，故稱之若神明，形容其不可測度也；通者，易之術，深察宇宙萬有，由幽隱而至於顯著盛大。古人云：《易》本隱以之顯是也。）以類萬物之情。」（此有二義：一、類者，通其大類即綜合而董理之也；情者，情實，猶言事實。萬物之情實繁賾極矣，若只務析觀，則紛然如散沙布地，都無條貫，將奈何？故須會通而得其大類，（即由分殊之理而會通之，以納於普遍的原理。）此通自然與人事而總言之也。二、克就人群言，人之情有小有大。情之小者只為小己之私，不能與人通者也；（如己欲利其私，必大不利於人，是其情不能通於人也。）情之大者，己之所欲，亦即與天下之人人同其所欲。如孟子所謂好貨與人同之，不以私於己，好色而願天下無怨女，無曠夫，此欲之通於人者，則情之大者也。《禮運》「大道之行，天下為公」，則以人群之大情為根據，其義實出於《易》也。伏羲雖未遠見及此，孔子則由伏羲類情之旨，而推演之耳。古之傳記有曰：眾怒難犯，專欲難成。不顧人之所共欲，而己乃求其所大欲，以專享之，其終為天下眾怒之歸，如今帝國主義者是已。類情之義，大矣哉！」）

據《大傳》敘述伏羲作八卦，純是從觀察大自然，與近取諸身，實測已廣，實見毋妄，所以作得八卦來，《大傳》本孔子之傳授，而七十子後學記之。孔子之學在未見古《易》之前，（即五十歲以前。）蓋與伏羲遙合者多，（今不及詳。）及見古《易》則其觸發處，當更深遠耳。乾、坤二卦，孔子自是本伏羲之意而不無推演，若其發伏羲之所未發者，則乾元性海是孔子所親證而後言之也。（證猶知也，然此知字之義極深微，揣度之知不可以言證。）俟後論之。伏羲欲人法天之用，不法天之體，明明是反宗教而不便顯破。不知者疑余推尊古聖太過，然《大傳》明文現存，何容否認？大地人類其思想開發最早，而又博大深遠，無可比倫者，伏羲一人而已，奇哉奇哉！

伏羲之《易》，《春秋》而後，蓋已不可得而徵。（戰國時，禍亂日劇，群情惶惑，術數盛行，皆托之於《易》。而伏羲之哲學思想自無人過問。即孔子之《周易》，六國儒生已不傳其真，觀田何入漢之所授而可知，況伏羲之《易》乎？）孔子《周易》，漢人傳來者，或非其原本。（司馬談云：「六藝經傳，以千萬數。」《易》為五經之原，其書必多，今之存者是否為《易經》一類中根本巨典，猶難斷定。）差幸有此，可依之以深玩其要旨。（讀古書，如入深山，披荊棘而採大寶物，學者確須深心求之。）

伏羲之《易》，其中根本問題未便解決者，即體用是已。孔子生於千載之後，而始解決焉，甚幸哉！（由孔子之卒，逆數至伏羲世，已是鴻古，豈止千載乎？今曰千載者，略言之耳。）伏羲當初民迷信天帝之世，其作《易》也，雖云不法天之體，（此言天者，謂天帝，與孔子言天道或天命者，絕不同義。可覆看前文。）而不曰穹窿之形，本非天帝也。雖云法天之用，（此天字，同上。）而乾坤大用，雖不無元，（元者，原也。乾坤大用四字，作複詞。乾坤即是大用故。夫用必有體，故知乾坤不無原也。）畢竟不可說有天帝爲乾坤之元，此伏羲所未明辨也。孔子《周易》始明白廢除天帝，揭示乾元。（乾元者，乾之元也。非乾即是元，切忌誤解。乾元即本體之名。本體之名甚多，不止名乾元而已。孔子或言太極，或言天道，或單言道，單言天，皆本體之名也。）〈乾卦．彖傳〉曰：「大哉乾元，萬物資始，（資，受也。始者，乾元流行之主力方面，所謂乾是也；乾統治坤故，遂於乾之化而言始，非時間先後之義也。乾始以陽剛之德化坤，而坤即以陰順之德承乾之化，萬物乃資受陰陽之和以有其生，故言乾始即已知坤順，否則獨陽何能生萬物乎？）乃統天。」（此天字，即伏羲所云法天之用之天字，蓋謂天帝也，與孔子所言天者不同義。伏羲時，民眾以穹窿之形為天帝，孔子則謂此天為乾元之所統御。（天帝，亦省言天。統御，猶主宰也。）夫乾元統御乎天帝，則天帝不足為萬物之主矣。其言雖謔，而理趣深遠。〕〈坤卦．彖傳〉曰：「至哉坤元，〔本體之流行，名為用。〔可覆看前文。〕用必有兩方面，相反而相成。〔只是兩方面，不可當作兩體去想。〕故一言乎乾，即知已有坤在。坤之元即是乾之元，非坤別有元，此七十子傳授先師遺說，而漢人猶存之者也。王船山《易內外傳》不悟乾元坤元，是以乾坤之本體而言，〔不悟二字，一氣貫下。〕乃有「乾坤並建」之說，頗有二元論之嫌。〕萬物資生，〔生者，生養。坤成為物，而乾陽生生之化實含斂於其中，是故萬物皆互相資受，以遂其生養也。無機物互相資以養，土壤集而泰山高，細流聚而河海大，生物進至於人，則資於物者，殆舉全宇宙而皆備之矣。有問：「此解資生與資始有別，然漢以來無此解，何耶？」余曰：〈說卦傳〉不云乎？「坤也者，地也。〔坤為物，故取象於地。〕萬物皆致養焉。」余非無據也。舊解以「萬物資始」說在乾，「資生」說在坤，而「資始」與「資生」之義卻無甚分別。其實，坤承乾而生之義，當在乾之資始中，融會而說；坤之資生中，當就養言。〕乃順承天。」〔天字有多義，此處天字是以太空諸天體運行之健，比譬乾德剛健也。故此天字之義，與前文統天之天字絕不同。前文，以初民信穹窿之形為上帝，故說乾元統天以破之。此處言天則以乾德剛健，而取象於天體運行之健，故此之言天實謂乾德也。順承天者，言坤當守正固，以順從乾之剛健中正，而與之合一也。《易》之書本假像以顯理。〔假者，假借；顯者，顯明，猶借用譬喻，以顯明其理也。〕漢人言《易經》無一字不是象，其言未免於謬。〔謬者，如乾之九三「君子終日乾乾」，言君子精進之勇，終日不懈，健而又健也，荀爽曰：日以喻君，則終日乾乾，唯君當然乎。且日作君說，則終日一詞，如何可通？舉此一例可概其餘。〕然《易經》之文是假像以顯理，則不可不知也。唯其取象可以隱寓眾理，觸類旁通，無拘無滯，此《易》之所以為大也，不知聖人取象之意，未可讀《易》。〕如上所述，《周易》乾坤彖傳，揭示乾元，廢除天帝，體用之義至是朝徹無疑。〔莊子云「朝徹而後能見獨」。朝，晨初也，猶言清明；徹者大通，亦云洞徹。獨者，本體無對，故說為獨；見者，證知之謂。）成伏羲未竟之緒，百世以俟後聖而不惑，盛矣哉！孔子之績也。

附識：有問：「〈乾卦〉曰：『大哉乾元，萬物資始。』公釋此文，以乾之主動而化坤，乃爲萬物所資始。〈坤卦〉曰：『至哉坤元，萬物資生。』公以坤之承乾成物，故萬物得致養焉爲釋。據此，則資始、資生皆與乾元無涉乎？」答曰：甚矣，汝之固也。乾元者，乾坤之本體；乾坤者，乾元之功用。體用本不二。乾元資始資生之德，即於乾坤而見，以乾坤是乾元之功用故。若無此功用，尚有乾元之德可說乎？譬如大米養人之德，即於粥飯而見，以粥飯是大米之功用故，否則不可見米德也。余據經而作釋，汝不悟耳。

《易大傳》曰：「乾知大始，坤作成物。」據此，說乾爲知，說坤成物，則心物同爲乾元本體之功用，（乾元本體四字，作複詞。乾元是體，乾與坤是用。而乾為心，坤為物，故心物是乾元之功用。）易言之，即心物同爲乾元之流行。（坤之元即是乾之元，此孔門遺說，漢人猶保存之，故物與心非有二元。）此是孔子《周易》宗要，（宗者宗主，要者綱要。）學者須深切體認，無論贊同與否，不可失其眞也。

乾知之知字，自漢以來絕無正解，蓋本不悟而遂不求通耳。說乾爲知，此知字自不是通常所云知識之知，余謂此知字猶言大明也。（大明，猶言神或心，雖無思慮等作用，而其自性陽明，是一切思慮等作用之原，故說為明、為知。）〈乾卦．彖傳〉有云「大明終始」，言乾陽爲大明，而以健德動坤陰，（乾陽，作複詞，坤陰亦然。動者，乾為主動，以開導陰也。）陰承之而化，（陽之動，陰之承化，是同時，非有一先一後。）故陰陽和，而萬物稟之以成始成終也。〔原萬物之所由始，則乾本大明，以健德化陰，故陰陽和而物始生，及物之終也，則還歸於陰陽之府。（府，謂乾元。乾元是乾坤之本體，萬物歸其根也，故曰府。）蓋物之形有盡，而原其所由始者，則無盡也。大明終始之義，深遠極矣。〕據此文證，（此文者，謂上引「大明終始」之文，可為證也。）則「乾知大始」者，謂乾爲大明，故能主動以開陰，而大始萬物耳。（於乾知，而言大始，則心為主動可知。）印度古有數論學派，言萬物之生亦由於暗。（暗者，迷暗。）佛家談緣生，（有十二緣生之論，言人或萬物之生，由十二種緣會聚而生，故曰緣生。譬如稻禾之生是由種子為因緣，水土、陽光、空氣、歲時、人工等為助緣，故稻禾生。若離諸緣，無有稻禾，緣生之義如此。由緣生故，萬物皆不固定。皆不是獨立的實物。）以無明爲導首。（十二緣以無明居首。無明者，迷暗之謂。如佛氏之論，則萬物皆由一大迷暗的勢力為首，而與其餘的眾緣會聚乃得生。彼之言無明，是看作一種迷暗的勢力。）西洋哲學家談宇宙所由開闢，亦有推本於盲目追求的意志者。（凡意志論，多與印度思想有相近處。）伏曼容說《易》之〈蠱卦〉以爲萬事起於惑。（是乃以佛家緣生論誣《易》。）此類倒見，（見解不正，名之為倒。）易導人於悲觀。唯孔子《周易》以乾坤本於一元，（所謂乾元。）而乾爲大明，以陽德動乎坤而化之，乃大始萬物。是故宇宙本圓明之海，（圓明，本佛典，猶大明也。）群生含齊聖之因。履大變而釋矛盾，齊萬物而浴太和，（齊者，萬物皆平等也。〈乾卦．彖傳〉有曰：「保合太和，乃利貞。」）胡爲自居迷闇而非苦哉？大哉易也！予捨此何歸乎？

附識：乾坤名爲二卦，而實不可分。如以乾坤之本體而言，則坤之元即是乾之元，非坤別有其元。此從根源上說，乾坤本無可分也。（根源，為本體之形容詞。）**從乾坤大用之變動上**

說。（乾坤大用四字，作複詞。乾坤即是本體之功用，贊之曰大也。則陰陽實不可分，乾有炤明剛健之德性，故說乾為陽；坤有柔順之德性，故說坤為陰。）乾坤只是乾元流行之兩方面，不可作爲各別的兩體去想。是故〈乾卦〉中，言乾便有坤在，〈坤卦〉中，言坤便有乾在。如〈乾·彖傳〉言「萬物資始」。始之爲言，隱示乾爲主動，坤即承乾而化，非有一先一後也，否則獨陽無陰，不能成變化，萬物何從資之以始乎？又如言「大明終始」及「乾道變化」都是陰陽一齊俱有，未可以變化單屬之乾道，以萬物終始單屬之大明也。（未可以三字，一氣貫下，為句。大明，謂乾也。）略舉一二處，他可類推。〈乾卦〉中，須如此體會，〈坤卦〉中亦然，學者深思而自得之可也。然復須知，乾坤變動，要是乾爲主，而坤承之。但主非先時而動，承非後時而化，乾坤總是一齊俱有。所以者何？乾元之顯發其功用，其內部必驟呈兩方面之不諧，若孤而無偶，即無功用可言，所謂乾坤息是也。（息者，毀滅。）此理深微，可與言者鮮矣。（西學之宇宙論，有唯心唯物之爭，如識得《周易》之沖旨，心物本無可分也。）

「坤作成物」者。乾爲神，（神，猶言心也。）是乾元流行之主力方面，而坤之動雖與乾之動相俱，（相俱者，猶言同時並起，非是乾動在先，坤動在後也。）但坤動便與乾相反。相反者，坤化成物也。余嘗言，乾元之顯發其功用，其內部必驟呈兩方面之不諧。坤之動而反乎乾，是乃乾元之流行，所必至之勢，自然之理也。問曰：「何故成物便謂之反？」答曰：〈乾鑿度〉云「陽動而進，（陽，神也。進之義，略說以二：一曰上升而不沉墜，二曰開發而不閉錮，此不失乾元本體之自性者也。）陰動而退」。（退之義，亦略說以二：陰成物則分凝而閉錮，（凝結必分化，故曰分凝。分凝而成種種物，如氣體已是凝之端，至於固體則凝極而閉錮矣。）粗濁而沉墜。此喪其乾元本體之自性者也。」學者如近取諸身，遠取諸物，當不以〈乾鑿度〉之言爲妄也。（神之為上升與開發，固宜反身體會，然亦可徵之於物。萬物之發展，由無機物而進至有機物，有機物由植物而進至極高之人類，精神是一步一步的開發而上升。）問曰：「公言坤化成物是乾元流行，所必至之勢，自然之理，吾猶不解，原聞其詳。」答曰：乾元之流行，其主力則乾是也。（乾元者，乾之元，是乃乾之本體而不即是乾。）乾本無形，若非坤化成物，則乾之動將無所依據，斷無是理。譬如手持足行，行持是動，以有手足爲其依據故也。無手而有持，無足而有行，未之聞也。故說乾坤是乾元流行之二方面，不可剖作兩體。乾者，乃乾元流行之主力，所謂純粹之精，能幹運乎坤者也。（乾為坤之主，〈坤卦〉有明文曰順承，曰得主，明坤以乾為主也。純粹精三字，非與上文剛健中正並列。崔憬之解是也。精者，精神之省詞；純者，純一；粹者，粹美。此言乾有剛健中正之德，所以為純粹之精，而主乎坤者也。此可參考〈乾卦．文言〉。幹者，言乾主領乎坤也；運者，言乾運行乎坤之中也。）坤者，乾元流行之翕斂，（翕斂者，言其收凝而有所結聚。）所以化成物，而能載乾者也。（〈坤卦〉之象曰「厚德載物」，蓋以坤能載乾，而譬之若大地之容載庶物也。此是就宇宙論言。若就人事言，則人當取法坤之厚載，前儒所已說也。）余前言之矣，乾元之發展其功用，其內部必驟呈兩方面之不諧，然不諧者，其猝爾之變態耳，非其恆性也。（猝爾，猶言乍然。）乾坤畢竟「保合太和」而歸統一，則以乾坤本來不二故也。然雖本不二，而亦有分，則莊子所謂俶詭譎怪，佛氏所云不可思議者矣。（佛云不可思議者，就證見真理而言，其能證之智，與所證之真理，渾然為一，此從無量修行而乃得此，非世間學人思維與議論可以到此，故曰不可思議也。今俗用此詞，全是胡亂，失佛之本義。）夫乾坤本一體，而不能無二方面之殊者，（乾坤本乎一元，故云一體。）此乃法爾道理，非吾人逞臆妄說也。如唯有坤而無乾，則萬物發展至人類，明明有最高之靈性出現，而不許其本有潛隱之根，云何應理？（應，猶合也。）且獨坤不能成變化，何有萬物發展可說？如唯有乾而無坤，則乾之動竟無有坤物爲其依據，（坤物，作複詞。）是無手而有持，無足而有行，天下那有如此不可想像之事？是故乾坤爲一體流行之二方面，（一體，謂乾元。）實不可分。〈乾卦〉中有坤象，〈坤卦〉中有乾象，稍通《易》象者皆知之。如〈乾〉之象云「雲行雨施，品物流形」。（雲雨並有形，皆坤之象。曰行，曰施，皆動義，乾之象也。此言乾動乎坤中，坤承乾而化，故乾坤合流而萬物形焉。形，亦坤象也。虞氏注，猶有誤在。）此乃〈乾卦〉中有坤象之證。〈坤卦〉中有乾象，思之可知。乾坤法爾相反相成，（法爾詳附識。）獨坤不化，不可說有坤無乾；獨乾無動，不可說有乾無坤。學者誠明乎此，則「坤作成物」，是勢所必至，理之自然，可豁然無疑矣。

附識：法爾道理一詞，見佛典。法爾，猶言自然。而不義譯，乃譯音曰法爾，則以自然一詞世俗慣用太濫，不求甚解，故譯音而注其義，欲人深玩。窮理到至極處，思維與推論再無可逞，是謂法爾道理。此云窮到至極處，思維與推論再無可逞者，約說以二：一者，窮至宇宙基源，再不可問基源之上更有基源否。吾鄉諺云：那可頭上更尋頭。此有至理。二者，從普泛說，一般人公認的理則，本乎實測，而非出於空想或幻想者，亦不容對此理則而再追究。例如二加二如四，本爲算術上的定則。設問：何故有二加二如四之定則耶？吾必舉物而數之，以曉問者。然問者又曰：物自爲物，而此數則自人命之耳。設物能言，將問人曰：吾儕何曾以此數自規定耶？問者如此用思，如此推求，吾即強答之，終亦等於不答耳。總之窮理到至極處，不容再思維與推論確不容妄逞。如二加二如四，可以命物而不失其序，則此定則便是至極處，不容再思

再推，謂之法爾道理可也。

孔子說「坤作成物」，絕不是片言便了，必更有所發揮，可惜司馬談所稱經傳千萬數者，漢人不肯究而任其亡失。《易大傳》自是孔子遺說，七十子後學所記，雖不無變易先師本旨，而大體可靠。緯書本秦、漢間儒生雜集而成，唯《易緯》頗存孔門精義，而雜亂之說被收人者亦多，不可不嚴於簡擇。今據《易緯．乾鑿度》有氣形質三始說，正所以申「坤作成物」之旨，故引彼文而附注其下。

「太初者，氣之始也。」注曰：鄭玄釋此文云：「元氣之所本始。」案鄭玄用一所字，蓋以為太初猶不即是氣，但氣以太初為本耳。此解大謬。實則氣之始見，即是太初，非謂有氣未始之時，名太初也。且言氣始者，乃無始之始耳，豈能劃一個氣未始之時為太初乎？

「太始者，形之始也。」注曰：此形字是形著義，非形象義。所以者何？如為形象之形，即有實質，便是太素，非太始也。故知此形字是形著之形，不可作形象解。然則此形字，果何所指？余以《易大傳》「坤以簡能」推之，（說「坤以簡能」，此能字，自是科學上所謂物質與能力之能。）則此形字，謂能力也。蓋氣已始見，則由輕微之氣，而至於強盛有力之能，熾然形著，故說能為形，即以形始，謂之太始。

「太素者，質之始也。」注曰：唯能之動，猛而疾，乃助物質之凝成，即以質始，名為太素。

氣始名太初者。元氣輕微流動，而是物質宇宙之初基，不尊之為太初可乎？

形始名太始者。由氣之發展，而能力始見。能力既形著，迥異氣體之輕微，將益發展，而質以始，不尊之為太始可乎？

質始名太素者。素亦質義。由輕微流動之氣，而進為開發有力之能，復由能力之發展，而質始凝成。

質始見，而宇宙萬象森然，故贊曰太素也。

質始但名太素，（素與質同義，即指物質宇宙而言。）而無初始等義者。氣爲形質二始之端，故尊之曰太初；形之發展，而質乃始，故於形而尊之以太始也；至於質始見，則物質宇宙之發展已達於高度，不更爲他作始，故美之曰太素。凡言太者，皆大之之詞，美之之詞也。

「坤作成物」，由氣始而至於質始，乃抵於完成矣。

「氣形質具，而未相離，故曰渾淪。」注曰：氣爲太初，然非形始而氣熄。（熄者，滅熄。氣的自身恆等流而不已也。等流者，言氣非守其故而延續下去，乃是剎那剎那，捨其故而生新，相續流，而不斷絕，故曰等流。等者似也，後與前相似也。譬如昨日之我，實未延續到今，我乃剎剎滅故生新，而相續流，不可以今我為昨之我也，但今我與昨我相似耳。後我之視今我，亦復如是。識斯趣者，等流一詞可不繁言而喻。）

形爲太始，（形謂能力。下仿此。）亦非質始而形滅。形的自身，恆等流而不已也。

質既始矣，復等流而不已，不可作固定的物事看。

如上所說三始，（三始：氣、形、質也。）法爾一齊俱有。氣始，則形、質與之俱始，故曰氣形質具，而未相離也。（三始，無有時間先後。如以為氣始在先，形始次之，質始又次之，則是以時間先後分三始，非知化者也。三始，是萬物所由之而成。凡流、凝、動、植諸物類之發展，可分時間先後，而三始則無先後可分也。）渾淪者，言三始渾然若一，不可分判也。（三始，不可直說是一，而以不可分判故，乃謂之若一。）聖人說「坤作成物」，《大傳》記述不詳，幸《易緯》猶存三始之文。又復須知，坤作之言，非坤可獨化也。李道平釋坤作曰「承乾成物」，深得《易》旨。

附識一：《易大傳》曰：「乾以易知，坤以簡能。」此二語，漢以來諸家注疏，徒亂人意。余謂易簡者，乾坤所同有之德也。若不明乎此，而妄以易之德屬乾，簡之德屬坤，如此則乾坤不同德，何可說為一元之功用乎？（一元，謂乾元也。乾與坤則是乾元之功用，說見前。）既不同德，又何能「保合太和」乎？（乾陽、坤陰，雖有一進一退之相反，而反者其猝爾之變，畢竟「保合太和」，則以其有同德故也。）且乾有健德，而〈乾卦〉言「牝馬地類，行地無疆」。（坤，陰也，取象於牝馬。（取象，猶言取譬。）地類者，坤本取象於地，今又取象於牝馬，則以牝馬與地同屬陰類故也。（天高、地下，說地為陰。牝馬雌類亦屬陰，古人以物類別陰陽，大概如此。））「行地無疆」，言牝馬行於地上，其健無疆。）則坤亦有健德也。又坤有順德，而乾有中正之德，中正即順也。（佛氏言大悲之德，因眾生苦而起，易言中正之德，亦因尊重群眾之共同意向而起。中正即順從眾志，雖有力者不得以私意、私見獨行，所以為中正。故中正之德，是順德也。）漢以來言《易》者，以乾健、坤順絕對分開，是乃曲從統治階層之教條，（古代以君比於乾，以臣民比於坤。乾德剛健，坤德柔順。）而失聖人之精義，不可無辨也。談至此，恐牽引愈繁，今還歸本文。「乾以易知」之易字，當讀為難易之易。易簡兩字，實不可分開。（易有三義，易簡其一也。《大傳》言乾易、坤簡似分而實無分也。讀者須會其意。）易簡者，貞固專一之謂。乾坤同有貞固專一之德也。乾以貞固專一之德而成其知，故曰「乾以易知」。（乾為神，故〈乾卦．象傳〉說乾為大明，而《大傳》亦說乾為知。）坤以貞固專一之德而成其能，故曰「坤以簡能」。（坤為物質，為能力。）貞因專一者，萬德之本，乾成知，坤成能，皆以有貞固專一之德而成也。（易簡之義，只是貞固專一，萬物所由成，吾人所由生，只是同出於一個真元。（《易》

云乾元是也。）此真元自是有貞固專一之德，所以生物不測，行所無事。乾知、坤能都自此成，故曰易簡。易簡者，不雜亂之謂，即是貞固專一義也。）

吾今者於此，唯欲究明《易大傳》與《易緯》之意，質始是否由於能。此一問題。余留心甚久。《大傳》言「坤作成物」，而復言「坤以簡能」。物者物質，能者能力，聖人以坤說爲質、爲能，可見能與質是分不開，言質即有能在，言能即有質在。然《易緯》言三始，而形始即是能，質始卻次於形始而說，此何故耶？余以爲質者本非虛疏無物，但亦不是固定的物事，其所以漸凝而爲有密度之實質者，當有藉於能。如燃香楮，猛力旋轉，便現火輪，此火輪亦非幻現，只是動力猛旋，把火光收斂凝聚起來，故現火輪耳。吾由火輪，而悟質始，當有藉於能。能之強動，法爾有助於質之收凝，（法爾，猶言自然。說見前。）故質始則次於形始而說也。氣形質具，洋洋乎萬物發育，偉哉物質宇宙，故美之曰太素也。聖人說「坤作成物」，（本書凡言聖人者，皆謂孔子。他處未及注。）復於成物，說三始，（余以形始，說為能，或人頗疑，余曰：此形字，如作形象或形物解，便是下文之質始，如何講得通？形字，本有著現義，若作形著解，自是能力無疑。《大傳》明明說「坤以簡能」，此能字不是能力是什麼？吾有確據，非臆說也。形始次於氣始者。氣是輕微流動的，進一步便是強盛有力之能，氣輕微而尚未形著，至於能則形著矣，故以形始立名。實則形始，即能力之始現也，或人亦釋疑。）氣始，則形質二始之母也。（形始，謂能力之始現。）氣輕微流動，含質而未凝，有能而未著，故應說爲後二始之母。質以實言，（質者，是實有此質的，不可如西洋唯心論者，說物質是精神之發見，或感覺的綜合。）能以勢言，（勢，猶力也。）有質即有能，故能與質不可離而二之。然則三始以氣始爲導首，而終以質始，有深意歟。（《易》說坤為物，卻不別能力於物質之外，而於能與質亦未嘗不有分，此是洞見實理。其於物質本視為變動不居，在古代有此發見，至可驚嘆也。）

附識二：〈乾鑿度〉於三始之前有太易，其說曰「太易者，未見氣也」。（見讀現。鄭玄云：以其寂然無物，故名之為太易。案未見氣者，言太易之中，氣尚未現也。鄭云寂然無物是也。）據此所云，則是以太易為寂然虛無之本體。氣且未現，則形與質俱未現更不待言。如其說，則本體是超脫乎三始之外而獨在，明明與《周易》體用不二義大相違反，此乃六國或漢初儒生雜於道家言，或天帝之說者所增竄，（虛寂，近於道家。而亦有說太易為太一者，則是北辰之神名，便雜入天帝之說。）絕不可信為孔門之傳。太易本不見於《易大傳》，吾昔時曾妄信為太極之別名，今斷定其偽。

有問：《易大傳下》有云：「神而化之，使民宜之。」虞翻注曰「神謂乾，乾動之坤，（之，往也。乾動而往於坤，以開發之也。）化成萬物以利天下」云云。（坤承乾而化，遂成萬物；民得利用厚生，故曰宜之。）《易大傳上》有云：「惟神也，故不疾而速，不行而至。」（後詳。）虞翻注曰「神謂易也」云云。虞注既云「神謂乾」，又云「神謂易」，兩說不同，何耶？答云：乾陽為神，（神，猶言心也。）坤陰為質：（質者物質，亦省云物。）此乾坤之大別也。自有《易》以來無異解。然虞翻云「神謂易」，何耶？易者變易。（萬物皆大變之過程，剎剎毀其故而更新，都不暫住，故云變易。）乾陽始變，坤陰承化，萬有密遷而莫覺。（乾之始，坤之承，是同時，非有一先一後，前已說過。於乾言始者，主動之謂。變化勢速，不暫停故，萬有密密遷謝，密密改換，一剎那頃天地更新，山嶽捨故，而誰覺之歟？）故知易者，神也。

神也者，乾也。乾主動以開坤，而變化成，故知由乾神而見易之爲神耳。（《大傳上》有云：「陰陽不測之謂神。」乾陽始動，而坤陰承化，其妙不測，乾神之所為也。虞云「神謂易」，蓋本此。）

問曰：「《易》以乾神、坤物同爲乾元之功用，孔子既破天帝與幽靈，胡爲猶有所謂神耶？」（孔子破天帝，《易》有明文。《論語》曰「敬鬼神而遠之」，又曰「祭神如神在」，則其不信有幽靈可知矣。幽靈者，如俗言鬼或山川等神皆是也。孔子曰敬而遠之，勸人勿迷信也。曰如在者，正以幽靈非實在耳。）答曰：天帝、幽靈本無，人自迷耳。乾神不可言無。略談二義：一曰，乾神者，吾人明明本有之心也，此非天帝，更非幽靈。胡爲懷寶自迷，（人心能窮萬物之理，斡運化育，造起萬事，建立無量德業。雖非無待於物，而心是主動，故禪宗說心是大寶藏。）譬若痴人，怖頭狂走。（人有攬鏡見頭，而不知其為己之頭也，乃大恐怖，狂奔避頭。今不能返觀自心，而欲遠絕之，與怖頭者何異？）

二曰，乾元之顯發其功用，其內部必驟呈兩方面之不諧，而乾元流行之主力，即乾神是也，其反之方面，即坤物是也。然乾神始以剛中之德開發坤物，（剛健，中正，省云剛中。）坤物乃以永貞之德承乾神，（〈坤卦·象〉曰：「乃順承天。」天者，謂乾神。天之運行至健，乾神有剛健之德，故取譬於天，此言坤物，承乾神以成化也。永貞，見〈坤卦〉。永者永常，貞者正而固，永常正固，亦與乾神之剛中合德。正即中正，固即剛健，故坤之承乾，非邪曲也。）保合太和，而乾坤統一，此宇宙開闢之必循乎辯證法也。如只承認有坤物而不許有乾神，則宇宙便被割截而成爲片面的物事，是乾坤毀也。（宇宙者，乾坤之總稱耳。今毀乾，宇宙便是片面的。）《大傳》曰：「乾坤毀，則無以見易。（易者，變易。乾坤以相反而成和，始有變易。今毀乾坤之體，故無變易可見也。）易不可見，則乾坤或幾乎息矣。」（息，絕滅也。既無變易，故是乾坤息滅也。）然則後世之異論，聖人已懸記之矣。（遠測未來之事，而預言之，曰懸記。）

或有難曰：「公所云二義，猶未究其源也。夫宇宙太初，洪蒙一氣，漸分凝而成無量諸天體，已不知經過幾何長劫。（長劫，猶言長時。）迨大地凝成，又復歷時悠遠，方可產茲生物。由生物發展，而至動物，漸有知覺吐露。由動物進至人類，而後高等精神作用顯發。凡此，雖云比量所得，而皆有事實爲依據。（比量，見佛家因明學。比者，猶云推求或推論；量，猶知也。由推求所得之知，曰比量，此乃寬泛的解釋。然比量必有事實為依據，否則將逞空想或妄猜，而不成為知，所謂非量是也。）是故物爲先在，心非本有，直是物質發展至高度，而後心現，故知心亦物耳。今公據《大易》，乾神大始，坤物承化，不獨將心與物，看作是本來一齊俱有，而且尊心爲主動，此與吾儕今日所聞適得其反，不知公可以解物先在，心後現之難否？若此難無可解，則《易》道難令人起信也。」

答曰：子不究於至理，興難唐勞，（唐者虛也。）奚爲不可解此難耶？然釋子之難，須先釋神字。《大易》以乾爲神。乾神也者，心之別名也，而《易》之言乾神，則取象於天行健。（天之行至健，乾神有健德，故取譬於天行健。）乾神者，固乾元流行之主力方面，所謂「動而健」者是也。（乾元，即乾神與坤物之本體，其義詳前。「動而健」，見〈無妄卦・彖辭〉。）〈乾卦・文言〉曰：「大哉乾乎！剛健中正，純粹精也。」〈文言〉此處，諸家注疏每亂人意，唯崔憬曰：「言乾是純粹之精，故有剛健中正之四德也。」此解大旨不誤，唯以剛健中正爲四德，則亦同於諸家翻弄名詞之小技耳。剛健分爲二德，殊無取義。中即是正，不正即失中，更不容妄分。陰陽之由矛盾而「保合太和」，即由乾神有中正之德，以開發乎坤物故也。余謂〈文言〉此處，蓋言乾神具有剛健中正二德，所以成其爲純粹之精也。純者，純一，非若物成形而有分畛故；粹者，粹美，非若物之重濁故。言純粹者，以見神之有異於物也。據此說，乾神具有剛中二德是純粹之精。（剛健，省云剛。中正，省云剛。他處皆仿此。）〈文言〉於此，特贊之曰大，學者不可不深究也。余嘗深察萬有之幽奧，以爲宇宙必有眞元。（宇宙者，萬有之總名耳。眞元，謂本體，《大易》則名之曰乾元。）眞元之功用必有二方面：純粹者，其精也；（精者精神。古藉言精神，或單用一精字，或單用一神字，其義則皆謂心靈也。）充實者，其材也。（材，猶質也。）純粹之精，含萬德，（立其為萬德之本耳。）縕眾理，（言其為眾理之原耳。）是以健動而無息，（常永健動，恆不斷絕，曰無息。）剎那剎那頓變，而不守其故，是乃《大易》所謂乾神也。充實之材，非不有德，非不有理，而其理、其德要皆至精之德之理，遍運乎材質之中。（精者精神，即上所云純粹之精。至者贊詞，言精神為微妙至極也。運者，運行。）而材質乃承之，以敦其德，如其理而有以成物，（敦德者，敦實其所稟於至精之德；如理者，因其所稟於至精之理，而依之以化成萬物。若本無理，材質雖具，亦無法式可依以成物也。）是乃《大易》所謂坤物也。

材質與精神恰恰相反。精是純一，材成物即有分畛；精則粹美，材成物即重濁。然雖相反，而精以剛中之德，主動以開通乎材，則材亦順承於純粹之精，而與之俱化矣。總之精與材，實由乾元本體之內部（乾元本體四字，作複詞。）法爾含蘊有此二者之潛因，（二者，謂精與材。）否則無有功用可言。〔說坤為材者，（材亦云材質。）坤只是成物之材質，猶未即是感官所接觸之實物，故《大傳》曰「坤作成物」也。〕

德與理說爲純粹之精所含蘊，而材質之有此二者，則由純粹之精以其德與理遍運乎材質之中，故材質得稟之而有德與理也。精與材本乾元流行之二方面，不可剖爲兩體，而精是乾元流行之主力方面，故德與理應說是純粹之精所固有。余由《大易》以乾主施，坤主受之原理而推之，德與理皆由純粹之精，（乾。）所施於材質，（坤。）而材質乃受之，以爲己有也。又有難曰：「《易經》似少說到一理字。」

余曰：汝未曾學《易》，故作是疑。《易大傳上》有曰「俯以察於地理」，此一語從來學人不深玩。其實，《易》之辭皆象也。此地字並非直就地球而說，而是以物質宇宙取象於地。（取象，猶云取譬。）地球是具有實質的物事，故以物質宇宙取譬於地。地而曰理者，則以物質宇宙莫非眾理之散著，故其云地理者，實以言萬物皆是眾理森然也，此非余之逞臆妄說。《易緯》最古，〈乾鑿度〉曰：「地靜而理，故坤爲理。」案靜而理者，坤成物，即現似靜止之相，（相者，相狀。現似者，言物本非靜止，但現似靜止之相狀耳。）而有理則可尋，故曰「靜而理」。《詩經》亦曰「有物有則」，皆與《大傳》相印證。難者曰：「先生已云理是純粹之精所蘊藏，今又說理在物，何耶？」答曰：物以理成，吾既言之矣，而理非無其源，純粹之精，理之源也。其在物者，則理之發見也。《易》學，求源之學也。窮理之源，則純粹之精是乾元流行之主力方面，故應說理之源在是。然「坤作成物」，（坤者，材質。）即一切物皆依於理而成。（物之成也。固須有材質，而亦須有法式。《易》家皆言坤，承乾成物。承乾者，承其法式也。法式即是理。）易言之，物即是理，故窮理者，即物窮之而已。伊川說「在物爲理」，朱子採之，而作《大學·格物補傳》主張「即物窮理」，其說實祖《大易》。

余精力衰耗，不欲繁文，今當略提綱要，而後解難者之惑。《易大傳》曰：「乾坤其《易》之緼耶？」（緼，藏也。萬變、萬化、萬物、萬事，皆乾坤變動之所為，故知乾坤為無窮無盡的大寶藏也。）坤爲材，（材，猶質也，亦可曰材質或物質。）爲能，（能者，能力。《大傳》曰：「坤以簡能。」是明明說到能力，非余之曲解。）爲理，（後有附識。）而坤之名，正是直指材質。此何故耶？余參究之年久矣！

附識：〈坤卦·文言〉曰「黃中通理」，便是說坤爲理，然非治漢《易》而通《易》象

者，亦不知此處是說坤爲理也。余於前文，引釋《大傳》俯察地理處，不引〈坤卦〉者，引之而不詳解，則今後留心《易》象者更少，將莫能喻也。欲詳解則牽涉太繁，漢《易》有其一套戲法，無從說起。漢《易》時存古義，確不可廢，然非超悟之才，則入其圈套，玩弄戲法，而終不得明古義，從來治漢《易》者蓋無不如此。古學湮絕，甚可痛。昔者嘗有聚十餘人修明古學之意，今則年衰，無能爲矣。

吾人不能否認精神有運行乎物質與統御乎天地萬物之德用，（言萬物，而天地人皆包含之矣。今別出天地者，只作複詞看可也。統御云云，其義詳在〈乾卦〉，他日有暇，當為乾、坤二卦作疏。）顧學術分派而各有所尙，遂至有反對宗教之神，而牽涉到吾人自身本有之精神，亦以爲本來無是者。（此中是字，為精神之代詞。）殊不知，宗教之神是感情之迷執而實無神也，譬如病目見空中華而實無空華也。精神則明明不是宗教之神，人之意識或思維、概念、推理以及感情意志等等作用皆精神現象也。精神是吾人五官百體之統御者，此無可否認，而且人莫不相信人類有改造世界、統御天地之權能。而胡爲弗思人類所以有此權能者，正由人類之精神發展特殊，故表現奇蹟耳。（而胡為弗思五字，一氣貫下為句。）是故應知，精神是統御吾人之五官百體，實亦周遍統御乎天地萬物。所以者何？精神無形體，是乃渾然純一，無定在而無所不在。物成形體，是乃分而爲多。任何物皆各有定在，而不能無所不在，物之大者如太陽系，倘非於太空中有其定所，何能不越其運行之軌道，而無互相亂衝乎？夫唯明於精神之渾一而無分也，則知統御吾人五官百體之精神，即是統御天地萬物之精神，（此中天地萬物，作複詞用。後仿此。）統御天地萬物之精神，亦即是統御吾人五官百體之精神，以其無在無不在故也。陶公懷人之詩曰：「情通萬里外，形跡滯江山。」（形謂身也。有形即有跡，非如心情之無形跡也，故為江山所滯礙。身，形之微者也；江山，形之粗者也。雖以微形履乎粗形，而形與形交，無往不礙也。唯心情遙通萬里外，江河弗能隔，山嶽莫能障。神以無形入有形，而有形亦失其礙。）此明精神不爲空間所限也。古詩有曰：人生不滿百，常懷千歲憂。（千歲憂，則非小己之私憂，乃與盡未來際，萬物同憂者也。宇宙無量，不能有各方面達於圓滿之一日，設有圓滿之期，則將停滯於是，而不圓滿之患又至矣。《大易》終於〈未濟〉，人道不宜以〈既濟〉而忘憂也。《春秋》終於獲麟，道窮而體道者終不窮也。人生可忘千歲憂乎？然可與語此者，不亦難其人歟！）此明精神不爲時間所限也。嗚乎！精神微妙。習於格物之術者，輒執物而昧於神，唯詩家不鑿其天然之靈性，往往有遇焉。（言其不待思議，而與神遇也。）孟子稱齊王（齊者，古齊國。其王則宣王也。）見屠者牽牛赴宰場，（宰，殺也。）牛覺之而有慘懼之態，（慘者傷慘。懼者恐懼。）王不忍而令勿殺。夫以形言，則王與牛互不相關，王何不忍於牛之死乎？然王竟不忍者，牛之覺是牛之神也，王之不忍是王之神也。（精神，省言神。）王與牛之形雖互異，而王之神與牛之神本來渾一無分，未嘗隨形骸而隔截也。（隔者隔離。截者截斷，使彼此互不相屬。神則無可隔截。）故牛將見殺而其神動，王見牛慘懼而其神亦動，可見神者不是超越乎天地萬物而獨在，卻是周遍潛運乎天地萬物之中，而恆不失其渾一之自性，此神之所以爲神也。總之天地萬物，繁然散殊，（散者分散，殊者別異。）而有潛運乎繁然散殊之中，以統御之，使其不失爲完整體者，則精神是也。今茲難者，乃謂精神本來無有，余誠迂固，未敢苟同。

上來略說乾神，今次復言坤物。吾於前文已提及坤爲材、爲能、爲理，而坤之名乃是直指材質名之，何耶？疑久斯通，略申厥義。夫坤，從質而得名者，（坤，從何而得斯名乎？乃從材質而得坤之名也。）尊坤以配乾也。曷爲尊之？無質則神無所托。（托者，寄託。）太空莽蕩虛無，將奈何？夫唯有質以凝神，

（有材質，則精神得凝集於其中。）神不窮於運用，（神無質，則無所資以為運用之具。）質不終於閉錮。（質有趨於閉錮之勢，得神以斡運之，則將合德於神，不終閉錮矣。坤有牝馬行健之象，承乾神故也。）西學一元唯心論者，僻執精神爲唯一實在，而不承認物質爲實有。此其大蔽，略談以三：一，不辨體用是無本也。二，宇宙是以奇偶相反相成而發展不已，唯心論者乃偏執精神一方面，而捨去物質一方面，即使精神陷於虛無之境，不獨有片面之失而已也。三，《易》之精義，坤爲理決定不可搖也，若否認坤物，則窮理者將徒任主觀虛造，而不知徵諸物。物理不明而人事得利者，未之有也。是故知唯心論者之大蔽。則坤之以質得名，（以其有實質，而得名之為坤也。）承乾而成萬物，聖人尊之也宜矣。

坤亦爲能者。有質即有能，質唯緼聚，能則開發，斂散雖殊，要不可析之爲二也。（斂者緼聚；散者開發。）然緼聚其本矣。嘗試思之，宇宙間如無質之緼聚，能亦不會有。《大傳》說「坤以簡能」。坤，質也。唯有緼聚，故有開發。聖人以能之成，歸本於坤質，非深於化者，莫識此旨。夫質生，即能與之俱生，雖質爲能之本，而能與質是一齊俱有，故曰有質即有能。譬如說草木之根乾枝葉是與其種子一齊俱有，非是種子先有，根幹枝葉後有。（非是二字，一氣貫下。）理實如此，並不希奇。余謂質能本不二而亦有分，雖分而仍不二，蓋從《大易》之〈坤卦〉體會得來。

坤亦爲理者。理，原於純粹之精，（精者，乾神也。前已説過，可覆看。）而坤質則依之以成物。《詩》云「有物有則」者，則猶理也。蓋物之成，未有不依於理而成也。《易大傳》曰：「言天下之至賾而不可惡也。（此云天下，猶云宇宙間也。萬變、萬化、萬物、萬事繁賾至極矣，然皆有理則可尋，非混然淆亂也。（混然者，不可辨之貌。）無窮之變化，無量之物事，莫不依於理而成，故曰「不可惡也」。）言天下之至動而不可亂也。」（萬物萬事皆變動之過程，而握持其理則，乃澄靜以涉乎至動，而司造化之權，何亂之有乎？）余嘗思古樂五音協和，如元氣渾淪，周流無間，或揚而高，或抑而下，或似斷而實續，或弘壯而不肆，變化萬端，殆疑於神。此其所由然者，則以樂音依十二律而成故也。（律，猶理也。）如無律則樂音不可得成，吾觀於樂而知宇宙萬變萬化萬物萬事無有不依於理而成者。余嘗設想，宇宙如有造物主，則其造世界也，必將採音律之原理而造世界。古聖言樂足以動天地，格神明，（格，來也。言神明來欣賞也。）此非唐大之辭。（唐，猶虛也。）蓋言音律之製作，實探造化之原，天地、神明皆無以過乎此，故或爲之動，或來欣也。夫萬物必依於理而成，猶樂音之必依於律而成也，故睹物而通理，猶聞樂而知律。《大易》說坤爲理，（坤，物也。物以理成，故説物為理。）其旨深遠哉！（案十二律，陰陽各六，猶是《大易》乾坤相反，卒歸「保合太和」之旨。音律之原理不待他求，求之於《易》而已矣。人類自今以往，擔荷造物主之責任，採音律之原理以造和樂之世界，實現孔子之樂教，為期當不遠也。）

理之爲義至寬廣，如形式、規律、軌範、法則、秩序、條理等等，皆應通名之曰理也。坤爲物質而不即是吾人感官所接觸之萬物，只是作成萬物之材料而已。（《大傳》曰「坤作成物」，蓋言坤承乾起化，方作成萬物也。）萬物之成必須有實質爲其材料，此不待言。而任何物體皆非無組織者。萬物本互相對而亦互相含，一微塵含三千大千世界，（三千大千世界，借用佛典語，言宇宙之廣博，無窮也。）三千大千世界入一微塵。故微塵雖極細之物，而諦觀其與一切物亦相對亦互含，（諦，審也。）則微塵自體非漫然無組織可知也。設問：組織如何可能？答曰：唯依於種種理則以爲之耳，此佛氏所謂法爾力也。（理則二字，作複詞。則，猶理也。他處用此辭未及注。法爾猶云自然，解見前。種種理則如何而有？是乃不可致詰，只可曰法爾力也。依於種種理則而為組織者誰歟？此無造物主默運其間，亦只可曰法爾力也。）總之物體組成必依於理則，如火炎上，水流下，皆不可易其性者；炎、流即此二類物體所由組成之理則也。方物自方，圓物自圓，皆不可變其式者；方、圓即此二類物體所由組成之理則也。聖人說坤爲理，其深於格物可知矣。

附識：有問：「先生言乾（乾，謂精神。）含萬德，縕萬理。誠如此，則德不待修，理不待外求歟？」答曰：善哉！子之問也。余將因來問，而明吾之意。乾是乾元流行之主力方面，故說乾含萬德，縕萬理。曰含，曰縕，言乾是萬德之本，萬理之原耳。並不是說萬理萬德從無始來已是一大精神（謂乾。）。所含蘊齊全也。若將含蘊作此解，則吾子所云德不待修，理不待外求者，誠有此失。須知宇宙論不得不求源，以言乎源則在物之萬理，不謂其原於乾元流行之主力方面不得也。人生萬德不謂其本於乾元流行之主力方面亦不得也。語言文字本屬實際生活中習用之工具，頗呆笨，以爲說理之工具自有甚多困難，所貴學者善會意於語文之外耳。夫乾者，純粹之精也，故謂其含蘊有德與理之種種可能，誰謂其已辦就許多德許多理存在著？精神微妙至極也，何可把他看作如大囊裡滿貯一堆子東西在？

綜前所說，乾坤本是乾元本體流行之兩方面。（乾元本體四字，作複詞。流行者，言乾坤即是乾元本體之功用也。乾元本體非如老云虛無，亦非如佛云空寂，而是流行不已的。蓋流行即是其功用也。用必有兩方面，所謂乾坤是已。若唯獨有乾而無坤，或唯獨有坤而無乾，即不得成用。）乾爲神，（神者，精神之省稱。）亦謂之知，亦謂之大明。（知與大明，則從其發展既盛而言之也。）坤爲質，（余謂之材質。）亦謂之物，（物者，坤承乾而化，既成萬物，故說坤為物也。）亦說爲能，爲理。（為能者，有質即有能，能與質本不二也；為理者，物之成必依於理以成，故說坤為理。）

乾神、坤質不可剖作兩體，亦不可存乾而捨坤，或存坤而捨乾，此從〈乾卦〉中有坤象，〈坤卦〉中有乾象，而深玩之。聖人之意，的然可見也。如以乾坤爲兩體，則是二元論。更虛立一乾元於其上，果何取義？孔門遺言明明曰：坤之元即是乾之元，後學豈可謬解而妄叛聖言乎？乾與坤（神與質。）只是乾元本體之大用。（大者，讚詞。）用不孤行，故有神質二方面。若存神而捨質，則神乃浮游無寄，如何成用？西學一元唯心論者，徒逞空想以持說，畢竟不可通，未可長迷而不悟也。（唯心論亦無法否認物質，遂以物質為精神之發見，此乃祖迷宗教上帝造世界之説，而稍變其詞耳，甚不應理。）若存質而捨神，則質之爲物，本無虛靈之性。（言唯物者，以為生物出現而後始有靈性發露，遂説靈性為物質之發展。然試問本無靈性之質何以忽產生靈性？畢竟無法説明。）且質必分化而凝成萬物，則萬物紛然散殊，倘未有無定在而無所不在之精神，普遍斡運乎萬物之中，（斡者主領義，運者運行。）則萬物將失其統御，而無貞於一之道矣。（貞於一，見《易大傳》。貞，正而固也。萬物分散，各各殊異，而萬物所共有之精神，卻是至一而無分的。萬物以有此至一者存，所以至正而堅固，非虛幻也。）若夫唯質無神，獨則不化，其失與存神捨質者同。西學一元唯物之論，余亦不得無疑。

《大易》乾坤之義，名爲相對而實乃互含。乾神入坤質無弗遍包，（精神運於物質之中，亦包於其外，以精神無所不在故。此明乾含坤。）坤質藏乾神無有獨化。（乾神非離坤質而獨在，坤質亦不離乾神而獨存。《易》言坤承乾，明夫坤之不可獨化也。此明坤含乾。）聖人於乾、坤二卦互著其象，（〈乾卦〉中有坤之象，〈坤卦〉中有乾之象，故曰互著。）明夫乾坤只是二方面，不可當作兩體去想。學者如悟得乾坤互相含，則一元唯心論存神捨質，固是割裂渾全之宇宙，無當於實理。而一元唯物論以實事求是爲宗趣，（宗趣，猶云主旨。）誠無可違反，然其在哲學上之主張，則不肯承認精神爲本有，畢竟存質捨神，亦不得無失也。

上來略說乾坤義，今次當答物質先在，精神後現之難。《大易》乾神坤質互相含，未有唯獨有精神而無物質之時，亦未有唯獨有物質而無精神之時。聖人持論如此，何耶？或曰：「聖人殆不知生物未出現時本無精神現象可徵，遂至純任空想，竟以乾坤互含樹義而不自知其誤耳。」余曰：有是哉，汝之無知而無忌憚也。《易．序卦傳》曰：「有天地然後萬物生焉。」據此，寥寥九字，而宇宙發展之序，聖人固已了然於胸中，天地、萬物不是太初一齊俱有，故曰「有天地然後萬物生焉」。由此可見，萬物生於天地之後，亦不是一時並生，聖人固已知之矣。然則動物，人類未出現時，即無有知覺及最精深之思維，與超脫小己利害之道德判斷等等作用，聖人何至昧於此乎？然而聖人不說物質先在，精神後現者，其必有眞見矣。嘗試思之，一般人不悟精神物質亦相對亦互含，本爲渾淪之大流，（渾淪者，不可分判為兩體也。不悟二字，一氣貫下。）遂至堅執精神後於物質，不惜以物質吞併精神。此其錯誤之故，略說以二：一曰，對於精神缺乏認識。二曰，心之發見確有待於物質之組織逐漸精密。先談每一義。

云何對於精神缺乏認識？精神是心之異名，（異名，猶云別名。）此夫人所知也，然亦微有辨。精神一名，則可爲心的自體之專稱，（自體一詞，注意。凡有形者即皆有自體，如筆有其自體，紙亦有其自體，他物可例知。無形者，如精神或心亦是有自體的，以其非空無，非虛幻故也。）而不可爲心的行相之目。（目，猶名也。相者相狀。行相者，謂心行於外在境物而起了解，即此了解，名為心的行相，是心取於境物所現之相故。）心之一名，通常則指其行相而言，有時亦目其自體。如《管子》云：「心之在體，君之位也。」（體，謂身也。言心之在身，居於君位。君猶主也，謂心是身之主。）此心字，即直指心的自體而名之也。（心，非視聽所及，而不是空無，不是虛幻，確是實有的，故說心有自體。儒道二家雖學術不同，而以認識心體為第一著，則莫或異也。禪學直指心源，活潑潑地，（心源，猶云心體。）接引初學，殆莫妙於禪，然諸家雖同以認識心體為要，而真正能於鬧市中識天子者，確不易得。人自有生而後，便有種種雜染，障蔽本心。雜染譬如鬧市，本心是身之主，譬如天子。鬧市中有天子，禪家先德語也。（雜染，見佛典。凡私意、私欲及不正之知見，皆雜染也。）余嘗欲選集禪家語錄稍加疏釋，更注《論語》酌採船山《讀四書大全說》附之以行。船山本有極好處，而隨處存一駁佛、老之心，或不中二氏病，又失聖人意，唯多救朱門固陋，功亦不細耳。孔子總是於日常生活中指點人，令其隨事擇善，勿陷雜染，久之便識得自家有主在。此理唯有從生活中去體會，無可空造議論。）科學純是格物之學，（格字，朱子以窮究釋之，是也。）爲此學者，於物質宇宙中劃定一領域而從事，運思之銳，方法之密，固可練達而日知其所無。若乃昭曠之神悟，則未免埋沒於無何有之鄉矣。雖有大天才之科學家，能於其所業之外游心宇宙人生諸大問題，而不敢持科學萬能之見者，蓋亦罕矣。吾言至此，似涉枝蔓。然所以枝蔓者，則以心體微妙，（心體者，言心不是空無或虛幻而是實有的，故言心有自體，但此云心自體分明不是說心為宇宙本體，切忌誤會。）科學格物之方法無從認識心體。學者不當以科學之所不獲徵明者，遂斷定心體本無有也。總之一般人所謂心只是克就心之行相而說爲心，確不曾認識心體。（吃緊。）夫就心之行相而言，則動物及人類未出現時，何得有心？雖有工於詭辯者，亦無所施其技矣。然眞正認識心者，卻是於心之行相而透悟心體，既見心體，方是眞正認識心，易言之，即是眞正認識精神。世人只認取心之行相，以爲即此（行相。）是心，而不求徹了心體，遂斷定心或精神非本有，此余所期期以爲不可也。（周昌對漢高帝曰：「臣期期以為不可。」期期，言語蹇難之狀，後人每借用其詞。）《大易》以乾爲精神，其言精神也，則取象於天行健。（天體之運行，至健而迅疾，故以比喻幹神之動而健也。）《大傳》曰：「唯神也，故不疾而速，不行而至。」（此義深微，後當略釋。）又曰：

「辟戶之謂乾。」（辟者，開發義；戶，晝則常開，乃陽明之象。乾神具陽明之德性，故取譬於辟戶。）據上諸文，則《大易》固以無形之形、無力之力、陽明、健動、開發無窮、升進不已者，謂之精神，易言之，即心體是也。吾人返己，體認自心，豈非無形之形、無力之力、陽明、健動、開發無窮、升進不已者乎？自家有此寶物而不認識，（寶物為心體之形容詞。）乃棄之於無何有之鄉，豈不惜哉？世人只識得有形之形、有力之力，而不知宇宙間至大而不可測者，莫如無形之形、無力之力者也。（言不可測，則已測之矣。而曰不可測者，形容其理之深微耳。若見不可測三字，便疑為不可知論者，則淺夫難與言矣。）《周易》六十四卦，三百八十四爻，起於〈乾卦〉初爻之潛龍。（乾神，取象於龍者。初民以龍為善變之靈物，故以為心或精神之比喻。〈乾卦〉初爻為潛龍，以比喻心神幽隱不可睹。心神，作複詞。）潛之爲言也，隱而未現，所謂無形之形、無力之力也。而極盡廣宇悠宙之間，至顯之形，至顯之力，未有不由於深潛幽隱，無形之形、無力之力，斡運其間也。孔門遺言：「易本隱之顯。」（言本乎隱微，而至於顯著盛大也。）廣大哉斯言！深遠哉斯言！爲得解人而與之拈花微笑耶？夫坤物有形有力，而乾神不可以形見，不可以力稱也。《大易》乃說乾神統御天地萬物，豈不奇哉？夫陽明健動者，無有一物非其所在也，無有一物非其所運也，大自太空諸天體，細至一微塵，或一呼一吸之氣息，孰能遺此陽明健動者，而自成爲物哉？夫坤不獨化，承乾始動而化成物，（始，猶主也，非乾動在先，坤承於後之謂。）故萬物莫不稟質而含神矣。王船山曰：「咳唾皆神之所行。」非知化者，誰能語此。世人只認取心之行相，以爲即此（行相。）謂之心，而不知陽明健動，所謂純粹之精者方是心。（純粹之精，見〈乾卦・文言〉。精者，即精神之省詞。前文曾引過，可覆看。陽明健動者，是心之自體。心之名，依其自體而立。）若夫心之行相，則必待動物及人類出現，心作用發展極盛始有行相可徵。生物未出現以前，心有發展行相之可能，但潛藏未現耳。然不能說未有生物時即無有心在。心也者，神也。（神者，精神之省詞。）乾神、坤質、法爾一齊俱有，宇宙本渾全，何可鑿破而作片面觀乎？

附識：劉靜窗治佛家大乘學，近於《華嚴》、《大般若》諸經頗有解悟。余喜之，勸其讀《易》。靜窗問：「乾爲神，何耶？」余曰：汝且深玩陽剛二字。夫神者心也。陽與陰反，陰者闇義，陽者明義，故〈乾卦〉言「大明」，《大傳》言「乾知」，古今有些學派以爲宇宙始自一團迷暗，如印度數論言勇、塵、暗三德，（彼所云勇，蓋近於能力。塵即物質。暗者，謂有一種迷暗的勢力。三德合，而開宇宙。）佛家有十二緣生論，西學生命論者言生之衝動，皆是也。此等思想殊淺薄，唯孔子作《周易》創明乾元性海，（乾元性海，見本篇談天人不二中，可覆看。）而以乾元流行之主力方面，所謂乾者是具有陽剛之德性。其言陽曰大明，曰知，皆表其無迷暗也。（此知字，不是通常所云知識之知，說見前。）剛者，言其堅勁而上升，不至化成物。（坤化成物便有下墜之趨勢，乾卻是上升，而不肯化為物的。）古《易》家說乾是精剛自勝，宜深玩。（精，即精神之省詞。精至剛也，故曰精剛。精剛，故足以自勝，而不化為物。）宇宙一方面是坤質，一方面是乾神。坤質成物而趨閉錮，頗有如數論之所謂暗德；乾神卒能開坤而歸統一，成其大明，故人道當體乾之德以自強。

附識二：有問：「先生說乾元統天，（乾元者，乾之元，非乾即是元。）則云此天字謂天帝，然言及乾之統御天地萬物，則此天字當是指目太空諸天體，非謂天帝也。」答曰：汝所說實得吾意，但有失考處，不可不疏明之耳。中國先民確是直指太空中形氣之天，而認爲即是上帝，故古代經籍中，形氣之天（即太空諸天體。）與所謂上帝實無可分開。《荀子．天論》曰：「大天而事之，孰與制天而用之。」讀者或胡混過去。其實，先民迷信自然界之諸天體，即是上帝或大神，而敬事之，故荀子有是說也。吾在本篇言乾（即心。）之統御天地萬物。則此天字自是太空諸天體之目，若言乾元統天，則是破初民天帝之迷執也。

云何心之發見，有待於物質組織逐漸精密？夫神、質爲渾全之大流，只是兩方面相反而相成，不可剖作兩體，吾於前文言之屢矣。（渾全者，渾然為一，不可分裂，故云渾全。）地球當未有生物時，動物知覺與人類高等精神作用雖未曾發見，而陽剛之精，（精者，精神之省詞，亦是心之別名；陽者明義，言其非迷暗也；剛者，堅勁而升進，不化為物也。此心之方面，所以與物之方面迥異者也。）要自周流六虛，（上下四方曰六虛，猶云太虛。太虛本無方分，而云六者，假名之耳。）無定在而無所不在。洪蒙未判，陽精固與元氣俱充。（陽剛之精，省曰陽精，猶云心也。俱充者，言神與氣俱充塞乎太虛也。氣而曰元者，此為物質與能力之端，故曰元氣。）無量器界凝成，陽精亦隨器界遍運。（諸天體或無機物，通名器界。此詞，見中譯佛籍。）不可曰宇宙肇開，唯獨有物而無心也。夫心者，大有而無形，（《易》有〈大有〉之卦。有而曰大，尊之之詞也。心本實有，而無形無礙，此其所以為大也。）健動而不可以力稱，（〈乾卦．文言〉讚乾神曰「純粹精也」。稱之曰精神而不可稱之以能力者，以其有陽明、剛勁、升進之性，其德用殊特故也。《大易》於坤而言能，明夫有質即有能，物質能力混然為一。聖人之觀物也深矣哉！）微妙至極矣。（〈說卦傳〉曰：「神也者，妙萬物而為言者也。」案申鑒曰：理微，謂之妙。神非物，而其理極深微，故神之為言，以其微妙於物也。）故心之發見也，必待物質組織逐漸精密，而後得盛顯其作用。蓋神至微妙，（神，猶言心也。）則其所憑藉者，亦不得不精利。（物質是精神之所憑藉。）此理勢必然，非有意想造作也。（夫人稟質含神而生者也。既生則接乎萬物而有意想，若克就神言，則神非人也。只有大明之德性而無意想。）物界演進約分二層：一、質凝層。（質即是凝，曰質凝層。）自洪蒙始啓，無量諸天體，乃至一切塵都是質凝相。（此中相字，猶言自體，非相狀之相。塵者，中譯佛籍以物質名為塵，此言諸天體或無機物其自體皆是質凝的，故云質凝相。）質凝相者，無有生命。昔人說物爲重濁或沉墜者以此。（印度佛家說土石等物無生命，無情識，草木亦然。外道說草木有生命，不同土石等，今當以外道說為長。余嘗見空庭中孤生之木缺乏日光，牆壁有一孔穴稍通光線，而是木也特傾斜其乾以向孔穴，使枝葉得近微光，是其有心甚顯然。世言葵心向日，實則植物都有此覺，不獨葵也。）質凝層所以現似重濁，而無生活機能者，（現似二字，借用中譯佛藉，言其成形，則現似重濁耳，實則物質亦是流動不已。）唯以組織過簡，（無機物亦非全無組織，只是太簡耳。）故精神潛伏於物質中而不得發露，《易》之〈坎卦〉陽陷陰中而不得出，即此象也。（《大易》以乾陽為神、為心，坤陰為質、為物。〈坎卦〉陽陷於重陰之中，即是心神為物質所錮蔽之象。）是故物界，當質凝層時期，材質漸趨凝斂，（材質一詞見前。）而組織方式未備，精神猶難憑之以發露，故質凝層諸物，如土石等等，尙無生活機能，而心作用未發見更不待言。

二、生機體層。此層依質凝層而創進，即由其組織特殊而成爲有生活機能之各個體，故曰生機體層。此層復分爲四：曰植物機體層，（生機體，省云機體。下仿此。）曰低等動物機體層，曰高等動物機體層，曰人類機體層。凡後層皆依據前層而起，但後層究是創進與前層異類，此其大較也。古今淺於測化者，以爲宇宙開始，只是質凝物，（太空諸天體皆質凝物也，山河大地不待言。）諸質凝物無有生活機能，無有心作用，由此斷定心非本有，而堅持唯物之論。然而物界發展到生機體層，心作用始著見，（見讀現。）至於人類則大明之心體益盛顯，而無虧蔽矣。（無虧者，如孟子勸齊王將不忍殺一牛之心擴充之，以保育四海之民，庶幾大明心體無有虧缺。又如成年人推致其兒時學語、學步之知，以窮萬物之理，亦是無虧也。無蔽者，推致吾心大明之德用，而實事求是，即知即行，克治私意、私欲等等障礙，是無蔽也。）夫質礙層未見心，而生機體層始見心者，此非偶然也，更非物質能產生心也。如謂物質發展至高度，能產生精神，吾且試問世間何不見豆類發展至高度而產生麻乎？此等推論，余不敢認爲合理。余相信宇宙間事理只有本隱之顯，（說見前。）絕不會從無生有。唯物論本不應說物質中本含有精神之德性，今若謂物質發展至高度忽然產生精神，不謂之從無生有而將何說？譬如石女無孕育之可能，如謂其生兒人皆莫之許，以其不能從無生有故也。夫精神未見於質礙層者，非本無也，特隱而未見耳。（見字，皆讀現。後准知。）其隱而未見者何？物質之組織過於粗笨，不適於精神之運用也。物界發展至生機體層，而精神吐露漸至盛大者，此非本無今有，乃從隱之顯也。（本無，則今不能有，此不易之理也。若始而幽隱，則終必至於顯盛，故隱而未見，不是本無。）其從隱之顯者何？物界進至生機體層，則物質之組織善巧至極，故精神得憑藉之以顯也。（善巧一詞，見中譯佛籍。巧而不善，非所宜也；善而不巧，亦非宜也。）生機體組織善巧者何？余將略言三義：一曰，由粗大而趨適當。（當字，去聲。質礙層中，如太空諸天或星雲，佛家皆名之為大，以其自體粗大故。夫形過大者，則將為形所累，而精神不獲顯矣。後來生機體層出現，卻是各個小物，然此層諸小物仍有巨細不齊。巨者，如崇山有大獸，海洋有水族大物。（如吞舟之魚等類。）細者，如一切微生物類，其為視聽所不及者，蓋多至無量數矣。形過小，則無所容載，精神亦不顯也。唯人體之在諸小物中不至過巨，亦不至甚細，此乃最適當者。物體組織之發展至此始無遺憾。然人體之粗型，確在大自然中早已出現。植物機體層已有一植物生長於土中，完全如嬰兒之狀，農人或掘出，好奇者購之製藥，謂食此可不老。吾於三十年前，曾親見此物。又水產動物中，有一種魚類，完全為人之形。余童年在大江舟中看過。十餘年前，四川五通橋江流中亦出現此物，亡友孫穎川購育之盆中，數日死。陸產之猿類，其為人形不待言。余好留心物質宇宙之組織方面，顧生長清世，窮而不得遊學，於數學、物理、化學、生物學均未問津，無可發揮余之理想。余竊嘆物體組織之發展，誠不偶然，人類為最高之靈物，其形體之構造殆經多番試驗而後成功。嗚呼！斯已奇矣。）二曰，由簡單而趨複雜。（質礙層，如析至元子電子之小宇宙，亦可見其有組織，否則不能形成諸天體與地球等大物。然諸大物之組織畢竟簡單，後來生機體出現，始見其組織非常複雜，而人類之神經系與大腦構造之精密尤奇。）三曰，由重濁而趨微妙。（諸質礙物之自體，凝結固閉，未免重濁。生機體之組織乃極精微奇妙，今日生物學之研究蓋猶甚粗，未能深測其淵奧也。）綜上三義，可見質礙層與生機體層之根本區別處，只是一方有殊特之組織，（謂生機體。）一方幾於無組織。（謂質礙物，幾於二字吃緊，非謂其全無組織也。因其太簡，即近於無。幾於者，猶云近之也。）在組織過簡之質礙層，心則隱而未見，及至組織精利之生機體層，心乃從幽隱而出，以至顯盛。《大易．離卦》陽精出陰暗而顯其大明，即此象也。故知精神之發見與否，當以物質組織之利鈍爲衡，（質礙層，幾於無組織是鈍也，故精神不得發見。生機體層組織精利，精神乃發見。）不可以心未現於質礙層，遂妄斷心本無也。

宇宙從過去至現在，由現在奔趨無窮無盡之未來，正是渾然之大流，剎那剎那，捨故趨新，活躍不已，豐富無竭。吾人須知，此渾然之大流，雖變化日新，而每一變化要皆有其從出之因，任何新奇發展絕不能無因，而突然幻現一絕異之怪像。（此中現字，是變現義，非發見義。發見者，如某種現象昔時隱而未現，今乃發見出；變現則是變起一種現象出來，然變現必有其從出之因，非可憑空幻現也。）譬如豆種不生麻，以豆種非麻之生因故也。精神物質是乾元本體流行之兩方面，（曰兩方面，即不可作兩體看。）吾人不當以精神歸併於物質。倘謂宇宙開始只是質礙層，元無精神現象發見，遂斷定精神非本有，此說如可成立，則必先肯定物質中本含有精神之德性，否則生機體層，心作用發見便無有從出之因，余未見其說之可成也。猶復須知，物質不是固定之質，而且有質即有能，《大易》固已言之矣。然復肯定有陽明、健動、升進、開發、純粹之精者，（精，即精神之省詞。見前。）既是與物質混然爲一，亦復統御物質，此豈是意想虛構，妄立此說耶？須知，聖人確是「近取諸身，遠取諸物」，灼然眞見，非臆說也。吾人五官百體明明有精神爲之統御，否則與塊土何異？人類有「官天地、府萬物」之權能者，正以人類之機體組織得以顯發精神故耳。假設有人工造作之人在此，而無可爲之造精神，則此人造人終是一副機器，而欲其與自然人同樣，有官天地府萬物之權能，吾誠迂陋不敢妄信也。是故統御乎吾人五官百體之精神，即是統御天地萬物之精神，此理明明白白，何用狐疑？《易緯》言坤，（坤，謂物質。）勢不能自舉。物質雖亦是流動而不固定，究無大明、剛健、升進諸德，故云勢不自舉，須有精神統御之耳，《易緯》之說誠是。神質兩方面，如存其一而去其一，則乾坤毀，宇宙滅矣。聖人破斥天帝，亦不信有幽靈，（俱見前文。）而於吾人及萬物所共有之精神絕不否認，（此云萬物，即天地亦在內。）此佛氏所謂離增損二過也。（人情之迷也，每以無為有，如迷信天帝或幽靈者是其一例，此即於本無中而妄有增益。又每以有為無，如以精神併入於物質者是其一例，此即於本有中而妄有損減。聖人實事求是，不以無為有，更不以有為無，故離增損二過。）

物界之發展必須經過質礙層，而後有生機體層，此乃莊子所謂「惡乎然？（然者，猶云如此。何為如此乎？蓋設問也。）然於然」也。（言不可問其所由，乃其自己如此耳，非有使之然也。）余考大乘有宗義。（有宗者，佛家大乘之一宗也，先是龍樹學派談空，其末流多弊，無著世親兄弟起而談有以救之，後世稱其學為有宗。）質礙層對於生機體，得作五種因。五因者：一、起因，二、依因，三、隨轉因，四、持因，五、養因。（余云質礙層，有宗則謂之大；余云生機體，有宗則謂之造色。色，猶物也，實指眾生之形體而言。此乃略解，詳解則甚麻煩，可不必也。）起因者，謂質礙層若未起，生機體必不能起，故說質礙層爲生機體作起因。（為字，讀衛。）依因者，謂生機體依據質礙層而得生故。隨轉因者，謂若質礙層變異生機體亦隨變異故。（生物必適應環境，即此因。）持因者，謂生機體剎剎故滅新生，由質礙層持之不絕故。養因者，謂由質礙層諸可資生之物，養彼生機體令其增長故。如上五因，與《易．序卦》云「有天地然後萬物生焉」。其大旨亦相通也。（天地，質礙層之大物也，佛氏亦謂之大。萬物，則無機物與有機物之總稱。）宇宙之發展本無有造物主作意於其間，若有造物主則宇宙將完全受造物主之支配，何有發展可言乎？此《大易》所以破天帝也。近代知識分子無復有迷信造物主者，此人智進步之必然也。若乃堅持唯物之論而不承認精神爲本有，則又不得無蔽矣。神質本渾淪之大流，《周易》乾坤互含之縕。揭然著明矣。如只存物質而捨去精神，則不能不謂宇宙出自一團迷暗，而伏曼容「萬事起於惑」之說，數論勇塵暗三德之論，皆將與唯物論桴鼓相應也。所以者何？唯精神有陽明之德，（《易》以乾為精神，為心，故謂之陽。陽者陽明，無迷暗也。〈乾卦．彖辭〉謂之「大明」。）若割除精神，日月食矣。（日月為大明之象。無精神即無明德，故譬之日月食。）雖欲不謂之迷暗，何可得乎？（數論所云三德者：曰勇、曰塵、曰暗。塵即物質，勇即能力，暗者迷暗的勢力。唯物之論否認精神，而去陽明，故同於數論之所謂迷暗也。）試推觀宇宙發展則先有質礙層諸大物，而後生機體出現，可見萬物在大用流行不已中，若隱然有前進之目的。《易大傳》云「至賾而不可惡，至動而不可亂」，以其不無目的故耳。（大用流行，謂神質渾淪之大流也。）如〈序卦〉云「有天地然後萬物生」，有宗言諸大，（諸大，猶云天地。）爲生物作五因，（若非諸大為生物作五因，則生物不得有。）據此而推，宇宙太初，質礙層始成，則已伏有發展生物之目的矣。若謂質凝層，唯獨有物質而無精神，則宇宙渾是一團迷暗。萬物之成也，只緣胡亂衝動之所爲，余誠迂陋，未敢信其然也。

附識：克就乾元本體之流行而言，只可讚其不已，（此古義也。不已之旨，深遠極矣。見到時只有身體之，說亦無可說。）**讚其不測，而不可問其有目的與否也。若克就萬物之發展而言，則不能說萬物無目的，以其稟質含神而生，自非無趣向也。**

猶復當知，吾人思維與推理等等作用，析別萬物而窮纖悉，綜攬眾理而觀會通。若哲學界多超悟之詣，科學上多創見之績，邏輯之精詳嚴密整齊，眞可謂窮大析微者矣。至於仁人志士所以與天下後世群生同憂患，而不惜捨棄一切可圖之利，甚至毀生命而爲之，此等超脫小己利害之道德的判斷與實踐，尤爲崇高而難測也，倘無大明健動之源泉，能有是乎？今謂精神非本有，以固持唯物之論，恐未免太偏在。

《易》曰：「唯神也，故不疾而速，不行而至。」此正明乾神健動之實也，而其理微矣。（微有二義：曰深微義，曰微妙義。）莊子而後，解者鮮矣。學絕而求徵於外，大乘刹那生滅義，其爲《易大傳》闡明健動之注疏歟。將釋刹那生滅義，且先釋刹那一詞。佛家小乘分析時間至極短促，方名刹那，如《大毗婆沙論》卷一百三十六說：「壯士彈指頃，經六十四刹那。」其云六十四，不知如何計算，現時鐘錶猶無可推定刹那量，況古無計時之具乎？或曰：毗婆沙說不可泥解，壯士彈指猛疾，猶經六十四刹那，可見刹那量是短促至極，不可數計耳。

古今哲學家深於察變者，雖談宇宙萬象時時捨故趨新，要皆是寬泛的說法，只以很生動很警切的語句來形容事物之不守故常而已，尚未能洞徹剎那生滅義。要至佛家才單刀直入，拿定剎那義來說。（剎那生滅義，省云剎那義。）然佛氏是出世法，（此法字，謂佛氏教理。）雖明明見到剎那生滅，而實著重於滅之方面，非著重於生之方面也。（余舊作《新論》，便救其失。）《大易》說「不疾而速，不行而至」。分明是洞徹剎那生滅，學人如不識剎那義，則此文便無從索解。

云何說剎那生滅？剎那者，是分析時間至於極短極促而無可更析者，故名剎那。（佛家分析物質至於極微，無復可析矣。分析時間至於剎那，亦無復可析矣。）通常所云一瞬一息之倏然消逝，猶不足以比剎那之短促也。依佛氏說，凡物於一剎那頃才生起，即於此剎那頃便壞滅，實無有暫住者，故亦說爲剎那滅。有問：「倘如此說，萬物於一剎那頃才生即滅，（剎那，亦省云剎。他處未注者，准知。）即可借用慧能禪師語『本來無一物』，云何世間現見萬物森羅，宇宙是不空如來藏耶？」（如來者，無所從來，曰如來。藏之為言，以其含藏萬有故名。不空如來藏，借佛典語，而含義不必相符。此言萬物豐富，故宇宙可名不空如來藏，難者以此，不信剎那滅也。）答曰：天地萬物自太始至現在，由現在至未來無盡期，總是剎那剎那，才生即滅。（如凡物前一剎頃是才生即滅，次一剎頃仍是才生即滅，向後無量數剎那都是才生即滅。佛言剎那滅者，其義如此。）但與剎那義相關者，復有二義：一曰，前後剎那相緊接，其中間無有空隙，即是前滅後生之間無空隙，所以剎那剎那、生滅滅生、不斷絕也。如前後剎之間有空隙，則前物滅已，即便中斷，無可懷後剎密接，即無新生之物與前相續矣。故前後剎之間無空隙，是義極重要。（通常的想法，由前到後，由滅到生，中間當有空隙，而此乃不然。）二曰，宇宙進展不是如一條直道向前，而是多方面或旁蹊曲徑。轉折多端，卻無礙於前進。是故前滅後生，相續之情形甚不一致。有後剎新生之物恰與前剎方滅之物極相似者，如吾人睹今日之天地以爲猶是昨日之天地，實則昨日至今已經無量數剎那、天地即經無量數改易，何可曰今之天地猶是昨之天地乎？但今者新生之天地與以前之天地相似相續故，遂見爲猶昨耳。舉此一例，可概其餘。（後後之與前前，相似相續，大乘已談到。）復有後刹新生之物雖與前刹方滅之物相接續，然後刹新物與前刹方滅之物竟無相似處，而別爲一類型，如淮橘成枳即是一例。（物質常常由一狀態轉為另一狀態，即後之於前，相續而不必相似。）宇宙變動不居，富有日新，（皆見《易大傳》。）萬物刹那刹那生滅滅生，其後之於前，相似相續者固不少。（相似二字，吃緊，後物與前物相似耳，斷無與前物完全相同者。）若乃後物新生，與前相續而不相似者，更不可勝窮矣。（後之於前，相續而不必相似，此乃根據《大易》富有日新義。佛氏未説及此。但所云不相似，亦舉大概而談耳。如淮橘成枳，不至成為荊棘等類，非全失橘性也。完全割斷過去，究不可能。）如上二義，皆爲談刹那生滅義者，所不可不知。佛氏說刹那滅，而淺識者聞一滅字，或起疑怖，殊不知，刹那刹那，才生即滅，才滅即生，（生滅滅生四字，上文屢見，可注意。）萬物不會中斷，宇宙不至空無。滅者，造化之所以生生而不已，新新而不用其故也。夫何疑何怖？（余年十一，侍先父其相公遊山。先父語從遊者曰：齊景公與諸大夫遊勞山，樂甚！喟然曰：「使古而無死，吾可保此樂矣。」晏子對曰：「古而無死，古人之樂也，君何有焉？」先父命不肖述懷，不肖對曰：悲自古皆有死，而傷己將不得保勞山之樂，景公之昏也。因古人之死，而幸己得有旦夕之樂，晏子亦未達乎。兒所欲知者，死生之故耳。先父笑而撫吾頂。孔子語子路曰：「未知生，焉知死。」夫怖死者，小己之私也，知生則與造化為一，何死之有？吾年五下而後，庶幾有悟也。造化者，大用流行之稱。）

《易》云：「唯神也，不疾而速，不行而至。」余以爲洞徹刹那生滅者何哉！夫乾神健動，刹那刹那，才生即滅。才滅即生，其捨故創新之迅速如此。並非猛疾作勢而然，故曰「不疾而速」。又刹那滅故，前物不曾行往於後，然由刹刹相似隨轉，便覺前物至後，故曰「不行而至」。（余舊著《新論・轉變章》有云：凡物刹刹皆才生即滅，若不遇異緣，則後刹續生者，恆與過去物相似。例如黑鐵，前刹方滅，如無火為緣，則後刹續生者，仍與前黑鐵極相似，是名相似隨轉云云。中譯佛籍多訓轉為起，以後物之起與前物相似故，乃云隨轉。由隨轉故，便覺前物來至於後，實則前物已於前刹頃，才起即滅，本無前物行於後。今由隨轉，儼然前物至後，故云「不行而至」。）亦復有說，前刹物雖才起即滅，而當其起時，從一方面說，即便謝滅，無有停滯；從另一方面說，仍有餘勢引起後物，故後刹緊接前刹而有新物續生。是故前刹物既滅，本無前物行於後，而由前物餘勢導引後刹物生，即是「不行而至」也。（後刹物之續前而生者，無論其與前物為相似或不相似，要皆為前之所導引，則無可否認。譬如水在寒熱適中之氣候下，則前刹水方滅，即導引後刹水似前而生。若前刹水方滅頃，正值氣候突變奇寒，即導引後刹水成堅冰，不似前水也。或謂水與冰之異，純為氣候所致。殊不知，氣候只是有力之助緣，後刹水之似前水而續生者，究以前刹水之導引為主因；後刹冰之不似前水而續生者，亦是前刹水之導引為主因。無論氣候若何奇寒，前刹火方滅，後刹續前而生者還是火，絕不會有堅冰續前火而生，可見主因與助緣須分清。）總之刹那生滅義，《大易》發明最早，印度佛家亦見得甚透，大乘更弘揚之。華梵上哲，觀化之深可謂至矣！有問：「一刹頃，才起即滅，則起時即是滅時。（起，猶生也。）豈有此不可想像之理乎？」答曰：一刹那頃，生滅兩端，如秤兩頭低昂時等，（秤之量物，其兩頭一低一昂之時間，乃相齊等，無先後差別也。以此比喻，一刹頃、生滅兩端之時間是相等而無先後，並不希奇，問者以為刹那生滅之理論不能成立，只是不思之過耳。）何至不可想像乎？

復有問曰：「世間共見，萬物皆由積漸而至盛大，如太空無始，元氣布濩，混沌未分，不知經歷幾許長時，分化凝結而後有諸天粲著之奇。又如生物官品，社會結構，莫不造始簡單，終趨複雜，足見萬物皆由漸變而至盛大。倘如《易》道及佛說萬物皆是刹那刹那，才生即滅，豈不與世間共證者太違反耶？」

答曰：將釋汝難，當先辨儒佛異同。萬物皆是剎那生滅，儒佛雖復同證，然兩家密意各有側重，則非明者莫辨也。佛氏側重滅之方面，欲人觀無常耳。儒家根本大經，即孔子《周易》，《周易》側重生之方面，則與出世法相反矣。（此法字，解見前。）由《易》道而言，剎那剎那，滅滅不住，實即剎那剎那，生生不已；剎那剎那，故故不留，實即剎那剎那，新新而起。是故《大易》直說「生生之謂易」，（見《易大傳》上。）而不顯揭滅字，其義深遠極矣。夫《易》言生生不是從萬物之自相上著眼，而是從萬物之共相上著眼。（此云萬物之自相，即指其成為個別的物而言。此云萬物之共相，即克就萬物所共由之以生者而言也。問：「萬物所共由之以生者為何？」答：陽明、健動之情是生生之帥也。（精者，精神之省稱。）問：「云何精神是生生之帥？」答：帥，猶主也。精神統御乎物質，神動而質承化，萬物共由之以生。申言之，萬物皆含神稟質以生也。《易經》之例，凡言精神即含有物質在，絕不是把精神看作無對的大神，亦絕不是說萬物所共由之以生者，只是精神。乾神坤質互含之最高原理，學《易》者宜深切體會。總之，精神、物質同是乾元之流行。流行者，乾元之功用，而用非無對，法爾有神質兩方面。萬物共稟受神質渾淪之大流以生，而神實統質，故說神者，生生之帥也。此中自相、共相二名，亦與通常慣用者不同旨。）佛氏言：剎剎才生即滅，（佛家經論，皆言剎那滅。）其側重在滅。《大易》明知剎剎才生即滅而不明言滅，乃曰生生。夫生生不已，則滅滅不住，自不待言矣。生而不滅，則生便常住；生而常住，還成不生，尚何生生可言乎？晏子對齊景之言，蓋謂古而無死，即無今人之生也。（晏子事，見前。）《易》之「生生」一詞含義深廣，學者不可恃淺見而忽略過去。（恃淺見者，乃所以自絕於大道也。迂固自年三十而後，誓以身心，奉諸先聖，未敢恃淺見，此非自欺。欺天之言也。）明乎《易》之幽旨，則其所謂生生者，蓋克就萬物所共由之以生者而為言，即是於萬物而洞徹其共相，（覆看前段長注。萬物之共相，即神質渾淪之大流。而神統質故，說為生生之帥，此即萬物之共相，亦即是萬物之真的自體。萬物之自相卻不是萬物之真的自體也。）是乃剎那剎那頓變，譎怪至極。（是字，指精神，所謂生生之官帥而言。每一剎頃，才生即滅。易言之，即每一剎頃都是突然起變，沒有前一剎的東西留滯著？剎剎都是活躍躍的新變化，故應說萬物都是剎剎頓變，聖人故曰「生生之謂易」也。莊子言變化之妙而以譎怪形容之，極有理趣。）世人於物只作一一物觀而遺其神，（萬物所共由之以生者，乃陽明健動之神也。）何怪其聞剎剎頓變之論，而駭爲玄談乎？夫剎剎頓變者，即剎剎新新而起，不用其故之謂也。大海不宿死屍，而況大用流行，至剛至健，可容故物積滯乎？（大海源深，其流瞬息萬變，勢用盛大，故死屍投之即便消滅，故云不宿。以此比喻大用流行之盛，剎剎頓變，不容故物得留也。）莊子有云：「變化密移，疇覺之歟。」（言萬物的變化是於無形中密密遷移，前前滅盡，後後新起，總是遷移不住。因其過於密密，誰也不能覺得。）又曰：夫藏舟於壑，藏山於澤，謂之固矣。（以舟藏於深壑中，以山藏於大澤中。皆可謂藏之固也。）然而夜半有力者負之而走，昧者不知也。（夜半，比喻詞，猶言冥然無形也。有力者，謂變化之力，竟於無形中將山與舟皆負之而走。世人猶以為山舟皆如故，非暗昧之極乎？）郭象注曰：「夫無力之力，莫大於變化者也；故乃揭天地以趨新，負山嶽以捨故。故不暫停，忽已涉新，（世人以為有故物停留，（故物，猶云舊物。）實則萬物皆剎剎頓變，絕無有故物暫停者。）則天地萬物無時而不移也。世皆新矣，而目以爲故；舟日易矣，而視之若舊；山日更矣，而視之若前。今交一臂而失之，皆在冥中去矣。故嚮者之我，非復今我也。我與今俱往，豈常守故哉！」案莊子之論，蓋深有會於《大易》「不疾而速，不行而至」之神。（莊子本以精神、元氣混然流行為言，或疑其為二元論者，則誤解甚矣。莊子，道家也，亦承認有本體。彼就本體之功用而分別神、氣。功用不可言無對也。何可誣以二元論乎？但莊子於本體未有真見，其學駁雜，流於頹廢，此不及詳。）郭象能達莊旨，亦《易》家之餘裔也。

持漸變之論者，以爲頓變義與漸變相違，此不思之過耳。若物創生（始生曰創。）而即留住，則物將成爲恆常不變之物，何有漸進盛大可說。如以爲物生，當有暫住，此亦不然。物若得暫住者，即大化之流，時虞停滯，萬物何由漸變而至盛大乎？唯大化之行，剎剎頓變、剎剎不守其故，不窮於新，故曰生生。自每一剎那言之，固皆是頓變；若通多剎那言之，則屢積而成漸變。善哉莊子之言變化密移也。萬物由微而著，由簡之繁，由柔弱以至壯大，皆變化密移所致。（吃緊。）密移之義甚難言，淺者只知密移是漸變。殊不知，無有頓變，則無密移可說。密移之爲言，剎剎捨故而新生也。若物才生便住，則未能捨故，而化幾已滯，何有新生乎？故知密移之言，雖由經歷多剎，而見漸變，實則每一剎皆是頓變，所以有密移可說也。

通常以事物之變化，由積漸而至者，謂之漸變；若夫不循漸變之軌，乃有飛躍而至者，則謂之突變。（實則突變，亦非不經過漸變。乳之成酪可謂突變，而在未成酪之先，確已經過無量數剎那之漸變。此一例也。）余於此中談剎那生滅是頓變義。此頓變一名，本從佛籍援引得來，而其義則《易大傳》之所早已發見，但文辭過簡，未暢厥旨，吾故引佛說以疏通之耳。唯頓變一名與平常習聞之突變一詞，絕不可視爲同義。學術上之立名各依其學說之體系而定，須各從其體系以究其立名之義也。剎那生滅義，在佛籍中有多種名詞，或說爲一剎頃才生即滅，或說一剎頃頓起頓滅，若說剎那滅，而大乘法相宗亦偶用頓變一名。（佛家言頓變，而其旨確與《大易》不同，彼乃欲明萬物本不實在耳；《大易》之義雖不以物質為固定的物事，而是以物質為實在，此二家之大別也。問：「物質不是固定的，亦即是不實在，其與佛說何異？」答：佛家所視為不實在的意義，確別是一般，難為不解者道。）吾宗主《易》義而用頓變之名，何耶？萬物本是大化流行之過程都不暫停。（大化，猶云大用。）申言之，凡物於初一剎頃生起，即於此剎頃謝滅，次一剎頃，新物續前而生者亦復不住。（前剎物方滅，次一剎新物即緊接前剎而續生，非中間有空隙也。然新物亦才生即滅，故云不住。）乃至向後無窮無盡之未來物，皆剎剎滅故生新，無不然者。是故佛氏於萬物觀其滅，而說凡物剎剎頓起頓滅，亦說剎那滅。聖人於萬物觀其生。《易》曰「不疾而速，不行而至」。蓋以萬物於每一剎頃，才生即滅，正是於每一剎頃，故故不留，新新而起，於此可識大化流行不已之妙，所以說萬物剎剎頓變。（以其剎剎都無故物保留也。）夫剎剎頓變，法爾如是，非如人之有作意，故《易》曰「不疾而速」。剎剎滅故生新，密密遷移，本無前物行於後，而萬物發展，後後續於前前，未嘗中斷，故《易》曰「不行而至」。由《易》義而言，頓變是發展不息，漸變依此得成。佛氏雖知剎那生滅，而其本旨乃在觀滅。法相宗究未離般若家修空觀之根柢也。儒佛二家本源處無可融會。

聖人以「不疾而速，不行而至」，明精神之動而健也。然「不疾而速」云云，是剎那頓變義。經文只此數字，幽晦難明，吾採佛說剎那滅義，以便疏釋，且正佛氏觀滅之失，便不相亂。自信探微，無乖聖意矣。

《易》曰：「神以知來，知以藏往。」（見《易大傳上》。下知字，宜改作坤。）虞翻曰：「乾神知來，坤知藏往。」余案下知字，當是坤字，蓋故時傳寫誤作知，後遂仍之。今日抄寫與排版時出錯誤，每易原有之字，而代以絕不相干之字，其錯誤出人意外者，不可勝數也。後人必謂古書字句，雖有可疑，不當擅改，亦迂談耳。改之而存其本字，無傷也。《易》以乾爲神、爲知，坤爲質、爲物，此其根本大義而可自淆亂之乎？斷不至此，且坤可說爲知，則〈乾卦〉不當立矣。或曰：「知字可訓爲主，謂坤主藏往耳。」余曰：上云「神以知來」，神即是乾，知來之知自屬乾神，下云「知以藏往」，而乾神不藏往，則下知字未可屬乾神也。虞翻亦見及此，故添一坤字於知字上，而不悟坤之非知也。今汝欲以知訓主，試問誰爲主乎？如添一坤字，曰坤主藏往，則何不改知爲坤，曰「坤以藏往」，與上神以知來相對，且免去一以字，庶幾核實，而無逞臆妄改之譏矣。今審定此知字確誤，宜改作坤。

李道平曰：「《易》例以未來者屬乾，已往者屬坤。」（此十三字見李氏《周易集解纂疏》。李氏於漢、魏《易》說考核詳博，此必漢人所傳孔門古義也，惜不可得其詳。）漢以來學者皆雜術數之習，以卜筮爲知來，則聖學之絕也久矣。余案乾神、陽明、健動、統御乎坤質者也，故常爲主動，以開導坤質而趣向於未來之未來，進進而不已，是謂乾以知來。（張橫渠曰：「易道進進也。」知字義深，非通常所云知識之知。來者，未來。）乾之導坤以進也，非如數論三德之暗，亦非如佛氏之十二緣生，以無明爲導首。乾以陽明之德爲萬物所稟之以始，（始，猶言始生也。）及萬物之終也。（終，猶死亡或毀絕也。）亦完成其所稟於乾之明德，而無有虧損，故〈乾卦〉之彖曰：「大明終始。」（言乾神有大明之德，萬物所稟之以成始而成終也。）是故坤之承乾而成萬物也，由微而著，（如由洪濛而至天地諸大物出現。）由粗而精，（如由天地大物與諸無機物，而進至生物，乃至人類。）足徵萬物稟乾神之明德，一步一步，奔趨未來，隱有趣向，而非迷亂之動者，故曰知來也。若夫人類之觀其生，及觀宇宙無窮無盡之開展，灼然有正大之鵠的，又不待言矣。人類稟乾神之明德，尤能體現之，而無虧無蔽，故其對於未來有崇高之希欲活躍而不衰也。〔「觀其生」一語，見《大易．觀卦》，其義深遠。知來之知字，義味難言，謂之有趣向也可，謂之有鵠的也可，謂之有希欲也可。人生少年時，精神活躍，未來之希欲盛，可謂之未來人。及至壯年則其希欲，注在現實，老衰則多回憶過去，繫於俗慮。人到衰年而猶對未來有崇高的希欲者，必其神智不衰者也。人之一生常作未來人者，其唯聖人乎！志在未來人，雖有不純亦未易得。陳白沙詩曰「斗大乾坤跌一交」，（乾坤，猶言天地。）躍起而已。陳同甫疏狂，未可薄也。〕

坤以藏往何耶？《易緯》言「坤動而退」。退，故常藏已往。坤亦非不疾赴未來，其赴之也，則乾爲主動，以開通之，坤乃承乾而與之俱趨於未來耳。坤之承乾而化成萬物也，其先出現之物，自成一類型。後來新物起，較之前物而大進，又成一新類型。新類型之物既出，而其元始舊類型之物，猶與新類型之物俱在，並不捨棄，乃至後後，繼續不斷出現新物，又成層層不同的許多新類型。然最奇者，自元始物，以至後後，繼續不斷出現之物，即通前後層層不同類型之物無不俱在，並不因後物出現遂捨棄前物也。如生物發見時，其先出之無機物，猶與生物俱在。動物發見時，猶與植物及元始之無機物俱在，乃至動物已發展到最高最靈之人類或人類中之聖哲，而原形質以及元始無機物或塊土，猶與人類或聖哲同在。故已往之一切故物，皆以坤爲厚載之大輿，而未曾壞滅，（《易・說卦傳》，坤有大輿之象，以其任載萬物故。載，猶藏也。）故曰「坤以藏往」。（往者，已往，猶云過去之一切故物。凡故物皆不滅絕者，以坤能藏載故也。）夫乾，神也，其德健動，猛趨未來，萬物剎剎頓變，無有一瞬暫住，皆消逝於冥中矣。夫坤，物之母也，（《易》曰：「坤作成物，」可見坤只是材質，萬物待此材質而成。譬如此桌待木而成。若無坤為材質，則萬物無由成，譬如無木則此桌無由成，故可曰坤者，物之母也。母者，因義。）其德厚載。（敦厚而能容載萬物，見〈坤卦〉。）退而不先，（已成為物，即重濁，沉墜。勢不自舉，須承乾而化，故云不先。參考〈坤卦〉及《易緯》。）故於一切已往之故物，無不蓄藏。其於乾之猛趨未來，偏其反矣。（古逸詩：偏其反而，今易而字為矣。）問：「乾坤何由協和？」答：一切已往之物，坤雖藏之，只不絕其類耳。（如張人或李人，何得守其故我而不滅耶？只人類不絕耳。他物准知。）凡物各各變化密移，（密移，即是剎那生滅。）則坤固承乾，而莫之違也。往物不絕其類，（往物，猶云已往之物。）來物不失其端。（來物，猶云未來之物。端者，如絲之端，引之而愈長也。來物以往物為其端，失其端即來物迷於其所始，如何可？）是以往者雖往而非斷，（斷，猶滅絕也。往而不斷，所以為來者之資也。如生物來，則無機物往而不斷，而生物乃資其長養。）來者愈來而無窮。（凡物既來，即成已往，所以不障後來者也。）此乾坤合德，所以著萬物生生之盛也。故乾之知來，坤之藏往，反而相成，譬猶水火相滅，亦相生也。

有問：「《周易》之宇宙論祖伏羲而談體用，但其言宇宙本體，則字之曰乾元，（元者，原也。言其為乾之元，非乾即是元。坤之元即是乾之元，非坤別有元也。）而斷然取消天帝，此伏羲在洪古時所不能為，而孔子創發之者也。然《易》六十四卦乾、坤居首，總括大義，蓋莫備於乾、坤。今觀二卦，（二卦謂乾、坤。）其所發揮者，皆乾坤變化之妙，所以成萬物而起萬事者也。而於乾元則僅出其名，殊少置辭，然則《周易》之書似只談用，而不曾談體矣。（《易大傳》亦只言「易有太極，是生兩儀」云云。案兩儀，謂陰陽，即乾坤是也。生者，發見義，非如母生子之生。母子是二人，太極與陰陽非二也。太極即乾元之別名，而《大傳》僅一提太極之名，復無所說。）敢問孔子之意何居？」答曰：善哉問也！余將因來問，發斯幽旨，釋汝之疑，略說二義：一者，體用不二義。二者，即用識體義。然此二義實唯一義，而分作兩方來說耳。一義者何？體用本不二，而不妨分，（分者，分說體與用也。）雖分而仍不二，此是第一義，汝如明瞭，則第二義（即用識體義。）可不言而喻矣。今談第一義。

乾元是本體之稱，（本體，省云體。稱，猶名也。）乾坤是功用之目。（乾坤，亦曰陰陽。功用者，功者功能，用者作用，故合而成詞。然可省言之曰用。目，亦猶名也。）

問：「云何說乾坤是用？」答：凡現象皆本體之功用，不即是本體也。坤爲質、爲物、爲能，皆現象燦然者也，不謂之功用而何爲？乾爲精神、爲陽明、爲健動、爲心、爲知，雖不可目見而反己自識，皆現象炯然者也，（炯然，著明貌。）不謂之功用而何謂？

問：「云何知有體？」答：以有功用熾然顯著，非幻化故，非虛妄故，非憑空而起故，故知用必有體。（幻化者，印度古代社會有行幻術者，遊於通衢，幻現象馬種種物，故佛經言宇宙萬象不實，每以幻化為譬喻。吾童年鄉居，見有幻術家自遠方來，行種瓜等術，眾集，而示以瓜種子置盆中，掩以土，浸以水，倏忽而種子發芽、長幹，乃至開花結果，一切成就。此亦幻化也。虛妄者，如夢中意識所現境，或變態的心理作用所現境，皆虛妄也。印度古代有一種外道，以為山河大地皆是忽然而起，此即以宇宙為憑空突起。無此理也，佛家破之。）

問：「先生有時說精神物質都是本體之功用，有時說本體之流行名爲用。二說有異否？」答：不異。精神物質分明是現象，而西學一元唯心論者直將精神當作本原，一元唯物論者直將物質當作本原，實則此二宗者皆是無元之論。易言之，皆是無體論。余據《大易》衡之，故說精神物質都是本體之功用。

從來談本體者或將本體說成立乎現象之上，或說爲隱伏於現象背後，此皆誤將本體推出於現象之外去，易言之，即將體用分割爲二。余據《大易》正之，故說本體之流行名爲用。如本體是不流行之體，便是僵固的死體，即無功用可言。唯其流行而非僵固，故說流行是用。流行必有奇偶兩方面，似相對而實互相含。偶者爲可分化之物質，奇者爲渾一而無畛域之精神。渾一之神，統御可分化之質，是爲混然活躍之大流，此乃本體之功用也。

現象與本體是爲哲學上幽深至極而甚難解決之根本問題，余強探力索於此者良久，而常以探索愈深，眩惑滋甚爲大苦。其經過頗繁賾，不獨暮年難追憶，而語言文字亦未易曲達也。若只認現象爲實在，而悍然遮撥本體，則宇宙無原，人生無原，（人生本不在宇宙外，而別出言之者，以重要故。吾人若自迷其原，則昔賢所嘆浮生若夢也。）是以淺躁之衷，自絕於眞理，余未知其可也。若置本體而不問，付之不可知，此與前者相較，「唯之與阿相去幾何？」（唯阿，見《老子》二十章。）若以爲，即萬有而追原，據實事以求是。（萬事萬物之成，未有無本原者，故言現象有原，則言之成理，吾認為是。無元之論，非老迂所知也。）直承認有本體，建百家之皇極，（理必窮其根，學必究其柢，百家之業各精於一部門，而不通於大道。莊生所嘆「天下各得一察焉以自好」也。《尚書》曰「皇建其有極」，孰謂聖學可輕棄乎？理根二字，見郭子玄《莊注》，萬理會通於一理。一理者，萬物所由成，萬理所由出，故曰根。）是乃智者之所請事，而余之寡陋有同尚焉。余年四十後，始爲求原之學，所最費尋思者，厥爲本體與現象是否可析而爲二，此一問題常在吾腦中。若道本體是超越現象而獨在，即是立乎現象之上，便與天帝不異矣；若道本體是隱於現象背後而爲眾甫，（眾甫，見《老子》二十一章。甫字，讀父，古通用。王弼注：「眾甫，物之始也。」嚴復曰：「眾甫者，一切父也。」西哲謂之第一因。案一切父者，猶云一切物之父。前輩修詞務簡。）則隱顯二層中間隔截，萬物亦不需要此不相干之本體矣。（本體隱伏內層，現象則顯著於外層，內外之間有距離，即已隔斷互不相涉也。）其後潛玩《大易》，求聖人所以於乾元無所開演之意。（開演一詞，見中譯佛籍，猶云敷宣理論也。）蓋思之，思之，又重思之，久而後恍然有悟於聖意。伏羲始提出體用二字，其時未便斥破天帝，故只談用。孔子始廢天帝，而明示乾坤有本體，字曰乾元，亦名太極，然猶復談用。其於乾元無所論說者，非存而不論也。誠以體用本來不二，雖不妨分別而說，（分別體與用而說也。）畢竟不可以體用破析爲二。由體用本來不二故，只可於乾坤變化，（乾坤是本體之功用，其義屢見前文。）而究盡其義縕，廣爲天下後世宣說，無隱無吝。大用暢通，即本體顯發無餘蘊，（此言本體含藏萬有，皆顯於用。吾人能於用上暢通，則本體所有之一切皆已顯發出，再無有些子多餘不盡之蘊也。）此謂即用識體。（注意。）即用識體者，根本在體用不二。如體用可析而爲二，則談用只可明用，何可由用以識體乎？

問：「體用有分，此義似易曉；體用不二，是義難知。奈何？」答：乾坤大用是乾元自身的現起，（乾坤大用四字，作複詞。乾元，即本體之名。）譬如粥飯是大米自身的現起。（大米為乾元之比喻，粥飯為乾坤大用之比喻，以粥飯是大米的功用，可以比喻乾神坤物，是乾元的功用也。汝且由比喻，而好去悟理，但切忌執著在比喻上。乾元不可作大米一類實物去想，乾坤大用亦不可作粥飯一類實物去想，只以大米與粥飯不二來比體用不二耳。因明學言，凡喻只取少分相似，不可求其全肖也。學者宜知。）

體者，對功用而得名，是功用之實體故。若無實體，則功用無由生，（生者，發見義。）故以實體對於功用或萬物而言，即有爲其本原之義。（其字，為功用或萬物之代詞。本原，亦省言原。）

用者，對體而得名，是實體之功用故。然實體完全發見而成功用，譬如大海水全現作眾漚；（此以大海水比喻實體，以眾漚比喻功用。）功用之外無有實體，譬如眾漚之外無有大海水。（曾航行大海者，必見大海水全現作眾漚，不可離眾漚以求大海水也。）又復當知，功用萬殊，故說萬物差別。（差別，猶云千形萬狀。）而每一物皆具有大全的實體，非是於實體中得其一分，以實體不可剖分故。譬如每一個漚皆具有圓滿的大海水，非是於大海水中得其一分故。是故一物所獨具之乾元，實則是其與萬物所同具之乾元。（乾元，即實體之名。）天地萬物一體之義，確然昭明。（言萬物，即已包含天地。今特舉之者，以是先儒成語作複詞可耳。）《論語》之仁，（內聖學也。）《春秋》、《禮運》之公，（外王學也。）皆出自乾元性海。誰有慧者，而忍瞞昧。

問：「《大易》之究竟義，（究徹根源，無有不盡，是義至極，甚深復甚深，名曰究竟義。）即體即用，即用即體，已聞之矣。今復有疑者，天地萬物即是大用歟？抑是由大用而生歟？」答：如理而談，（如者，言其恰與理相應而無失也。）萬物與大用不可歧而爲二。所以者何？萬物非是離於大用流行而有各各獨立之實自相故。（萬物，至此為句。非是二字，一氣貫下。）由此應說，萬物與大用本來不二，是義決定，無復狐疑。若汝言天地萬物由大用而生者，今應問汝，生字作何解？若如母生子之生，則謬誤太甚。生字本有發見義，如作發見解，則大用流行，活潑潑地，而發見種種跡象，謂之萬物。昔人說萬物爲化跡者，亦此意。（大化流行之跡象，曰化跡。）如此說來，則萬物即是大用流行之跡象，易言之，萬物即以流行不已，活潑潑地之大用，爲其實自相。而可說與大用爲二乎？（自相，猶云自體，上文未及注。凡物各為獨立的個體，故說物各有其自體。如筆有其自體，張人李人亦各有其自體，他物可准知，此乃隨俗而說也。實則物之自體都不固定，如理而談，萬物皆以流行不住的大用，為其實有的自體耳。）

問：「如萬物與大用爲一，即萬物都失其自己。所以者何？萬物只是化跡，何有卓爾特立的自己乎？老氏萬物芻狗之嘆，莊子鼠肝蟲臂之論，皆融萬物於大化，而使萬物失其自己也。」答：甚矣！汝之迷也。大用流行，宛然有象，譬如閃電一閃一閃而現紅光，紅光跡象也，汝以爲此時電在紅光外否？譬如大海水現作活躍之眾漚，眾漚亦跡象也，汝以爲大海水在眾漚外否？譬如瀑流怒湧，萬千白點飛躍上下，白點亦跡象也，汝以爲瀑流在白點外否？汝試思之，萬物現似個體，而實以流行不已的大用爲其自相。（體用本不二，此云萬物以大用為其自相，實即以乾元為其自相。他處未注者，准此。）易言之，萬物自身即是至大無外，豐富無竭之大寶藏。是乃大用遍在一一物中，非是離於一一物而有大用獨存也。云何妄計融萬物於大化，老、莊誤矣，汝又承之而自迷，豈不惜哉！凡物各成就其自己，人各充實其自己，（人必認識自家本有大寶藏，方得充實。）而曰萬物失其自己，有是理哉？汝自喪其本有之大寶藏，乃失自己耳，而猶不悟可乎？《易》曰萬物「各正性命」，汝深參去，予復何言。

本書寫至此，即作結束，而所未說到之問題確不少。余神經衰弱過度，而滬上氣候多變化，家居殊不靜，精神疲乏，尤以常失眠爲太苦，不得不結束。余有三種意思，須特別重行提出者，如後：

一、治哲學不能不深窮萬物之原，（此言萬物，即人與天地均包含之。）西洋哲人談本體者陷於錯誤此是別一問題，然不能因昔人錯誤，遂厭棄本體論而不復參究。談知識論，與本體論不相關涉，流於瑣碎，習於淺薄，此是哲學衰落現象，可戒也。哲學本探原之學，談知識論者若置宇宙人生諸大問題而弗措意，則試問其爲何而有知識論之研究，吾不知若輩如何作答。

二、中國哲學自伏羲提出法天之用，不法天之體，體用之分實導源於此。至孔子始廢除天帝，發明體用不二，而經傳遭秦火，其詳不可得聞。漢人傳來之《周易》，文字渾簡，又不無竄亂。漢《易》家一致宗術數，變亂孔子之眞，如紫奪朱，如鄭聲亂雅樂，故體用之義晦矣。余因研佛法，而不滿於其說，乃近取諸身，遠取諸物，忽有悟於《大易》，旋造《新論》，始以體用不二爲宗旨。故余之學實宗《易》，非逞臆妄說也。（《新論》壬辰刪定本倉卒付印，近來覺得猶須刪改若干處，《明宗章》可不用，朱子《四書集注》竭平生之力，垂沒時猶修改。先哲為學，慎思而不苟也如是，余敢輕乎？）

余自悟得體用以後，始識西學只有唯心唯物之爭，要皆注意在現象，而未嘗探現象之原，中國自孔子始於現象而透徹大原，肯定大原不在現象之外，所謂即體即用，即用即體是也。（大海水與眾漚喻，最切。）體用不二義既決定，即於用上分說乾坤相反相成，是爲神質渾淪之大流，亦稱大用，故唯心唯物之爭自然不會有。余因考之晚周迄宋、明諸子，都無持一元唯心或一元唯物之論者。蓋自孔子沒後，道家崛興，其於體用猶不改《易》之規矩。（道家於用上分說陰陽，陽為精神，陰為物質，猶《易》之乾坤也。）自晚周道家以外諸子，乃至宋、明諸老先生，其學或宗儒，或宗道，或雜於儒道之間，皆於《大易》體用不二義未能徹悟。然陰陽變化之旨，則莫不有所領會，故不起唯心唯物之爭也。但道家於本體殊無眞見，

（此意實難簡單言之，此中亦不及論。）其千差萬錯，皆起於此。道家在吾國學術思想界實無好影響也。

三、《大易》肯定萬物爲實在，人類是萬物發展至最高之靈物，其爲眞實尤不待言。所謂乾元，只是從萬物或吾人自身推出去說，以明人與物同此大原而已。（大原，即是人或物之內自本因。說見前談天人中，可覆看。）不明乎此，將以本體，（即乾元。）爲客觀存在，人或萬物都從那裡變化而始有。（那裡，謂本體。）如此，則萬物與人都失其自己，萬物可以說是造化的玩具或糟粕，人類只自感藐小。（天地諸大物，固皆具有大全的實體，一粒沙子亦具有大全的實體。故自實體言，一粒沙子與天地大物平等平等，而況於人乎？以人為小者，不悟體故也。）哲學家之有此大謬者，豈止老、莊乎？實則此等大謬，猶自宗教傳來，唯《易》之體用不二，始脫盡宗教遺習耳。人類能本其所固有之大原而極力擴充，直握造化之權，而修裁成天地、輔相萬物之洪業，此人道所以自強不息也。

附錄

六經是孔子晚年定論

此爲乙未夏隨筆，本無條理，今稍治蕪雜，題曰〈六經是孔子晚年定論〉。

孔子早年當無革命與民主等思想，他還是承唐、虞三代群聖的遺教而欲得君行道。《論語》曰：「如有用我者，吾其爲東周乎？」又謂顏淵曰：「用之則行，舍之則藏。」又曰：「天下有道則見，無道則隱。」此等言論都是君主統治下底賢士大夫的思想，由《禮運》考之，禹、湯、文、武之小康禮教，孔子不以爲大道，自是其晚年見地。而彼早年確是服膺小康禮教之模範人物，在《論語》中可以找出甚多證據，茲不及詳。

孔子四十歲後大概漸有革命思想，他自道「四十而不惑」，這不惑一詞的裡面包含無量境界，可惜他未說出來，而記者也不問。到五十學《易》後，其思想界當更起複雜的遷變，至於富有、日新，遂臻大成之境。

從五十學《易》到七十四臨終共二十餘年中，不獨他的內聖學方面，較之五十以前有很大的變化。而其外王學方面必根本改變了從前欲依靠統治階層以求行道的想法，此在《論語》中也可考見許多證據，最顯著的有二條：一、公山、佛肸兩章所記的都是大夫的家臣起來叛他的主君，（大夫。）孔子曾想往助叛者。（此二章，余於〈原外王篇〉已解釋。）二、〈季氏篇〉有一章云：「孔子曰：『天下有道，則禮樂征伐自天子出；天下無道，則禮樂征伐自諸侯出，蓋十世希不失矣；（希者，稀少。）自大夫出，五世希不失矣；陪臣執國命，（陪臣者，大夫之家臣。其對國君而言，則稱陪臣。）三世希不失矣。』」這一章記者記得不差，所謂有道者，因爲多數小侯國各自即役其民互相紛爭，而有賢能者起來統一之，以成立王朝，是古所云有道之世。禮者，教民、養民諸政皆本於《禮經》。樂者，導民以和。征伐，所以禁暴。「禮樂征伐自天子出」，如堯、舜、禹、湯、文、武之世皆然。中國古代之開闢與發展固賴有此大一統之王朝，即天子掌禮樂征伐之大柄，以化成天下，而小民亦稍得安枕，不謂之有道不得也。然復須知，王朝既成爲據有天下的統治階層，諸侯已成爲據有一國的統治階層，大夫亦成爲據有其采邑的統治階層。是三層者，其後嗣往往昏貪相繼，而天下最大多數之小民，乃長處於被侵削之地位，終有伸張義憤之一日。居上者（三層統治。）猶怙其積威而不知止，《易》曰「亢龍有悔，窮之災也」，謂此耳。（居上而不能下，曰亢。龍以喻居上者。上之勢已極，而無可自支，故窮而有禍災也，此見《易・乾卦》。）故昔之見爲有道者，無幾何時而實成無道已極之亂制。（天子、諸侯、大夫，以少數人統治天下最大多數人，《春秋經》以此爲亂制。）《詩》有變雅與國風等怨誹之聲，統治者無道而其勢已窮，災象著矣。夫統治者必自行崩潰，首受其災者，唯在最上一層，（天子。）其處至高之地，挾無上之柄，故其窮而受災，必最先。孔子言「天下無道，則禮樂征伐自諸侯出」，蓋最上層與中層互相傾軋最甚。天子崩潰，即失其柄於諸侯，乃必然之勢也。上層潰而中層必不可久持，故曰「自諸侯出，蓋十世希不失矣」。諸侯與大夫利害之衝突益迫近，故諸侯自潰，而奪其柄者必爲大夫。然上中二層皆潰，則大夫承其頹勢，益無可自固，故曰「自大夫出，五世希不失矣」。大夫潰則陪臣執國命，更不可久。統治崩潰之勢，自上而下，其潰日急，至於陪臣，如燈臨滅，餘光乍耀便盡，（舊時以植物油燃燈，吾猶憶此景，後生只見電燈，當不悉此事耳。）故曰「三世希不失矣」。詳玩此章，可見孔子之學「明於庶物，察於人倫」。（此借用孟子語。人倫，猶言人群變化之公則。）其發明統治崩潰之定律，明白精確，而二千年來學者讀《論語》此章都無省悟，若一字不識者然，豈不奇哉！唯記者於孔子說到陪臣之失，卻不復言國之大命將執於誰，此或孔子故示幽默，或孔子更有言而記者不敢直錄其詞，今難斷定。獨明儒陳子龍曰：「陪臣之失，執國命者，庶民也。」一言而揭聖人之意，大慧哉！（子龍，字臥子，明季華亭人。余嘗言，宋儒倡鞭辟近裡切己之學，可謂知本，惜其短於致用。陽明廓然返諸良知，無所拘滯，以致良知於事事物物，釋《大學》之格物，於是學者多有獨辟之慮。民主思想、民族思想、格物或實用之學，皆萌生於明季。清人雖斬其緒，而近世吸收外化，明儒實導先路，不可忽也。常欲修《明儒學案》，而暮年無能為。）此章記至陪臣之失本已完結，而其下文復贅云：「天下有道，則政不在大夫。天下有道，則庶人不議。」此與上章義旨，全不相屬。上章明統治崩潰，必歸於民主，今言政不在大夫者，即後來商、韓輩，尊主卑臣之極權論也。言庶人不議，即商、韓反人民之私計也，此當爲六國時儒生之染於商、韓而擁護君主制度者妄行增竄。惜乎二千數百年無辨其僞者，而子龍亦弗辨焉。

《論語》所記孔子言行雖甚寡，然考其學術思想之變遷，大概以四十五十之間爲其前後大分界所在。五十以前，猶有依附統治以行王道之意，五十以後，蓋已決定消滅統治階層，廢私有制而倡天下爲公之大道，始作六經以詔後世，是爲其晚年定論，必無早歲屬望統治之幻想雜於其間，此可斷言。孔子告曾子與子貢，皆言「吾道一以貫之」，何至作六經而以公私淆雜之論自欺，且欺後世乎？（孔子豫測統治崩潰情形，蓋慮之熟，見之定，非一時感嘆之詞。試詳考中國歷史，每一皇朝之潰，何嘗逃得孔子之言。後世封建雖廢，而權奸竊柄者，猶諸侯、大夫也。惜乎《春秋》亡，《禮運》、《周官》二經都被奴儒竄亂。歷代知識分子，無有以民主思想領導群眾，故皇帝屢更代易姓，而統治階層卒不蕩滅，此中國社會之慘史也。後嗣自不肖，於先聖何尤？）

六經須辨偽求眞，既得眞已而後將六經會通看去，則六經為一貫，不待辨而自明。先言《詩經》。孟子曰：「《詩》亡，然後《春秋》作。」此言絕不妄，因其時地與孔子接近故。三百篇實以小民忿怨君上之詞，為主要作品，（此中君上，通天子諸侯大夫而言。）故孔子論《詩》曰「可以興，可以觀，可以群，可以怨」。（均解見《原儒》上卷。）此自明其刪定《詩經》之本意也。夫以天下小民之哀吟，而尊之為經，昭然與天地日月同其不朽，豈是尋常意義哉！六經皆有傳，孔子《詩傳》雖亡，吾人猶可想見其為民主思想及社會主義之導源。此由「《詩》亡，然後《春秋》作」之言，深玩之自可見。

次言禮。近來大學師生與社會賢達，談及孔子禮教無不詆為封建思想，此實承漢、宋群儒以謬偽相傳，而未嘗考耳。迂朽未敢苟同，拙著《原儒》斷定《儀禮》創始周公，後王當有附益。漢〈藝文志〉只稱《禮古經》，不言孔子修定，可謂無妄。後來治禮者，多欲以《儀禮》牽涉到孔子身上，不知是何用心？（或者以是歸功夫子歟？）《禮記》一書明明集成於漢人之手，其中材料固有採錄孔子新著，如《樂記》、《禮運》、《大學》、《中庸》等篇，皆極重要，可惜都被漢人改竄，其改竄也，大抵採集六國時孝治論派儒生之著述。學者試詳玩《禮記》當知此書處處表現孝治論之精神，至其保存周室暨列國所行禮俗頗不少，其釋《儀禮》者甚多，昔人亦有考證，不可據此書以議孔子也。《禮經》之為孔子創作者，唯《禮運》、《周官》二經，此余所往復詳究，而後敢作此判定也。二經皆根據《春秋》而作，《原儒》辨之甚明。《禮記》之讚禮也，曰：夫禮，極乎天而蟠乎地，窮高極遠而測深厚，天地將為昭焉。（禮乃經緯萬端，其位天地，育萬物之一切製作，將使天地為之昭明。）此蓋七十子後學讚揚孔子創造新禮之盛也。（新禮，謂《禮運》、《周官》。）尸子爲商鞅之師，其稱「孔子貴公」，即據《禮運》而言。談小康一節，從「大人世及以爲禮」，至「禮義爲紀，以正君臣，以篤父子」云云，明小康禮教，以宗法思想爲主幹。（嚴又陵言：封建社會，以宗法思想居十分之七。）又云「以設制度，以立田里」，則痛斥天子諸侯大夫皆以土地爲私有，而天下勞動小民無以爲生。又云「以賢勇智，以功爲己」云云，則揭穿統治者自固之術，而終無救於覆亡。《原儒》謂小康一段，是反封建之先聲。康有爲談《禮運》只襲取大同數語，而於小康半字不提，則大同思想將是憑空幻現，無有來由，豈不謬哉！豈不悖哉！蓋漢人改竄《禮運經》，雖篇首尚存大同小康兩段，而《禮記》之編輯者實以小康禮教爲天經地義，孔子天下爲公之新禮教，則彼所深惡而痛絕也。孔子雖斥破小康，而若輩乃昏然不知其非，反奉之爲正理，爲常道。故此篇畢竟將大同義，姑置而弗肯深論，卒盛演小康禮教。王肅無恥，僞造《孔子家語》引《禮運》開始兩段，厭小康兩字而刪去之，並多改變〈禮運篇〉原文。賤奴是何心術？不可問也。康有爲剽竊三世、大同諸名義，不過在經學界尋出前人未注意之題目，以驚世炫俗而已，要其腦中猶是漢人思想一全套，即小康禮教是也。今若責其不非難小康，毋乃爲康氏所蔽乎。

《周官經》與《禮運》互相發明，其於撥亂開治，以立太平大同之基，固已控其綱領，詳其條理。（《周官》的制度僅是撥亂開治時，權宜而設。《原儒》只略舉大要，未及深詳。《原儒》字字根據經文，無有臆說。撥亂者，撥去亂制，消滅統治，即革命之謂。）《周官》義旨，廣大悉備，誠難析舉，不得已而提要略談。一曰，此經規畫，蟠際天地，經緯萬端，其運乎萬事萬物而無弗在者，厥有二義：曰均，曰聯。以自然界言之，萬物雖有洪纖巨細等等差別，而各暢其性，各儲其能，則物皆各足，是謂大均，故曰泰山非大，秋毫非小，均爲至矣。物無孤立，大至諸天，細至微塵，皆互相聯繫而成其爲物。世界如大網罟，百千孔目，無弗相維，未有失其維而可爲物也。《周官》一切創業，一切施爲，無往不本均與聯之兩大義貫徹去，所以理萬物，成萬事，而無不利，此大同社會之極則也。二曰社會發展當由渙散而趨於結集，道家不明乎此，妄冀民至老死不相往來。《周官經》理群之道，在乎化私爲公，易散爲群，即以社會爲互相結合而有規則的整體，此其社會組織之理想，固本乎聯義。孔子遠在古代有此前識，不亦異乎？三曰，《周官經》以六官相聯，會成萬事萬化，而冬官尤爲萬化本根。漢人言〈冬官篇〉闕亡，後人無從想像此篇之內容，余從〈天官篇〉見其明定六官之職，其於冬官，則曰事職：（事職者，以其專掌百工之事，職在開闢一切生產事業，故云。）「以富邦國，以養萬民，以生百物。」此十二字倖存，眞無價寶也。（無價寶，借用佛籍語。）夫以富邦國，養萬民，生百物之職，屬諸掌百工之官，此與《易．繫辭傳》倡導格物學之意義，本爲一貫。（古云格物學，猶今之科學。）近世籌國計民生，群趨於工業化，適符其旨。聖人遠矚萬世，豈不奇哉！（事職十餘字，漢以來從無人發見。蓋自漢世至於清代之社會情形，非有特達之才，實無緣了解此等文義。）上來略提三要，實有掛一漏萬之愆，然引申觸類，是在細心耳。總之《禮經》廣大，（此中《禮經》，專目孔子之《禮運》與《周官》。下仿此。）自食貨，（今云經濟。）以至政治之經制，教化之旨要，凡所以裁成天地，曲成萬物之道，無不具在《禮經》。孔子之禮明明反小康，（小康正是封建思想。）而預爲大同造其端。（《周官經》以夏官領外交，而與冬官相聯，其職方、合方諸官皆主聯合大地萬國，注重交通與生產及互通有無等事業，實行平等互惠，是為大同開基。）嚴又陵不通六經，不辨三禮之孰爲古制？孰爲孔子創作？乃謂儒者言禮，適爲君主之利器，不悟《禮運》、《周官》皆消滅統治，廢私有制，明文彰著。今之學者不可承嚴氏之陋也。（禮與樂相聯，《周官經》有〈大司樂章〉。）

又次言《尚書》。漢武帝時，孔壁出之《古文尚書》，自是孔子修定之眞本。然漢朝君臣始終不肯以此書行世，獨秦博士伏生之書流傳至今。由此可以推想，孔子之書絕不利於皇帝。

又次言《春秋》。何休所述三世義，自是本諸公羊氏口義之流傳，其與《公羊傳》及董生《春秋繁露》所說三世義，分明無一毫相似處。《原儒》引何氏《解詁》逐句作釋，並將《公羊》義與何休義列表對照，則聖人爲萬世開太平之旨與公羊壽師弟爲漢制法之意相去何止九天九地。康有爲張三世而茫然弗辨，何哉？然非獨康氏，漢以來無辨之者也。何休所述者，爲公羊壽先世口義之遺，壽則背其先世而擁帝也。

又次言《大易》。漢儒言《易》爲五經之原，此七十子後學相承之說，而漢儒傳述之也。內聖外王之學皆備於《易》。《春秋》與《禮運》、《周官》雖特詳外王學，要皆根於內聖學，惜其原本俱改易，不得而詳矣。（《禮運》猶存大同小康二段文字。《春秋》原本便全毀。）《易經》亦不無竄亂，然於其大體無損也。余由漢儒稱述舊說，《易》爲五經之原，而斷定六經是孔子晚年定論。《論語》記載孔子五十學《易》，《史記》亦謂孔子晚而喜易，可見孔子作《易》確在晚年。（後儒或不信孔子作《易》，然《史記・蔡澤傳》，澤以〈乾卦〉爻辭與《論語・述而篇》語合引之，而稱聖人曰。聖人，謂孔子也，可證爻辭亦孔子作。舊以為周公作者皆瞽説耳。）五經皆原本《大易》，則五經成於《大易》之後，又不待論。

學者誠知六經是孔子晚年定論，則經中關於外王學之義旨，雖有漢人竄亂，而〈乾卦〉開宗明義，曰「亢龍有悔，窮之災也」。（解見前。）曰「首出庶物，萬國咸寧」。（首，始也。物字，亦作人字用。庶物，猶言庶人或庶民。庶人久受統治階層之壓抑與侵削，今始出而革命，故曰「首出庶物」。萬國庶民，以共同的意力，共理天下事，故咸寧。）終之曰「群龍无首，吉」。（解見〈原外王篇〉。）大義炳然，赫如天日。《春秋》諸經與《易》義皆一貫，（諸者，謂《禮運》、《周官》及《詩》、《書》等經。）何至雜以小康禮教？又何至以擁護統治爲大義乎？

異哉！漢世奴儒之說曰：「仲尼歿而微言絕，（李奇曰：「微言者，隱微不顯之言。」）七十子喪而大義乖。」（不獨劉歆、班固之徒持此說，實漢儒之所共承也。）其所謂大義者，即小康禮教，孟子言《春秋》誅亂臣賊子，公羊壽以所見等三世，明君臣恩義，皆是也。其所謂微言者，《禮運》彰天下爲公之大道，《春秋》以據亂等三世義，明撥亂，馴至太平，皆是也。劉歆等謂「仲尼歿而微言絕」，直不承認六經尚存微言；謂「七十子喪而大義乖」，則是孔子所授於七十子者只有大義，及七十子喪而大義亦乖矣。然則六經尚何有乎？夫聖人作六經，（有問：「《易》、《春秋》、《禮》、《樂》諸經，是聖人創作。《詩》、《書》則因古史、古詩而刪定之，似不可言作。」答曰：聖人刪定，自有取義，且必為傳，以發其義，是乃以述為作。）創發天下爲公之大道，廢除統治階層及私有制，而極乎天下一家之盛。《春秋經》雖亡，董生私語馬遷曰：貶天子，退諸侯，討大夫。〈禮運篇〉尚存倡大同斥小康諸義，《周官經》明明爲民主與社會主義導先路，（余於〈原外王篇〉處處引述經文而釋其義，未有一字無據。）《詩》存下民之哀吟，《書》爲帝者所陰毀，《樂經》導人以和，太平之原，實在乎是。皇皇五經，同出《大易》，義海汪洋，猶堪玩索。劉歆生漢世，親校六籍，乃避經義而不談，妄謂仲尼生前只有隱微不顯之言，垂沒而絕，其喪心病狂，竟至此極。余年十歲，始侍先父其相公於私塾。先公爲諸生說孟子，有曰「宰我、子貢、有若之徒，稱孔子爲生民以來所未有」。又謂其賢於堯、舜遠矣，此甚可怪。自有生民以來，中夏聖哲接踵而興，其開物成務之盛德神功，何至皆不逮孔子？且孔子嘆堯之德如天，舜有天下而與。（不與者，謂其身雖君臨天下，而心與庶人同。）其歸仰二聖也至矣，而敢曰賢之乎？今其弟子乃尊孔子於古聖之上，言之不怍，其必有故，否則遊於聖人之門者，何謬妄乃爾。余時謹記訓言，迄成年猶索解不得，後來漸通六比，乃知堯、舜雖有盛德，然其時尚不能發生民主的思想。孔子六經實爲空前創見，故宰我嘆其賢於堯、舜也。子貢曰：「見其禮而知其政。（此言孔子雖未得位行政，然今見其創造之《禮經》，可知其天下為公之政制，將為萬世法。《禮經》即《禮運》與《周官經》。）聞其樂而知其德，（《論語．子罕篇》，孔子自衛反魯，始正樂。《樂經》當作於其時。孔子之外王學以禮樂為治化之本，故子貢先舉孔子之禮樂。）由百世之後，等百世之王，莫之能違也。（等者，評定得失，猶云批判。此言孔子從百世之後，上論已往百世之王，而定其得失，當時後世之人莫能違反其論也。如刪《詩》則存小民怨詩，以罪昏暴之王、侯、大夫，作《春秋》則以統治階層為亂制，雖禹、湯、文、武之治，亦僅目為小康無當於大道。此其持論，高遠而正大，孰能違反之乎？）自生民以來，未有夫子也。」（由《禮》、《樂》、《詩》、《春秋》諸經之制作，可見孔子為生民以來所未有。子貢推尊夫子之故，於此說得明白。）有若言：「生民以來，未有盛於孔子。」雖未明舉六經，其意當與子貢同。余觀子貢等讚聖之詞，可見六經天下爲公之道，一掃往古百王統治遺軌，七十子服習經說者，蓋亦多矣。縱云孔子早年，憲章文、武，即守小康禮教，故七十子後學。承其早年思想，猶奉尊君大義始終不變，此如孟、荀雖並主革除暴君而皆不言毀棄君主制度，不言消滅統治，是其明徵。（縱云，一氣貫至此。）然七十子縱不皆持六經，若其篤守所謂大義者，亦絕非多數。《史記．孔子世家》稱弟子三千，身通六藝者七十有二人，（六經亦名六藝。）其說必有所本。至戰國時，七十子後學轉而宗小康者或較盛，孟、荀皆於其時爲大師，可以窺孔學之流變矣。（孟子主張以孝治天下，故曰「堯、舜之道，孝弟而已矣」，曰人人親其親，長其長，而天下平，此其骨子也。荀子主張養人之欲，給人之求，雖與孟子不必同，然孟、荀皆傳小康禮教則無疑。康有為以孟子屬大同學，則是讀孟子而未通也。）

大義、微言本劉歆誣聖之詞。孔子晚而作六經，倡明內聖外王之道，其於外王創發天下爲公，當時所駭爲非常異義可怪之論。（此古《春秋》說。）六經皆是巨典，其說靡不一貫，漢人雖多竄亂，而其眞相猶可考，本無隱微不顯之言。姑舉《易．乾卦》爲徵。其曰：「亢龍有悔，窮之災也。」又曰：「亢龍有悔，盈不可久也。」（盈者滿盈。勢極而窮，故不可久。）此爲統治階層必由之公律。曰：「首出庶物，萬國咸寧。」此爲革命民主之眞諦。曰：「群龍无首，吉。」此爲大同社會之極則。又徵之《春秋．禮運篇》曰：「故天子有田，以處其子孫；（王者直轄的邦內之田皆其私有。）諸侯有國，以處其子孫；大夫有采，以處其子孫；是謂制度。」董仲舒語馬遷曰：《春秋》貶天子，退諸侯，討大夫。是故以《禮運》、《春秋》相對照，而聖人傾覆統治之故，可知矣。此但略舉一二，足證六經持論精詳，何有隱微不顯之言，如劉歆所云者乎？至於君臣之義，爲小康禮教重心所在，孔子早年未嘗不以此教學者。晚年作六經主張消滅統治，豈復有尊君大義可說？七十子傑出於三千之中，深通六經，何至以擁護君權爲大義？甚哉劉歆之汙賤也。（《史記》稱仲尼弟子三千，通六經者只七十二人，可見六經在當時為非常異義。）自劉歆唱大義、微言之僞說，漢以來因之，至清季康有爲言《春秋》，復祖述劉歆，而六經之眞相乃完全晦蔽，不可認識，豈不傷哉！據歆等之說，則是孔子平生教授三千七十之徒，唯是小康大義，而微言或偶有流露，七十子猶罕聞之，況三千乎？故六經只以大義爲主，微言幾乎無存。後之研六經者，亦研其大義而已。歆之作僞如是，而有不可掩者，即承認孔子於大義之外猶有隱微不顯之言，（微言。）此隱微不顯之言，固明明反大義也。孔子晚年作六經，胡爲不發表其良知之所見所信爲大道者，（大道，詳〈禮運篇〉。）顧乃畏避當世有威權勢力者之嫉忌，而不惜背良知隱大道，宣揚小康戴君之大義。而盡叛其夙昔誦《詩》學《易》，吉凶與民同患之志與學？（「吉凶與民同患」，見《易．繫辭傳》。）學子而非甚不肖也，猶不必於晚年作是事，況夫生民以來未有之大聖，而忍出此哉？昔者，余亦嘗承認歆等之說，久而深思焉，吾儕不敢駁歆等者，徒以經中有大義耳。繼而考見漢人竄亂之證，始毅然不爲歆等奸言所亂。天下爲公之大道是六經外王學一貫旨趣，尸子在戰國時，已明言之矣。

劉歆之說，蓋本於漢初竄亂之僞經，而不惜誣孔子，然漢初之儒亦非無所承也。仲尼之門守其早年小康學而弗肯變者，當不乏人。如《史記·孔子世家》曰：「踐土之會，實召周天子。」而《春秋》諱之曰：「天王狩於河陽。推此類以繩當世，貶損之義。（謂臣不盡臣道，則貶損之。）後有王者舉而開之，《春秋》之義行則天下亂臣賊子懼焉。」據此所云，則馬遷敘述孔子作《春秋》之意，與孟子恰相符合。（孟子言，孔子《春秋》成，而亂臣賊子懼。）孟子爲七十子後學中孝治派大師。馬遷所據必六國時孝治派迂儒，以其小康尊君大義而說《春秋》，實非孔子《春秋經》之本旨也。馬遷此說亦見《左傳》。《左氏·僖公二十八年》傳云：「晉侯召王，以諸侯見，（晉侯，晉文公也。是時文公初霸，實召周天子臨於踐土，而率諸侯以朝見之。）且使王狩，（古者天子有巡狩之禮，故晉侯使王狩也。）仲尼曰：『以臣召君，不可以訓。』故書曰：『天王狩於河陽。』」（河陽，晉地。言仲尼如此書法，則周天子為自舉巡狩之典，以見非晉侯所可召致也。蓋天子為諸侯共戴之大君，諸侯事天子當盡臣道，小康禮教以尊君大義為其重心，此類書法是其深意所存也。以上見《左傳》。）《左傳》此文或係漢初人所竄入，或是六國時孝治論者所竄入，今難置斷。設由漢人增竄，而其文旨亦必本於六國時孝治派之儒，此則可斷言耳。唯馬遷記《春秋》書天王狩河陽事，其果據《左傳》乎？抑別有所據乎？此亦是一問題。今考《史記·十二諸侯年表序》有曰：「魯君子左丘明」，「因孔子史記，具論其語，成《左氏春秋》」。序所云《左氏春秋》，即是《左傳》。今玩此序，妄將孔子《春秋經》說成史書，（孔子依魯史記而作《春秋》，乃自發表其哲學思想，是經而非史。）遷蓋欲以其《史記》上附於孔子《春秋》，故不惜侮經，遷未聞大道，無足責也。其云魯君子左丘明，蓋因《論語．公冶長篇》有左丘明，遂逞臆說，殊難徵信。遷之《史記》一書疏謬太多，此不及論。但遷既稱及《左傳》，則其記《春秋》書天王狩河陽事，當是據《左傳》無疑。《左傳》之作者爲誰，自昔無可稽考，唯自唐、宋迄於清世，趙匡、王安石、鄭樵、王應麟、林黃中、劉逢祿諸儒，先後考證《左傳》涉及六國時事者甚多。鄭樵所舉八節，雖有二三處錯誤，而通取諸儒所考定者合觀之，則可得不搖之結論有二：一曰、《左傳》決是六國時人作。而自六國以至漢之劉歆，傳授《左傳》者，時有竄亂，其稱《左氏春秋》蓋欲托於《論語》中左丘明。二曰、漢博士駁劉歆而言左氏不傳《春秋》，（傳者，所以解釋經旨也。博士謂左氏本不是為《春秋》作傳，但雜集史料之書耳。）歆責博士書皆空言，實無有反攻博士之證據。博士擯斥《左傳》甚是。劉逢祿《左氏春秋考證》精嚴無匹，足證明《左傳》實不解經，與漢博士說恰合。由上兩種結論而言，《左傳》「天王狩河陽」一條必非孔子《春秋經》之本文。其《傳》稱仲尼曰「以臣召君，不可以訓」云云，必是僞托孔子之言。須知孔子所作《春秋》其經文全部無有一處不出自聖意，《左傳》既是解經，何獨於此處而特標仲尼曰乎？今此處特標仲尼曰則是作僞者心勞而拙，自露其僞跡耳。馬遷疏謬，輕信《左傳》作於魯君子左丘明，（即以為是《論語》中之左丘明。）故於〈孔子世家〉採錄左氏「天王狩於河陽」之傳文。（余既否認《左傳》為丘明作，而仍用左氏一詞者，以彼書向稱《左氏春秋》，亦稱《左傳》，便須沿用其名稱耳。）自此僞說編入世家，而《春秋經》乃完全被人誤解，以爲是尊君大義之書，與魯國《史記》何所異乎？（《魯史記》當然守尊君大義，君主時代未有國史而不以尊君垂教者也。）

復次，孔子晚而作《易》，其作《春秋》與《禮運》、《周官》更在《易》後。《易》以〈乾卦〉

開宗，（開示其所宗主也。）其於外王學明明倡言，曰「亢龍有悔，盈不可久也」。曰「首出庶物，萬國咸寧」。以此徵之《論語·季氏篇》「天下無道，則禮樂征伐自諸侯出」云云，其義旨皆一貫。孔子「知周萬物」，（見《易·繫辭傳》。）深達群變，已發見革命，民主之大道，豫測統治階層崩潰勢速。（勢速一詞，借用佛典。）其作《春秋》經斷無復張尊君大義，以維護周天子之理，齊桓、晉文皆霸業之先創者，（晉文緊接齊桓而興。）《論語》云「禮樂征伐自諸侯出」，此其時也。孔子於桓文之事，唯注意密察群變而把握其「窮則變，變則通，通則久」之定律。（參考《易·繫辭傳》。）何至挾一尊君大義作主張，而本之以裁斷霸者行事，何於臣道與否，以是爲能事乎？馬遷《史記·自序》有曰：「《春秋》採善貶惡，推三代之德，褒周室，非獨刺譏而已也。」據此，可見馬遷厚誣《春秋》而媚劉帝。（劉帝一詞，見緯書。）周自武王始有天下，孔子已議其未盡善。成王托周公之烈，康王始衰，自此以至東管，世世無令主，小民受侵削之慘，見於〈變雅〉與〈王風〉者，今猶可考。孔子刪定《詩經》未嘗爲周室諱，其作《春秋》志在改亂制。（亂制，謂天子諸侯等統治階層，改者，革去之謂，此古說之僅存者。）而馬遷乃誣《春秋》「褒周室」，豈不悖哉？「踐土之會，晉侯實召王」，此從民群變動之觀點而言，只是統治崩潰歷程中之一節目。聖人何至於此，發生以臣召君不可爲訓之嘆，而必本尊君大義以定其對於此事之書法，將令天下亂臣賊子懼，如馬遷所云者哉？自孟子至於公羊壽、胡毋生、董仲舒、司馬遷之徒，其言《春秋》皆以尊君大義爲主，而於經文每一條必曲爲之解，以爲聖人褒善貶惡，書法謹嚴，將使天下亂臣賊子懼焉。（書法者，書猶紀載，謂聖人書記古今君臣行事善惡，其修辭則隱寓褒貶之法，是名書法。）自漢代以迄於清世，治史者皆注重於君臣個人，而於民群變化萬端乃冥然不觀其會通，不究其理則。（理則，猶言規律。）孔子六經之眞相不明，而史學亦成爲錮人智慧之具，此論漢以來學術者，所不可忽也。《左氏》

「天王狩河陽」傳所稱仲尼之言，以較《論語．季氏篇》論統治崩潰之情形，明明相違反，余敢斷言其為六國時孝治論者之所僞托。自漢以後，常以君先於父，忠先於孝而爲言，此從大小《戴禮》與《孝經》合究之，不難見也。（明儒黃道周《孝經集傳》可參考。黃氏自序云「六經之本皆出《孝經》。而《小戴記》四十有九篇，《大戴記》三十有六篇皆為《孝經》疏義」云云。黃先生此說既不解六經，亦不解二《戴禮》。《儀禮》是古《禮經》，二《戴禮》雖輯於漢人，而其材料要皆七十子後學稽古之所獲。《孝經》當是漢人偽托，最早亦是六國時孝治派之儒所造，其義自是根據《儀禮》與二《戴記》。何休《公羊解詁序》以《孝經》與《春秋》並重，蓋漢人利用孝治派之論，以定孔子為一尊而擁護統治。《孝經》之價值極高，影響極大，黃先生受其錮蔽而不覺，其自序所云，確足代表漢以來之所謂經學。唯余反對《孝經》以孝道與統治亂制相結合，確不是反對孝道，學者宜知。）

孝治論正是小康禮教，以尊君大義爲其重心。余斷定《左氏》「天王狩河陽」傳稱仲尼曰云云，必爲孝治派之儒所僞托。夫晉侯召王則天子崩潰之勢劇矣，尊君者必不可忍，故托於孔子以義繩之也。余自信此判斷爲無妄。馬遷《史記．自序》詳述其父談《論六家要旨》，其於儒家六經，以博而寡要、勞而無功詆之。而有特別尊崇之一點，其詞曰：「若夫列君臣父子之禮，序夫婦長幼之別，雖百家弗能易也。」據此所云，談於儒家實無所知。禮，正君臣父子，序夫婦長幼，其源甚古，《帝舜》愼徽五典即此也。禹、湯、文、武相承不替之小康禮教，以此爲根本，固不待言。然此非儒家所特創，談獨歸之儒家何耶？儒學成家畢竟自孔子始。孔子早歲固服膺小康禮教，晚而作六經，則君臣一倫不得不廢，至於父子宜親，夫婦長幼有序，皆人道之當然，譬如布帛菽粟人莫能廢。儒者與百家同率由乎常道而已。何可以此爲儒家所特創者乎？然而談獨以此讚儒家者亦非無故。三千之徒承孔子早年傳授，弘闡小康禮教者，當居多數，孝治論蓋其最著者耳。（今可考見者，如孟子、荀卿同是小康禮教，而孟子確是孝治論，荀子則以禮之本，在養人之欲，給人之求，與孟有異。）談所云正君臣父子，序夫婦長幼，即屬小康禮教中孝治派之宗要。（宗者主旨，要者綱要。）漢初儒生所一致推演者，唯在乎是。談固奉持唯謹，而遷亦繼其父志。談之學宗道論，雖嘗受《易》楊何術數而已，於孔子之《易》無聞焉。遷涉獵六經，聞見視其父爲博，然務變亂六經眞相，歸於小康禮教，則與其父不異。遷受《春秋》於董生，頗聞貶天子、退諸侯、討大夫之本義，然於此語焉而不詳。（本義者，謂其為孔子之真也。語焉不詳者，不欲傳其真也。）其所特詳者，則皆董生所稟諸公羊壽僞傳之旨，（偽傳，謂《公羊傳》。）如曰：「《春秋》上明三王之道，（三王者，禹、湯、文、武即〈禮運篇〉所謂小康六君子也。以三代哲王渾稱之，則曰三王。若析舉之，而加成王、周公則曰六君子。詳略雖異，所目無別。《公羊傳》實宗小康，而不取大同，故曰「上明三王之道」。董生此語說得分明。）下辨人事之紀。別嫌疑，明是非，定猶豫，（疑而不決曰猶豫。是非明則疑事可定。）善善，惡惡，賢賢，賤不肖，（《公羊傳》為漢制法之意在此。）存亡國，繼絕世，（此本孔子《春秋》之旨。昇平世，諸夏以平等精神互相聯合，不許強者侵呑弱小。《公羊傳》存此義，以其無礙於漢朝也。）補敝起廢，王道之大者也。」又曰：「《春秋》之中弒君三十六，亡國五十二，諸侯奔走，不得保其社稷者不可勝數。察其所以，皆失其本矣。故《易》曰『失之毫釐，差以千里』，故曰『臣弒君，子弒父，非一旦一夕之故也，其漸久矣』」。（上文辨人事之紀，別嫌疑，明是非等語，皆從此處注意。須知，孔子《春秋》是因與庶民同患而作，「《詩》亡然後《春秋》作」，孟子固聞而知之矣。故「貶天子、退諸侯、討大夫」，此孔子《春秋》真相也。《公羊傳》則因弒父與君，及諸侯不得保其社稷而作，用意在維護統治。孟子早已變亂孔子之《春秋》，而公羊壽師弟擴其緒。余謂《公羊傳》是以孝治論為宗，確不誣。）故有國者，不可以不知《春秋》，前有讒而不見，後有賊而不知。爲人臣者，不可以不知《春秋》，守經事而不知其宜，遭變事而不知其權。爲人君父而不通《春秋》之義者，必蒙首惡之名。爲人臣子而不通《春秋》之義者，必陷簒弒之誅，死罪之名。」「夫不通禮義之旨，至於君不君，臣不臣，父不父，子不子。夫君不君則犯，（顏注，為臣下所干犯。）臣不臣則誅，父不父則無道，子不子則不孝。此四行者，天下之大過也。」「故《春秋》者，禮義之大宗也。」（以上諸文，須與〈禮運篇〉談小康處參看。彼處有云「禮義以為紀，以正君臣，以篤父子，以睦兄弟，以和夫婦」。此正《公羊傳》所本。）「《春秋》採善貶惡，推三代之德，褒周室，非獨刺譏而已也。」（以上，節錄馬遷《史記‧自序》。）據馬遷敘述董生之言《春秋》，僅開端提及「《春秋》貶天子，退諸侯，討大夫」數字，其下文「夫《春秋》上明三王之道」云云，長段議論完全是小康禮教，後文復結歸於「推三代之德，褒周室」。即是以小康六君子爲宗主。董生闡發《公羊傳》全書宗趣，可謂詳盡無遺，（宗趣者，宗謂宗主，趣者旨趣。）結語（「推三代之德，褒周室。」）直將開端所述孔子貶天子、退諸侯、討大夫之本旨完全拋棄。

馬遷敘述董生說之一段文字，其用心甚詭，與《禮記》中〈禮運篇〉頗相類。改竄《禮運》之人，不能不於篇首略存孔子眞相，然於敘述「天下爲公」數語之後，便棄去大同，而將孔子所不許爲大道之小康轉奉之爲宗本。（詳〈原外王篇〉。）馬遷受《春秋》於董生，述其所聞，亦不能不提及孔子本義，（即「貶天子，退諸侯，討大夫」。）然才提便休，其宗主畢竟在三王之小康禮教。二千餘年學人皆爲其所欺，豈非怪事！馬遷影響極大，《史記》一書爲學者宗，實與六經同尊。孔子眞相晦而不明，遷不得無過也。（遷稱董之言曰「《春秋》上明三王之道，下辨人事之紀」，其後文有曰：「《春秋》者禮義之大宗也。」所謂人事之紀，即禮義是已。所謂禮義，首在正君臣，篤父子。《禮運》小康之教綱與治本均在此。

《公羊傳》所本者，即小康禮教。司馬談深有取於列君臣父子之禮，遷承父志，從其述董生《春秋》說徵之，確然著明矣。夫父子之恩，不可不篤，人類如不滅，此禮不容毀。然以尊父與尊君相結合，遂使獨夫統治天下之局特別延長，社會各方面並呈衰退之象，此研究中國古代學術者，所不可不知也。）

劉歆大義、微言之分，蓋始於漢初之《春秋》家。（歆雖欲抑《公羊傳》，以立左氏，而實受《公羊》影響。）公羊壽僞傳本以大義爲主，而微言偶見。如「貶天子，退諸侯，討大夫」，此即歆之所謂微言。然《公羊傳》中則貶詞雖視譏詞稍重，而兩詞性質全同，實不許含有革命意義，乃悍然叛聖經而不惜。董生稱孔子曰：「我欲載之空言，不如見之於行事之深切著明也。」（馬遷〈自序〉引此，是董生私授之者，而《春秋緯》亦有此文。）此乃孔子自明其志在實行革命。徒托空言無益也，而公羊壽之徒則皆以私意曲解此文曰：「夫子意謂，我如欲自立空言，不如就魯史記所載君臣行事，而因之以褒貶是非，乃深切著明，使天下亂臣賊子懼也。」（不如二字，一氣貫下。）此等邪解，稍有知識者亦能辨其誣聖之罪。據魯史記二百四十二年之紀載，考其君臣行事，而褒貶之，此即後人史論一類作品耳。不是載之空言是什麼？謂聖經爲史論可乎？無忌憚而毀聖學，使後人不知有實踐，其罪不可原也。

劉歆雖抑《公羊傳》，而以《左氏春秋》爲左丘明作，稱其好惡與聖人同。昔人謂歆黨王莽別有用意，《左傳》載史墨對趙簡子，君臣無常位云云，足爲王莽謀篡張目，此歆所以尊《左傳》也。然賈逵謂生氏深於君父，其義有據。趙簡子，晉之權臣，史墨蓋其黨。《左傳》非創作人一手所定之原本，六國時人已有增竄，其中有史墨語爲劉歆所私取，不足掩其全書深於君父之旨。（深於者，謂其於君父之義甚深厚也。）歆雖立《左氏》而排《公羊傳》，實則《左》與《公羊》並無根本不同處也。且歆之排《公羊》者，其用意不在壽之僞傳，而實欲否認壽之先祖受《春秋》於子夏一事，以此排斥《公羊》家有口義流行。歆言仲尼沒而微言絕，其詭詐尤爲公羊壽等所未有也。孔子之微言即絕，則《春秋》只有大義，由《春秋》而推之群經，即無不都是大義。嚴復以孔子爲封建社會之聖人，以六經爲封建思想，以儒家之禮爲君主之利器，（見嚴復《評點老子》。）其說皆祖劉歆，與康有爲同蔽也。

漢初人確已改竄六經，其作法則各家皆歸一致。田何首傳《易》，唯傳術數，而不傳孔子本義。馬遷自序稱其父談受《易》於楊何。楊何，田氏再傳弟子也。《史記・田敬仲完世家》贊曰「太史公（馬遷自稱也。）曰蓋孔子晚而喜《易》。《易》之爲術，幽明遠矣。（馬遷意云，人事得失，吉凶著見者，謂之明；而冥冥中有不可知者，謂之幽。幽明之故，深遠至極也。）非通人達才，孰能注意焉。故周太史之卦，田敬仲完占至十世之後」云云。據此，可見田何傳授之《易》實以術數，而托於孔子《易經》。馬遷承其父教，茫然以孔子晚而喜《易》，即術數之《易》也，豈不冤哉？其實周太史之卦，乃田氏謀篡齊國，造謠以惑眾耳，焉有占至十世以後之事乎？漢《易》家同主象數，同出田何，同托於孔，而實反孔，亦孔之哀矣。

毀《春秋》而造僞，則自公羊壽與其弟子胡毋生、董仲舒始。《公羊傳》本壽與胡毋合作，仲舒未參預僞傳，而別爲《春秋繁露》以羽翼之，且嘗爲文，稱胡毋之德。馬遷從仲舒，受壽與胡毋僞學，其《史記》一書則宣揚僞學最有力之寶笈也。

《易》爲五經之原，（此說本自七十子後學遞相傳授，而漢人承之。蓋漢人無改變此等事蹟之必要也。）《春秋》僅次於《易》，以視他經，則又獨尊焉。孟子曰：「《詩》亡，然後《春秋》作。」其言詩亡者，孔子晚年列國昏亂日甚，民間不得以怨聲上達，故謂《詩》亡，（非謂王朝舊採之詩行於世者，今已亡也，亦非謂民眾無哀吟也。）於是有廢除統治之思而作《春秋》，《禮運》、《周官》二經皆繼《春秋》而作。《樂經》與《禮運》、《周官》相輔而行。《詩》、《書》經傳當作於二禮之後。（六經皆有傳。孔子刪定《詩》、《書》二經必皆作傳，惜皆亡失。二禮，謂《禮運》、《周官》。）孔子早年雅言《詩》、《書》，（見《論語》。）蓋欣然有祖述堯、舜，憲章文、武，夢見周公之誠。五十學《易》而後，思想大變，觀察世變益深，於是作《易》、《春秋》、新禮諸經。（新禮謂《禮運》、《周官》。）此其後，必將重理早歲《詩》、《書》故業，予以改造。其刪定三百篇及爲《詩》傳，必本《大易》「吉凶與民同患」及《春秋》改亂制之旨，故《論語》有興、觀、群、怨之言也。其刪定《尚書》及爲《書》傳必本《禮運》天下爲公之大道，不以小康爲可慕也。由孔子早年思想言之，《詩》、《書》爲最先，（先者，著重之意。下仿此。）由孔子晚年定論言之，《易》、《春秋》爲最先。余謂《詩》、《書》經傳皆成於最後，絕不是妄猜之談。（古籍言六經，有先舉《詩》、《書》者，從其早年而說也；有先舉《易》、《春秋》者，從其晚年而說也。）

劉漢肇興，孔子之《易》，亂於田何。（亂者，變亂之，失其真也。）然其大體猶可考辨，孔子之《春秋》亡於公羊壽師弟，則原文都無散帙可尋，唯何休三世及他處偶有單詞，可資參證而已。（如《春秋緯》有改亂制及「我欲載之空言，不如見之於行事」云云，馬遷述董生稱《春秋》貶天子、退諸侯等語。）《易》、《春秋》二經是《禮》、《樂》、《詩》、《書》諸經之母，二經在漢初既已改竄，餘經自無可存其眞。（餘經，謂《禮》、《樂》、《詩》、《書》等經。）馬遷《史記·自序》中，曾於六經各以一二語總括其概要，（概者大概，要者要旨。）二千餘年來群儒治經無有異議，可見孔子六經在漢武時，已被諸老儒與博士之徒改竄都畢，成爲典常。今節錄馬遷〈自序〉，分別附注，如下：

「《易》著天地、陰陽、四時、五行，故長於變。」注曰：此以術數言《易》者也。古代術數見於

《漢書·藝文志》者，約有陰陽、曆譜、五行諸家。〈志〉曰：陰陽家者流，「敬順昊天，曆象日月星辰，敬授民時，此其所長也。及拘者爲之，則牽於禁忌，泥於小數，捨人事而任鬼神」。（陰陽家雖為天文學之起源，然〈志〉稱其多禁忌，泥小數，任鬼神，大約初民迷信天地有神異，而造一種術數以測天變。）又曰：「曆譜者，序四時之位，正分至之節，會日月五星之辰，以考寒暑殺生之實。」「又以探知五星日月之會，凶厄之患，吉隆之喜，其術皆出焉。」五行家，〈志〉載有三十一家，書六百五十二卷，如《黃帝陰陽》、《神農大幽五行》、《四時五行經》、《陰陽五行時令》之類。諸書當是晚周人僞托，然其術自〈繫辭傳〉源出遠古。以上略舉大概，術數分派甚繁，此不及詳。洪古術數之興，蓋由初民觀於天地間，而興神異之感，亦不無初步格物的知識。然究以主觀的神異感爲主，格物知識之成分甚少。凡推吉凶之術，皆出自神異感，此古代各種術數之概況也。術數當興於伏羲八卦之前，爲伏羲畫卦之所資始，及八卦既出，雖爲格物窮理之偉績，而亦未脫盡術數的窠臼。（漢《易》猶存其根柢。）要至孔子作《周易》，（周者，普遍義。《易》之道，無所不在也。）始斷絕術數而純爲哲學大典，此從現存《易》經深玩分明可見。六國衰亂，群情惶惑，術數盛行，皆托於《大易》。田何以亡齊遺民入漢，遂以術數傳《易》，爲漢代《易》家開山。馬遷所云「《易》著天地、陰陽、四時、五行，故長於變」者，是田何術數之《易》。漢《易》皆其餘裔也。遷云「長於變」，不知術數家之《易》是以主觀迷情測自然之變，（如五行家，以五行之序亂，五星之變作，而言吉凶。）此與孔子本乎伏羲仰觀俯察，近取諸身，遠取諸物，而知變化之道者，其爲術絕無相似，是不可無辨也。

「《禮》，經紀人倫，故長於行。」注曰：遷所言之禮，古禮也。古禮精神，確是經紀人倫。人倫一詞不可泛解。古代已定爲五倫，帝舜愼徽五典是也。（愼徽，謂居上者以五倫，敬愼而導民於好善好美也。）遷之父談所云「列君臣父子之禮，序夫婦長幼之別」，正是古禮，遷所承也。（有問：「談之說似遺去朋友一倫。」答曰：不然。談言長幼，即統攝兄弟朋友二倫。）然孔子制新禮，自食貨（今云經濟。）以至政治教化等等，凡所以裁成天地、輔相萬物之道，無所不包通，實不拘於五倫。（五倫不可廢者，如父子、夫婦、兄弟、朋友之禮，皆人道貞常，孔子何嘗廢之乎？人類如不絕，終無可廢也。然不可拘限於此，拘便成私，人生本與天地萬物同體，孔子故貴公也。）遷乃避《禮運》、《周官》諸經而不談，可見漢初言《禮經》者，已廢去孔子新經而復古禮。《禮運》則《戴記》削除之幾盡，《周官》則武帝詆爲瀆亂不經，祕不流通，是其徵也。

「《書》，記先王之事，故長於政。」注曰：此必孔子未修之古書也。孔子刪修之書必非記事之史，如是記事之史，則亦晚世通鑑輯覽一類俗物，有甚意義。秦博士伏生之書，即獵取古書而爲之，聊以記事，絕非孔子之書，故自漢世流通以至於今，若夫孔壁出之古文書，漢武所祕之而不行者，必孔子之書也，其不行自有故在。

「《詩》，記山川，溪谷、禽獸、草木、牝牡雌雄，故長於風。」注曰：專以考釋山川草木鳥獸而治《詩》。（注意專字。）漢初儒生首開其端，於遷此言而徵之矣。孔子刪《詩》必作傳以明義，孟子曰「《詩》亡然後《春秋》作」，即此可以想見孔子《詩傳》，必宣達其「吉凶與民同患」之意，而漢人乃轉移其志事於考據一途。古哲云：「詩言志。」志氣消磨於瑣碎，是何足以風乎？孔子《詩傳》，漢人不存一字，眞可恨也。（《論語》說《詩》處皆有遠旨，惜乎注家不能發揮。而〈陽貨篇〉小子章當是二章，卻被編者以私意合併。其一章云：「子曰：『小子，何莫學夫詩？邇之事父，遠之事君，多識於鳥獸草木之名。』」此孔子早年教小子語也。其二章云：「子曰：『詩，可以興，可以觀，可以群，可以怨。』」此孔子晚年語也。兩章義旨絕不同，後章殊難為小子言，無可合在一處，從來無辨者，怪哉！）

「《樂》，樂（音洛。）所以立，故長於和。」注曰：遷能通《樂經》矣。和樂者，生生眞幾，吾人與天地萬物之本性也。人生順其本性發展，即離倒妄，而爲能立。（倒妄一詞，借用佛典，有迷妄與下墜等義。）失其和樂之本性，即陷倒妄，則人無以立矣。樂（樂讀岳。）導人以和樂，此《樂經》所爲作也。

「《春秋》辨是非，故長於治人。」注曰：此宗公羊壽之傳。以大義爲法守，分辨善惡，而褒貶之，是非不亂，使亂臣賊子懼也。遷之《史記》所宗在是。

遷仕武帝朝，猶是漢初人。（武帝即位時，漢興才六十年耳。）觀其於六經各以一二語爲之提要，歷二千餘年，學人傳習遵守無有懷疑六經非孔子之眞相者，蓋自漢朝帝業初定。田何首以術數，變亂孔子《易經》。公羊壽師弟首以爲漢制法，完全改易孔子《春秋》。伏生以其爲秦博士時所掌古書，代替孔子《書經》。《小戴禮記》將《禮運》全經改作，爲《記》中之一篇仍以《禮運》名，僅篇首存原書義旨，不過寥寥數語，（此數語中，當有變其本義者。）而終歸本於孔子所不許爲大道之小康，以爲不廢江河萬古流。（詳〈原外王篇〉。）《禮運》廢統治與私有制，實爲改革舊禮教之一部大典，漢人乃毀之以復古，豈不惜哉？《周官經》本《春秋》撥亂而入昇平之治法，首厄於漢武。冬官以工領商，（地官以養兼教，明教養之聯繫。夏官以軍領外交，明軍政與外交之聯繫。故知冬官掌工，必領商也。）漢人獎孝弟力田，以定民志，甚惡工商。《冬官》必爲博士所毀。劉歆佐王莽篡帝位，雖欲襲此經法度以自文，然於天子禮制必欲維持，則歆於經文必有所改變，是可斷言。且六國時小康之儒絕不無改竄，何止劉歆，但此書大體猶足推尋是亦不幸中之一幸耳。禮與樂交融而不可離，孔子之《禮經》既竄亂，則《樂經》自無可孤存。《詩經》與《春秋》關係密切，《春秋》既毀於公羊壽，則治《詩》者不敢存孔子《詩傳》，而逃於草木禽蟲之玩好，固無足怪。

今當總括作結。康有爲言《春秋》祖述劉歆分別大義、微言之說，余在清季已懷疑，但爾時未欲整理六經，故置而弗究。後來游心宇宙論，（此中宇宙論，是通本體與現象而言。）耗力於佛家大乘之時多，喜其玄解，而惡其空想、幻想，卒謝釋宗歸諸自悟。六十歲左右，深有感於孔子內聖外王之道，誓以身心奉諸先聖。以爲六經自漢傳來，不得忽略漢儒舊說，久之發見漢人誣亂，（改竄經文是謂亂，本非聖人之旨而以私見曲解是謂誣。）於是回想劉歆大義、微言之分，久而不能判其然否，時或姑仍其說，以便調和衝突。（如〈禮運篇〉小康為大義，大同為微言。《公羊傳》為漢制法，自是大義，何休《解詁》特採入據亂昇平等三世義，則不得不謂之微言。為大義微言之分者，蓋欲調和衝突並存不悖。）然細思之，大義、微言二詞只是用以表示兩種絕不相同的思想，事實上絕不能以此二詞調和衝突。如馬遷自序述董生《春秋》說，前面稱《春秋》貶天子退諸侯云云，此是微言；後面說《春秋》推三代之德，褒周室，此是大義，顯然前後矛盾，如南極北極不可合併一處，何可調和之令其並存不悖乎？余唯《詩》傳與出自孔壁之《書經》，漢初皆不傳，幸而《大易》一經，古稱爲五經之原者，自漢傳之，至今尙存。田何雖以術數持說，掩蔽《易經》眞相，而經文改竄處似較他經爲少。六經是否有大義微言兩種衝突的思想，則莫若愼思明辨以求徵於《易》。《易》六十四卦，而乾、坤居首。〈乾卦〉開宗明義，固當求徵於乾。舉網者提其綱而萬目張，振衣者攬其領而千條順，讀《易》者宜知也。夫大義者，扼要言之，即維護統治；（《禮運》言小康、大人世及以為禮，即不廢君主制度，保持統治階層，私有制因此而不可改，其經紀人倫之禮義，皆取其有便於統治，《禮運》說得明明白白。）微言者，扼要言之，即首出庶物，消滅統治。（《春秋》貶天子、退諸侯、討大夫。《禮運》曰「大道之行也，天下為公」。又曰「天下一家」。）二者本相衝突，今試求之

〈乾卦〉，果是包含兩種不可相容的思想否？〈乾卦〉總結六爻之辭曰：「用九：見群龍无首，吉。」（无，即無字。）其〈彖傳〉有曰：「首出庶物，萬國咸寧。」茲釋如下：

「用九：見群龍无首，吉」者。劉瓛曰：「總六爻純陽之義，故曰用九也。」（〈乾卦〉六爻皆陽，故曰純陽。數有奇偶，九者奇數。凡卦皆以奇為陽數，言九猶言陽也。〈乾卦〉六陽皆變動不居，蓋明示乾陽即以變動為其用也，故曰用九。）王弼曰：夫以剛健而居人之首，則物之所不與也。故乾吉在無首。（乾，陽也，其德剛健。弼宗老子貴柔之義，故以無首為吉。此節錄其文。）伊川曰：「觀諸陽之義，無爲首則吉也。」（六爻皆陽，故曰諸陽。）朱子《易本義》曰：「六陽皆變，剛而能柔，吉之道也。」（王船山《易內傳》釋此處，頗嫌枝蔓，而牽涉到破斥陸、王學，尤不相干。）詳上諸解，皆就聖人之辭而泛釋其義，（諸家都無民主與社會主義等思想，故云泛釋其義。）若依漢人所謂微言一詞之內涵，以釋此文，（微言一詞之內涵至寬，而扼要言之，是廢除統治，說見前。）則此文正是微言。王弼、伊川、朱子之釋，雖皆空泛，而亦無悖於聖人之義。夫天子諸侯大夫既皆傾覆，自然是民主，自然是趣進社會主義。（趣進二字，注意。）《周官經》爲撥亂開基之制，其作動民眾自主力量，與嚴密地方制度，及注重各種生產事業之聯繫，（〈天官篇〉有云「凡小事皆有聯」，此語不可忽。小事有聯，況大事乎？）一切都是化私爲公，易散爲群，如何不是社會主義的造端。（有難余者曰：「《周官經》的制度可以說是聖人為後世懸想一個民主制度的草案，然而後世畢竟不能完全仿照他的，亦何用？」余答之曰：此個草案不是要後世完全仿照，聖人只欲樹一規模，喚起後人改造世界的勇氣與智慮，其原理原則畢竟為後世所莫能外。）社會發展到至善至美之境，即《春秋》所謂「天下之人人皆有士君子之行」。（此語見董生《繁露》，引孔子《春秋》義也。太平世之人類當如是。）此方是〈乾卦〉之純陽，（士君子之行，即是有陽剛正大之德。全人類無有一人不是士君子者，即〈乾卦〉六爻純陽之義。）方是群龍之象。（古代以龍有健德，而善變化，無滯礙，故以比喻人之有士君子之行者。群龍，則以比喻全人類皆士君子也。）全人類都是士君子，都有龍德，（即剛健而善變化，無滯礙之德。）故彼此互相協和，互相制約，一味平等，無有首長，故其象曰「群龍无首」。王弼謂「以剛健而居人之首，則物之所不與」，其說猶未恰當。群龍之世自然無首長，固不待以剛健居人首爲戒也。唯世未至於群龍，則爲人群領導者，亦當沖然懷王弼之戒。伊川語較好，朱子剛而能柔之義亦是。群龍都不爲首，即是於至剛之中，有柔德焉，此人類所以常保太平也。柔者，坤德也。〈坤卦〉曰：「利永貞。」貞者，正而固，不敢且不忍以剛健而上人，要非柔靡之謂也。

《左傳》：蔡墨曰：「乾之坤，曰見群龍无首吉。」（乾之坤者，謂〈乾卦〉六爻皆變，則為坤也。乾剛變坤，則濟以柔，故無首，此古義。朱子言剛而能柔，即本此。）余謂乾坤本相反相成，故一言乎乾即知有坤在，一言乎坤即知其不離乾，不須說乾變坤，坤變乾也。王船山《易傳》深明無孤陽無獨陰之理，余何敢非之，然其說乾坤皆有十二位，乾之六位皆陽者其顯也，而陰之六位則幽隱；坤之六位皆陰者其顯也，而陽之六位則幽隱，故說乾坤皆十二位，推之各卦皆然。船山無端於每卦加上六位，明明背經，昔之治《易》象者，皆言〈乾卦〉中有坤之象，〈坤卦〉中有乾之象。乾之彖曰：「乾道變化。」如〈乾卦〉只是孤陽，尚有變化可說乎？船山於此未細玩，便有增加六位之誤。（十二位之說，見船山《易內傳・乾卦》，曾氏刻本有之，近見民國時俗印本刪去。然《內傳》發例有云「一卦之中，嚮者背者，六幽六明，而位亦十二也」云云。俗本猶存而未刪，妄人畢竟疏漏。刻前賢書，無論為得為失皆不可刪改。）

依漢人大義微言之分，則「群龍無首」爲微言。

「首出庶物」云云，據漢、宋群儒眾說，即皆以此爲大義。劉瓛曰：陽氣爲萬物之所始，故曰「首出庶物」；立君而天下皆寧，故曰「萬國咸寧」也。（劉之說簡明，可以代表漢《易》眾家。虞氏注同劉，但如引用其詞，則彼用象數家之一套戲法，未治漢《易》者或難解。）伊川《易傳》曰「乾道首出庶物而萬匯亨，君道尊臨天位而四海從」云云。朱子《易本義》曰「聖人在上，高出於物，猶乾道之變化也」云云。船山《易內傳》曰：此言聖人體乾之功用也。積純陽之德，合一無間，無私之至，不息之誠。（中略。）以建元後父母之極。又曰：「君用獨以統群，民用眾以從主，君制治而民從法，故莫要於立君以主民，而民但受治焉。」（見船山《易外傳》卷六，第四章。）詳上諸說，不過略舉數家，以代表二千餘年學人之共同知見，非止此數家而已。（程、朱固本之漢《易》，船山則宗程、朱而兼採王弼「以寡制眾」之說。王弼固非持無君論者也。）是則「首出庶物」云云，依漢以來群儒眾說，一致認為是維護統治之大義，明明與微言相衝突，而實並見於《大易》開宗明義之〈乾卦〉中。然則何可妄責漢人誣孔子耶？昔者吾嘗牽擾於此，不敢輕心否認漢人大義微言之分，久而力掃群儒傳注桎梏，虛懷潛玩經旨，便隨處可發見舊說之誣聖。即如上舉「首出庶物，萬國咸寧」，諸家並作尊君解者，（尊君，即是維護統治。）蓋由在統治之下，習於悚權慕勢，積久而不自覺，遂以汙習曲解聖言，前人開之，後人安之，皆以為聖人之道果如是，信為天經地義，此聖學所由不明也。夫《易》每卦六爻，有一爻明一義者，有通六爻總明一義者，讀《易》者宜善領取。〈乾卦〉六爻，從外王學的觀點看去，正是通六爻而總明革命、民主之義。此非附會，《易》有革、鼎二卦，革命一詞即出〈革卦〉。民主義詳在《周官》，猶可考。乾之初爻曰「潛龍」，〈文言〉曰：「潛龍勿用，下也。」此言群眾卑賤處下，不得展其用，乃受統治者壓抑之象。二爻：「見龍在田。」則革命潛力已發展於社會，是為見龍之象。（龍始出現曰見龍，在田謂在野活動。）九三：「君子終日乾乾。」大功未成，不得不乾乾也。（乾，健也。乾乾者，不息其健也。）九四：「或躍在淵。」或躍則幾於傾覆統治，而奪其大柄矣，然猶未能遽遂，故曰在淵，仍處下也。九五：「飛龍在天。」則大功意成，主權在人民，上下易位矣，故爲飛龍在天之象。上九：「亢龍有悔。」明統治崩潰，乃天則之不爽也。（天則，猶云自然規律。）是故通六爻而玩之，由潛而見，而乾乾，而躍，而飛，明明是庶民群起，而舉革命行民主之事，無可別生曲解。而漢《易》家則以九五飛龍爲聖人登天位之象；（古稱天子之位曰天位。）於是以初爻潛龍爲文王困於羑里之象；九二見龍謂聖人有君德，當上升於五；九三「君子於日乾乾」，則以終日之日字爲君象；（此荀爽說。古代以天上之日比人君。）九五飛龍，聖人始升天位，如此說來，則通六爻純是說天子之事，故首出庶物是大君專制於上而萬國安也。然此等謬解，有決定不可通者。聖人作〈乾卦〉爻辭而總結之曰：「用九，見群龍无首，吉。」明明言群龍，則非主張以一個聖人統治萬國；明明言無首，則何有高出庶物之上而居天位者乎？聖人總六爻而下此結語，（吃緊。）是鐵案如山，不可移動，雖有愚公，其何能爲？（古諺有愚公移山故事。）〈彖傳〉曰：「首出庶物，萬國咸寧。」《正義》曰：彖者斷也。斷定一卦之義也，可見「首出庶物」者，是天下無數庶民，始出而共和爲治，（首，始也。庶物，猶言庶人或庶民。）故「萬國咸寧」也，此與「群龍無首」義正是一貫。而九五飛龍是群龍齊飛，不是一龍孤飛，斷斷乎不容疑矣。漢《易》家以初爻之潛爲文王拘羑里，不知文王已三分天下有其二，何可云潛乎？拘羑但一時遭害，非潛之謂也。（文王事，見《史記．周本紀》及〈殷本紀〉。唐李鼎祚《周易集解》錄干寶說：「乾初是文王在羑之爻。」李氏書集三十餘家，宗鄭康成，排王弼，其所集皆漢《易》家文也。）荀爽以終日乾乾之日字爲君象，（荀氏為漢易名家。）言象而至於此，殆類戲法。然漢人象數之業，不流於戲法者無幾耳。

〈乾卦〉爻辭有兩處可作聖王解。二爻「見龍在田」之下有「利見大人」語，五爻「飛龍在天」之下亦有「利見大人」語。大人古爲天子之稱，〈禮運篇〉曰「大人世及以爲禮」是其徵。雖士人道高德備者，亦可以此稱，然不甚通用。（顧亭林考之詳。）〈乾卦．文言〉於九二之大人，則言「子曰：龍德而正中者也。（中略。）《易》曰『見龍在田，利見大人』，君德也」。（君德，謂有君人之德，即上云龍德。）虞翻注曰：陽始觸陰，（九，陽也。二，為陰位。九居二，是陽初與陰接。）當升五爲君。（二之陽，當上升於五而為君，蓋以九五之飛龍，即九二見龍也。）其於九五之大人，則言「子曰：『同聲相應，（張璠曰：天者陽也。君者陽也。雷風者，天之聲。號令者，君之聲。明君與天地相應，合德同化，動靜不違也。張氏，漢《易》也。）同氣相求。（中略。）聖人作而萬物睹。』」（此處上下文皆從略。）上引〈文言〉兩節，可見二五兩爻之大人皆說聖王，與全卦義旨忽不相類，譬如天際昭明，乍興一團雲霧，頓覺大宇變色，若將兩處之「利見大人」及此兩節〈文言〉都刪去，則全卦意義一貫，絕無衝突，譬如雲霧消而青天見，（見讀現。）豈不暢哉！（〈文言〉中，於上舉兩節外，猶有攙偽，卻易治。）余敢斷言，二五兩爻之「利見大人」都是戰國時小康派或小康派中孝治論之儒生所增竄，必非夫子《易經》原本所有也。（小康派復有分，如孟、荀皆小康學，而亦各不同。已如前說。孝治論自是小康學之一派，但其勢力最普遍。）韓非說「儒分爲八」。八儒各自以爲眞孔，眞孔不復生，孰定其是非？余謂孔門三千七十之徒，其分派當不止八儒，各派皆自稱爲眞孔，則其傳授先師之經（先師，謂孔子。）必各以己意增竄，爲其自稱眞孔之證，此從韓非語而深玩之，便可見。（〈原學統篇〉已言及此。）小康學派根據孔子早年之教，皆不主廢君，即不肯消滅統治，但以聖王居位爲希望。（此迂想耳。如周自文、武、周公開基而復，歷年八百，皆昏庸相繼，可奈何？且人類知能日進，事變日益複雜，雖欲以一聖王居高而統治之，未有不敗也。）而暴君可以革除，則爲警戒人君之大法，（統治階層如不消滅，庶民終不得自主。小康派以去暴君為革命，實則伯夷所謂以暴易暴耳，何足警戒人君？）亂臣賊子必誅絕，則爲維持君道之德律。（君主制度存在，亂賊終無已。）余嘗欲以餘暇，作小康學派考，卒未及提筆也。秦、漢間儒者一致宗小康學，但已變其質。（小康學在戰國時已盛行。呂秦焚坑禍，儒生皆伏匿，而小康學之運動猶在民間。漢初，出而獻書，及於文、景、武諸帝時，為博士或大官者，皆此輩也。馬遷與其父談分明是小康學，余不待舉。）漢初諸儒所傳六經，當是取先秦小康派所奉經本而復有竄亂，若疑竄亂全出漢人之手絕不然也。（先秦，謂秦未焚書之前。見〈藝文志〉注。）

〈文言〉曰：「飛龍在天，上治也。」上治者，謂「群龍无首」，爲治道之最上也。漢《易》家注曰：以聖德而居高位，在上而治民也。此乃恐人不知聖王在上是治民乎？孔子何至出此蠢語？愚不肖之私意曲解，殊不足辨。

《易經》，大概六國時小康之儒有改竄，猶不忍過毀先師之眞，其變亂比較易尋。六國亡象已著，人皆以《易》爲卜筮之書，無有研究學理者。入秦，而呂政亦不忌。入漢，而田何以術數傳《易》，爲學者宗。漢人傳注一致本術數家遺法，與尊君大義，以說《易》。（傳注者，漢人釋經之作，或名傳或名注。）而經文之改竄猶不甚多，故整理《易經》，以求孔子眞相，是當今第一急務。

《易》爲五經之原。孔子作《易》在晚年，故知五經必作於《易經》脫筆之後。余斷定六經是子晚年定論者以此。今從《易經》發見孔子之外王學，確是消滅統治，歸本「群龍无首」，絕不容有小康之大義，又何可誣以微言？六經浩博，其說皆一貫，大道昭明，如日中天，豈有隱微不顯之言，如漢人所誣者哉？康有爲在清季，猶盛演漢人之奸言，（皮錫瑞亦然。）亦聖學之一厄也。

漢人去聖猶近，其必於大義之外說有微言也，正可想見六經之學本與若輩所謂大義者極端相反。而若輩欲持小康大義，以變亂六經，則又未能完全消滅聖人之眞也，不得已而曰聖人尙有微言，則亦可自蓋其愆矣。若輩隱衷在是，而後人顧可盡受其欺歟。有問：「孔子六經思想，當初或是『祖述堯、舜，憲章文、武』，如小康派所說。至於『群龍无首』及『貶天子，退諸侯，討大夫』與『天下爲公』等等，當由孔門後學之發展，有此一派新思想而攙入六經之中。公以爲然否？」答曰：若汝之臆說而果然也，則小康派當直聲其叛師之罪，而肯以其說保存於六經中乎？此不待深思，而知其不然也。但孔門後學，決定有傳授孔子晚年之六經思想者。司馬談稱「六藝經傳，以千萬數」云云，其間雖不無小康各派著述，而發明六經新義者絕不在少數，此可斷言。惜乎秦、漢間儒生，怵於焚坑之禍，而凡發明六經之高文典冊皆一字無存，幸而小康派之經本，猶未忍過毀先師眞相。漢人承之，雖竄亂益甚，然猶稍存鱗爪，謂之微言。迄今吾人尙可追求聖意，斯亦大道自存乎人心，固不容泯絕也。今總結如下：

一、孔子早年（五十歲以前。）之學，確是「祖述堯、舜，憲章文、武」。易言之，即崇尙小康禮教，維護統治，其弟子守其早年之教而不變者，遂成爲小康學派。

二、孔子晚年（五十學《易》以後。）其思想確突變，始作六經，發明「首出庶物」，（《易》義。）「貶天子，退諸侯，討大夫」，（《春秋》說，此即消滅統治。）乃至「天下之人人有士君子之行」，（《春秋》說。）「群龍无首」，（《易》義。）天下一家，（《禮運》說。）是謂「大道之行天下爲公」。（《禮運》。）其弟子宗其晚年六經之學，而不從其早年舊說者，遂成爲大道學派。

三、孔子沒後，儒學發展甚盛，其分派當極多，然總括其分歧之最大處，要不外如上述大道、小康兩派。

四、六經眞本，大道派之學者，自當世守。而小康派之學者，既不敢否認先師之六經，即不得不取六經而改竄之，以維持其本宗之說。六國時，小康學派已盛，秦、漢間儒生，小康學運動益烈，吾人可推想小康派改竄之經本，散在民間者必多。呂政焚坑之禍後，大道之學當無繼人，六經眞本秦火後必難得也。

五、漢人傳至今日之六經，自是採用小康派之經本而更加竄亂。

六、大義、微言之分，是漢人依據改竄之六經而作是說。孔子六經眞本絕無小康大義之淆亂，既已明見大道，而又雜以不合大道之小康於其中，聖人作經，垂世立教，何至如斯？凡夫能自好者猶不爲，而聖人爲之乎？

七、漢人傳來之經，保存大道者猶不少，惜乎漢、宋群儒傳注，一致本大義以爲說，而大道遂隱。

八、《大易》、《周官》二經，猶易清理，吾有此願，惜乎年衰。

九、孔子在未作六經之前，似無著作。《論語》記孔子曰「述而不作，信而好古」，是其早年語，非謙詞也。又曰：「甚矣吾衰也！久矣夫，吾不復夢見周公。」成、周制度文爲，皆出自周公之手。孟子稱「周公思兼三王」，蓋古說也。《論語．八佾篇》云：「子曰：（子者，孔子。）『周監於二代，郁郁乎文哉！吾從周。』」孔子早年，嚮往周公甚切，所以見之於夢。晚而思想改變。志大道而黜小康，自然不復夢見之矣。吾謂六經是孔子晚年思想，此亦是有力之證據。然孔子早年雖未著書，而其教授門人，發揮古義，宏博精深，弟子記錄成經者亦必甚多，故司馬談猶見「六藝經傳，千萬數也」。

附識：本篇曾引《孟子．公孫丑篇》：子貢稱夫子爲生民以來所未有一段文字，而解釋與朱子《集注》不同。朱注曰：「言（謂子貢之言也。）大凡見人之禮，則可以知其政；聞人之樂，則可以知其德。是以我從百世之後，（朱注言我者，設為子貢之自謂。）差等百世之王，（等猶判別也。判別百王之得失與短長。）無有能遁其情者，（朱子以為子貢自謂其批判百王之得失，而百王莫能逃遁其情實，即其得或失皆莫能自掩也。朱子以違字作遁解。）而見其皆莫若夫子之盛也。」（見朱熹《孟子集注》卷三。）案朱子此注，其解見禮知政，聞樂知德，由百世之後，等百世之王云云，不就孔子本人之制作上索解，卻要說子貢從百世之後，上觀已往百世之王，由「見其禮而知其政，聞其樂而知其德」，於是悉其得失，判其短長，百王皆莫能遁其情，故斷言百王皆莫若夫子之盛。如此解釋果不誤。子貢便是狂人說瘋話，所以者何？他（子貢。）說「自生民以來未有夫子」，不獨通較堯、舜、禹、湯、文、武，即堯、舜以上之諸古聖，亦皆在其較量之中，以爲皆無可與孔子匹者。然夏、殷之禮，孔子已言杞、宋不足徵，子貢何由得見遠故以來聖帝明王之禮，而知其政，以與無位之孔子較短長乎？即此言之，已不待辨而明其妄。子貢絕不至是，朱子自誤解耳。余在本篇引孟子稱子貢語，於每句下作括弧加注，寫成以示程生挺。挺曰：「先生注大反朱子，誠自圓其說。」余言朱注之誤，挺默然而退。翌朝，來見曰：「細思朱子之說，實不可通。彼云：子貢生乎百世之後，上觀百王，見體聞樂而知其政與德，以是差等百王，而令百王皆不得遁其情，故斷其皆不及孔子。此等浮空誇大，而無可考正之言，何至出於子貢之口？定是朱子誤解無疑。先生發明子貢之旨，是就孔子制作《禮》、《樂》、《詩》、《春秋》等經，昌明天下爲公，群龍無首之大道，是乃萬古常新也。遠古以來眾聖，其功德所被有限，何可侔於孔子乎？是則子貢之言誠不妄矣。朱子錮於漢以來小康大義，不識六經眞相，故於子貢之說不得其解耳。」余謂挺曰：子已達吾旨矣。遂記之於此。

漢書藝文志尙書古文經四十六卷

有問：「〈原學統篇〉不信《尙書》古文經四十六卷，恐失之專斷。」答曰：余寫《原儒》時，欲爲一小冊，唯文字太簡，子故疑耳。〈藝文志〉「《尙書》古文經四十六卷」，本注云：「爲五十七篇。」師古曰孔安國〈書序〉云：『凡五十九篇，爲四十六卷。承詔作傳，引序各冠其篇首，定五十八篇。』鄭玄《敘贊》云『後又亡其一篇』，故五十七。」余案〈志〉云：「武帝末，魯共王壞孔子宅」，「而得《古文尙書》及《論語》、《禮記》、《孝經》凡數十篇，皆古字也。（中略。）孔安國者，孔子後也，悉得其書，以考二十九篇，得多十六篇。（二十九篇即伏生所傳者，是時已立學官，此言安國考、見壁中書，比已行世之二十九篇，得多十六篇也。）安國獻之。（獻此多出之十六篇。）遭巫蠱事，未列於學官。」據此，則與《論衡．正說篇》所記正相反。〈正說篇〉云：「蓋《尙書》本百篇，孔子所授也。（中略。）至孝景帝時，魯共王壞孔子教授堂以爲殿，得百篇於牆壁中。武帝使使者取視，莫能讀者，遂祕於中，外不得見。至孝成皇帝時，東海張霸案百篇之序，空造百兩之篇，獻之成帝。帝出所祕百篇以校之，皆不相應，於是下霸於吏。吏白霸罪當至死。成帝高其才而不誅，亦惜其文而不滅。故百兩之篇傳在世間。」據此，則孔子所修之書百篇，壁中所出尙爲完本，（六經皆有傳，孔子《書傳》必在百篇之內。）因其爲朝廷所祕匿，學者徒聞百篇之名而皆不得見，張霸乃出而作僞。《論衡》記孔壁出書之本末甚爲詳明。余作〈原學統篇〉特提出《論衡》記載武帝祕匿孔子《尙書》一事，頗覺其詞微而婉，僅曰「莫能讀者，遂祕於中，外不得見」，蓋不敢顯觸漢朝君臣及學人之忌。（此事如盛張之，不獨彰武帝之過，且將推翻伏生之書，亦可由《書經》而及他經，其影響至大。）而《尙書》全部廢絕，亦不忍後人絕無所知，王充之用心苦矣。余所以不信〈藝文志〉所載之《尙書》古文經者，班固作〈志〉全依劉歆《七略》。歆與其父向，竄亂五經，維護統治，是其慣技。向博而頑，歆慧而僞。姑就《春秋》爲徵，向主《穀梁》，歆立《左氏》，其不肯言公羊壽先世有口義之傳，則一也。於《春秋》不惜以僞奪眞，（穀梁小書繼僞《公羊傳》而作。左氏不傳《春秋》，故皆以僞亂眞。）於《尙書》必爲武帝隱惡，而定伏生爲眞傳，此其陰謀也。凡作僞者，心勞而拙，易露其跡。〈志〉稱武帝末，魯共王壞孔子宅，此據向、歆父子之文耳。《漢書．景十三王傳》：魯恭王（恭一作共。）於孝、景前二年，立爲淮陽王；以孝、景前三年徙王魯。又云：恭王初好治宮室，壞孔子舊宅，以廣其宮，於其壁中得古文經傳，與《論衡》正合。據此，孔壁出《尙書》等經當是景帝時事，而〈志〉稱武帝末明明與〈恭王本傳〉相反。班固作〈恭王傳〉必有確據，而其〈藝文志〉則班固已明言依據劉歆《七略》。歆以發孔壁爲武帝末年事，班固仍之而不改，此亦見固之能謹小節也。（不失向、歆父子之真是謹小節，而同其作僞，大節虧矣。）歆稱安國以壁中書，考較伏生之二十九篇，只是壁中書多十六篇而已。絕不言壁中書與二十九篇有甚大不同處，即肯定二十九篇爲孔子之書矣。其稱安國獻書武帝，則武帝使使者取視一事，將無形抵消矣。又稱安國承詔作傳，及遭巫蠱事，未列於學官，則欲掩武帝私匿壁中書，令其廢絕之大惡也。至恭王壞孔宅，本孝、景前三年事，（是年恭王徙王魯，治宮室當在此年。）而向、歆父子必改為武帝末者，蓋欲將孔壁出書之年特移於後。庶幾此事本末完全變更，而孔子《尚書》眞本消滅，漢朝君臣可無慮後人譴責矣。是故以〈志〉所說與《論衡》所記兩相對照，則〈志〉中無有一字一句不是為武帝祕絕《書經》眞本而曲意掩蔽。王充尊疑而喜考核，甚惡偽說欺人，其記武帝私匿孔壁《尚書》事定有確據。且張霸因壁中書祕而不行，遂乘機造百兩篇，可見《書經》眞本不傳當時草野士類亦無不周知。〈志〉稱安國所獻之經傳，當是安國與諸博士之徒所偽造，向、歆父子或亦不無增訂，其材料當採集孔子所未修之古書。《漢書．儒林傳》稱「孔氏有《古文尚書》，而安國以今文字讀之，因以起其家，逸書得十餘篇。蓋《尚書》滋多於是矣」。據此，可見安國所有《古文尚書》必是孔子未修之古書，故曰「滋多於是矣」。若孔子所修之書，則據《論衡》說武帝已使使者取去，安國未必有副本可存，即有之而朝廷既祕之不行，安國又何敢私藏乎？故知安國所獻之書必是安國採集古書而偽造，與伏生之二十九篇同一性質，其與孔子之書絕無關係可斷言也。

《論語．正說篇》稱鼂錯受書伏生，以傳於倪寬。皮錫瑞因此，譏《論衡》多傳聞之失。然《史記．儒林傳》有云：「歐陽生教千乘倪寬，倪寬既通《尚書》，以文學應郡舉，詣博士受業，受業孔安國。」據此文，上云「詣博士受業」，則博士非一人也；下云「受業孔安國」，蓋其所歸仰者在安國耳。《漢書．鼂錯傳》：「孝文帝時，天下無治《尚書》者。」「太常遣鼂錯受《尚書》伏生所。」錯還因上書稱說，（師古曰：「稱師法而說其義。」）「詔以為太子舍人、門大夫」，（師古曰：「初為舍人，為門大夫。」）遷博士。據此，鼂錯在文帝時嘗為博士。倪寬詣博士受業時，鼂錯當已遷博士，非無交接之機。《史記》、《漢書》並稱倪寬初仕為張湯奏讞掾，能以古義，決疑難大獄。以此貴幸。鼂錯本學申、商刑名於張恢，倪寬受鼂錯薰陶亦不無徵。錯志不在經師，又以智囊被戮，為人所輕，倪寬終不肯稱之。故

《史》、《漢》並言寬受業於歐陽生、孔安國而不及錯，實則寬初詣博士時，錯以朝命問學伏生，還為博士，寬未嘗不請業於錯也。錯資性明敏，其受書於老儒，當能通大義，或不深造耳。余以為《論衡》之記載必非無據，錫瑞詆《論衡》傳聞之失殆未深考耳。

答友人

兄昨言唯物論亦承認主觀能動性，及道德責任感，是則與唯心論名異而實同，名本無定者也，無足解論。余謂名無定之說甚誤。《春秋繁露》曰：《春秋》辨物之理，以正其名。名必如其眞。尹文子曰：形以定名，（形者，意象或概念也。）名以定事。（事者，事物。）名本聲音，而聲音所由發，則出於人心之意象。名之散殊，各本於意象差別。（差別者，不一義。）如有桌子之意象而桌子之名以定，有杯子之意象而杯子之名以定。故曰「形以定名」也。然須復問：意象何自生？意象固緣事物而生也。（緣者，攀援思慮義，非無事物存在，而得憑空現起意象也。）由人心緣慮一切事物，而起種種意象以是定種種名，即由如是種種名以定萬殊的事物，此知識所由成，學術所由起也。事物定之以名，而名首定於緣慮事物而生的意象，一切不容淆亂，亦本來不相淆亂。如印度人聲音與中華人聲音雖不同，而印人杯子之名定於其緣慮杯子時之意象，則亦與中華人不異。故吾人用華文翻印度語，對於杯子其物之名，自不會翻杯子以桌子或其他物名。若不然者，則一切物或義理之名悉淆亂無準。吾人不獨不可讀梵文書，又何可與印人通語乎？唯物論與唯心論各從其特殊的義旨而立名，而謂心物二名本無定，則吾所駭異而不願聞也。

答友人

吾於〈原外王篇〉敘論《大易》、《春秋》、《禮運》、《周官》諸經，皆引文釋義，未嘗臆說。聖人倡導科學及爲社會主義發端，自是遠矚萬世，何可埋沒？世言思想反映現實，古人不能前知未來。其實古聖識量，盡有包通萬世者。（包者包含，通者遠測。）後來天才，隨時而實事求是，精密絕倫，自是古聖所不能有，然古聖造端之功要不可沒也。弟固不是說聖人多所預知，而不敢說聖人只陷於封建思想。經文具在，吾何附會？謂思想不反映現實，純是主觀的造作，吾雖頑固亦不至此，謂思想家之思想只反映其當時所處之社會，都無超出時代的遠見，吾誠愚鈍，不敢苟同。

《原儒》只印百部，而見者皆謂余以社會主義說《周官》，爲太附會，年高之舊好尤不謂然。《周官經》自古爲儒生所不肯道，老人厭聞猶可說也，今之有新知識者猶輕《周官》，此何故耶？《周官經》以均與聯，爲參贊化育，造起萬事之最高原則，此實爲社會主義社會立定兩大柱石。（《周官經》要旨只是一均字。《易》云「範圍天地之化而不過，曲成萬物而不遺」。其云不過不遺者，即是以大均之道，參贊化育，與《周官》同也。萬物萬事失其均，即敗壞不可支，桌子四柱而穩定，缺其一柱即不均而傾倒矣。生產事業必通籌各方需要而得其均，否則此有餘，彼不足之患立至矣。此略舉一二例耳。聯之義，極重要。《周官經》曰「凡小事皆有聯」，況大事乎？社會主義社會若非隨事隨處皆有聯，即無由成集體也。）今之知識分子不讀經而妄疑，何耶？《周官》土地國有，一切生產事業皆國營，〈外王篇〉處處引經釋義，說得明明白白。今人必欲橫說《周官》制度不是社會主義之造端，盍若讀經而後議哉？茲舉一二大處，已足證明余說《周官》，無附會也。

答谷神老人

承示〈原外王篇〉，似有見於兼，無見於獨。（獨謂分子，猶云個人。兼謂集體，舊云團體。）此意自有是處，而不盡然。吾兄學綜道墨，今已高齡，閉門守靜。弟本不欲多言，而又不得無言。道墨二家同不悟社會發展，（人只知道家欲返於太古之朴，其實，墨子之天志、明鬼、非樂、自苦等等思想，則主張後退，與老氏不異也。余嚮者以墨子有科學思想，不欲非之，然墨子究非哲學之才。）而拚命反對孔子。二家之言盈天下，勢力遠超過於儒家。自西周王道潰而春秋霸業興，春秋之季，霸業又潰，民不聊生，孔子欲救之不得，晚年始悟統治階層不可不毀去，庶民之潛力不可不喚起。其有教無類之宏願，致有三千之眾集於門下，非偶然也。惜乎道墨及諸子一致反儒，六經之道鬱而不明。衛鞅霸圖遂見信任於秦孝，韓非之說又爲呂政所採用，於是暴力崛起，中夏自此衰替而不進者二千餘年。此余少時讀史所深痛也，今不欲作蔓談。賤年已過七十，實不能求新知，唯深玩六經而有志乎天下爲公之道。吾堅信社會發展不容停滯，堅信人類必破黑暗而啓光明。孔子之言社會，戒孤而尚比，（孤者，人各獨立，不相聯繫，生養各自營，無有合作，老子所慕民至老死不相往來之社會是也。孔子《大易・比卦》明萬物互相比輔而生，伊川《易傳》得其旨。）

化私而爲公，（《周官經》之制度，處處是要易散為群，化私為公，惜乎從來學人不求解。此種制度非推倒皇帝不能實行，從枝節處襲取則無不敗者。荊公亦不悟及此。）此其爲萬世制法之旨，至今乃可了然耳。來函謂《周官》之制未免設防而用察，民之由都市移郊外，或由郊外人居都市，皆由原住地方以書，證明其無罪行，即此一端可見其多防而密察，必非聖人之書也。兄之論如此，弟竊以爲過矣。夫以一切曠廢爲寬大，聽庶民之自生自死，自好自壞，一切無所領導，無所制約，此漢以來所爲積弱久衰而不可振也。《周官》之制積極領導庶民，自生產事來，以至一切政務，經緯萬端，包絡天地。學校之教，道與藝並重；社會之化，禮樂與讀法並重。其用心之深而詳，規劃之大而密，根本深厚而纖悉無不顧到，吾雖欲稱述之而不可得。譬如天之大，其何以稱述之乎？兄不細究經義，乃疑其設防而多察。聖人作此經，本爲撥亂初期權宜之制，以一向缺乏政治經驗之庶民，一旦欲其捨舊而更新，倘以放任示寬大，於其行動得失，一無所防，一無所察，則不軌之民乘機而起，社會將至解紐潰敗，可斷言也。聖人思慮之遠大而深細，兄乃不精究而妄詆之可乎？兄習道論，故不喜察。然學道而志於用世者，鮮不用察。韓非固不足道。若諸葛公深於道，而爲政亦尚察。張江陵以儒學融通佛老，其用察也尤精。吾於葛公、江陵無間然矣。

答田慕周

《大學》第十章「生財有大道，生之者眾」云云，余說民眾自爲主人，以眾志眾力而生財，汝猶有疑者，蓋爲舊說所誤耳。《大學》雖是小書，而提控聖學綱要，體制甚大，但小康之儒有竄亂，是可惜耳。此書以理財，歸之平大下，顯然融會《禮運》、《周官》二經，有大同理想。「生之者眾」自以余所說爲是，舊說不可從也。

汝問〈原外王篇〉說《周官》泉府處，論及桑弘羊政策，弘羊恐未見《周官》也。汝所疑固是，余亦未說桑大夫曾讀《周官經》，但其思想與泉府之制頗相近，故連類及之耳。漢武曾見《周官》而惡之，河間獻王亦得《周官》，可見《周官》在漢初已出世，郡國老儒當有能言《周官》者，桑大夫是否聞《周官》之義今無從斷定。

汝問《孔子家語》引《禮運》大同小康之文頗有不同處，清人有據《家語》而駁《禮運》者，將何從？此汝之過於矜愼也。今所見《家語》是王肅僞托，昔人早已考定。王肅奴儒耳，改竄《禮運》以護帝制，清人之朋王者，又不足責矣。《禮記》出於漢，不信《禮記》而信王肅之僞書，有是理乎？

答劉公純

伏羲八卦，（舉八卦，即六十四卦全具，蓋省文也。漢人不明乎此，乃妄生文王重卦之論。）雖爲哲學思想之深源，而在太古占卜盛行，余推想古《易》卦爻之取象，當採自占卜家。（古《易》，謂伏羲之《易》。）伏羲之於象雖寓有哲理的意義，而古《易》猶爲占卜之用，可知古《易》象猶未能掃盡占卜家遺意也。至孔子作《周易》，始完全斷絕術數，而純爲哲學思想之大寶藏。雖作假象以顯理，（假，猶藉也。顯者顯示。象猶譬喻，昔人已言之。孔子《周易》之作，蓋假藉譬喻，以顯示其無窮盡而極難言之理道，（此云理道係複詞，猶言理也。）此其文體極殊特，揚子云擬之，已不無東施效顰之誚。）其意則欲引人以即物窮理而自得之耳。學《易》者切忌膠滯於象。佛氏有一喻：（喻者，譬喻。）愚夫不識月，我爲彼伸一指指月，（上指字，謂手指；下指字，猶示也。）欲令彼觀月。（欲令愚夫觀月也。）而彼但觀指，終不觀月。此喻妙極，亦痛極矣。漢《易》膠滯於象而不窮理，猶愚夫觀指不觀月也。故漢《易》行，而孔子之《易》亡矣。王弼掃象，伊川繼之，皆有特識。而後之攻弼者，則詆以野文；短伊川者，則譏其不通象而妄掃。余以爲，掃象者掃夫膠執於象，而不窮理者之錮習耳。若直謂象可掃，豈非大妄，伊川、輔嗣何至出此？孔子作《周易》明明假象以顯理。（如乾取象於天，何耶？乾為精神。精神之特徵是有大明與健動諸德性，故以天為乾之象。易言之，即以天之昭明與行健，比喻精神。以此比喻，開示人，而斯理乃可遠取諸物，近取諸身，切實體會。舉兹一例，他可准知。）今若掃象，又何由悟孔子之《易》乎？漢人膠滯於象，流於瑣碎與穿鑿，眞不知有窮理之事。王弼、伊川掃此錮習耳。然弼淫於老，伊川亦有未弘。《周易》一經亟須新疏。漢《易》言象，頗有可資之以推見孔子奧義者，是不可棄也。余昔有意爲《大易》廣傳，自度老病，難以圖成，嘗欲集青年好學者十人左右，成一小學團，共同研究若干年，當不至無成也。奘師譯佛典，譯場先養眾才。溫公成《通鑑》，史局廣徵群彥。余誠不忍《易》道湮塞而弗彰，所志未逮，不能無望於來賢也。

大家講堂 030

原儒

作　　者——熊十力
編輯主編——蘇美嬌
封面設計——姚孝慈
出 版 者——五南圖書出版股份有限公司
發 行 人——楊榮川
總 經 理——楊士清
總 編 輯——楊秀麗
地　　址——台北市大安區 106 和平東路二段 339 號 4 樓
電　　話——02-27055066（代表號）
傳　　眞——02-27066100
劃撥帳號——01068953
戶　　名——五南圖書出版股份有限公司
網　　址——https://www.wunan.com.tw
電子郵件——wunan@wunan.com.tw
法律顧問——林勝安律師
出版日期——2025 年 7 月初版一刷
定　　價——550 元

國家圖書館出版品預行編目資料

原儒 / 熊十力著 . -- 初版 . -- 臺北市：五南圖書出版股份有限公司, 2025.07
面；　公分 . -- (大家講堂；30)
ISBN 978-626-423-449-8 (平裝)

1.CST: 儒家　2.CST: 儒學　3.CST: 研究考訂

121.2　　114006374